红岩村孩子们的回忆

童丹宁　主编　宋平 题

光明日报出版社

图书在版编目（CIP）数据

红岩村孩子们的回忆／童丹宁主编．—北京：光明日报出版社，2025.6．—ISBN 978-7-5194-8512-2

Ⅰ. D642-53

中国国家版本馆 CIP 数据核字第 2025SC1802 号

红岩村孩子们的回忆

HONGYANCUN HAIZIMEN DE HUIYI

主　　编：童丹宁

责任编辑：许黛如　舒　心　　　　　责任校对：陆爱英
封面设计：人文在线　　　　　　　　责任印制：曹　净

出版发行：光明日报出版社
地　　址：北京市西城区永安路 106 号，100050
电　　话：010-63139890（咨询），010-63131930（邮购）
传　　真：010-63131930
网　　址：http://book.gmw.cn
E - mail：gmrbcbs@ gmw. cn
法律顾问：北京市兰台律师事务所龚柳方律师

印　　刷：三河市龙大印装有限公司
装　　订：三河市龙大印装有限公司
本书如有破损、缺页、装订错误，请与本社联系调换，电话：010-63131930

开　　本：170 mm×240 mm　　　　　印　　张：26
字　　数：400 千字　　　　　　　　插　　图：180 幅
版　　次：2025 年 6 月第 1 版　　　　印　　次：2025 年 6 月第 1 次印刷
书　　号：ISBN 978-7-5194-8512-2

定　　价：98.00 元

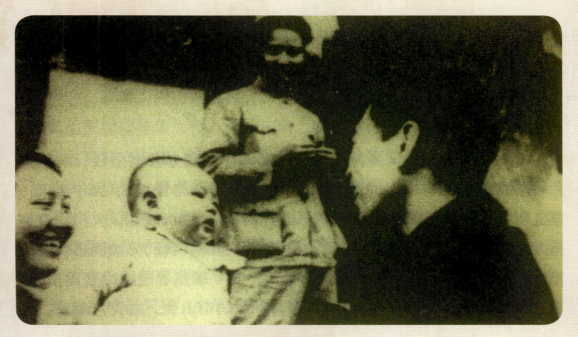

☆ 1944 年初，周恩来看望红岩村托儿所的罗斯福（童丹宁）

☆ 1942 年 2 月，周恩来右手抱着
荣高棠的儿子乐天、左手揽着
叶挺的女儿扬眉

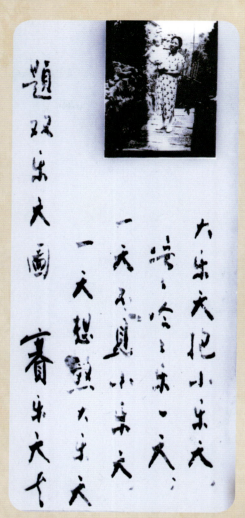

大乐天抱小乐天
增一岁来乐一天
一天不见小乐天
一天想煞大乐天

题双乐天图 青乐天书

☆ 1940 年，周恩来给壁报投稿《题双乐天图》

☆ 1942 年，部分办事处机要人员合影，左边站立者为童小鹏，右边是电台台长林青，右后面是胡玉梅、康瑛

☆ 1939 年，邓颖超（左三），中共中央南方局妇女组干部张玉琴（左一）和她的女儿周小丽（左二），廖似光（左四），卢竞如（右一）和她的小孩吴炳南（左五）在机房街办事处

☆ 1939年，邓颖超和女干部在红岩村。后排左起：
邓颖超、唐棣华、方卓芬。前排左二：苏竞。
前排左三：吴博

☆ 1943年，邓颖超、孔原、刘恕等办事处
同志和孩子们的合影

☆ 1946年3月4日，叶挺被释放后在红岩村和他的夫人
李秀文、女儿扬眉、小儿子阿九在桃树上合影

☆ 1939 年 3 月。左起：王炳南和他的小孩王黎明、董必武、叶剑英（身前小孩是周怡的）、钱之光、凯丰、吴克坚在机房街办事处

☆ 1945 年，董必武、王若飞等重游重庆南温泉。左起：刘少文、刘昂、钱之光、王若飞、陶同士、董必武、魏万吉、（佚名）、罗晓红，小孩是王毛毛、董芝生

☆ 1940 年，邓颖超将李硕勋烈士的儿子李鹏从成接到重庆红岩以后送到延安，随后去苏联学习

☆办事处同志为孩子们做的秋千。
前排：罗斯福（童丹宁）、岛仔

☆红岩村托儿所的孩子们。左起：左一小莲（钱幼康），左二梁华银，
左四罗斯福（童丹宁），左五李学文叔叔

☆托儿所大班的孩子：岛仔、小四、
阿米、小肖、华银、方超、乐天

☆ 1945 年，红岩托儿所的孩子们：利宁、阿米、甘璧文、甘川文、甘辛、甘和、甘泉、杜娴

☆托儿所大班的孩子阿米抱着她的妹妹米娜，后面的孩子是梁华荣

☆托儿所小班的孩子：乐天和贝贝（刘海虹）

☆托儿所中班的孩子，左起：乐妹、米娜、大鱼、丹坡、北雁（车子是周恩来要求办事处的同志做的）

☆王若飞、李培之和儿子毛毛
　（王兴）在重庆

☆红岩村托儿所的孩子

☆张德碧所长在值班，红岩托儿所
　大班的孩子，一排左起：乐天、鸡蛋、
　阿米、小田、华银、岛仔、王超等

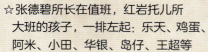

☆ 茁壮成长 沈北雁献给
红岩儿女联谊会

☆ 1946年2月，周恩来（前排左二），董必武（左四）拉着大儿子芝生（董良羽）到红岩
村和办事处、新华日报社工作人员共度春节后合影。照片上还有廖承志、于刚、张晓梅、
熊瑾玎、蔡连芳、王炳南、丁宁、程浩

热烈欢迎"红岩儿女红岩行"寻访团

☆ 2009 年 5 月 9 日，红岩儿女寻访团全体成员在红岩纪念馆合影

☆红岩儿女寻访团在周公馆前合影

☆红岩儿女寻访团在新华日报社旧址前合影（从左至右）石小援、乔松都、熊畅苏、石晓华、龙海岩、汤澄东、龙苏菲、高德平、林力

☆红岩儿女寻访团在八路军驻武汉办事处旧址前合影

☆ 2009年5月9日下午，红岩托儿所的"娃娃们"在红岩托儿所旧址合影。
左起：钱幼康（小康）、郭西延（小米子）、梁华云（少云）、童利宁、
沈北雁、谢华基（方块）、郝锦绮（金鱼）、石晓华、于谦（大鱼）、
童丹宁（罗斯福）、孙岩（罗曼）、蔡庆瑜（灯泡）

☆拜谒杨公祠

☆红岩儿女寻访团在董必武故居院子里合影

☆ 2010年2月21日，与宋平合影。左起：宋平、童丹宁、陈舜瑶、袁冬林

童小鹏、紫菲骨灰合葬仪式

☆ 魂归红岩，遵照父亲的嘱托，2009年5月9日，童丹宁率亲属将父亲一半
骨灰与母亲的一半骨灰合葬在红岩村的土地上

前 言

1999 年 5 月，在纪念中共南方局成立 60 周年的时候，我随父亲童小鹏到重庆参加纪念活动，中共中央政治局原委员宋平同志也出席了。在重庆我遇到了"小火车"——许嘉陵，当时我们有个想法，联络当年在红岩村出生的孩子，成立一个联谊会，一定会很有意思。我还询问过李冠华、杨力平阿姨，收集了在红岩托儿所住过的孩子们的大小姓名、工作单位、联络方法等。但是，当时我正在厦门火炬公司任副总经理，回厦门以后没有时间再进行下去，而且大多数同龄人也都在工作，所以这个事就放下了。一直到 2005 年，我退休回到北京定居后，才重新启动此事。

2006 年，我随沈北雁去西苑医院看望他的母亲——原红岩托儿所的所长张德碧阿姨。当时她送给我一本书《我的回忆》，在附记上才知道她为我们写的成立"红岩第二代联谊会"的倡议书。后来，我们二十来个托儿所的孩子在沈北雁的家里举行了第一次聚会，筹备成立红岩托儿所联谊会。

2009 年 1 月，为纪念中共南方局成立 70 周年，重庆《红岩春秋》杂志社，向在南方局工作过的老同志的子女征集文章，希望能提供我们的父母在南方局工作的经历。

同年2月9日，元宵节，部分老同志的子女参加了由中共党史研究室李忠杰副主任召集的座谈会。李副主任详细汇报了"南方局"的研究成果和当年的工作计划。

为了缅怀以周恩来为书记的南方局革命前辈的历史功绩，继承和弘扬红岩精神，我们组织了"红岩儿女红岩行"寻访团，于5月8日到重庆，受到了重庆市领导的热情接待。市委宣传部、党史办、红岩纪念馆、红岩联线、市委接待办等单位给予热情的支持和帮助。我遵照父亲的遗愿，将一部分骨灰撒在嘉陵江中；另一部分骨灰与妈妈的骨灰合葬在红岩村土地上。我们还祭扫了红岩公墓，参观了红岩"八办"、新华日报社旧址、周公馆、桂园，祭扫歌乐山烈士墓，参观渣滓洞、白公馆，到潼南参观杨尚昆故居、杨闇公烈士陵园。向红岩村纪念馆捐赠了父辈的遗物和有关书籍，与党史办召开了座谈会。红岩托儿所的孩子们，在托儿所的旧址回忆当年的幸福时光。在托儿所的老照片中，寻找自己幼时的身影。

寻访团乘船游大小三峡，为祖国的大好河山和雄伟工程感到自豪。

在武汉受到了湖北省委和武汉市委领导的热情接待，参观了八路军办事处旧址、新四军指挥部旧址、毛泽东旧居、辛亥革命武昌起义纪念馆，到红安参观了董必武和李先念故居、黄麻起义和鄂豫皖苏区革命烈士纪念馆。在东湖宾馆举行联欢会的时候，巧遇航天英雄聂海胜，为我们的行程带来了欢乐。

紧张而有意义的11天寻访，使我们感受到了当年老一辈革命家，为了中华人民共和国的建立，不怕牺牲，克服艰难险阻做出的卓越历史功勋。

　　2009 年 6 月 10 日，由熊畅苏、钱幼康、赖庆来、孙岩、童丹宁组成的编委会，向红岩儿女联谊会发出《红岩托儿所的故事》的征稿通知。

　　许多不在红岩托儿所的朋友，他们的父母也在中共南方局领导下做出了杰出的贡献，也想通过我们这个平台来记述他们父母的经历，所以投稿的人越来越多。包括在南方局机关、新华日报社、地下工作者、外派组织机构、交通情报等方面的人员，所以现在的书名改成《红岩村孩子们的回忆》。有 30 多位作者，撰写了 30 多篇文章，并附有 100 多幅新老照片。托儿所的旧照片，是由南方局机要科长童小鹏拍摄的。

　　宋平同志非常支持我们的弘扬红岩精神的行动，以 93 岁高龄为本书题写了书名："红岩村孩子们的回忆"。

　　我们应邀参加了"纪念中共中央南方局成立 70 周年座谈会暨学术研讨会"。

　　邓颖超、杨尚昆、宋平、胡乔木、江泽民、胡锦涛同志的题词和讲话，使我们更深刻地理解和弘扬红岩精神。

　　习近平同志说：要把红色资源利用好、把红色传统发扬好、把红色基因传承好。

　　今天，我们谨以此书，献给中共南方局成立 80 周年，献给建国 70 周年，献给我们的亲爱的爸爸妈妈。同时，向广大的青少年朋友分享我们青少年时代的成长感言。愿红色基因代代相传，愿祖国更加富强。

童丹宁

2020 年 12 月

目　录

周副主席关爱我们家

袁 明[*]

　　从爸爸袁超俊、妈妈钟可玉在革命队伍里的成长，到他们相识相爱，再到结婚组建家庭，直到我和大妹袁青两个"红岩孩子"的出生，始终得到周恩来夫妇的呵护照顾与关爱。我们一家人对这一段经历倍感珍惜。

☆中华人民共和国成立后，周恩来（后排右一）与原"八办"工作人员合影。后排左一为袁超俊，前排左一为钟可玉

四次救爸爸

　　我爸爸袁超俊是贵州人，肄业于南京晓庄师范。抗战前他在沈钧儒先

---

　　* 袁明：袁超俊、钟可玉长子，新疆广播电视大学机械系毕业，原在中国惠普公司工作，已退休。

生旗下的上海工人救国会任主席时曾被捕，关押在国民党苏州反省院。1937 年 9 月，周恩来副主席经过和国民党高层反复交涉，营救关押在国民党监狱中的共产党员和政治犯，爸爸重获自由。这是周副主席第一次救爸爸。

当时，一同出狱的 200 多名难友都争着要求分配到延安。经组织审查，只批准爸爸一人赴延安。到八路军驻南京办事处办理手续时，叶剑英和李克农同志得知爸爸是陶行知南京晓庄师范的学生，便将他留在"八办"，打算充实正积极筹办的《新华日报》队伍。没想到国民党言而无信，《新华日报》的申请迟迟批不下来。这一段时间，爸爸就在叶剑英、李克农手下开展宣传工作，他们在工作中发现，爸爸不但有文化，还会开汽车、会修手表、修无线电、会画画、拉小提琴，是个不可多得的人才，就正式将爸爸编在办事处，任副官，后任副官长。1937 年 12 月，南京办事处和武汉办事处合并，正式成立八路军驻武汉办事处。从那时开始，爸爸一直在周副主席的领导下工作，时间长达 10 年。

从 1938 年下半年开始，周副主席安排爸爸筹建湘乡、衡阳、贵阳等地八路军办事机构，并担任负责人。1941 年 1 月，爸爸时任八路军贵阳交通站站长。一天深夜，他突然接到周副主席急电，要他即刻返回重庆。可到了重庆，周副主席却只说住下待命，等了几天也没有消息。到 11 日晚，才知道发生了"皖南事变"。心系站上同志安危，他急着向周副主席要求返回贵阳，撤回站上的同志。周副主席低头沉思片刻，抬起头说道："不行，你被抓过两次，对他们来讲，是有案底的人了。他们什么事情都干得出来。你必须留在重庆，贵阳的同志我们再想办法。"

果然不出周副主席所料，1 月 21 日，贵阳国民党当局查封了贵阳交通站，逮捕了站上的 6 名同志。

周副主席熟知国民党顽固派的险恶用心，提前采取措施，这是周副主席第二次救了爸爸。虽然经过几个月的奔波交涉，被捕的同志终被营救出狱，但周副主席深知，一旦爸爸被捕，要再想营救那是难上加难。

周副主席第三次救爸爸是在 1943 年 7 月。那时爸爸随周副主席回延安，参加中共"七大"的筹备工作。大会筹备组给工作人员安排了住处，但周副主席坚持让爸爸住在他枣园的窑洞院里。后来爸爸才知道，当时延

安正在康生领导下开展"抢救运动",对他这样长期在白区工作,又坐过两次牢的人,肯定是不会放过的。住在周副主席的院子里,就完全没有了这个风险。

其实,周副主席还救过爸爸一次,只是周副主席自己并不知道。

那是1942年,爸爸时任周恩来负责秘密交通和秘密金库的秘书。一天夜晚,爸爸受命带着大叠美钞到棉花街秘密交通点接头。这个交通点是重庆连接湖北三斗坪交通线的起点,负责和孤悬敌后的新四军李先念部(五师)的人员、情报、物资和资金的往来输送。临行前,爸爸化好装,扮作一个商人,把钱装在密码箱里,西装革履,很有气派。为防意外,他不用司机,亲自驾车前往。

按事先约定的地点,爸爸来到这个交通点的楼口,一步步踏上楼梯,尚未走到约定地点,就被从楼上下来的一个国民党军官认作小偷,不容分说又推又扭地把爸爸拽到楼外旁边的警察局。原来这座楼前不久刚刚被盗过。

虽然爸爸被推到了浪尖上,但真正的担心已经没有了,很明显,交通点没有出事。

既要保护好随身带的美金,又要按时完成任务。怎样摆脱他们的纠缠呢?爸爸昂首挺胸,理直气壮地说:"你们说我是贼,真是开国际玩笑,凭我这堂堂的商人,怎么能去当贼?"但是,爸爸的西装革履和大叠的美钞都没能打消对方的疑虑,爸爸只好亮出最后一张王牌——徐恩曾。徐恩曾是国民党的特务头子。爸爸当时还兼任着八路军驻重庆办事处的交通科长,负责内部保卫工作,知道周副主席为了做好国民党上层的统战工作,当晚刚好就在徐恩曾那里。于是爸爸轻蔑地看了他们两眼,很神气地说:"你们不相信我?好吧,就请跟我走一趟吧,咱们到徐恩曾府上说话,在这儿犯不上跟你们磨嘴皮子,到了那儿,你们就知道老子是谁了。"

这几个家伙有些被镇住了,但还是不见棺材不落泪,硬着头皮跟爸爸上路。爸爸开车把他们拉到徐恩曾公馆门口,气哼哼地说:"到了,请下车吧,我进去汇报,你们稍候。"说完爸爸径直进了屋,跟保卫周副主席来的警卫龙飞虎做了交代。龙飞虎随即挎着盒子枪走了出来,把他们臭骂一顿。这下子他们老实了,像霜打了似的,灰溜溜地走了。

要不是周副主席广泛开展统战工作，与国民党特务头子交往，爸爸实在也难得这样的脱身机会。就这样，周副主席再次救了爸爸。

妈妈和妹妹的救星

我妈妈钟可玉是印尼归国华侨，15 岁离开父母，千里迢迢回到祖国大陆，求学报国。抗战爆发后，她参加了中国共产党，奔赴延安，在中国人民抗日军事政治大学任音乐教员。由于身患重病，又被延安的苏联医生抽脑脊髓抽坏了，在延安无法救治，组织上决定让她返回印尼治病。中央社会部知道了这个消息，派人用担架将她抬到枣园社会部，给她交代到南洋后开展秘密工作的联络方式。妈妈和叶剑英参谋长是老乡，叶帅担心这一路沿途军警盘查，多有险恶，就让她以自己侄女的身份上路，名字改称阿叶。没想到在妈妈南下途中，太平洋战争爆发，海上交通中断，南洋去不成了。这时，妈妈的组织关系已经转到南方局，只好到重庆红岩办事处报到。

妈妈是 1942 年到重庆红岩办事处的。由于身患重病，加上旅途劳累，她的身体极度虚弱。周副主席知道后，亲自约她到周公馆谈话，给予安慰和鼓励。那时，夏衍在北碚温泉租了套房子，刚好他不在，周副主席便通知钱之光处长，拨款让妈妈去北碚温泉疗养，住在这套房子里。经过一段时间的疗养，妈妈的身体竟奇迹般地康复了，并很快回到办事处，在顶楼的秘密电台工作。顶楼的工作条件很艰苦，房间像鸽子笼，又低又小，窗户开在房顶上。重庆是有名的大火炉，夏日太阳曝晒，酷热难当；又由于保密的关系，电台的工作人员通常是不下楼露面的，因此被称为"抗日最坚决"。

由于口音的关系，好多人把妈妈的名字"阿叶"听成了"阿姨"，所以后来办事处老老小小都不喊妈妈的名字，而喊"阿姨"。

爸爸妈妈从事的是秘密工作，他们的恋

☆钟可玉刚从印尼回国

爱也是秘密的，但终究被周副主席觉察出来了，处处给予关心呵护。

1943 年爸爸随周副主席去了延安，留在重庆的妈妈旧病复发，健康状况日下。周副主席听说后，再次安排妈妈到桂林疗养，并亲自安排了遇到突发事件时，与贵阳南方局的地下交通紧急联系的方式。

1944 年初冬，日军占领桂林，贵阳危在旦夕，身在延安的周副主席仍然记挂着他安排去了桂林的妈妈，又通过南方局组织部将妈妈调回相对安全的重庆，仍留在办事处工作。不久，又把她调到延安，与爸爸朝夕相伴。

1945 年，在周副主席的关心和呵护下，爸爸和妈妈两人在延安结了婚。结婚那天晚上，杨家岭举办舞会，毛主席、朱总司令、周副主席都出席了，会上宣布了两人的婚事，没有喝酒，也没有撒糖。会后各回各的窑洞，连洞房也没有，但他们仍然感觉自己是最幸福的。第二天，周副主席和邓妈妈前来贺喜，邓妈妈十分高兴地说："你们两个是办事处年轻人中结婚最晚的，也是最好的一对！"

后来，妈妈怀孕了，回到重庆后，周副主席将一瓶朋友送的自己舍不得吃的维生素，派人送给了妈妈。

1946 年 2 月，妈妈临产，由于是头胎，没有经验，折腾了半天，才把我生下来。然而胎盘怎么也下不来，肚子仍然是鼓鼓的，只能躺在那里痛苦地哼哼。爸爸忙着照顾我，不知妈妈那里该怎样才好，庆幸的是办事处有卫生所，于是赶忙叫人去把卫生所的毕大夫喊来。

☆袁超俊、钟可玉夫妇在延安周恩来枣园窑洞前的结婚照

毕大夫是荷兰归国华侨，他认真给妈妈做了检查，然后直起身来，用磕磕巴巴的华语说："产妇肚中还有一个女孩，但她太弱了。"原来妈妈怀的是龙凤胎。

办事处卫生所的条件有限，根本没有妇产科方面的药剂和器械，不过毕大夫有高招，他跑回自己的宿舍，拿来先前煮好的咖啡，让妈妈喝。妈妈回国前在印尼也喝咖啡的。40分钟之后，经过毕大夫精心护理，妈妈生下一个女娃，也就是我妹妹袁青。

毕大夫是1945年年初从延安来重庆的。他医术高明，办事认真，又平易近人，办事处的同志都很喜欢他。

七八月，日本投降前夕，南方局决定派毕大夫回荷兰，通过一定的社会关系继续为党工作。毕大夫是个急性人，得到通知后，恨不得马上启程。但是，他的出国护照没有办下来，而且由于战乱，交通系统遭到严重破坏，出境不是一件容易的事。他十分着急，天天催爸爸给他办手续。爸爸只好一次又一次地请示周副主席。

周副主席虽然也希望他早日启程，但是考虑到当时处于战乱时期，没有充分准备的安排，不宜仓促批准。周副主席反复给爸爸讲："对这些华侨，我们一定要负责，特别是他们的安全，要慎之又慎，不能出任何差错，找不到可靠的社会关系，决不能让毕大夫走。他心情不好，你多陪陪他，向他多做解释，让他不要急，慢慢等嘛，着急能急坏身子的。"爸爸把周副主席的话转达给毕大夫，毕大夫深受感动。

如果没有周副主席对毕大夫细心周到的关照，毕大夫那会儿可能仓促上路，也就没有后来他施展医术，来救妈妈和妹妹了。由此，我们母子三人的安危和周副主席的体贴入微相关呢。

得知妈妈分娩有惊无险，大家都来看望妈妈和两个孩子，亲切地叫我们"双双""对对"。叶参谋长也来看望他的这个"侄女"，幽默地说："你这个小母鸡下大蛋呢！"

我与邓妈妈的珍贵合影

20世纪60年代初，我响应国家号召，辍学支边到新疆，在新疆军区生产建设兵团当知青。"文革"结束后，我补习了大学课程，取得了毕业证书，并多次获得科技进步奖。1980年，邓妈妈到石河子市视察，顺便瞻仰当时国内唯一的周恩来总理纪念碑，纪念碑就建在我工作生活了12年的农八师石河子总场。在一块四周环绕着高大林带的800亩条田中央，矗立着石河子人民为纪念周恩来总理修建的纪念碑，而这块涌动着金色麦浪的条田，就是我曾经工作过的连队的条田。

6月23日中午，我们在周恩来总理纪念碑前列队，欢迎邓妈妈到来。

邓妈妈来到周恩来总理纪念碑前，弯腰深深地鞠躬，然后绕着碑台仔细查看了碑文。当看到欢迎她的群众时，赶忙走上前来，不顾旅途劳顿，和大家一一握手，逐个询问每一个人的姓名以及老家在哪里。

☆邓颖超（二排左一）搂住的男孩是袁明（前排）

当她把手伸向我时，我激动得不知道该说什么是好。这时有人向她介绍我是北京支边青年，出生在重庆八路军办事处，邓妈妈赶紧问我爸爸是谁，当得知爸爸是袁超俊时，她提高了声音："袁超俊，你是双双！"

我连忙补充："我妈妈叫钟可玉。"

邓妈妈立刻纠正道："你妈妈那时不是这个名字，她叫阿叶。"

她接着说："能在这里看到你，我很高兴。你叫什么名字？"

"袁明。"

"噢，袁明，你偏心，你像你爸爸多，像妈妈少，你偏心。你是小袁超俊。想不到在这里见到你，我回去对你爸爸妈妈讲见到你了。"

活动结束时，邓妈妈走到车边，一只脚已经踏在车的踏板上，忽然又想起了什么，回过头向人群中张望。当重新在人群中找到我后，她离开车

☆本文作者与邓颖超同志在新疆石河子市
总理纪念碑前合影

子，走过来拉着我的手说："我没想到在这里见到你，真没想到。（对大家）告诉你们大家，我见到袁明的时候，他只有这么长（用手比）。他爸爸妈妈在'文化大革命'期间受迫害，吃了很多苦。（转向我）你就是小袁超俊，来，我们一起照个相，回去我带给你爸爸妈妈看看。（对大家）你们大家不要说我偏心。"

站在高高的周恩来总理纪念碑前，面对滚滚的麦浪，沐浴着灿烂的阳光，紧紧依靠着亲爱的邓妈妈，一声快门记录下我那终生难忘的一刻。

这样，我成了唯一有幸在周恩来总理纪念碑前和邓妈妈单独合影的人。

还有一些琐事让我们不能忘记

我家本姓严，爸爸原来的名字叫严金操，为什么会改叫袁超俊呢？说来也和周副主席的关爱分不开。

周副主席 1937 年刚到武汉时，得知爸爸曾两次被国民党关进监狱，并且眼下还用的是原来的名字，就严肃地对爸爸说："不行，你得把名字改一下，不能让他们老来注意你。"

爸爸回来认真想了一下，名字好改，把原来的名字颠倒一下，再做个谐音，金操就变成了超俊了。可按中国人的规矩，这姓可就不那么好改了，要改也得改得有意义。思来想去，爸爸想到了一个人，那就是南京晓庄师范的共产党员袁梓桐，他是爸爸的同乡、同学，又是爸爸的革命启蒙人，被国民党杀害在南京雨花台。好，就跟他的姓，走他走过的路，继承

革命遗志，像他那样，为革命抛头颅，洒热血。

就这样，我们一家都改姓袁，我叔叔袁林一家也跟随爸爸改姓袁。

爸爸一直遗憾的是，由于他的工作对安全保密要求极高，所以在周副主席身边的日子里，不得不避免与周副主席合影。所以他没有一张和周副主席的合影。

1946 年 5 月，周副主席要带大队人马返回南京，安排爸爸留守善后，看到我们家大小四口，一间房间不够住，就把自己住的套间房安排给我们家住。家具蚊帐等，统统留给我们家用。妈妈看到周副主席用过的纱布蚊帐，上面补满了补丁，不禁埋怨起爸爸，怪他不给周副主席想办法更换新蚊帐。爸爸委屈地说："不是我们不给他换，是他自己不要换，发给他的新蚊帐，他都托人带到延安去了，我们也没有办法。"

在周副主席身边做警卫

彭晓吉[*]

　　1934 年，我的父亲——年仅 14 岁的彭祖贵参加了红六军团，从湘西一个贫苦的农村投身到革命的队伍，成为一名光荣的红军战士。此后，作为红军战士，他南征北战。参加了二万五千里长征，忍饥挨饿过雪山走草地，斗智斗勇破围追堵截，经历了无数次生与死的考验；作为周恩来的警卫人员，他在白色恐怖下的重庆英勇机智地开展革命活动，亲眼看见了无数革命先烈与国民党反动派进行针锋相对的斗争；作为解放军战士，他在枪林弹雨中出生入死，用鲜血换来了五星红旗的高高飘扬。在 75 年的革命生涯中，他最难以忘怀、常常跟儿女子孙讲述的就是 1940—1945 年在八路军驻重庆办事处跟随周副主席做警卫工作的峥嵘岁月。这短暂的经历是他一生中最为幸福的回忆。他常说："岁月的年轮，在我的身上留下了深深的印痕。尽管我常年疾病缠身，卧床不起。但周副主席对我的谆谆教诲和亲切关怀，又一件件在我的脑海里浮现出来——能跟随周副主席做警卫工作，这对我来讲真是太幸福了。"在湖南省党史研究部门和家人的帮助下，他慢慢地翻开一页页尘封的记忆，久远的故事在心底涌起，在眼前浮现……

---

　　[*] 彭晓吉：彭祖贵、王冀之子，北京体育大学运动系学院毕业，后在北京体育大学工作。

接受新任务

　　1940年元月，我受第359旅旅部委派，协助旅部黄河守卫支队执行守卫黄河、防止日军渡河偷袭、保卫大部队安全的任务。4月下旬的一天晚上，上级急电令我速速赶回绥德旅部报到。我昼夜兼程于第二天上午赶到旅部，旅长王震、政治部主任袁任远、保卫科长罗章都在场。我一进办公室，袁老首先严肃地对我说："小彭，你跟我多年，我很信任你。你机灵、勇敢、有头脑，所以，这次组织上决定你去执行新的任务，到重庆去搞隐蔽战线的斗争。任务只有一个，保卫周恩来副主席！这次任务十分重大，不是拿枪杆子打仗，但比打仗更重要，你要有足够的思想准备。"罗章补充说："这次中央挑选警卫人员的条件有三方面，一是要参加过长征、政治上坚定的共产党员；二是要搞过保卫，有保卫工作经验；三是要年轻，20岁左右，连排以上的。组织上认为你很适合。你们到那里后，要时刻关注周恩来同志的安全，嘴要紧，不熟悉不了解的人，不要乱说话。"王震旅长语重心长地说："苗子（我是土家族），你这次的任务就大啦，不是一般的任务，不是拼刺刀，但这比与敌人拼刺刀还重要。你要知道自己肩上的担子啊！"袁老最后明确交代："小彭，这次一共挑选了二十几个人，这些人都由你带着，你是队长。你们准备一下，后天就走。"听了老首长的话，我马上立正表示了决心："请首长放心，不管有多危险，我们保证完成任务！保卫好周副主席！"接受了新的任务，我既高兴激动，又深感幸福，也深感自己责任重大，肩上的担子不轻。能给周副主席当警卫队长，是党和首长对我的信任。我暗下决心，一定要尽自己最大的努力，哪怕流血牺牲，也一定要保卫好周副主席！决不辜负党中央和第359旅首长对我的殷切期望！告别了首长，告别了战友，我们从绥德出发，昼夜兼程两天多赶到了延安。当晚我们就在周副主席住的窑洞前搭了一个棚子，地上铺上板子，住在那里面。望着周副主席窑洞的亮光，想到他夜以继日地为中国革命操劳，我受到了深深的感染和教育，同时深感做好警卫工作责任重大。

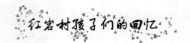

奔赴重庆

1940 年 5 月中旬的一天，我们二十几名年轻的警卫战士跟随周副主席踏上了去重庆的路途。与我们同行的还有中央党校一部、二部、三部、四部团以上干部，他们去西安，将要到新四军工作。我们分乘四辆大卡车，途经洛川到西安。洛川是我们和国民党的警戒区交界地。国民党的部队在这里驻扎了一个营的兵力，为首的是一个少校营长，这个营长带着许多人，拦住了我们的去路，要检查我们一行人。听说要检查，我立刻警觉起来，命令警卫队的战士立即下车，占领附近有利地形。我立即直奔周副主席坐的那辆车，把情况报告给周副主席。周副主席从车窗里探出头来，大声呵斥说："谁在检查呀？我是周恩来，中央国民革命军政治部副主任，我带几个人难道你也要检查？"那少校听了，立即点头哈腰地连声说："对不起，我不知道，好，好，我马上放行。"他随即命令队伍散开。我们车队继续前进。下午，我们到了洛川县的县城小镇，这里驻扎了国民党的一个旅。我们刚进县城，旅长热情地迎接我们。他对周副主席非常客气地说："刚才我接到前面哨所打来的电话，说您马上就到，所以我特地来接您。我是黄埔军校毕业的学生，当时在黄埔军校时，您是我的老师，我非常崇敬您。"并且诚恳地邀请我们留宿。部队在这里住了一个晚上。

第二天，我们顺利到达西安，住在八路军驻西安办事处。当时，正在河南前线指挥作战的朱总司令听说周副主席到了西安，马上专程从前线赶到西安，看望周副主席。当晚，周副主席和朱总司令在办事处礼堂给我们做形势报告。周副主席做了"抗战必胜，建国必成"的形势报告；朱总司令做了战场形势报告，大大地鼓舞和振奋了我们的士气。我们在西安休整了四天。有一天，周副主席对我们说："西安是个古城，你们都去看看。"这时，办事处吴主任在一旁赶忙插话说："西安这地方，大家一定要好好看看。但你们出去一定要注意安全。西安的情况十分复杂，办事处门口拉黄包车的都是特务，专门监视办事处的。"听了吴主任的话，我们抽时间对周围的情况进行了观察，发现办事处门口确实停着一些黄包车。于是我们警卫队的几个同志在一起一合计，决定要狠狠地整一整这些特务。有一天，我们穿着国民革命军的军装，全副武装，三个人一组，租了三辆黄包车，不停地在城里转悠，喝令特务"快点"！到了城西，我们说："去城北。"到了城北，又说去市中心。东西南北团团转，几个特务拉得筋疲力尽，满肚怨气，但又不敢吭声，只好忍气吞声。后来，他们跑不动了，向我们求饶说："老总，我实在走不动了！"我们就厉声说："什么，走不动？还怕老子不给钱！"就这样，我们狠狠地整了一下特务。从此，他们再不敢在办事处门口乱来，转入暗处监视我们。

四天后，我们从西安先乘火车到了宝鸡，然后转坐汽车，天黑时到了宝鸡的一个小镇住宿。镇上情况复杂，有很多宪兵。下车后，我们紧紧跟随周副主席走进旅馆。安排房间时，曾副官安排我们警卫人员住一边，周副主席住一边。我觉得不妥，就找到曾副官说："这个小镇情况复杂，又驻有宪兵，必须提高警惕。我们警卫队的任务是时时刻刻保卫周副主席的安全，这样分开住不符合保卫工作要求。"曾副官听后对我说："你的警惕性真高。"随后把我们安排在周副主席的隔壁。

经过几天的行程，我们到了四川。一天晚上吃饭时，周副主席走到我们警卫人员坐的那桌，指着一个空位置说："这个位置是我的吧？"见此情景，我指着周副主席平时与宋平、陈舜瑶等人一起吃饭的另一张桌子说："周副主席，您的位置在那儿。"周副主席笑着对我说："啊，小彭，你给我分桌子啊。"周副主席坚持要和我们一起吃。见到周副主席和我们同桌吃饭，大家非常高兴，兴奋中又有点紧张和拘束，都不太敢夹菜。为了打破这种拘谨的气氛，周副主席幽默地对大家说："你们都是打日本鬼子、打国民党反动派的英雄。今天怎么像大姑娘似的，连菜都不敢吃？来，我带头，大家一起把它消灭掉！"周副主席的一番话，使饭桌上的气氛马上活跃起来。他在我们桌上吃了一碗饭就走了。这是我第一次和周副主席同在一个桌上吃饭。开始的确有点紧张，但看到他那么平易近人，没有架子，我们心里便生出一种敬意，一种幸福感。

随后我们来到了天府之国四川省的省会——成都，住宿在一家大旅馆。当地地方官知道周副主席是国民革命军政治部副主任，就安排了宪兵放哨。但我们不敢有丝毫放松，仍紧紧跟随周副主席。有一天，周副主席对我们说："成都是个大城市，是三国时代刘备、诸葛亮待过的地方，你们去参观一下，开开眼界。"于是，我们忙里偷闲在成都参观了武侯祠、杜甫草堂等一些名胜古迹。而周副主席一到成都，就忙于做统战工作，会见了一些地方实力派和民主人士，为建立最广泛的抗日民族统一战线呕心沥血、夜以继日地工作。

四天后，我们从成都出发，于5月1日到达八路军驻重庆办事处。在那里，我见到了邓大姐、董老、叶剑英、秦邦宪（博古）等领导同志。

险恶的重庆

八路军驻重庆办事处位于重庆红岩嘴，这里原是进步人士饶国模开办的农场。她的几个子女先后都参加了革命。这里既是八路军驻重庆办事处，又是南方局领导机关，对外是八路军驻重庆办事处，办事处主任是钱之光。

当时，我们住的地方是一座三层楼房。一楼进门的左边是传达室，右边是会客室。周副主席和邓大姐住在二楼两间小小的房子里，旁边住着宋平和他的爱人陈舜瑶，二楼还有董老、秦邦宪、荣高棠、林木等领导人。

我们警卫人员住在一楼左边的一间房子里。我作为警卫队长，住在周副主席楼下的一间装有电话和电铃的房间里。

住下来以后，钱之光给我们介绍了办事处周围的环境、社情、敌情及注意事项。他说："我们住的这个地方很复杂，是国民党特务集中的地方，除了戴笠的军统特务以外，还有'总统府'的特务、四川的地方特务；我们附近是国民党参政会，住的都是监视我们的特务。这里既有公开的特务，也有隐蔽的特务，我们的工作人员接近谁、到哪里，都有特务跟踪。大家在没有任务的情况下不要到外边乱走，少出去，不要接近外人，不要随便和生人说话。"

邓大姐也嘱咐我们说："你们慢慢了解情况。恩来同志来了，更引起敌人注意。公开的、隐蔽的特务都会来监视我们，大家要格外小心。"

邓大姐的嘱咐、钱之光主任介绍的情况，更引起我们思想上的重视，进一步提高了革命警惕性。我们马上投入了紧张的警卫工作。我们对办事处附近的外围地形、通道以及住宅一一查看、熟悉，在很短的时间里摸清了周围的一切情况，如进出道路、附近单位及人员情况等。

来往办事处的必经之道花龙桥到办事处有三条路：第一条是通往山下离我们办事处只有200多米远的国民党参政会；第二条是半山坡我们办事处的所在地；第三条是通往山上驻扎着一个营的国民党部队营地。

办事处有三道门：第一道是一堵竹编的正门；第二道是通往厕所的门；第三道是通往后山的门，第三道门一般不开，只有侦察敌情时才开。

由于八路军驻重庆办事处是我党在国统区唯一公开代表机构，自然成了国民党关注的地方。国民党特务常在路上监视办事处来往人员的行踪。在办事处周围还有一些穿黑呢大衣、戴英国博士帽和墨镜的流动特务盯梢。国民党参政会办公楼也就成了有名的特务聚集地。进红岩村的路口，都有敌人宪兵连、警察局把守。四周山上是国民党达官贵人的众多公馆，机枪阵地、瞭望哨星罗棋布，办事处小楼里的一举一动都在其俯瞰监视之下。当时的办事处就是处在这样一种极为险恶的环境中。党组织把周副主席的安全交给我们警卫队人员，这责任太重大了！我们不敢有丝毫的懈怠，时刻注意特务的行动。

当时，周副主席、南方局和"八办"还有一个重要活动地点——曾家岩五十号。它为两层一底砖木结构的房屋，以周副主席的名义租用，对外称"周公馆"，叶剑英常住在那里。"周公馆"的右侧是军统特务头子戴笠的住所，左侧是警察局派出所。一楼的另一侧住的是打着"难民服务团"旗号的十几个国民党男女特务，他们是监视周副主席的。周公馆附近小巷子里的每一个小铺和小摊都有国民党的情报员。

周副主席身在虎穴，泰然自若，具有高超的斗争艺术和不平凡的胆略，经常在这里举行宴会、会见各界知名人士，开展统战工作，团结进步势力，争取中间势力，分化瓦解顽固分子，把国统区的统战工作搞得有声有色，使敌人望而生畏。

为了使办事处的保卫工作特别是周副主席的警卫工作万无一失，我们注意观察，收集敌情，了解特务的动向和活动规律。特别对花龙桥路口、办事处后山和传达室加强了警戒。

那时候，各省地下党的同志和不少爱国进步青年，来红岩找八路军办事处和南方局，或汇报工作，或接转组织关系，或要求去延安、八路军、新四军工作。但是，有的不熟悉去办事处的路线，走错了方向，走到左边国民党参政会那边去了，遭到了特务的纠缠，甚至被杀害。

为了帮助来"八办"、南方局联系工作的同志不走错方向，我们在路口安排了便衣，摆摊做掩护，暗地里给他们指路，避免遭特务的迫害。

为防止国民党宪兵来办事处找事，我们加强防备。大门口两个战士持枪把守，住房这边安排两三个战士穿着便衣，带上枪来回巡逻。

我们跟随周副主席进入重庆以后，国民党曾掀起三次反共高潮。特别是 1941 年皖南事变后，重庆的形势也随之紧张，"八办"的情况就更不用说了，宪兵和特务加强了对共产党的限制、监视、盘查，气焰十分嚣张。特务和宪兵经常找各种借口到办事处"检查"、捣乱。为了防止他们接近小楼，我对警卫队的同志们说："现在时局非常紧张，我们的任务也更加艰巨，大家一定要有高度的警惕性，加强警戒，保卫好周副主席。"为此，我们加强了办事处周围的警戒和巡逻，每天安排四个组，每组三个人对办事处和小楼周围进行巡逻，发现情况及时通知我。有一次，特务和宪兵一起来"检查"，我接到传达室的通知后，马上回到自己的房间，按响了电铃，及时报告周副主席、董老及有关负责同志，通知二楼南方局的组织部、宣传部以及三楼的机要电台。大家闻讯后及时采取措施，转移或烧毁机密文件，做好应付特务和宪兵的准备。每次遇到这样的情况，我们都不准他们进来，即使偶然进来了，也一律不准上楼，连一楼也不让进。宪兵看到这架势，往往也不敢轻举妄动。

那时候，我们不光要保证周副主席的安全，有时也要负责接送各省地下党负责人。一次，一位党内同志要去江北，办事处主任钱之光找到我说："现在时局非常紧张，他有重要任务在身，你们一定要保证他安全离开重庆，随后去江边接一位从香港转来重庆的第 120 师政治部宣传部张部长。"看着钱之光严肃的表情，我知道任务的重要性。我仔细地观察了一下周围的情况，发现办事处周围至花龙桥路口上都是便衣特务，我们走出去，特务就会派两三个人跟踪，两个对付你一个，有时还有两个"梅花系"的人，加起来就是四五个。怎么送呢？正在为难之际，我看见花龙桥路上有黄包车，随之对警卫队的另一个同志说："走，咱们换装去！"我们俩换上便衣，走到公路边我们油库所在地，租了一辆黄包车故意往四川方向走。走了一段，又换乘一辆黄包车往回走，拐几个胡同，把特务引开，保证了那位去江北的同志安全离开。送走那位同志后，转眼到了11点，我俩坐着马车直奔江边。当我们来到江边时，发现跟踪我们的三个特务也到了江边。当时码头上上船的人很多，非常拥挤，秩序混乱，我俩也混挤在人群中装着往船上走，眼睛却死死地盯着那三个特务。当船启动时，那三个特务上了船头。我一见那三个特务上了船头，迅速向身边的战友使了个眼色。说时迟那时快，两个人一个翻身跳下船，坐上一辆马车，围着城内转，几个回合下来，甩开了特务的跟踪。下午两三点钟，接到了张部长。到办事处后，张部长将我上下仔细地打量一番后说："我好像在哪里见过你？"我笑着说："是，在袁老的住所我见过你。"于是，我们愉快地回忆起抗战中的往事。

☆1940—1945年彭祖贵在重庆八路军办事处给周恩来副主席当警卫队长时的留影

在当时紧张的秘密斗争中，为了统一思想，加强教育，办事处每个星期都要举办一次报告会，由周副主席、叶剑英、董老他们做报告。报告会一般是周副主席讲国际形势，董老讲党史，叶剑英讲军事斗争形势。新华日报社包括印刷工人，办事处所有人员都参加。每当办事处礼堂举行报告会时，国民党特务就千方百计企图混进会场。举行报告会时，办事处前面的门都是"铁将军"把守，听报告的人只能从旁边的侧门进出。为了防止国民党特务混进来，我们对小门加强了警卫，实行登记、检查后才能放行。一旦发现可疑人员，就拦在门外仔细盘问。有的特务就说实话："老总啊，我们是为了糊口！我们进来一个钟头有两块钱，时间长一点，一个多钟头就有五块钱。"我们问他们带有什么任务而来，回去后如何报告。他们说要探查我们开什么会，参加会的是些什么人，男的多少，女的多少，讲了一些什么，等等。这些人还带了照相机，当然我们是不准他们进入会场拍照的。由于我们把关严，特务没有可乘之机。

1941年，是抗日战争最艰苦的日子，日军天天派飞机轰炸重庆，有时一天二至三次，一次一二十架。有一次，我和周副主席的警卫副官何谦在办事处的后山侦察，这时敌人的飞机又开始轰炸了。敌机在办事处的周围扔了四次炸弹。第一次是在离办事处不到百米的地方；第二次是离办事处厨房只有三至四米远的地方；第三次是在离办事处不远的防空洞门口；第四次是在离办事处不远的山沟里。

飞机轰炸的高潮时间是从上午8至9点钟，连续轰炸了好几个月，使我们的警卫工作更加紧张，给周副主席的行动也带来极大的不方便。那时，周副主席每次出去，基本上是下午3至4点钟空袭警报解除后，每次回来都是6至7点钟。周副主席回来之前先打个电话，只说两个字："回来。"从花龙桥到办事处有两里多路，我自己带上两个人到花龙桥的公路上接周副主席，并安排刘家花园两个人、公路上两个人、后山上两个人予以接应。有一天上午8点多钟，周副主席要出去。我劝他不要出去，我说："周副主席，现在正是飞机轰炸的高潮时间，出去太危险了。"周副主席坚定地说："我们是革命者，什么困难也难不倒我们！"说完，周副主席执意要出去。车刚到花龙桥不远处，空袭警报来了。我立即带了三名警卫战士，把周副主席接了回来。那时环境真是紧张，丝毫大意不得。

皖南事变

1941年1月6日，皖南事变发生后，周副主席打电话给何应钦，严厉斥责："你们的行为，使亲者痛，仇者快，你们做了日寇想做而做不到的事，你何应钦是中华民族的千古罪人。"面对国民党反动派掀起的反共高潮，周副主席要求我们坚定信心，坚决同敌人斗争到底。他说，我们有100万正规军、200万民兵、1亿人口的革命根据地，我们一定能战胜敌人的进攻。同时，因为办事处也被敌人严密监控起来了，又要求我们做好应付万一的准备。

皖南事变的发生，使重庆的形势更紧张了。17日晚，即国民党当局广播蒋介石取消新四军番号的反动命令当天，周副主席在办事处召开南方局、办事处工作人员大会。周副主席强调，我们一定要做最坏的准备，要准备反动派可能搞突然袭击，抓我们的人，要搞我们党的机密、密码、文件、地下党员名单等。因此，必要时我们也要进行适当的抵抗，但党给我们的任务不是直接用枪杆子同国民党打，是要我们在国民党的心脏里起哨兵尖兵的作用，了解敌情、宣传和组织群众。他再三强调，要求我们一定要坚守岗位，保守党的机密。如果国民党来了，我们抵抗一下，把机密文件烧毁，完了就准备坐牢。在出现这种危急情况时，一定要尽可能争取让蒋介石把我们送回延安，争取全师而归。周副主席严肃地说，如果国民党把我们都抓起来了，我们就一起坐牢。他们要问你们是不是共产党，男同志都承认是共产党，女同志承认是家属，因为我们是公开的共产党机关。要是问你们党组织的情况，就说我们的中央在延安，主席是毛泽东，这里的支部书记是周恩来。再问有哪些是负责人，就说有董必武、邓颖超。再要问就说不知道。你们就让他们来问支部书记周恩来。我们在牢里，只要坚持不泄露党的机密，好好保养身体，国民党也有可能不敢杀我们。因为我们有几百万军队和民兵，有中国广大人民群众做后盾。但也要做最坏的准备，要准备牺牲，要牺牲我们一块儿牺牲！周副主席最后指出，我们现在的工作更困难了，我们当共产党就不要怕困难，只要国民党还没有把我们抓起来，就要坚持工作。为了避免和减少牺牲，就要疏散一些同志，要留的坚决留，要走的坚决走。留下的同志要更加努力工作，疏散出去的同志，你们无论在哪里都要服从组织安排。当时绝大多数同志表示坚决留下来。红岩、曾家岩两处共有100多人，南方局决定只留四五十人坚持工作。南方局和办事处除疏散了一些党内同志外，还安排大批民主党派和文化界人士疏散到香港及其他地方。周副主席讲了两个多小时。讲完后，怀着悲壮、气愤的心情在红岩题写了"千古奇冤，江南一叶；同室操戈，相煎何急!?"的著名诗篇和"为江南死国难者志哀!"的悼词。办事处立即派人将周副主席的题词送到新华日报社。周恩来题词后，他同叶剑英、陈舜瑶乘车到曾家岩，又是通宵达旦、一夜没睡。目睹周副主席的忧伤，我倍感不安。

报社的全体工作人员紧急动员起来，我带着几名警卫战士赶到了编辑部、排字房和印刷房，以防反动派破坏。平时，报社要把每天的社论、新闻送到国民党新闻检查所去审查，但17日这天半夜，新闻检查所的老爷们却一反常态，亲自来报社，坐镇检查第二天的报纸，目的是不允许发表皖南事变真相的消息。我和报社的负责同志把情况向周副主席汇报后，在周副主席的指导下，我们同国民党反动派进行了针锋相对的斗争，采取了紧急措施：一方面，我们派报社的负责同志在会客室同那些检查老爷周旋，把他们稳住在会客室；另一方面，我们警卫战士守住排字房和印刷房，报社的工作人员安排好两种不同版面的报纸，一种用来应付审查，一种是印有周副主席悼词和题词的。待国民党新闻检查老爷们看过第一种版面的报纸走后，我们立即连夜按第二种版面加速印刷，在天亮以前把报纸发出去。第二天清晨，我们办事处的工作人员和报童把报纸及时地散发出去，董老也坐着黄包车散发报纸。霎时，重庆的各机关学校和大街小巷，人们都在争相阅读《新华日报》。等到登载国民党反动命令的《中央日报》到读者手里的时候，真相早已大白于天下。这时国民党特务、警察、宪兵如临大敌，惊慌失措，到处追捕报童，扣留报纸。周副主席得知情况后，在我们警卫队的护卫下，到宪兵司令部提出严正交涉和抗议。敌人不得不释放报童，发还报纸。在这种针锋相对的斗争中，我们取得了胜利。

当时，党中央对日益恶化的政治局势做过一个判断，认为国民党当局有可能迅速决裂。中央要求周副主席等赶紧寻机离开重庆返回延安。1月20日，中央又发来急电，要周副主席、叶剑英、董必武、邓颖超及办事处和新华日报社的重要干部尽快离开重庆。在这紧要关头，周副主席冷静、沉着，与大家商量，分析形势。同志们一致认为，此时难以离开，为了政治上的反攻，还是以不撤离重庆为好。经反复陈述，最后中央同意了他们留下来继续坚持斗争的意见。历史证明，周副主席等领导人向中央提出的留下来不撤离的意见是正确的。这就保存了中国共产党在国统区的指挥中心，保存了国共联系的主渠道，保持了国共团结抗战的局面，也保存了皖南事变以后，我党进行政治反攻的前沿阵地。

为了做好应急准备，组织上给我们每个人发了一支德国造的二十响手枪。如果遇到突然袭击我们就抵抗；如果是来了少数几个人，就不打，找几个人跟他们周旋。我们的抵抗不是拼命，是为了保守我们的机密，有些重要机密，就放在火柴盒里，便于紧急情况下烧毁。

为了应付突然事变，南方局和办事处在全体工作人员中加强了教育和应急准备措施。南方局组织部为每个工作人员编了一套"口供"，并要求每个人背熟，以作为被捕时使用。如"你是什么地方人？""干什么的？"等。如果我被捕了，我的"口供"是"湖南人""20岁""彭理""值班员"等。组织部还对每个工作人员口供背诵情况进行检查，不允许有差错。这样的情况持续了一个多月，每天思想高度集中，基本上没有睡觉。

在如此紧张的环境中，周副主席还要求我们做好新华日报社的警卫和报纸发行工作。《新华日报》是共产党的喉舌，敌人怕得要命，千方百计阻挠它的出版、发行。我们与敌人斗智斗勇，千方百计保证正常出版、发行。当时国民党为了阻挠《新华日报》的出版、发行，派了一个宪兵班进驻新华日报社。报纸必须经过他们检查后才能开印，印好了再经检查才能发出去。有一次，一期刊发了一些重要文章的报纸，本来已经制好版了，但宪兵不准印。我就想了一个办法，和几个警卫战士弄来一些酒菜，给宪兵吃，事先我们在酒里掺进了酒精，宪兵喝了以后酩酊大醉，昏昏入睡。我们就趁着深夜赶紧印刷，第二天天未亮就分发出去。卖报的也早就组织好了，三个人一组，布满了大街小巷，街上到处都是卖报声。办事处的工作人员也都上街卖报。当时，买报的人很多，我们被围在人群中，有的人为了能买到报纸，拿出1元票或5元票，钱也不要找。我们还有意地将一张张《新华日报》放在公共场所的显眼处，让大家都能看到报纸。

在皖南事变的紧张时期里，我们警卫队对办事处人员外出也控制得很严，一般情况下不让外出，怕泄密。有一次，办事处有一个叫穆青华的陕北女青年出去后，在刘家花园与几个工人交谈，说自己是陕北人，叫什么名字等，这些话让特务听到后，给她写了几封信。办事处主任钱之光知道后，找到我说："小彭，现在时局这么复杂，特务已来过几封信，要是人来了你看怎么办？"我说："既然事情已经发生了，就要想对策。穆青华现在不要出去，人来了也不要紧，我们这里是八路军办事处，是军事单位，不是招兵买马；再加上我们警卫队严加防守，他们也进不来。"钱之光听后点了点头说："就这么办，你一定要顶着。"我们始终也没有让特务的阴谋得逞。

无尽的关怀

周副主席、邓大姐尽管工作十分繁忙，对我们的思想教育还是毫不放松，对我们的工作、生活、学习十分关心，就像对待自己的孩子们那样关爱我们。他们在百忙之中，常常抽出时间来找我们谈心，做我们警卫战士的思想工作，进行革命形势教育；对我们的警卫工作要求很严格；对我们的文化学习抓得很紧；对我们的生活也经常放在心上，时常到我们工作人员的食堂进行检查，并且每周都安排一些文体活动。

在重庆跟随周副主席的5年中，我得到了周副主席、邓大姐无尽的关怀和深切的教诲。他们不是我们的父母，却比我们的父母更关心我们。记得在我们刚到重庆的时候，邓大姐就来看望我们全体警卫人员。大姐在我的房间待的时间最长，她先介绍了"八办"的情况，所处的环境、敌情，警卫工作中要注意的问题，等等。然后，大姐询问了我的家世。当我告诉她，我家世代务农，家里很穷、很苦，受尽了地主老财的剥削和压迫，从小父母亲双亡，靠哥哥打短工和采野菜勉强度日，实在生活不下去了，怀着改变命运的想法在13岁时参加了贺老总领导的红军队伍时，大姐给予了深深的同情和鼓励，亲切地勉励我努力工作，把警卫工作做好。就是因为有了周副主席、邓大姐的关怀与教诲，我们这些农村的孩子才一步步成长起来。

在重庆这样的险恶环境中，我们警卫队的工作是十分紧张的，责任心要非常强，来不得半点疏忽和大意，每天面对的敌人是形形色色的特务，往往精神高度紧张。这样的工作干了一两年后，有些警卫战士不安心工作，想到抗日前线、解放区或延安去，痛痛快快地打日本鬼子，痛痛快快地工作。周副主席发现这些思想状况后，便召集我们开会，讲在国统区工作的重要性。为了排解大家的苦闷，周副主席还非常关心办事处工作人员的文化娱乐生活。每到星期六晚上，只要没有紧急任务和外事活动，他总要和大家一道开展各式各样的文娱活动，如跳舞、唱歌、演戏等，逢年过节，更加热闹。当时演出的有话剧《同志，你走错了路》、秧歌剧《兄妹开荒》等。在组织的文艺演出中，我曾获得笛子独奏第一名。体育活动也很丰富，经常组织篮球赛、排球赛、运动会，在一次运动会上，我获得了跳远第二名，邓大姐当裁判员，董老发奖。

那时，周副主席、董老对我们警卫战士的学习也很关心，专门安排宋平的爱人陈舜瑶给我们上文化课。有一次，我正在练习写毛笔字，可怎么也写不好，咬着笔杆直发愣。这时只感觉到有人拍了我一下，回头一看是周副主席，我赶忙说："报告周副主席，我们正在练习写毛笔字。"周副主席笑了笑说："你为什么不写？"我说："写不好。"于是握着笔写起来。周副主席看着我握笔的姿势对我说："小彭啊，写字笔要执正，对着鼻子，身子坐端正，眼睛正视笔尖。"说着，手把手地教我写，我深受教育。

1943年6月，我拉痢疾住进了花龙桥旁边的一家医院。有一天，周副主席和邓大姐买了牛肉罐头、奶粉等东西一起到医院看我，叮嘱我好好休息。当时在重庆，周副主席名声很大，许多人认识他。医院有个护士长叫王丽，她和医生看到周副主席夫妇亲自到医院看我，又送这么多东西，就好奇地问我："你是哪一级干部？是个什么官？"我回答说："我是一个兵，一个普通的兵！我们官兵是一样的。首长爱护士兵，士兵也尊敬首长。"他们听后深有感触地说："共产党真是了不得啊！"在医院住了两天，我就吵着要回办事处。医生说："你的病还没好是不能回去的，周副主席说了要你好好休息。"我急切地说："我回去就是要保护好周副主席，你们让我回去吧。"在我的一再要求下，第三天我拿了点药就回到了办事处，又投入了紧张的工作。

在那极为险恶的环境中，周副主席的工作非常繁忙，在生活上对自己要求也非常严格。记得1943年3月5日那天，是周副主席45岁生日。办事处一些热心的同志备好一些茶点，要为他祝寿。周副主席回来后得知此事，坚持不参加祝寿茶话会。

遵照中央关于加强保健工作的决定，南方局常委和有关领导享受甲级保健待遇，即每天增加两个鸡蛋。而在此名单中，周副主席划去了自己的名字。周副主席等领导人经常将自己的补贴转让给伤病员，或捐赠给托儿所。

1945年春节后，根据党中央的指示，周副主席、邓大姐回延安工作，我也随他们回到了延安。董老和叶剑英仍留在重庆。回到延安后不久，周副主席送给我一条马裤。他对我说："小彭，到延安就冷了，我把这条裤子送给你。"我激动地用双手接过裤子，心潮澎湃，感慨万千，回想在重庆艰难困苦的生活环境里，周副主席、邓大姐不仅从思想政治上教育关心我，在工作、学习上帮助督促我，生活上也是十分关心。现在，刚回到延安，周副主席怕我冻着，就送裤子给我，对我真是关怀备至啊！

周副主席胸怀广阔，宽容大度，深入和广泛联系群众，爱护干部，关心同志和朋友，严于律己，宽以待人，对工作鞠躬尽瘁，舍身忘我。这些高贵品质和革命精神，高尚的人格风范和优良的作风，深深地影响和感化了我，对以后我的成长，起到了导师和引路人的作用，我将永志不忘。

可以说，我在重庆八路军办事处和周副主席身边担任警卫工作的5年，是在周副主席、邓大姐关怀教育下成长进步的5年，是在白色恐怖下、惊心动魄的对敌斗争中经受考验与磨砺的5年，也是我政治上成长最快的5年。在周副主席身边5年，耳闻目睹周副主席高超的斗争艺术，多谋善断的政治智慧，敏锐的政治洞察力，是坚定的原则性和灵活的策略性的恰到好处的结合，我从中学到了很多东西。这对我以后从事领导工作和保卫工作，产生了长远而深刻的影响，绝对不亚于上了5年大学。

作为周副主席的警卫队长，5年中，我几乎与他形影不离，在无数次生死关头，我挺身而出，保卫着这位伟人的安全……在重庆办事处的5年时间里，经历国民党三次反共高潮，形势极端复杂，处境十分艰险，而整个警卫工作没出一点问题，组织上给予了我很高的评价，并给予了物质奖励。这段经历我终生难忘。

一天两次空中遇险

何立群[*]

  我的父亲何谦是 1933 年参加红军的，长征后在 129 师 385 旅 770 团，驻甘肃庆阳。1940 年 4 月调到周恩来副主席身边做警卫员，后任警卫副官。当时先后调到周副主席身边做警卫工作的还有 359 旅的几位同志，其中包括我的公公彭祖贵。在重庆南方局工作的 6 年，是父亲一生中最难忘的经历之一。父亲去世后，我收集整理了他的日记和回忆文章，从中选摘一段周副主席在南方局期间一天两次空中遇险的故事。

  1940 年 4 月，组织上把我从 385 旅选调到周副主席处任警卫员。到职后组织上安排我们几个新调来的警卫人员进行了半个月的学习培训，于 5 月初跟随周副主席离开延安，奔赴重庆。这是周副主席自 1939 年 6 月从重庆返回延安后再次去重庆。国民党当局非常紧张，从周副主席离开延安开始，一路上不断受到国民党军队和特务的阻挠盘查，每次都是周副主席带领我们进行有理有利有节的斗争，胜利到达重庆。此后在南方局和重庆办事处，可以说每一天周副主席都带领我们和敌人斗智斗勇。

  这期间给我留下最深印象的是 1946 年 1 月 30 日随周副主席从延安飞往重庆途中，在秦岭上空和重庆机场的两次遇险。这虽然不是与国民党反动派周旋，但恶劣的气象环境造成的惊心动魄的危难同样是生死考验，这

---

  [*] 何立群：何谦、李玉华之女，四川医学院医疗系毕业，北京体育大学运动康复系主任医师，已退休。

是我跟随周副主席20多年中非常值得追忆的一天。

1946年1月，国民党当局在全国内战尚未准备就绪的情况下，迫于全国人民渴望和平和民主的压力，迫于中共代表团和民主党派、无党派爱国人士的据理力争，以及美国特使马歇尔将军的努力促成，不得已在重庆召开了有国民党、共产党、其他政党和无党派人士参加的政协会议。会议上斗争激烈，分歧很大，我党出于避免内战，营造和平民主局面的大局，尽了一切努力争取开好会议。经过艰苦斗争，会议取得了一些对人民有利的进展，定于1月31日闭幕。1月27日周副主席乘坐马歇尔将军亲自派遣的一架美国C-47型军用运输机飞回延安，向党中央和毛主席汇报，我作为警卫副官随同返回。这架飞机不大，机舱很简陋，四壁光秃秃的，靠两侧舷窗各有一排军绿色的铝制条凳，乘机人员只能一个挨一个地坐。下午4点左右，飞机在桥儿沟机场降落。毛主席、朱老总、刘少奇、彭德怀和杨尚昆同志冒着数九严寒亲自在机场迎接，可见中央对周副主席此行是多么重视。几位中央领导和周副主席一行的汽车直接开到枣园，记得我们和周副主席乘坐的是一辆黑色大救护车，是宋庆龄送给延安的。

27日下午到29日下午短短的两天时间，周副主席的日程安排十分紧凑，开会，向主席汇报，会见中央高层领导和有关同志，每天都忙到深夜。28日晚中央办公厅特别举办了一场中直机关舞会，毛主席、少奇同志、朱老总和周副主席等领导同志都出席了，气氛热烈愉快，这让周副主席少有地放松了一晚。

29日下午，周副主席乘坐同一架飞机前往西安，再从那里飞往重庆。随同周副主席去重庆的有陆定一和邓发同志，军事参谋童陆生、郭智丰，作家戈茅，周副主席的秘书李金德和我，毛主席夫人江青搭机去重庆看牙，叶挺将军的小女儿叶扬眉也搭机去重庆迎接爸爸和妈妈。下午5点左右飞机降落在西安。八路军西安办事处的负责人周子健和伍云甫同志早就在机场等候了，他们安排周副主席一行人在七贤庄八路军办事处稍做休息后，又安排去珍珠泉浴池洗了个澡，让周副主席和每个同志解除旅途疲劳，我们开玩笑地称为"土包子开洋荤"了。回到办事处后，周副主席给西安办事处的同志和随行人员讲了当前国内外形势及政协会议的情况。大家都休息后，我又随周副主席出去会见了西安的一些国民党军政要员，

一直忙到凌晨才上床休息。

秦岭上空第一次遇险

30日上午9点，周副主席的专机从西安西郊机场起飞去重庆。那天碧空万里，天气好极了，我们很庆幸。周子健处长目送我们的飞机起飞后电告延安，延安随即通知了重庆办事处。留在重庆的中共代表团成员董必武、王若飞、李维汉、叶剑英、吴玉章、邓颖超、齐燕铭同志都在望眼欲穿地等候着周副主席带回党中央指示。

那时的飞机不够先进，气候不好对飞机影响是很大的。时值数九寒冬，机舱里没有取暖设备，冷极了。好在周副主席已经提前告知每个同志要多穿厚棉衣，我们都穿得鼓鼓的，只有邓发穿了件棕色短皮衣，显得很精神。当时抗战刚胜利，政协会议又要成功闭幕了，每个人的情绪都很高涨，有说有笑。小扬眉最兴奋，因为就要见到爸爸妈妈了，她怎么能不高兴呢？叶挺将军自皖南事变身陷囹圄，至今已5年，迫于全国人民的强烈要求，经过周副主席代表我党采取各种办法全力营救，加上社会各界有影响人士的全力斡旋，蒋介石终于同意释放叶挺将军，这是我党与蒋介石斗争的一个重大胜利。

从西安飞往四川的航线很复杂，出西安不远就是3000多米高的秦岭，因此飞机要大角度盘旋爬升到4000米以上才能越过秦岭。大倾斜的爬升飞行，加上寒冷，颠簸震动，马达轰鸣，我们的身体都很难受，不少人呕吐，弄得机舱里到处都是，那情景真是狼狈。周副主席没有吐，他忍着身体的反应大声安慰大家："没关系，飞机过秦岭，颠簸是正常的。"大家知道周副主席乘飞机有经验，听他一讲，心情轻松了一些。

飞机盘旋爬高后直飞秦岭上空。但是谁也没想到，在飞越秦岭时，飞机意外地受到了强冷空气团的包围，当时只以为天气变差了，并不知道危险已经临近。舷窗外明朗的天空变成了黑沉沉一片，什么都看不清楚，只感到飞机颠簸得很厉害，密集的冰雹砸在机身上咣咣乱响。美军驾驶员也很意外，只能硬着头皮继续往前闯。可是飞机越来越不听指挥，像脱缰的野马一样忽而被高高抛起，忽而又猛地下沉。更不妙的是，在强冷空气的包围中，机身上开始结冰，而且越来越厚，连舷窗上都结满了冰，压得飞机往下沉，令人紧张不安。这时前边驾驶舱走出来一大个子的驾驶员，对周副主席和陆定一同志说：飞机遇上了恶劣的气候，爬高爬不上去，请大家背好降落伞，以备不测，随后又讲解了降落伞的使用方法。

周副主席感到了问题的严重，他和陆定一、邓发小声商议了一会儿，然后走进驾驶舱了解情况。听机长介绍完险情，周副主席问他："飞机飞过秦岭要多长时间？飞过去有没有把握？"机长回答后他又问："如果飞不出强冷空气区，返回西安行不行?"机长马上说："周将军，您的想法和我们准备采取的措施一致，但情况是严重的，为了减轻飞机的重量，请你们把一些行李和多余的东西扔下去。"那个大个子飞行员跟着就走出驾驶室打开了后舱门，先把便梯、铁桶、铁箱子扔了出去，然后催我们扔行李。周副主席招手把我和李金德叫过来，让我们帮着把一些行李和物品扔下去，同时特别叮嘱我们要保护好装文件的箱子和手提包。我和李金德忍痛先扔了几箱延安梨，然后扔了几捆中办专门送给南方局同志做衣服的羊皮筒子和土产呢料。那时边区的物质条件多困难，扔掉这些东西真是心疼哪！这时飞机不仅忽升忽沉，而且机身开始嘎嘎乱响，很吓人。大个子飞行员担心飞机再下沉会撞山，不容分说，见东西就往外扔。我们两人又要保护文件，又要帮着他们扔东西，搞得手忙脚乱，心情很紧张，还想着万一让跳伞，怎么保住这些重要文件。

机舱里很混乱，大家都没有经历过这种情况，有的在呕吐，有的在互相关照什么，有的急切地看着周副主席和机组人员，期待情况能有所好转。周副主席从容镇定地指挥我们背上伞包，并且特别关照我帮助江青背伞。随后周副主席逐一检查每个同志的情况，突然他发现小扬眉在斜对面的椅子上哭，马上走过去坐在她旁边，安慰她不要害怕，要学爸爸一样坚强。他发现扬眉没有背伞包，马上解下自己的伞包给扬眉背在身上。我见状赶紧从后舱大步跑过去，把自己的伞包给周副主席背上，这时那个大个子飞行员又找出来一个伞包给我背上，这样每个人都有了伞包。记得邓发特别严肃地对我说："小鬼，如果跳伞，你一定要紧随周副主席，一定要保证他的安全哦。"

扔下去那么多东西似乎没起到多大作用，飞机还是在剧烈颠簸和逐渐下沉中拼命挣扎着向西安方向飞。美军机组人员极度紧张又无可奈何，只差命令跳伞了。我看到周副主席的表情始终没有一丝慌乱，他走到机组人员那里，帮他们出主意，鼓励他们沉着冷静，并表示完全相信他们的驾驶技术。周副主席早年在欧洲勤工俭学，外语很好，他用英语和美国人商量如何渡过难关，无疑鼓舞了机组人员的信心，又过了二三十分钟，飞机终于冲出了冷空气团。

飞机在上午 11 点左右回到西安。着陆后机身上的冰块开始融化，大块大块地掉到停机坪上，看了真是后怕。清点东西时我发现，被扔出飞机的除了一些个人物品、梨箱、衣料、行李，还有为给边区购药携带的一个装有几大捆民国钞票的木箱子和江青的一个箱子，我和李金德找周副主席检讨，他没有责怪我们。

周副主席和机上所有人员一道乘坐西安美军的车辆直接来到西安有名的"鸿宾楼大饭庄"。开始我不明白，不去办事处去鸿宾楼干什么呢？后来才知道是为了慰劳美军机组人员，他们今天立了大功。我在鸿宾楼打电话给周子健处长，他们得知周副主席又回到西安，十分惊诧，立即赶了过来。周处长对周副主席说："原来以为你们快到重庆了，没想到气象条件这么恶劣，真是太危险了。还能再飞吗？"周副主席坚定地说："明天政协会议闭幕，要形成几个协议，一定要把中央精神带到会上，今天无论如何要赶到重庆。"接着又说："在机场我已和机长说好了，下午过秦岭时提前把飞行高度提高一些，就可以躲过恶劣的气候。可能空气稀薄一些会发生缺氧，好在时间不长就过去了。"然后又交代周处长："你在这里（指鸿宾楼）单独准备一桌饭菜，好好款待一下机组人员，他们今天很负责任，飞得很好。由你主持请客，我和定一同志作陪。"接着又悄声嘱咐周处长，"在飞机上把江青的箱子也丢下去了。你去问问她，急需的东西在西安先买点，其他的到重庆再说。"在宴请美军机组人员的宴席上，他们见到周副主席等中共领导人亲自陪他们吃饭，非常感动，一再表示感谢说："让周将军受惊了，今天能够脱险是上帝在保佑你！如果在秦岭上空跳伞，这样恶劣的天气，后果真是不堪设想。"周副主席爽朗地笑了："今天全靠你们的高超技术，你们今天的飞行太成功了！我要感谢你们。"周副主席的鼓励和平易近人，深深感动了美军驾驶员，他们都开怀地笑

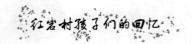

了。机长向周副主席表示："请周将军放心，下午一定成功！"记得那天有几个在飞机上呕吐得很厉害的同志吃不下饭，为此周副主席还特意让周子健处长搞来一些天津"心里美"萝卜，大家很爱吃，有的还带上几个为再次飞越秦岭备用。

重庆上空第二次遇险

下午 2 点多，这架 C-47 运输机又载着周副主席和所有人员第二次飞越秦岭，经成都飞向重庆。这一次根据周副主席和机组预先商定的方案，提前爬升到 5000 米以上高度，避开了上午遇到的恶劣气象。飞机在山峦起伏般的云海上面飞行，云海一望无际，明媚的阳光从窗外射进来，机舱里很明亮。可是因为飞得更高了，舱内非常冷，我感觉比长征时爬雪山还冷，把能穿的厚衣服都穿上还是冻得不行。一会儿，高空缺氧的反应又开始折磨人了，心慌气闷，呼吸困难，身上说不出来的难受。我看到周副主席脸色和呼吸都不太好，可他不顾自己的反应，安慰大家："这种缺氧情况等一会儿高度下降就好了。"江青对缺氧的反应好像最厉害，她躺在舷窗旁的铝条凳上，脸色苍白，大口大口地喘气。周副主席特别关心她，走到她身边询问身体状况，然后亲自到驾驶舱向驾驶员借氧气。机组人员以为是周副主席自己要用氧气，那位大个子飞行员赶忙拿来一个自用的氧气筒，周副主席对我说："何谦，你给江青同志吸氧吧。"我不知道氧气筒怎么用法，那个飞行员就教我怎么开和关。江青用氧十几分钟后反应缓解了。还有一个同志也吸了氧，其他同志虽然也有反应，但没那么多氧气可用，全是挺过来的。小扬眉也很不舒服，周副主席问她："扬眉，顶得住吗？吸点氧气吧。"小扬眉大声回答："我能行，不用吸氧气。"看着扬眉难受的样子，周副主席让我给小扬眉吸一会儿氧气。我把氧气送到扬眉身边，可她说什么也不肯用，表示自己很坚强，我们看着天真的小扬眉都笑了。

不久飞机高度开始下降，感觉好多了。大家开玩笑对我说："你们四川真是蜀道难啊，像李白说的，黄鹤之飞尚不得过呀！"陆定一同志幽默地接过话茬儿："我不管蜀道怎么难，反正我们是飞过来喽！"飞机在成都天河机场降落后要加油，趁此机会，我请周副主席下飞机散几分钟步，呼吸一下新鲜空气。这里湿润的空气和陕北的干燥空气完全不同，给人一种清新舒适之感。

飞机加足汽油后再次起飞，大约傍晚 6 点多钟飞临重庆白市驿机场上空。机场位于歌乐山西南侧，距离市区 50 多公里，三面环山，一面是丘陵，是当时重庆唯一有正式跑道的机场，用机长的话说，是少有的降落难度大的机场。飞机一般都从丘陵方向降落，这样不会撞山。那天傍晚重庆下着雨夹雪，浓雾弥漫，加上天色黑了下来，能见度极差，给飞机降落造成了很大困难。一个飞行员过来告诉周副主席，飞机正在寻找机场的位置。周副主席请那位飞行员转告机长，要沉着冷静，尽快与地面联系上。但是"屋漏偏逢连夜雨"，不知什么原因，我们的飞机与地面怎么都联络不上。

飞机在机场上空盘旋了好几圈都落不下去，大家开始感到了情况的严峻。周副主席和陆定一、邓发在一起小声商量着。过了几分钟，刚才那位飞行员又出来报告说，看不清跑道。更严重的是，要返回成都汽油不够用了。周副主席马上走进驾驶舱同机长商量对策，坚定地对机长说："飞回成都也很危险，我相信凭你们的出色飞行技术和丰富的飞行经验，一定能安全着陆。"受到周副主席的鼓舞，机组人员的胆子壮了起来。机长派一位飞行员出来传达：把腰上的安全带系紧一些，现在没有别的选择，只能强行着陆。我们都把安全带绑紧了，静待飞机着陆。周副主席在座位上沉思着，我知道他是焦急惦记着即将闭幕的政治协商会议，又牵挂着机上的同志和机组人员的安全。每当遇到困难和危难，周副主席总是先想到别人的安危，就像皖南事变后，他自己也时时处于危险之中，可一心顾虑的是怎样保护党内外同志的安全，他身上肩负着党和民族的前途命运，那副重担是没有人能分担的。

飞机开始向下盘旋，机舱里的气氛好像凝固了，没有人说话，只听到马达轰鸣声。天色完全黑了，什么也看不清。飞机第一次试着陆没有看清跑道，马上盘旋上升进行第二次着陆，又没有成功。时间在一分一秒过去，燃油越烧越少，每个人的心都绷得紧紧的，而我看到周副主席的表情还是那样从容，真是从心底里敬佩他的领袖风范。飞机第三次盘旋上升后再降下去，不一会儿，嘣的一声响，我感到了脚下机轮摩擦跑道的震动，周副主席、陆定一、邓发脸上都绽露出了笑容。飞机慢慢减速，终于着陆成功了！机舱里一片欢腾，我听到有人小声说：周副主席就是命大呀。周副主席一走下飞机就冲着我们开怀大笑，所有的人受到他的感染，都哈哈大笑起来。我过去从未见到他这样大笑，后来二十几年我也再没见他这样大笑过。

经过了一整天的颠簸周折，两次死里逃生，我们终于胜利到达重庆了。我想此时，延安和重庆一定都在紧张祈盼着周副主席平安到达的好消息呢！

周副主席和陆定一、邓发带领我们与美军机组人员一一握手。美军机长感慨万千地对周副主席说："太谢谢周将军的鼓励了！像今天这样的坏天气，若不是您公务紧急，冒如此大的危险飞行是绝对不能容许的。今生能为周将军服务，我们非常荣幸！将军这样的伟大人物，上帝会保佑您。"周副主席紧紧握着机长的手对他们表示感谢。的确，这些美国军人是友好的、真诚的。

下飞机后没有见到办事处来接周副主席的人和汽车，找遍了塔台和四周都没有，我赶紧给办事处打电话，可怎么也打不通。机场没有休息室，周副主席和所有同志全挤在一个四周无遮拦的布篷下边躲雨，而且又冷又饿，可把我急坏了。周副主席却不急，他一面叫人继续打电话，一面让我搭一辆美军进城的货车去办事处联系。回到办事处我才搞明白，钱之光主任和龙飞虎、段延英他们在机场等了一下午，机场始终联系不上飞机，就告诉他们像这样恶劣的天气，飞机肯定是无法降落而返航了。他们没办法只好赶回办事处和延安联络，落实飞机到底在哪里。但延安只告知飞机已从西安起飞，他们也不知道飞机的位置。这边办事处，董老、邓大姐等领导同志心急如焚，延安那边毛主席等中央领导也是忧心忡忡，都为周副主席一行人捏着一把汗。

当我和龙飞虎、段延英、朱友学几个人乘车赶回机场，把周副主席一行人接上车后，雨夹雪已经下了半尺多厚，路都看不见了，龙飞虎和朱友学同志打着手电筒步行引路，汽车开回代表团驻地已经是夜里10点多了。代表团所有人都跑到院子里迎接，周副主席顾不上和大家庆贺，也顾不上

吃饭换衣服，马上向董老等领导同志通报中央精神，匆忙中还关照我找钱之光和龙飞虎同志赶快为江青添置衣服和物品。那天夜里，我见到会议室的灯光久久亮着。

1946年1月30日，两度的危险处境，随时都可能造成无法挽回的严重后果，包括周副主席和大家的生命安全，也包括第二天政协会议的胜利闭幕。多年后每当回忆起那一天我都在想，美军驾驶员的优秀技术肯定是转危为安的重要因素，但更关键的是周副主席的处变不惊和从容不迫，对机组人员和所有乘机人员起到了精神支柱的作用。当时如果不是周副主席的沉着冷静，稳定了机组人员和我们大家的情绪，也许情况会是另一个样子。这是我一生中永远不能忘怀的一天。中华人民共和国的建立和国家的富强，是毛主席和周副主席等党的领袖带领我们历经多少这样的危难、艰险，付出多少牺牲才换来的，希望孩子们永远记住我们党和国家创业的艰难。

后记

我父亲和南方局所有周伯伯的警卫人员，对这一时期的每件经历都是刻骨铭心的，包括甩特务、躲轰炸、处理各种危机等，周副主席和警卫人员之间，以及警卫人员和警卫人员之间，都因此结下了生死的革命情谊。中华人民共和国成立后，周伯伯无时不在关心和爱护着这些曾经跟随他出生入死的部下。"文化大革命"中我的公公受到迫害，周伯伯专门给湖南省委写信进行保护。龙飞虎伯伯在福州军区工作，周伯伯和邓妈妈承担了照顾他在北京的儿子和女儿的事情。父亲在周伯伯身边负责警卫和行政工作，因而我们能经常见到周伯伯和邓妈妈。记得1959年元旦，邓妈妈在外地疗养，周伯伯在百忙之中专门抽出时间把南方局的部分工作人员和他们的孩子叫到西花厅共度元旦，还叫孩子们与他合影留念。其中一张照片在周伯伯诞辰100周年时被中央文献研究室收集到《周总理和邓颖超》画册中，成为永久的纪念。这些照片和父亲口述的跟随周伯伯20多年中发生的一幕幕感人的故事，是激励我努力工作、踏实做人的源源动力。

☆1959 年元旦，周恩来与部分工作人员的孩子们在西花厅合影留念。前排左起：周恩来侄女周秉建、何谦之子何滨、何谦之女何立群、周恩来、孙维世之女孙小兰、周恩来侄子周秉和、陈浩之子李小泊；后排左起：龙飞虎之女龙铮、周恩来侄女周秉宜、周恩来侄子周秉华

我的父亲与周恩来

龙剑辉　龙海岩*

父亲·警卫副官

我的父亲龙飞虎跟随周恩来始于1936年的西安事变。1936年12月12日，东北军统帅张学良，西北军将领杨虎城，因不满蒋介石"剿共"方针，拥护中国共产党"停止内战，共同抗日"的主张，在西安临潼发动"兵谏"。扣押了蒋介石，同时通电全国，并邀请中国共产党派员赴西安共商大计，这就是中国现代史上著名的西安事变。

中国共产党派出了以周恩来、博古、叶剑英为主的代表团，谋求和平解决西安事变；父亲当时是红军大学一期二科学员，被中央保卫部挑选为周恩来的随身警卫副官共赴西安，从此，父亲跟随周恩来在国统区战斗工作了11年，开始了他伴随领袖的光彩篇章。

在处理西安事变的这段日子里，周恩来非常忙碌，每天早出晚归，每天的睡眠不足4小时。那时，西安的形势非常严峻，东北军、西北军的官兵义愤填膺，一致要求把蒋介石杀掉，南京亲日分子指挥的"讨伐"大军逼近潼关，大规模内战一触即发。周恩来整天忙着和张学良、杨虎城谈

---

　　* 龙剑辉：龙飞虎、孟瑜之子，中国人民解放军装甲兵指挥学院毕业，福建对外经济贸易职业技术学院工作；龙海岩：龙飞虎、孟瑜之女，第七军医大学毕业，原福建省地税局工作，已退休。

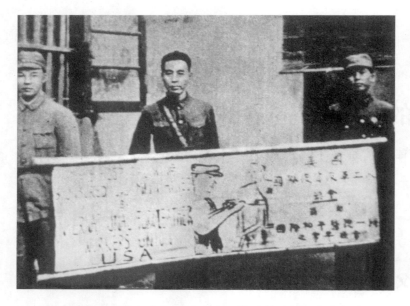

☆1940年龙飞虎（右）与周恩来（中）接受美国国际皮货皮革工人
　向延安和平医院赠款

话，与东北军、西北军的军官谈话，给他们分析当时严峻的局势，详细地
阐述党中央关于抗日民族统一战线的英明主张。

在张学良陪同蒋介石飞抵南京被扣押后，西安城内面临严峻的形势。
东北军的少壮派，大都是掌握实权的团营级军官，他们与张学良有着深厚
的感情，见张学良迟迟不能返回，有的人就怪罪元老派，认为他们想取而
代之。于是发动签名运动，反对元老派的和平主张，要求营救张学良，不
惜与中央军开战，一时间主和派都不敢发表讲话。杨虎城担心蒋介石报
复，对开战也没把握，也望张学良快回来，思想上倾向少壮派。这期间，
风云变幻莫测，心怀各种想法的人都在盘算着未来。周恩来的工作更加繁
忙。父亲紧随周恩来，亲眼见他迎来送往，奔走游说，以致嗓子都哑了。
周恩来认为战端一开，既不能争取张学良回来，也有违西安事变的初衷，
他认为应抓住矛盾的主要方面，着重做少壮派的工作。

由于东北军少壮派不满意元老派求和的主张，于2月2日派人枪杀了
67军军长王以哲。这时西安谣言纷纷，有些人挑拨说，少壮派的行动是

受共产党指使的。面对这突变的风云、前途叵测的险境，周恩来心急如焚。他带着父亲，亲临王以哲家中吊唁。当时，王家已乱成一团，周恩来亲切的慰问使王的家属和部下们深受感动。

"为避免意外的损失，周恩来与博古、叶剑英商议，由博古、叶剑英、李克农、罗瑞卿率代表团大部人员撤到云阳红军总部，留下警卫副官龙飞虎、杨家堡，机要员童小鹏和报务员彭绍坤、林青跟随周恩来和刘鼎坚持在西安，谋求和平解决西安事变。"（引自童小鹏《风雨四十年》）

☆1940 年 1 月 3 日，龙飞虎（右）与胡金奎在江西上饶新四军代表处合影

后因东北军内部的分化，面对南京国民政府的强大压力，西北军将领杨虎城、东北军的负责人于学忠不得不接受南京政府的提案，即 17 路军由西安撤回三原，东北军东调河南安徽。于 2 月 5 日联合发表和平宣言。西安事变遂和平解决。

根据周恩来与蒋介石在西安就抗日民族统一战线谈判时的承诺，红军在西安设立了红军联络处。2 月 4 日，父亲即跟随周恩来从张学良公馆搬到七贤庄一号，正式成立红军联络处。至此，以周恩来为首的中共中央代表在风云变幻、复杂困难的情况下力挽狂澜，胜利地完成了党中央交给的任务，为促进西安事变和平解决做出了不可磨灭的贡献。"西安事变的和平解决成了时局转换的枢纽：在新形势下的国内合作形成了，全国的抗日战争发动了。"

西安事变结束后，父亲返回延安任西北局保卫部情报科长；1937 年 8

月周恩来从太原拍来电报，调他到太原办事处工作，任办事处副官，并跟随周恩来出入南京、武汉，开展抗日民族统一战线工作。

1937年12月，以周恩来为首的中共中央代表团常驻武汉，同国民党继续进行谈判，父亲任八路军驻武汉办事处交通科副科长。1938年10月23日，在李克农的率领下，父亲与中共中央长江局、八路军办事处和新华日报社的同志们乘"新升隆"号轮船由武汉前往重庆，在湖北嘉鱼县燕子矶水域遭日寇飞机轰炸，船上有25人遇难。父亲冒着枪林弹雨跳水求生，在长江中漂流了几小时才被群众救起返回部队。

1939年，父亲任八路军桂林办事处交通科长。在周恩来、叶剑英、李克农的指挥下，父亲和其他同志一起到香港和越南河内、海防等地转运由宋庆龄和海外华侨募捐支援八路军的救护车、药品、汽油、无线电器材等重要物资。在7个多月的时间里，父亲和战友们历尽艰险，将全部物资安全转运到了延安，对抗击日军起了重要作用。父亲在任交通科长期间，还护送了许多革命知识青年往返于延安、重庆、武汉、桂林，其中许多人后来成为文艺界、知识界的杰出人才。

☆龙飞虎在毛泽东乘坐的赴重庆谈判的座车前留影

抗日战争胜利后，为争取和平，停止内战，党中央派出以毛泽东、周恩来等为代表的中共代表团赴重庆与国民党举行和平谈判。父亲和陈龙、颜太龙等同志负责毛泽东的警卫工作。从1945年8月28日到10月11日，毛泽东在重庆工作了43个日日夜夜，父亲和他的战友们战斗了43个日日

夜夜，确保了毛泽东的安全，胜利地完成了任务。

1948年，解放战争已进入战略反攻阶段，毛泽东、党中央已迁入西柏坡，在这决定中国命运大决战的时刻，父亲响应党中央的号召，毅然奔赴解放战争第一线。当时他的职务已是师级干部，却坚决要求下到第一线作战团里任职，率部参加了睢杞、济南、淮海、渡江、淞沪、福州等战役战斗。

父亲临离开中央机关前，周恩来与他进行了长达两个多小时的谈话，鼓励他到部队要努力学习。父亲是放牛娃出身，没有系统地学习过文化，但他记性特别好，悟性高，平时就抓紧时间看各类书籍，并做了大量的读书笔记，遇事虚心地向内行人士请教，很快就适应了野战部队的环境，指挥部队作战不断传来捷报。

中华人民共和国成立后，父亲长期担任福建军区后勤部长、福州军区后勤部长职务，后来还担任了福州军区副司令员、副政治委员等职务。他离开中央机关后与周恩来的联系仍然没有中断。每次去北京开会，父亲都会到周恩来家里看望总理和邓颖超。

父亲在周恩来身边工作了11年，其一言一行对父亲的影响很大。周恩来严谨细致务实的作风，文雅谦虚的谈吐，博学多识，高瞻远瞩，运筹帷幄的才干，直接影响着父亲的立场、观点和工作作风。父亲在工作上的努力也得到周恩来的赞赏，从1940年起直到1946年撤离南京，父亲一直负责周恩来的警卫和八路军办事处的安全保卫工作，曾经任周公馆的馆长、党的分支部书记、学委会负责人。毛泽东到重庆与国民党谈判期间，周恩来推荐父亲任毛泽东警卫工作负责

☆1947年3月18日龙飞虎（左）与
  毛泽东在延安

人。周恩来交代父亲说："你们要确保毛主席在重庆的安全，都跟着主席，不要管我。"1946年11月国共谈判破裂，内战不可避免，中共代表团从南京撤回延安。1947年3月，胡宗南部进攻延安。周恩来推荐父亲担任了毛泽东的行政秘书，在毛泽东、周恩来、任弼时率领中央纵队转战陕北时，父亲又兼任了中央纵队第一大队队长，在一年多的征程中，出色地完成了保卫中央机关和革命领袖安全的任务，为中国人民解放战争的胜利立下了功勋。

1960年，父亲任福州军区后勤部长时，做了两只樟木箱托人带到北京，交给了时任周总理办公室主任的童小鹏。

周恩来规定不准总理办公室接受任何人的礼物，这一点童小鹏非常清楚，但父亲是跟随周恩来多年的工作人员，和童小鹏也是老战友，他认为这应该不同于一般人的礼物，就收下了。当童小鹏向周恩来报告了这件事后，受到了严厉的批评，并要他把两只木箱退回。童小鹏提出按价付款也行，周恩来不同意，一定要他退回，这样两只樟木箱又托运回了福州。

父亲、大哥、大姐

1948年济南战役胜利后，母亲孟瑜带着我的大哥、大姐随军进入济南，母亲在济南市电力局任人事科长。恰巧康（克清）妈妈也到了济南，她见我母亲带着两个孩子随军作战十分不便，就提出把孩子交给她管，让我母亲放心地随部队工作。就这样，我的大哥小虎（龙桂辉），大姐小瑜（龙铮）到了北京，先在朱德总司令家中，1952年又一起进入西花厅，在周总理、邓颖超夫妇身边成长。

大姐离开母亲时才3岁，母亲回忆当年离开大姐时，曾偷偷地到托儿所去看了她一眼，然后一步一行眼泪地离去，随军参加了渡江战役、淞沪战役、进军福建、参加福建闽北剿匪战斗，一去十几年都未能和大姐见面，以至于大姐15岁见了母亲时，很陌生，这让母亲十分难过。

大哥是在周恩来邓颖超夫妇、朱德康克清身边长大并参加工作的。大哥在北京上学住校，星期天就到周恩来和朱德家中，这样的情形一直持续到他参加工作。大哥是我们家孩子里面吃苦最多、见识最广的，也年长我十几岁，我们都十分崇拜他。抗战期间，父亲跟随周恩来在重庆八路军办事处工作，与母亲曾分别整整四年，母亲在军委办公厅生产处工作，一个人带着孩子。当时，延安的生活十分艰苦，后来父亲到部队行军作战，母亲就在后方留守处，带着大哥、大姐，照样行军、转移。撤离延安时，我大哥小小年纪，一样跟随队伍行军，大姐那时才2岁，放在一个毛驴驮的筐里，一个毛驴驮两个孩子和行李，遇到沟坎，毛驴一跳，筐子反扣下来，两个小孩吓得哇哇直哭。过

☆1950年康克清和小瑜在北京香山

黄河时，母亲用一根绳子拴在腰上，一边捆住一个孩子，那时船小人多，后有敌军追击，情况紧急，也有不少家属不慎将孩子遗落河中，待队伍过河后，才发觉孩子不见了，在岸边哭天喊地。这令人心酸的场景母亲何时说起都令人撕心裂肺……

大哥在学校毕业后分配在国家地质部工作，已是国家干部了。1960年周恩来针对全党高级干部有一个讲话，大意是高级干部的子女不要学清朝的八旗子弟，要到工农兵中去经风雨。为此，父亲响应周恩来号召，送大哥到部队当兵，从档案中抽出了干部履历表，让大哥从连队列兵做起，大哥也没有辜负父亲的期望，一直干得很出色，第一年就被评为"五好战士"。解放军报有位记者，下部队采访发现了这个题材，欲写一篇报道，题目就叫《将军的儿子》，但父亲知道后不同意报道。后来师部要调军政兼优的大哥到师部任参谋，也被父亲以多在连队锻炼为由阻拦了。哥哥经学校培训提升为少尉排长后，专程去北京看望周恩来邓颖超、朱德康

克清两对夫妇，这两位开国伟人对大哥从军都大加赞赏。"文化大革命"中，大哥也因父亲的问题长期受到牵连，一直在基层默默地工作。

大姐长期寄宿在周恩来家，每当父亲带一些土特产来，周恩来基本不收。邓颖超对父亲说："许多国际友人送给总理的礼物，都分类登记，全部上交公家"，要求父亲不要送东西。在父亲眼里，周恩来是导师、领袖、上级和兄长，他对周恩来充满了崇敬之情，在周恩来面前也直言不讳，周恩来也十分欣赏父亲忠厚耿直、勇敢机智的性格特点。邓颖超曾多次对我大姐说过："我和你父母虽然没有亲缘关系，我们是同志关系，但是我们的感情要胜过我那些亲戚，因为这是阶级感情。"

遭遇危难

父亲在"文化大革命"中受到很大冲击。1969 年 3 月，福州军区搞了一个"清队学习班"，关了近 200 名师以上干部，名为学习班，实质上是按照"文化大革命"中对付"走资派"的斗争模式，开展的一次要求参训干部交代历史问题的清队审查。

由于父亲跟随周恩来多年，自然成为林彪、"四人帮"集团的眼中钉，成为审查的重点对象。

1969 年 3 月初，父亲被突然关进学习班，审查的重点是要他交代在国统区工作的问题。

审查人员给父亲定了四条罪状，其中主要的一条诬陷父亲龙飞虎在"宝鸡事件"中被俘叛变。

"宝鸡事件"发生在皖南事变之后。皖南事变是国民党反动派发动的第二次反共高潮的顶点，自皖南事变后，所有的八路军办事处与延安之间的人员、物资往来均遭到国民党反动派的无理扣押、刁难，有的达半年之久。1941 年 1 月初，父亲带着 3 辆大卡车、1 辆小轿车护送 40 余名干部由延安赴重庆，途经陕西省宝鸡市时，国民党宝鸡运输检查站蓄意阻挠，不准车辆和人员通行。在这远离党中央机关的艰难时刻，父亲临危不惧，孤军奋战，与国民党反动派进行了针锋相对的斗争。他把国民政府开出的护照拿给检查站站长看，问是否承认你们政府的大印，使敌人哑口无言。

面对敌人的嚣张气焰，父亲掏出手枪，往桌面上一拍，说延误我的公务，你们要负全部责任。经过 7 天交涉，终于迫使敌人放行了车辆和人员，保护了这些同志安全抵达重庆。周恩来在重庆办事处的党支部大会上表扬父亲"对敌斗争有理有节，有胆有识"。1942 年八路军在重庆办事处整风时，对父亲做出了"立场坚定，对敌斗争坚决、顽强、勇敢"的鉴定。没想到事隔 30 年后，在这万马齐喑的年代里，被迫交代被国民党扣押"自首叛变问题"。

在无休止的审讯中，许多同志一夜之间，长出满头白发，精神失常。形势一天天严峻，而学习班却无休止地延续，父亲在逆境中写了一首打油诗，在学习班流传甚广。诗的内容是："武夷山下摆战场，不分敌我乱开枪；轮番轰炸又扫射，不知敌人在何方；紧跟毛主席干革命，何须惧怕鬼叫门。"许多年以后，有一次叶剑英元帅在某会议发言中还引用了"武夷山下摆战场，不分敌我乱开枪"这句打油诗，以批评一些单位混淆敌我矛盾的做法。

☆1965 年龙飞虎与夫人孟瑜合影（叶选宁摄）

母亲深知父亲是无辜的，也深知父亲的脾气是不会屈服的。因此，等待父亲的命运自然是凶多吉少。自从父亲去学习班后，电话也不许打，信也无法写，无法与外界联系，走时连换洗的衣服都没带、也不让送。母亲每天心急如焚。

　　当时，福州军区的干部对这种不分青红皂白的清队学习班，颇有微词。只是碍于当时的形势，无人敢当面表示不同意见。但私下里许多同志都认为这种审查，实际上是打击和迫害党和军队的老干部。在这些有正义感的同志的支持下，母亲坚定了去北京找周恩来总理反映情况的决心。在去北京之前，母亲也多次犹豫过，因为"文化大革命"中周总理挑着重担，要维持国家的正常运转，还要排除林彪、"四人帮"的干扰，精疲力竭，母亲实在是不忍心打扰周总理。可是，父亲在国统区工作是组织上派他随周恩来去的，也只有周恩来才了解他的情况。

　　在等待毫无结果的情况下，母亲踏上了北上的列车。母亲到北京时，正值党的九大召开，母亲住在老战友家等待机会。在"文化大革命"时期周总理根本无法休息，母亲也无法见到总理。母亲就写了一封信，信上简要地提到学习班审查干部的情况，并提到他们审查父亲在国统区工作的"严重问题"。这封信交给我大姐龙铮转送给总理。

　　周总理看了信后，马上写了一个批条给福州军区的主要负责同志。他明确指出："文化大革命"运动中，大量人民内部矛盾属于教育问题，不能推向对立面去。并说："龙飞虎同志我了解他，他在国统区所做工作均受我指派，他在历史上没有问题，历次审干是清楚的，现在也没问题。"他还对当时负责中央军委工作的有关人员提出，龙飞虎同志在"宝鸡事件"中是有功的，与国民党斗争是坚决的。对福州军区审查干部的做法提出了疑问。

　　就这样，在周总理的关怀下，父亲和一大批受审查的同志，结束了被审查，学习班草草收兵。

　　当母亲从北京返回福州时，父亲已回到家中。短短三个多月，他头发已大部分变白了，要不是周总理及时地拯救了这一大批干部，后果真是不堪设想。

　　回忆这段往事，母亲万分感慨，在"文化大革命"极端复杂的特殊情况下，是周恩来维护了党和国家正常工作运转，保护了一大批党和国家、军队的领导干部、民主人士和知识分子，为国家留住了人才、积蓄了力量。

悼念

父亲得知周恩来逝世的消息后，十分悲痛，他当时正在延安。1975年年底父亲带领福州军区赴大寨参观学习团在山西昔阳县考察见学。考察结束后，根据皮定均司令员的指示，带领考察的军以上干部去慰问走访驻山西的 28 军，同时去西安参观人防工程，在参观延安时得知这个噩耗。据同行的同志们回忆，那几天他饭也不想吃，觉也睡不好，并忙着往北京打电话，因"四人帮"干扰悼念周恩来的活动，中央"文革"明令外地各级干部不要进京参加悼念活动。父亲只能打电话找老战友们述说自己的苦衷，时任四届全国人大副秘书长的李金德叔叔是父亲的老战友，当时主管周恩来的悼念活动，他

☆1976 年龙飞虎在连队宣讲周恩来的事迹

对父亲说："老虎，你一定要来北京，别人不来可以，你一定得来。小虎在总理身边长大，也要来。"父亲就往福州打电话跟皮定均司令员报告要去北京参加追悼会，皮司令为难地说："中央有规定不同意外地干部进京啊！"父亲说："不行，我一定得去！"皮司令也就同意了。母亲和大哥先期飞往北京，在机场迎接父亲的到来。据大哥回忆，父亲下飞机后，一见到李金德叔叔，禁不住老泪纵横，两位曾跟随周恩来在国统区战斗多年的老战友，在寒风中紧握双手，泪眼相向，在沉默和悲痛中表达着心中的伤感。参加周恩来追悼会的名额十分有限，许多在周恩来身边工作过的老同志都因名额限制未能参加追悼会，可我的父亲、母亲和大哥、大姐都参加了追悼会，了却了心愿。

☆1985 年，龙铮、龙桂辉看望邓颖超，在西花厅回忆小时候
成长的事

父亲从北京返回后，针对"四人帮"的倒行逆施，详细地向皮定均司令员做了汇报，皮司令员当即决定召集李志民政委、福建省委第一书记兼福州军区第二政委廖志高、江西省委第一书记兼福州军区副政委江渭清到福州汤井巷开了一个秘密会议，由我父亲报告在京的所见所闻，商量与"四人帮"的斗争策略，以至于在福建的"四人帮"爪牙曾攻击皮定均、廖志高等 5 人在汤井巷开"五人黑会"。这在当时也是冒很大的政治风险的，更彰显了这些老一代革命者的大无畏风范。

父亲曾于 1958 年写过一篇回忆周恩来的回忆录《跟随周副主席十一年》。在周恩来逝世后，不少地区的干部群众将回忆录油印散发。

老一代革命者虽然已远去了，但他们开创的事业正如火如荼地进行着，他们的革命精神将永世长存。

（龙铮整理）

怀念母亲边爱莲

钱幼康 *

重庆红岩村是我心中的第一故乡，它令我魂牵梦绕。因为，这里既是生我养我的地方，更是我母亲边爱莲长眠安息之地。母亲边爱莲1941年4月1日病逝时，我刚过1岁。那时她在我脑海里音容无存，真是千秋嗟叹。

母亲边爱莲的骨灰安葬在重庆红岩革命纪念馆的"红岩公墓"里。与母亲一同安葬的还有周恩来伯伯的父亲周懋臣，邓颖超妈妈的母亲杨振德，以及黄文杰、李少石等，共有13位同志的骨灰。

这些同志是1939年至1945年抗日战争时期，在中共中央南方局、八路军重庆办事处、新华日报社工作生活时，先后牺牲和病逝的革命先辈及亲属。当年他们去世时棺葬于重庆小龙坎伏园寺公墓。

由于中国人口多，耕地少，要改变棺葬占地多、死人和活人争地的状况，国家就要进行丧葬改革。1956年毛主席提出"死人应该给活人让路"，并带头签名提倡死后火化。周恩来伯伯和许多国家领导人都支持毛主席的倡导并签了名。1958年11月，童小鹏叔叔等遵照周伯伯和邓妈妈的决定，将重庆小龙坎伏园寺墓地平地还耕，13位逝者的遗体被分别火化就近深葬。

---

* 钱幼康：钱之光、边爱莲之女，出生在八路军重庆办事处。北京工业学院（北京理工大学前身）毕业，中国纺织科学研究院高级工程师，已退休。

☆1939年边爱莲在重庆红岩

20世纪80年代因修铁路，道路截断，不便祭扫，重庆市委、市政府在征得邓颖超妈妈的同意后决定，于1984年5月2日将13位逝者的骨灰迁葬于"红岩公墓"以志纪念，并在1984年6月11日举行了"红岩公墓"落成仪式。我和许多革命长辈及逝者亲属应重庆市委、市政府之邀参加了这一仪式。

虽然母亲去世时我还年幼，但我对她一直怀有深深的依恋之情，因为在我成长的岁月里，时常听到我的父亲钱之光、舅舅边应纪和外婆以及八路军重庆办事处的叔叔阿姨们谈起她，都说她是一个有革命志向、坚强乐观、温和善良、宽厚忠诚、贤惠漂亮的女性。父亲说她是贤妻良母。近年来，我对母亲有了更多的了解。

1914年3月29日，母亲出生在浙江诸暨城关一个贫穷人家，3岁时因闹饥荒，陈家外婆实在无力抚养，只好带她到自己娘家诸暨牌头镇牌轩下村找人家送养。这时诸暨牌头镇金家墙弄村边家外公、外婆的两儿一女相继染时疫夭折，非常伤心，故得此消息立即将她收养过来。边家生活虽然孤苦，但外公、外婆视母亲为己出，十分疼爱，并将她改名叫边爱莲。

那时农村很封建，女孩从小都要缠足。由于我外公边乃庚参加过辛亥革命，在外见世面多，故坚决不同意给母亲缠足，这使她成为附近村庄第一个未缠足的女孩子。当时农村也很少有女孩上学，更无男女同校的。但外公坚持要母亲上学，本村不能上，就到邻村上。后来本村开了女禁，母亲才回到本村上学。农村的学堂注重实用，母亲从小就学会了打算盘、记账。她读书很用功，字也写得好，村里常有人请母亲写对联和书信等。

那个年代农村经济十分落后，外公家又缺少男劳力，所以生活很困难。可是外婆很能干，常常带着母亲插秧除草、缫丝、织衣，她才十多岁就顶上一个男少劳力。北伐战争时，1927年春节期间，北洋军王淼的溃军沿途抢劫掠夺，年仅13岁的她就背着3岁的弟弟逃奔山上躲避。当年农村讨饭的人很多，外婆总要拿出一点饭来接济，在外婆的影响下，母亲和舅舅姐弟俩对穷困人总是给予同情和帮助。

母亲14岁时就来到杭州一个小缫丝厂做工养家。外公在杭州常和一些共产党人来往，他的住所是党的秘密活动地点。1928年外公由我父亲钱之光介绍参加了共产党。这样的家庭背景和环境让母亲受到了革命思想的熏陶。她积极参加一些革命活动，当地下党员在外公家召开秘密会议时，母亲就为他们守卫放哨，她还在地下党办的工读夜校学习。当母亲回村时就给乡亲们唱一些大革命时期的北伐歌，或讲一些北伐革命和红军的故事。她喜爱看《岳飞传》《水浒传》等书籍，还引导弟弟看，这些书培养了他们

☆1932年边爱莲（左二）在杭州

的民族主义思想和见义勇为精神。抗战开始后，母亲听到日寇烧杀抢掠，她随时准备一把剪刀防身。她说如果日本鬼子来了，一定拼个你死我活。

抗日战争开始后的1938年3月，我外公即送独子边应纪到八路军武汉办事处参加革命，那时我舅舅才14岁。外公本想让姐弟二人一起走，但无奈东拼西借也凑不够两个人的路费，只好让舅舅先走，母亲直到1938年12月才成行。

1938年12月，母亲女扮男装，穿着自己缝制的八路军军装奔赴革命路程。她原计划先到八路军武汉办事处，由于武汉已经失陷，即到八路军重庆办事处参加了革命工作。母亲在会计保管科任会计兼保管员。办事处的叔叔阿姨们讲她性格娴静文雅，待人和蔼，工作认真细心，乐于助人，群众关系很好。

☆1939 年在重庆红岩。

左起：童小鹏、岳仁和、
钱之光、边爱莲，前排
坐者为邓颖超

　　1939 年母亲边爱莲和父亲钱之光结婚。父亲是八路军重庆办事处处长。1940 年 3 月 11 日母亲生下了我，起名叫小莲。后来带养我的唐康阿姨为我改名叫小康。

　　1941 年 1 月皖南事变爆发后，白色恐怖日益严重，中共中央决定，让中共中央南方局、八路军重庆办事处和新华日报社的一批同志撤退回延安，母亲边爱莲也在其中。当时撤回延安的人员都必须以八路军（第十八集团军）驻重庆办事处工作人员和家属的名义，先向国民党当局呈报名单，经过审批才能办理通过国民党层层关卡的"护照"。但当这一批撤退人员名单已经确定，"护照"也已办好，第二天就要出发时，却发生了一个紧急情况，有一位重庆地下女党员的身份暴露了，亟须马上撤离。正当周恩来伯伯思索

☆1939 年在重庆红岩。左为谢淑珍、
右为边爱莲

怎么解决这一突发问题时，父亲钱之光建议说："让那位女同志顶替边爱莲的名字撤走吧！"父亲是1927年入党、参加过长征的干部，后来长期跟随周恩来伯伯在国民党统治区进行公开工作和战斗。他先后任八路军、新四军驻武汉办事处、重庆办事处和南京办事处处长。那时他任八路军重庆办事处处长，办事处同志都称赞他是红岩村的好管家。周恩来伯伯听到父亲的建议后关切地说："边爱莲同志不是已经有身孕了吗？"周伯伯知道，根据他的意见，在这一批撤退人员中，安排有八位身怀有孕的女同志，包括叶剑英夫人吴博、赖祖烈夫人谢淑珍、艾青夫人韦嫈、钱之光夫人边爱莲等。父亲说："她暂时不走没有关系，可是那位同志不走会有危险。"周伯伯最终接受了父亲的建议。后来那位地下女党员安全地撤回延安。我的母亲边爱莲为了同志的安全和革命工作的需要，不顾个人安危，积极要求并毅然接受了组织安排，留下来继续坚守岗位。1941年3月她被组织安排暂时疏散到重庆仁爱堂医院，可是没有料到这家医院安排给母亲的床位曾住过一个猩红热病人！因为医院条件很差，病床消毒不严格，母亲不幸被染上猩红热。由于国民党的封锁，缺少药品盘尼西林，母亲3月27日发病，31日病情就已十分危重，后转到重庆武汉疗养院，但已无力回

☆1940年在重庆红岩。左起：张元培夫人和孩子、边爱莲和
女儿钱幼康、谢淑珍和女儿赖小渝

51

天。母亲4月1日上午8时小产，生下的小妹妹夭折，下午4点零5分母亲不幸病逝，年仅27岁。她4月1日晚12时入殓，4月2日中午安葬于重庆小龙坎伏园寺墓地。

☆1942年在重庆小龙坎伏园寺边爱莲墓前，钱之光和女儿钱幼康

父亲对母亲的病逝非常悲痛。那时他工作十分繁重，无暇照顾我，只好把年幼的我先后托付给李泽纯伯伯和唐康阿姨等带养。直到1946年八路军重庆办事处撤退时，父亲托人将我接回浙江诸暨老家。

1950年，父亲和母亲刘昂接我到北京上学。我10多岁时，父亲把他珍藏多年我的生母边爱莲的照片给了我，其中有她怀抱我的照片，还有父亲领着我在她墓前的合影等。耳闻目睹使我对生母留下了深深的记忆和浓浓的怀念之情。

1983年"红岩公墓"建成。1984年5月2日13位逝者的骨灰迁葬于"红岩公墓"内。从此，母亲边爱莲及其他革命先烈永远长眠在红岩这块土地上。这是他们曾经战斗和生活的地方，也是他们为中华民族的独立和解放献出了自己宝贵生命的地方。我们将永远怀念他们，赞美他们，敬仰他们，学习他们。

1984年6月11日，重庆市委、市政府举行了"红岩公墓"落成仪式，有人作诗纪念，其中有一首诗是纪念母亲的，已存于重庆红岩革命纪念馆。

怀念边爱莲

玉颜皎洁逾白雪　仰首挺胸战岁月
红岩荟萃留芳名　仅叹年华早消歇

2009 年 5 月 8 日，我随"红岩儿女红岩行"团队重访重庆红岩革命纪念馆，祭扫了"红岩公墓"，我再次祭拜了我的母亲边爱莲。

在泪眼迷离中我仿佛看见了母亲，她为中国人民的解放事业献出了自己年轻美丽的生命。母亲是我心中永远的痛，也是我心中永远的骄傲。高尔基说过："世界上的一切光荣和骄傲，都来自母亲。"我的母亲是一位平凡而伟大的母亲。光阴易逝亲情未了，两鬓如霜思念犹深。母亲像一束和煦的阳光，永远映在我心灵的深处。

我永远怀念您，我亲爱的母亲！

我永远怀念你，重庆红岩村！

永恒的忠诚——回忆我们的母亲

郭西延　王东哈　王南庆　王北延*

　　我们的妈妈郭云轩（解放战争时离开中央机要部门后，改名为郭颖新）是湖北孝感县（今孝感市）人，1915 年生人。妈妈的祖上是清朝的武举，后来她爷爷是农村里教私塾的穷秀才。她是在一个清贫而和睦、有

☆郭云轩（郭颖新）

着严格而良好家规的大家庭里长大的。她的父亲郭汉勋青年时期在清朝当军人，还是同盟会会员。1911 年，参加了武昌起义。他也是国民党的早期党员。1926 年，国共合作时，他在武昌毛泽东同志办的农民运动讲习所里做庶务工作。

　　妈妈从小受其父亲的影响，耳濡目染，小小年纪就有独立反抗的思想。民国初年，湖北乡里还沿袭着清朝女人裹小脚的风俗，但妈妈却坚决不依。那时，就从她弱小女子的心中发出了对封建主义及其陋习的愤怒呐喊和强烈反抗。因而，她在当地乡里同龄的女孩中幸运地留下了一双大脚。

---

　　* 郭西延，是王直哲、郭云轩长女，北京军区护校毕业，原天津二五四医院工作；长子王东哈，中国光大旅游总公司工作；二女儿王南庆，长城饭店工作；三女儿王北延（生于 1952 年 8 月），北京国旅分社工作。

妈妈读完初中后，又在武昌读了一年中专，是美术专业。凭着这一点点的功底，她有着不俗的审美和对色彩搭配的独到见解，她对我们的着装也经常给予评判和指点。尤其她离休后，在老年大学里学习国画非常用功，在我们看来有些画儿画得还很不错，日本外宾参观时，还要走了几幅。

1937年，红军长征到延安。中央委派妈妈的叔叔郭述申同志到汉口担任湖北省工委书记，在那里秘密开展党的工作。在叔叔的带领下，妈妈与其表弟、表妹共10人先后到达延安和南方新四军根据地，从此走上革命道路。妈妈是1937年11月到达延安的，1938年1月入党，同年2月到中央机要科工作，一直到1945年赴东北前线。

机要工作对妈妈一生影响最大。在延安、在南方局重庆红岩村，在周恩来副主席和邓颖超同志身边工作、生活、战斗的日日夜夜，妈妈一直深深地怀念着，尤其到了晚年，每当回忆起这一段经历时，仍使她无限感慨。妈妈常对我们说，当年周恩来副主席对机要工作十分重视，要求他们细致而严格、一丝不苟地对待工作。周副主席常说，机要工作是党的喉舌、命脉，保守机密要守口如瓶，责任心是重中之重，电文一字不能错，否则会给革命事业带来无可挽回的损失，给前线和白区的同志带来杀身之祸。机要工作还要甘当无名英雄，也许十年、二十年，甚至更长。在重庆时，有一次妈妈给周副主席译电文抄件，译错一个字码，周副主席严厉批评了她，并告诉她：机要工作字字重千钧，每个字都与革命事业、前线同志们的生命息息相关，万万不可掉以轻心！

从那以后，妈妈始终牢记周副主席的教诲，认真对待每一份电文，做好每一项工作。在东北剿匪斗争中，妈妈当过县公安局局长，指挥过围剿搜捕土匪的战斗及审判土匪头领的工作。由于她有南方局机要工作的经历，所以对公安侦察和反侦察的工作得心应手。中华人民共和国成立后，她在北京铁路局工作，勤勤恳恳，任劳任怨，甘于默默无闻做平凡的工作，从不提及曾在周总理身边做过机要工作的经历。"文革"结束后，媒体报道了张露萍烈士（由叶帅证实）、阎宝航同志秘密电台等消息，从此揭开了这一段真实的历史。其实妈妈早就清楚这些鲜为人知的党内绝密，但她始终守口如瓶。尤其在20世纪90年代末，当妈妈知道被查出患有脑萎缩病时，她深知这种病发展速度之快，结果不容乐观，最终会导致失去记忆和行走能力，成为植物人。为此她把我们找来，语重心长地对我们说：我这一生最重要的经历是在延安和南方局重庆做机要工作，在中央首长身边工作，陶冶了我的情操与品行，而那种长期高度紧张的工作和生活又锻炼了我的意志。那时，不分白天黑夜，随时翻译密电码，尤其在重庆时，一星期更换一次密码，防止国民党破译（记得妈妈的战友——那些机要部门的阿姨们曾经说过，凡是毛主席从延安发给重庆周副主席的电报都要经过妈妈的手）。虽然很多党内、军内重大机密我知道，但我一生都要严守，要谨慎。当然，随着时间的推移，党内有些机密已经公开了、解密了。但是，还有一些绝密恐怕在现在活着的人里，也只有我一人知道了。毛主席和周总理都不在了，我还要继续严守，带着它们去见马克思。听了这些话，我们都感到十分震惊，虽然妈妈的话字字重千金，可她的神态却又那样淡定自若；真不知妈妈的内心还藏着多少不为人知的秘密啊！这就是一个老机要战士、老共产党员信守的职责！她默默地，用一生的时间，去忠实于党的机要工作。妈妈是我党老一辈机要战士中的一个代表，他们执着坚定的品格令人感动和震撼。

我们家老大郭西延，是1939年年底在延安出生的。小名"小米子"是周恩来副主席亲自起的。原机要科科长肖贤法同志的大女儿叫大米，然后有"小米子"，肖的二女儿叫二米，是第三粒米，这两个"米"也是周副主席起的。这个名字寓意是深刻的，小米是五谷杂粮，意味着延安的艰苦生活，用小米哺育了革命后一代，陕甘根据地靠小米加步枪粉碎敌人的封锁，抗击日本侵略者。

小米子从出生到成长始终受到周副主席和邓大姐的关怀与爱护。每每说到这里，妈妈都会激动万分。

小米子刚出生时，妈妈没有足够的奶水，是周副主席和邓大姐让战士们用物品从老乡家里换回的羊奶来喂养她。这样的奢侈品不可能总有，有时断顿了，邓大姐还亲自熬粥，用小米汤喂她。恐怕小米子也是因此而得名吧。

1940年妈妈一行随周副主席去重庆，途经西安八路军办事处。周副主席趁此时机给办事处的同志们做报告，妈妈抱着小米子也在聚精会神地

☆1940 年，邓颖超与郭云轩（郭颖新）
的女儿"小米子"（郭西延）在重庆
八路军办事处（童小鹏摄影）

听。但天不作美下起了毛毛细雨。周副主席突然中断讲话，叫来副官耳语
一番，只见副官拿来一件旧军装搭在小米子的身上。这样一个细小的举止
感动着妈妈，也感动了周围所有的人。

1944 年小米子 5 岁时，得了腮腺炎。那时妈妈他们与周副主席、邓
大姐同住杨家岭的一个院子里。当时延安被封锁，物质生活十分困难，中
央机关搞供应的同志为了照顾周副主席的健康，每天供应一点牛奶。周副
主席知道小米子病了，就让警卫员把他的那份牛奶送给小米子喝。妈妈坚
决不要，警卫员只好端回去。可没过一会儿，邓大姐又亲自端过来，并一
勺一勺地喂。就这样，小米子每天都喝着这来之不易的牛奶，在周副主席
和邓大姐的关怀下养好了病。

妈妈还经常向我们讲述当年做机要工作的严峻与险恶。1940 年 5 月，
妈妈带着小米子随周副主席一行坐卡车赴重庆十八集团军办事处，一路风
沙弥漫，道路泥泞颠簸。途中遭到国民党军队拦截检查。因国民党士兵不
认识周副主席，对我们的同志凶神恶煞，周副主席沉着镇静，严厉训斥他
们。后来当官的认出了周副主席，赶紧集合队伍，敬礼放行。这时，大家

才松了一口气，因为车上还带有不少的枪支。

当年八路军办事处处长是钱之光，总务处长邱南章，机要科长童小鹏，电台台长肖贤法。整个组织机构都是在周副主席的领导下，并制定出了一整套严格的工作和生活制度，做到紧张有序、有条不紊地对整个南方白区党组织进行领导工作，战斗在敌人的心脏里。

妈妈工作在办事处三层的阁楼上。重庆的夏天，高温闷热，湿度大，工作起来汗流浃背，好像在一个大蒸锅里。有时，实在头晕脑涨了，就到楼下散散步，但不能走出院子一步。办事处周围布满了国民党的军统、中统特务，他们设立了观察据点、瞭望哨，一天 24 小时的监视、跟踪。有时遇到妈妈病了，就要按规定化妆、穿旗袍，远处还有副官跟随；这样才能去医院看病。

正是在这种恶劣的工作环境下，机要工作使人长期高度紧张，白天黑夜时间颠倒，以至于以后让妈妈患上了神经衰弱、失眠症。

1945 年党中央发出从延安派大批干部执行紧急占领东北的指示。妈妈也提出申请，要求赴东北前线。临行前，周副主席、邓颖超同志对她嘱咐多多，让她无论走到哪里都要遵守党的纪律，严守党的机密。邓大

☆郭云轩（郭颖新）与女儿
小米子（郭西延）

姐并为妈妈改了名字：郭颖新。这也预示着，她即将开始新的战斗生活。

一别到了20世纪80年代末，那时爸爸病重住院，我们常去北京医院看望病重的爸爸。一天，我们从爸爸的病房出来，途经干部诊室，巧遇邓大姐来看病。久违了，妈妈疾步向前，当两双手握在一起时，妈妈流泪了，满腹的话不知从何说起，只是高声叫着，我是云轩，我是云轩。邓大姐也轻声唤着：云轩啊云轩。那慈祥的面容有惊有诧更有喜。长长的分别，短短的相聚，妈妈望着邓大姐离去的背影，深情地说：她还记着我，她还记着我。妈妈对周总理、对邓大姐倾注了无限的爱，她从青年时期就跟随他们工作和战斗，他们榜样的力量感召着她，高尚的情操鼓舞着她，优秀的品质激励着她，时时刻刻，点点滴滴，铭记心中。

妈妈默默无闻地在北京铁路局工作，一干就是几十年。每一次提级、涨工资，她都谦让别人，从不向组织伸手要利益，要官位，以至于中华人民共和国成立后没涨一级工资。她在东北解放战争时期被评为副团职，到她离休时也仅只是处级干部。她对战友、对下级、对劳动人民永远是温暖如春；她坚毅耿直，柔中有刚；她胸怀宽广，坦坦荡荡。在她的身上，我们看到了周总理和邓大姐的影子，看到了老一辈共产党人一生忠贞的崇高风范。

☆晚年郭云轩（郭颖新）

☆从左至右：老八路刘超、井冈山老红军彭儒、井冈山老红军曾志、老八路郭云轩（郭颖新），1990年合影

　　脑萎缩的病魔在妈妈体内逐步恶化，她在病榻上整整躺了7年，2004年默默地离开了我们。她就像挺立在祖国大花园中的一棵翠柏，静静地守望着满园芬芳，她不追求艳丽，也不奢求华贵，只愿一生留下一缕清香。

　　亲爱的妈妈，我们想念你！

我的爸爸妈妈的红岩情结

童丹宁*

2009年1月13日是中共中央南方局成立70周年，2019年10月1日是中华人民共和国建国70周年。我的父母在南方局共同战斗了多年，中国共产党领导全国人民打败了蒋介石反动派的反动统治，解放了全中国，开天辟地，建立了中华人民共和国。此时此刻我们无比怀念为中华人民共和国的创建做出了丰功伟绩的革命前辈，深刻怀念为此奋斗终生的爸爸妈妈们。2009年5月8日，我们50多名红岩儿女重访红岩村，在父母曾经战斗过的地方，追寻我们父辈走过的足迹。

一、红岩相聚

我的爸爸1914年9月20日，出生在福建省长汀县童坊镇童氏大屋"耕读居"。按照族谱他是"大"字辈，所以叫童大鹏。"耕读居"充分表明了客家人的既要种田又要读书的治家之道。爸爸从小在参加劳动的同时，读了私塾，上小学，念到新桥师范。1930年6月，当红军进长汀扩军时，在学校地下党员的引领下，16岁的他去县里参加红军。别人说：

---

* 童丹宁：童小鹏、紫非长子，北京石油学院石油地质专业毕业，原厦门火炬公司副总经理，中国中共文献研究会周恩来思想生平研究分会常务理事，周恩来精神研究会、西花厅联谊会、中国红岩儿女联谊会总干事。

☆1938年童小鹏着军装在武汉八路军办事处

你个子这么小还叫什么"大"鹏呢？所以，他在报名时，就改成童小鹏了。当月参军，当月入党，在红四军政治部做秘书工作。参加了五次反"围剿"，走了二万五千里长征，"三次炸弹未炸死"（爸爸语），艰难而幸运地到达陕北。从陕北东征山西后，上红军大学学习时，被毛主席看中，当了他的秘书。直到"双十二事变"，随着周恩来到西安。从此，跟随周恩来四十年。西安事变后，国共开始第二次合作，我爸爸随周恩来到西安、南京，转武汉，进长沙，绕桂林。随着国民党军队的节节败退，到了重庆。"蜀道难，难于上青天"，日本军队过不来了，此地就成了国民政府的"陪都"，八路军驻重庆办事处就在红岩村定居下来。由周恩来任书记的中共南方局于1939年1月成立，成为我党在国统区的坚强领导核心。爸爸当时对外是"八办"的机要科长，对内是南方局秘书长。在周恩来、董必武等老一辈革命家的领导下，在重庆战斗了7年多。

我的妈妈叫紫非（原名张子复，在重庆"八办"叫朱紫非），1918年11月出生在湖南省宁乡县毛工桥乡和家冲，是外公张叔昆和外婆俞淑珍所生的六个子女中的第二个女儿，排行第四，上有一姐和两哥，下有两个妹妹。

由于在当地家境小有殷实，且父母思想开通，妈妈自幼便入祠堂私塾启蒙，后入新校学习。1935年进入宁乡第一女校读初中。在校期间开始受到进步思想的熏陶。1937年寒假期间，当地党组织商得宁乡第一女校校长胡毅宏和国民党一三四后方医院领导人的同意，开办了一个看护班，训练战地和后方医护人员。训练班的学员以女校较年长的学生为基础，吸收部分社会知识青年参加。妈妈作为该校学生参加了训练班的学习。训练班的哲学常识及时事政策等课程由时任第一女校支部书记李品珍任教。同期的训练班学员后来均成为当地护理人员骨干，她们将自己的爱国热情全部倾注在抗日的军人身上。

妈妈在学校接受了新的教育，逐渐了解国家的情况，特别是卢沟桥事变后国内发生了重大变化，"坚决不做亡国奴"，决心走上抗日战场，杀敌保家乡。同时家庭的背景也积极地影响她对自己前途、命运的考虑。她的叔父张漱华在 1927 年大革命时期当过北伐军叶挺独立团第一营营长及后来的补充团长，是中共地下党员（后曾任过湘中游击队第三支队参谋长）；她的伯父张伯伦是第一次国内革命战争时期加入中共的老党员（后曾任湘中游击队第三支队政委）；她的姑母张觉菲是大革命时期湖南省军委书记李汉藩的夫人，是坚强的共产党员，与杨开慧是同班同学，还是中国第一批女共青团员之一。同时，"宁乡四髯"（何叔衡、谢觉哉、姜梦周、王凌波）与妈妈的家族有着千丝万缕的联系。这些长辈和亲属潜移默化的教育与鼓励，更坚定了妈妈到延安去的决心。1937 年 8 月，妈妈通过八路军驻湖南办事处去了延安，当时向刘少奇借了 40 块钱作为路费。在 20 世纪 60 年代，我们在国务院小礼堂看电影，刘主席也参加了，妈妈赶紧走过去向刘主席问候，刘主席开玩笑地对妈妈说："你的 40 块钱还没还我呢。"妈妈到了延安以后，先上了陕北公学，毕业后调到中央办公厅机要处工作。

1940 年 7 月，周恩来回延安出席中央政治局会议，我爸爸同去延安，出来时又选调了一些机要电台人员到重庆，其中就有我妈妈。他们与周恩来同机到兰州停留，吃饭后飞往重庆。爸爸是机要科长，热情地招呼调出来的新同志们上下飞机、吃饭……妈妈当时对爸爸的第一印象是：见一个小个子，上下跑来跑去的……

爸爸妈妈出生在不同的地方，有不同的经历，为了抗日的共同目

☆1941 年紫非在重庆八路军办事处

63

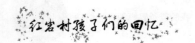

标，在 1940 年 7 月走到了一起，在飞机上相会，在红岩村相聚。

二、红岩恋情

爸爸到"八办"工作以后，由于他在机要科年龄算最大的，老一辈的革命家都关心着他的婚事。1937 年春在西安红军联络处工作时已 25 虚岁了，为此，林伯渠给爸爸写过一首打油诗：

> 年居二五尚无妻，
> 东西南北走马蹄。
> 伤心经过板子巷*，
> 看见公鸡追母鸡。

* 陕北话称女人为板子，联络处斜对面有条巷子，里面有个女子中学，一放学，满巷子都是女学生，戏称"板子巷"。

其实那里没有女同志，当然不可能谈恋爱、结婚。

1938 年 1 月，爸爸在武汉长江局当秘书兼机要科长，长江局有女同志，同办事处来往的女青年也很多。但因为工作很忙，况且到 9 月，爸爸就跟王明、周恩来、博古回延安去了，不可能谈情说爱。原来延安经中央组织部调了一批译电员和报务员，其中有男有女，译电员是由中央机要处处长李质忠决定的，报务员是由军委三局局长王诤决定的。以后到重庆又调来了机要人员。博古看到那些同志后，开玩笑地对爸爸说："你为什么不自己去选个好对象，尽调些'孟良''焦赞'来。"爸爸说："这都是由机要局和三局决定的，我想选对象也选不了啊。"

1940 年 7 月，妈妈调到重庆"八办"，作为译电员，在爸爸这个机要科长的领导下工作，在艰苦的工作和学习环境中，经过互相了解有了一定的感情。1941 年年初，爸爸向妈妈表达了自己的心意，但是这次妈妈拒绝了他。已经 27 岁的爸爸有些不快，但还是照常地工作学习，还说：不能勉强人家嘛。据爸爸讲，后来他与电台的李冠华经过一段时间的接触，确定了恋爱关系并报告了组织部长孔原。但随着重庆的形势日渐紧张，外面需要建立预备电台，李冠华就带上小电台和密码被派到重庆郊区地下党员莫止的家里，与莫止的母亲同住。老太太看到送上门来的姑娘喜欢得不得了，莫止和李冠华也由假夫妻逐渐发展了感情。孔原知道后曾征求过爸爸的意见是否调李冠华回来，爸爸表示还是工作重要，个人问题是小。此后，莫止和李冠华经组织批准结为夫妻。抗战胜利后，他们到上海吴克坚系统工作。可见老一辈革命者都是革命工作第一，个人家庭问题摆在第二位的。（这段恋爱插曲，是爸爸在世时，亲自征求李冠华同意后，才写在他的自传《少小离家老大回》里的。）

☆童小鹏、紫非紧握双手阅览报刊

☆1942年8月25日，童小鹏自制剪影：并肩前进

事实上，爸爸对妈妈还是怀有感情的，经过一段时间的冷处理后，彼此更加了解。1942年冬天，爸爸第二次向妈妈提出结婚问题，她这一次没有反对，但是还要考察一段时间，即先订婚再结婚。爸爸说：这是妈妈的一个创造。当年爸爸妈妈在工作之余，在山坡上，小溪旁，在"情人"桥上留下了他们热恋的身影。在国民党反共高潮中，许多人疏散到外地，机要科只留下了很少几个人。妈妈和爸爸留下来，坚持在红岩工作。共同的理想和纯洁的爱情，使他们携手走到了一起。后来，经过组织部长孔原的批准，爸爸妈妈决定1943年元旦订婚，三八国际妇女节结婚。

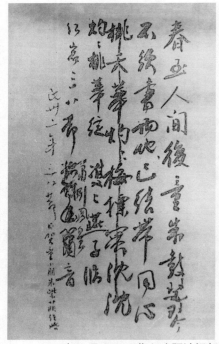

☆1943 年 3 月 8 日，董必武题诗祝贺童小鹏、紫非结婚

三、红岩结婚

1943 年三八节是星期一，周恩来有统战活动，结婚仪式就提前在 3 月 7 日举行。结婚前，周恩来和爸爸妈妈在红岩村办事处的楼前合影留念，然后在二楼吃晚饭，由钱之光处长批准加了两个菜，周恩来、邓颖超、董必武、何莲芝、孔原、钱之光和爸爸妈妈一块儿吃饭。饭后，大家一起到俱乐部举行婚礼晚会，邓妈妈在祝贺讲话中表示，希望所有的夫妻都要实行"八互"，即"互爱、互敬、互勉、互慰、互信、互助、互让、互谅"。

董老写了首诗：《贺童小鹏、朱紫菲结婚》

春至人间后，童朱鼓瑟琴。
不须书两地，已结带同心。
桃夭花灼灼，梅标实沉沉。
灼灼桃花绽，双双燕子临。
红岩三八节，喜引凤凰音。

周恩来也勉励我爸妈要把夫妻关系搞好，把革命工作做好。他还对在场的青年同志打趣道，没有结婚的同志不要胡思乱想，只要条件成熟，对革命工作有利，一一都要解决。当晚，爸爸离开了三楼的机要斗室，妈妈离开了集体宿舍，搬到了周怡、张玉琴住过的稍大的房间，结为革命伴侣。因为当时没有什么钱，他们俩买了几尺棉布，由妈妈缝了一件背心，一条裤衩，被单是刘太太送的，毛巾是申光送的，刘恕送了两条枕巾，就开始了他们的夫妻生活。

☆1943 年 3 月 7 日，重庆"八办"
办公楼前周恩来与童小鹏、紫非
在结婚之日合影

四、红岩生子

爸爸妈妈结婚以后，相亲相爱，工作上互相帮助，生活上互相照顾，从他们留下的照片便可以看出两人深厚的感情。1943 年 12 月 1 日凌晨第一个小孩在重庆出生，为了纪念红岩，当时在红岩出生的小孩不少人名字中都有一个"丹"字，"丹红""丹坡""丹娜"……孔原叔叔翻看了《列宁选集》，就给我取名叫丹宁。据爸爸妈妈说我当时长得很胖，头圆圆的，脖子上三层肉，很像美国总统罗斯福的样子，大家就叫我"罗斯福"了。"丹宁"这个名字直到上中直育英小学时，才正式注册，所以是"学名"，"罗斯福"是小名。中华人民共和国成立后，邓妈妈说：罗斯有福啊。以后，在统战部、国务院、西花厅这些大院里，大人小孩都叫我"罗斯"了。那时，牟爱牧、荣高棠、申光都有孩子，洗婴儿的尿布是爸爸他们几个男子汉的一项业余工作，重庆多雨，又是雾都，空气

☆童小鹏、紫非抱着罗斯福（童丹宁）

湿度很大，为了使尿布干得快，食堂的烟囱就成为爸爸们常利用的烤箱，用来烤尿布，还真管用。有一回，周恩来、邓颖超回延安去，爸爸妈妈带着我在二楼的周恩来、邓妈妈的办公室和卧室暂住了一段。晚上为了哄我睡觉，爸爸抱着我在二楼的走廊里来回走动，一不小心从二楼的楼梯上滚了下来，爸爸本能地把我紧紧地抱着，滚到楼下的时候，他的左额头碰破了，鲜血直流，而我毫发无损。一直到后来，爸爸头上还是有一个疤。这个疤，是父爱的见证，使我永生难忘。这张从来没有发表过的照片就是妈妈背着我，爸爸头部绑着绷带在红岩村照下来的。

☆1944 年年初在重庆，童小鹏从二楼跌下以后，头上包着纱布抱着儿子罗斯福（童丹宁）和紫非合影

　　1942 年以后，办事处的孩子们多了起来，为了不影响同志们的工作，又能很好地教育管理孩子，在邓颖超、钱之光的关怀下，建起红岩托儿所。托儿所有几间平房，一个院坪，派文书科员张德碧为所长，请了一个女工，大家叫她田妈妈，做饭、打扫卫生，妈妈们都轮流值班照看托儿所的十几个孩子。小孩的名字特别有意思，像小丘吉尔，顽固，灯泡，贝贝，罗曼，阿米，乐天……充分反映了当时的爸爸妈妈们的革命乐观主义精神。1945 年 10 月，我的弟弟也降生在红岩村，为纪念抗战胜利取名利宁。周伯伯、邓妈妈以及红岩村的爸爸妈妈们都非常关心托儿所的孩子

们。1947 年 3 月，托儿所的孩子们随 18 集团军办事处撤到了延安。以后，城市工作部和后来的统战部也成立了托儿所。1949 年 3 月，这个托儿所进了中南海，是中华人民共和国成立后中央直属机关的第一个托儿所。

五、红岩离别

1945 年年底，中共代表团和中共中央重庆局随国民党政府返都南京。1946 年 5 月 3 日，周恩来率中共代表团成员：邓颖超、陆定一、秘书长齐燕铭等，以及中共中央重庆局主要负责人廖承志、钱瑛、王炳南、童陆生、章汉夫、宋平、章文晋和电台机要人员共十余人，乘马歇尔的专机到南京。爸爸和部分电台机要人员，携带美军带来的 400 瓦的大电台于 5 月 15 日乘美军运输机到南京，董必武、李维汉等 30 余人 16 日到达。17 日代表团顾问何思敬、李澄之等 20 人，最后一批乘中航飞机也到了南京，其余人员和家属都分批乘船先后到达南京。

离开重庆前，由于交通困难，组织上同意一部分家属先疏散。我妈妈就带着我和弟弟，在一位叔叔的护送下回湖南宁乡老家隐蔽。原打算交通畅通时再去南京，后来由于国内形势发展很快，国共内战一触即发。南京中共代表团也不断地疏散人员，因此妈妈就一直待在湖南宁乡农村。为了

☆小康（后左一）、罗曼（前左一）、罗斯福（前左二）和
李学文叔叔在一起

不暴露自己的真实身份，妈妈以家庭为据点做掩护，联系到原宁乡县委书记李石锹，就暗示李石锹到南京梅园去看爸爸，并转告我们母子的情况。李石锹知道爸爸妈妈的一些情况，很快去南京找到了爸爸，说明了我们母子情况和他的真实来意，要求找党的关系，领导他们在宁乡一带搞秘密武装，准备迎接解放军。经组织部长同意，爸爸和组织部的梁华一同给他看了文件，谈了解放战争形势和党的任务，鼓励他们在农村组织群众，利用可能的条件进行合法斗争。李石锹回去以后，组织一部分群众和秘密武装，配合解放军解放宁乡。妈妈在此期间，又以教师的身份，进入宁乡横市云山书院教书，以合法职业从事党的宣传和发动工作。1948年上半年，妈妈又从宁乡老家到了长沙，在湖南省审计处工作的哥哥张熏陶的介绍下到安江县审计部门工作了半年。1948年冬天，中央统战部到李家庄时，组织上才让她从老家回来。于是她一个人向南绕道香港，搭乘我党接香港的民主人士到北平参加新政协的船，于1948年12月回到了组织怀抱，在平山县李家庄与爸爸团聚。我们哥俩留在宁乡老家。那时候，我稍有些记忆了，记得姥姥家好像是个大院子，外面全是水田，小舅舅、大哥哥们带着我们出去玩，我记得爬过一块很大很大的石头。大院里头两边各有一栋大房子，右边那栋有个大教室，一位老先生教几个孩童识字，我也坐在课桌前听。左边那边的大房子有厨房，弟弟得了中耳炎，舅舅、姨姨给他熬中药吃，药苦，他不吃，大人们就灌他吃，他大声哭叫的声音给我留下了深刻的印象。后来弟弟的耳朵还是没有好，中华人民共和国成立后，苏联专家给他开刀，完全治成聋哑人了。爸爸妈妈感到很内疚，以后就一直把弟弟带在身边，希望能弥补在战争时期没有照顾好他的遗憾。不仅送他上了小学，而且送他到全国唯一一所上海市聋哑青年技术学校美术系去学美术。后来利宁从吉林安图县北山大队朝鲜族农村回到北京后，到长虹电影院当美工，画电影广告。以后不仅能独立工作，还带了徒弟。晋升为高级美工师，多次被评为东城区影院先进工作者，还出访日本考察。他的广告画多次获奖，还积极参加摄影比赛，也多次获奖，成为一个自食其力的人才。

1950年，妈妈从北京来到老家把我们哥俩接到北京，到北京火车站时，爸爸和叶子龙等几位叔叔来接，妈妈让我拿着送给爸爸的小礼品，可我不认识哪一位是我爸爸。叶子龙叔叔说：我是你爸爸。我就要把东西送给他。可另外一个叔叔也说：我是你爸爸。我就犹豫了……最后，爸爸说：我是你爸爸。这时，我抱着小礼品谁也不给了，逗得大家哈哈大笑。这样我们一家又团聚在中南海了。

我们家第二次分离是在"文化大革命"期间的1968年，我爸爸由于叛徒诬陷，在中央办公厅学习班接受审查，后到五七干校当了三年猪倌。母亲随全国政协，到湖北沙洋干校劳动。我被分配到青海柴达木石油局勘探处工作，我大弟弟到吉林安图县北山大队农村劳动，小弟弟到黑龙江八五二军垦农场劳动。一家五口人五个地方，一直到我1980年回到北京，我们全家才第二次在北京团聚。

六、红岩情深

爸爸妈妈由于在重庆八路军办事处工作了7年多，在红岩恋爱、结婚、生子，对红岩怀有深深的情谊。在重庆的8年，是在周恩来、董必武、邓颖超等老一辈革命家的直接领导下工作的，经历了国民党反动派三次反共高潮的生死磨炼，经历过整风学习，坚定了革命信心，学到了崇高的革命品质；还与钱之光、孔原、荣高棠、管平、袁超俊、申光等战友们共同工作和生活，和他们产生了深厚的同志情谊。中华人民共和国成立以

☆童小鹏在江西进贤中办
　五七干校拉车送猪饲料

71

后，爸爸妈妈在世时，共 9 次重返重庆红岩村，爸爸是 11 次去红岩村。讲革命历史，赠送历史照片和革命文物，编辑《南方局党的资料》，参加各种南方局的纪念活动。

☆1993 年 3 月 7 日，童小鹏、紫非金婚纪念日，摄于南京梅园中共代表团纪念馆

　　为了专心撰写回忆录，爸爸妈妈于 1990 年年底，从北京迁居到漳州。撰写了由陈云题词的《风雨四十年》（上下两册共计 89 万字），谢冰心题词的《少小离家老大回》（自传 66.3 万字）和《回忆与思念》文集（共计 43.7 万字）。2001 年 4 月，爸爸正在漳州编写《历史的脚步声》影集时，突犯脑梗住院。这本由杨尚昆题写书名的影集只编了前部分，留下了遗憾。在中共南方局成立 60 周年的时候，爸爸还带着我们哥俩一块儿去了红岩参加纪念活动，参观红岩革命纪念馆。见到了许涤新、方卓芬的儿子"小火车"——许嘉陵。就在这次活动中，我们曾商量成立"红岩后代联谊会"，并向李冠华、杨力平等叔叔阿姨了解红岩托儿所孩子们的情况。当时，我还在福建厦门火炬公司工作，不在北京，此事就放下了。当我退休回北京后，在 2006 年我跟沈北雁去医院看望他母亲时，张德碧所

长送给我她写的回忆录——《我的回忆》，她在《附记》上代我们写的倡议书（见附录二），使我感到了老一辈红岩人的情怀，同时激励我一定要组织好"红岩儿女联谊会"，不辜负老一代人的期望。这个愿望终于在2009年纪念中共南方局成立70周年的时候实现了。

七、红岩魂归

妈妈1993年7月14日在福建漳州因心脏病突发病逝，享年75岁，她的遗体火化后，骨灰就在当地存放。1994年3月6日，爸爸带着我们兄弟二人和亲属专程把妈妈的骨灰从福建漳州送到重庆。第二天上午，我们带着妈妈的骨灰乘船顺嘉陵江逆行而上，到达红岩村的后山叫红岩嘴的地方，将妈妈的一半骨灰和花瓣撒向江中。然后又回到红岩村，将另一半骨灰埋在红岩村的山坡上，墓穴里放着一瓶妈妈喜欢喝的茅台酒，另外还空着一半的位置，用水泥封好以后又用土和树掩盖起来。爸爸当着重庆市委和漳州市委的领导同志和我们兄弟两个及所有亲属的面，郑重地宣布："当我将来寿终正寝以后，由丹宁、利宁和其他家属一起同样把我的骨灰送回红岩，让我同紫非永远在红岩安息。"

2007年7月18日17点22分，爸爸在北京医院去世，享年93岁。于7月25日在八宝山举行了遗体告别仪式，贾庆林、曾庆红、王兆国、刘延东、贺国强、罗豪才、何鲁丽、张梅颖、李铁林、郑万通等领导同志、亲朋好友，还有福建省、龙岩市、长汀县和童坊镇各级领导出席，遗体火化后暂放在八宝山。遵照父亲的遗嘱，借纪念中共南方局成立七十周年之际，2009年5月8日，我率领"红岩儿女红岩行"寻访团重返红岩村。我们兄弟两家：我、素萍、利宁、凯利、征征和张毅（代表母亲家），当晚把爸爸的骨灰暂放在红岩村的机要科长的办公室里。第二天上午，我捧着爸爸的骨灰在重庆市委党史办、中央统战部老干局和寻访团成员的随同下，坐船逆嘉陵江而上，到达红岩嘴下，将一半骨灰和花瓣撒向嘉陵江。然后回到红岩村，将爸爸的另一半骨灰和妈妈的放在了一起，实现了爸爸和妈妈永远在红岩安息的愿望。

妈妈是1993年在福建漳州去世，1994年从福建漳州送到重庆红岩安

☆2009 年 5 月 9 日，童小鹏的骨灰送到船上，一半撒入嘉陵江

☆2009 年 5 月 9 日，童小鹏的另一半骨灰与紫菲（菲）的一半
骨灰合葬在红岩村的土地上

息的。爸爸是 2007 年在北京去世，2009 年从北京送到红岩安息的。

爸爸妈妈是在不同的地点，不同的时间诞生的。经过了不同的革命经历，在红岩的土地上相聚。

爸爸妈妈又是在不同的地点，不同的时间去世的。又经过了不同的回归路径，在红岩的土地下相聚。

我们祈祷亲爱的爸爸妈妈在红岩的天堂里安息吧。

☆无碑无字的合葬墓

父亲回忆在重庆的日子

成　宇 *

　　1945 年抗日战争取得了胜利，父亲成元功准备跟随部队从延安奔赴东北前线。8 月底组织上和他谈话分配他到周恩来副主席处工作。1945 年 12 月中旬在第二次国共合作期间，以周恩来副主席为首的中国共产党代表团，从延安前往抗战时期的国民政府陪都重庆，父亲作为中共代表团的工作人员随行前往，至 1946 年 5 月上旬随代表团离开。这是父亲第一次直接在周总理身边工作。

　　父亲回忆那时重庆市有两多一少。所谓两多，一是重庆特务多。那时重庆的特务机关不但有戴笠的军统，还有陈立夫、陈果夫的中统。不但宪兵中有、交警中有、各军政机关中有，而且工厂、学校也安插了特务。他们不但监视、跟踪我们办事处、代表团人员，还监视、跟踪各民主党派进步人士、社会贤达和一切接近我们的人，甚至跟踪、监视国民党本身军政机关中的所谓异己分子。如有人突然失踪，不用问，那肯定是国民党特务干的。

　　我党代表团驻地周围更是布满了特务的据点。父亲到达重庆的第二天，有关同志就向他介绍哪几处是军统设在代表团驻地周围的特务机关，代表团驻地对面的茶馆、洗衣店等也是特务为监视我们的行踪专门设的

---

　　* 成宇：成元功、焦纪壬之女，江西中医学院药学系毕业，北京市医药集中采购服务中心工作。

☆1950 年春节，西花厅大家庭合影，前排左一为成元功

点，那里整天都有几个特务在盯着我们。此外，街上还有修鞋的、卖烟的、卖糖的都是特务设的点。你走到哪里，他们跟到哪里。你步行，他也步行，你坐汽车，他也会用汽车跟上去，我们通常管他们叫"尾巴"。有关同志还嘱咐，外出一般要两个人同行，不能单独行动，一旦遇上特务找碴儿，你就大喊大叫，特务抓人啦，并说你是中共代表团的，叫什么名字，这样群众很快就会为我们通风报信的，千万不能一声不吭跟他们走，要想办法甩掉他们。还有，打电话也会有特务监听，所以规定，有重要事情，不准在电话里讲。那时工作一方面要提高警惕，谨慎从事，不能让特务有下手的机会；另一方面要不惧怕，有时需外出办事，大家戏称出去逗小狗了，意思就是甩掉特务的跟踪。

二是重庆老鼠多。多得就像特务一样，随处可见，而且人人受害。口袋里千万不能装吃的东西，如果装了，不论放在什么地方，就是挂在墙上或衣架上，用不了多久，口袋都会被老鼠咬破，吃掉装的东西。老鼠们不光到处出没找吃的东西，甚至咬人、咬电线、咬书报。小孩睡觉被咬耳朵、鼻子，书报被啃得豁牙是常有的事，至于电线就甭说了，常常是晚上开电灯还好好的，第二天早上一开灯就不亮了，爬上顶棚检查准是老鼠把电线给咬断了。那时重庆的房子包括楼房，内外墙都是用竹皮编的，里边是空心的，所以老鼠到处通行无阻，打也打不净。它们不光夜里出没，就是大白天也会在房间里钻来钻去，甚至有时还能看到它们沿着单股电线，像走钢丝似的从这幢楼房爬向另一幢楼房。人们对它们恨透了，但又没有办法对付它们。

一少，就是重庆交通工具少。重庆是座山城，路窄阴雨多，出门就爬坡。没有公共汽车，也没有自行车，一般市民出行全靠两条腿。一切日用生活必需品，像柴、煤、米、面，包括各种建筑材料，全靠肩挑背扛。重庆市民特别能吃苦，有些妇女背上背着小孩还挑着担子叫卖或做工。尤其在阴雨天，他们头戴斗笠，身披蓑衣，为了谋生真是风雨无阻，就是寒冷的冬天，他们光着脚板照样沿街叫卖或打工。让人看不惯的是那些达吉、大亨、贵妇人和小姐。他们身穿长袍马褂或华丽的旗袍，足蹬皮鞋，神气十足地坐在黄包车上。而那些拉车者则头戴斗笠、衣不蔽体，光着脚板奔走。上坡时，他们不但弯腰弓背，一步一步很艰难地往前挨，下坡时还要一溜小跑，嘴里不住地唤着"来哟，来哟"，让人们给他让路，以免把人撞着。就这样，他们一天也挣不了多少钱，只能勉强糊口。

父亲当时十九二十岁，从原来在部队行军打仗，到当时统一战线、秘密对敌斗争的工作和艰苦的生活环境，在周恩来副主席的领导下，和红岩、曾家岩工作的同志们团结工作，积极乐观，克服了许多困难，出色地完成了工作任务。那段革命经历给他的一生留下了不可磨灭的印象。

红岩儿女情系红岩

杨　波[*]

　　我的父亲原名叫夏宗容，四川省阆中县（今阆中市）人，1933 年在家乡加入中国工农红军，当时他只有 12 岁，后随红四方面军经历二万五千里长征。由于张国焘的错误领导，他们这个队伍过了三次草地，许多同志都牺牲了。父亲因年纪小，在首长的关心、战友们的帮助下，怀着对中国革命必胜的信念，克服困难完成了长征。1935 年加入中国共产党，1939 年党组织派他到苏联学习无线电技术。在苏联学习期间，他亲眼看见十月革命后的苏联人民过上了幸福生活，也亲眼看到推翻剥削阶级的苏维埃共和国怎样蓬蓬勃勃地向前发展。他很感动，觉得有了苏联

☆夏宗容

十月革命的成功，中国革命也一定会胜利。在学习上他更加刻苦，很快掌握了无线电发报、收报技术。

　　1941 年，父亲奉命回国，在党组织的安排下顶替昆明杨才的户口（那时重庆国民党把红岩八路军办事处所有人都备了案，不能换人），在

---

　　* 杨波：夏宗容、傅育渠之女，中央党校大专毕业，在原中央统战部办公厅工作。

重庆八路军办事处做机要电台工作。

☆傅育渠

母亲原名叫傅育渠，四川省简阳县（今简阳市）人，在成都市上中学时，她的任教老师——中国地下党员赵君陶不但给她传授文化知识，还经常给她讲革命道理，并于1938年介绍她加入了中国共产党，从而使母亲走上了革命道路。1939年，因学校党组织被破坏，赵君陶老师为了保护这些党员的安全，通过党组织都将他们转移了，当时母亲被派到重庆红岩八路军办事处做机要工作。

父母从1939年至1943年（父亲是1941年组织上派来的）一直是在童小鹏领导下做机要工作的，在工作中童小鹏严格遵循周恩来对党的机要工作绝对做到"及时、准确、保密"来要求每位机要人员。

当时，在红岩工作的同志都很艰苦，尤其在三楼做机要工作的同志更要辛苦一些，正像童小鹏所回忆的，重庆的夏天又热又长，三楼的房间就像鸽子笼一样，又低又窄，窗户开在房顶上，阳光直射房里，丝风不透，酷热难当，真犹如火炉一般。在那样艰苦的条件下，机要工作人员每天仍要坚持工作。在周恩来和童小鹏的直接领导下，在发报和防破译方面，父亲发挥了他在苏联学的无线电技术，克服国民党制造的各种困难，在机要处全体同志的努力下，保证了与党中央的信息畅通。母亲在这里工作了4年之久，她从事着机要文件的整理和译电工作，经过组织的培养和她的努力，由一个青年学生成长为一名坚强的无产阶级革命战士。他们的工作环境不但艰苦而且非常危险，要随时提防敌人的破坏与干扰。在中国共产党的坚决主张和全国人民的强烈要求下，蒋介石表面上同意国共合作共同抗日，暗地里却反共和迫害爱国人士，如皖南事变蒋介石对我新四军军部进行了"围歼"，伤亡惨重。在残酷的现实面前，童小鹏又遵照周恩来的指示，动员每个机要人员在工作中随时准备应付敌人的突然袭击，遇到情况就把手头的密码烧掉，绝对不能落入敌人手中，要求大家绝对保密，准备坐牢、杀头，决不叛党。父亲、母亲在这样的环境中经受了考验和锻炼，在童小鹏的帮助下，他们在思想上和工作能力上有了很大的提高。在共同

工作和生活中结下了革命战斗友情。1943 年，父亲、母亲在重庆八路军办事处结了婚，当时周恩来和童小鹏等领导同志都参加了他们的婚礼。婚后不久经周恩来决定，让童小鹏派我父母到西安建立秘密电台工作，具体工作由周恩来直接安排。当时的西安是敌人的一个白色恐怖中心，父亲、母亲用在重庆八路军办事处工作的经验以及他们的机智、沉着、勇敢，完成了党组织交给的各项任务，把敌占区的情报及时、准确地通过无形的电波传送到党中央。1943 年到 1949 年，他们在西安为党中央传递了敌占区大量有价值的情报并在工作中从没有发生差错，成绩突出，我的父亲还收到了周恩来的亲自嘉奖。

父亲、母亲能取得这样的工作成绩，跟他们在红岩那段工作经历是分不开的，是红岩精神造就了一批老一辈的优秀干部。以周恩来同志为首的南方局老一辈革命家培育形成了凝聚着中国共产党人崇高理想信念、巨大人格魅力和浩然革命正气的红岩精神，始终是激励广大人民群众奋勇前进的巨大精神力量。在新的历史条件下，我们更应学习周恩来等老一辈无产阶级革命家坚定不移的理想信念、海纳百川的宽广胸襟、勇于开拓的创新精神和密切联系群众的优良作风。让年轻一代接过先辈的旗帜，使革命的精神薪火相传、生生不息。

红色电波——父亲申光在中共中央南方局工作的点滴回忆

申晓陵　申丹妮　申晓平　申丹红 *

2009 年 5 月 8 日，我们一群原中共中央南方局老同志的子女、分别了60 多年的兄弟姐妹从全国各地集聚到我们出生、生长过的地方——重庆红岩。几天的时间里我们怀着激动、崇敬的心情拜访了父辈及革命英烈们为民族独立，为人民解放战斗并做出过巨大贡献的地方——红岩村、曾家岩、歌乐山烈士陵园、杨尚昆陵园及故居、杨闇公烈士陵园及故居、渣滓洞、白公馆等地。特别是到了我们出生、成长之地重庆红岩村的时候，虽然小伙伴们的容貌都有了很大变化，但是一叫起小名——罗斯福、小康、阿米、光光、灯泡……一下子就把大家拉回到儿时的记忆之中，重逢的快乐洋溢在大家心中。这是个革命的大家庭，更是超越了一般亲情的大家庭！重回红岩，走上小楼三层，看到走廊东头南面机要电台室桌上摆放的电台，心情澎湃。这就是当年父母工作、战斗过的地方和使用过的机器。电台室对面就是我们曾经居住过的屋子。楼下卫生所就是我出生的地方，看着这一切，我仿佛又回到了 60 年前。

---

　　* 申晓陵：申光、王彦之大儿子，中国电子信息产业集团有限公司第六研究所高级工程师，已退休。申丹妮：申光、王彦之大女儿，北京林业学院毕业，中国石油工程建设公司高级会计师、财务副处长，已退休。申晓平：申光、王彦之二儿子，中国电子信息产业集团有限公司第六研究所工程师，已退休。申丹红：申光、王彦之二女儿，双鹤药业职工，已退休。

我们敬爱的周恩来、董必武、叶剑英、王若飞、邓颖超等老一辈无产阶级革命家，在 20 世纪三四十年代率领中共中央南方局的同志们在国民党统治区恶劣艰险的政治环境中长期工作、战斗。在周恩来副主席和中共中央南方局的直接领导下，1937 年 8 月至 1946 年 1 月父亲先后奔波在汉口、桂林、香港、重庆等地购买通信器材，建立电台，培训技术干部并负责中共南方局的通信工作。他多年做党的通信机要工作，"保密"是他一生的工作原则，只是在晚年卧于病榻上时才给我们讲了一些青年时期的难忘经历，我们根据他的口述，他写过的材料以及相关资料整理出他在南方局的战斗历程。他人生历程中的部分画卷展现在我的眼前。

一、周恩来副主席三次派父亲前往香港购买通信器材

1937 年 7 月抗日战争全面爆发，中国工农红军改编为八路军和新四军，此时全军仅有电台 34 部。抗战初期，国民党政府军政部只发给共产党部队极少的通信器材，1939 年起就完全断绝了供给。通信器材要靠八路军、新四军自己筹措。毛主席曾多次把机要通讯工作生动地比喻为"党的肌体上的血管"，中央军委也高度地重视，指出"机要工作是咽喉、命脉"，因此通过多种渠道到外地和敌占区采购就成为解决通信器材的主要途径。为了坚决打击日本侵略者，粉碎敌伪扫荡，中共中央、中央军委

☆八路军重庆办事处红岩办公楼三层电台室及电台

当时将通信器材、军火、医药、纸张定为四大主要材料，要求各级要打破敌人封锁，积极完成采购任务。

1. 第一次前往香港采购通信器材

1937 年七七事变后，国民党政府不战自退，日军很快进入山西。8 月 13 日淞沪战役失败后，南京失陷，国民党政府将首都迁到汉口，全国为之震动，此时八路军向日伪敌后进军，处于一种高度分散状态，通信联络极不畅通。8 月中央军委三局王诤局长根据中央指示派父亲到八路军武汉办事处（中共中央长江局）去采购通信器材并建立电台，1937 年父亲时任中央军委三局二科（管技术和材料）科长兼材料主任。在长江局的领导下以八路军武汉办事处的名义，通过各界爱国人士他采购到一批无线电器材。国民党政府节节败退，来不及对付共产党，当时采购、运输都不是太困难。特别在平型关大捷后，八路军初战胜利，威望提高，汉口一些无

☆1946 年，申光在北平军调部

线电社（行）都愿意和我们做买卖，甚至更有中华无线社等商行要求迁到西安、延安去。当时在汉口买无线电材料买不到多少东西，买成批材料更困难，买到的也不成套，价格也很贵，新四军曾买过一部 15 瓦功率的电台，花费了 3500 块现洋。父亲提出如果用这笔钱买零件和原材料，自己可以装 10 部电台，自己装不算手摇发电机只要 200 块现洋一部，质量是一样的，买外面的整机只不过外表好看一些。当时的上海虽有各种所需无线电器材，但已沦陷无法去购买，只有香港是自由贸易区，它的材料大部分是上海运去的，什么都可以买到。因此

父亲经过李克农同志（时任长江局秘书长）向周恩来副主席报告，请示到香港去采购通信器材。周副主席又亲自询问父亲具体情况，最后确定去香港采购，并指示父亲在那里建立电台，同时周副主席询问了采购所需资金数额，父亲说准备用3万块左右搞80部到100部机器的材料。周副主席对电台建设一贯十分重视和关心，在当时中央资金极其困难的情况下，一下子就批准了这笔资金。

1938年2月初父亲装扮成内地电料行老板前往香港。这时的香港已沉浸在春节前的欢乐气氛中，中心街区皇后大道上挂满了五颜六色的小电灯串，建筑物上的霓虹灯格外明亮。街上车水马龙，人流熙熙攘攘，商家都忙着打折卖货，而父亲并无心情顾及这些，他像最普通的香港居民一样，一点不引人注目地行走在皇后大道上，暗暗查访着可供做无线店通信的电料商行、公司及所需各种材料的情况。他这时只是想着怎样才能完成任务，尽早把材料送到前线去发挥作用。在廖承志同志（时任八路军香港办事处主任）领导的香港八路军办事处协助下，他开始进行采购。父亲考虑到要适合山地游击战争的需要，不能买很重的东西，器材要成套买，质量要好，经过精确计算，用了三个月的时间采购到一批宝贵的无线电通信器材，共有100部小型电台的全套设备和备份材料，40部手摇发电机和一批电子管、电池。这些器材父亲都亲自开箱抽查，数量、质量都不错。东西买到了，如何运出香港呢？无线电在香港属于管制物资，一般很难通过海关检查，器材滞留在香港夜长梦多，多待一天就多一份风险。这时宋庆龄（时任保卫中国大同盟主席）正住在香港九龙半岛，廖承志同志通过宋庆龄和她的弟弟宋子良（时任九龙海关监督）的关系为这批器材在海关争取到"免于上税，立即放行"的特殊关照，由李克农、钱之光同志（时任八路军武汉办事处处长）组织领导，运输科长王超北、龙飞虎、邱南章等同志具体承运，把这批器材从香港经汉口、西安，1938年6月初安全运抵延安。

1939年7月父亲回延安时专程向军委三局王诤局长做了汇报，王诤局长高兴地说，这批器材可解决问题了！延安原来只有十几部机器，这批器材一下子就装配了近百部的机器，对敌后开展游击战争的通信起到了很好的作用！

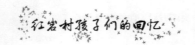

2. 第二次前往香港采购通信器材

1938年8月周恩来副主席对父亲说："你再去一次香港，那边电台有些问题你去解决，同时再买些材料。"李克农问父亲要多少钱，父亲说还和上次一样（3万块）。这样父亲第二次前往香港，在8—10月的三个月中又购买了可装配60~70部电台的材料，40部手摇发电机，还有电子管、干电池等，品种跟上次差不多，只是数量少了。材料还没买完，日军已占领了广州，铁路线被切断。父亲把器材清点完毕拿到装箱单后，按上级指示准备从香港回到汉口去建立地下电台，但这时汉口情况也很紧张，10月25日武汉办事处就撤离了，廖承志同志通知他汉口不能去了。父亲经北海到长沙，正赶上蒋介石手下的特务放火烧长沙，城内火光连天，屋倒房塌，长沙大乱，不少老百姓惨死在大火之中。他在那里找到周副主席和钱之光同志，他们正在组织大家向衡阳转移，准备大部分人到重庆建立八路军重庆办事处，一部分人到桂林建立办事处。父亲向他们做了汇报，他们叫父亲去衡阳再去桂林。当时器材运输已经很困难，这批通信器材随同海外侨胞支援国内抗战的药品等物资绕道越南海防于1939年7月才运到桂林办事处，因为没有汽车又耽搁了段时间，直到1939年年底才经重庆安全运抵延安。

3. 第三次前往香港采购通信器材

1940年皖南事变前，国民党掀起第二次反共高潮，时局紧张，我党准备建立南方地下电台的后勤基地，那时香港的情况还不算严重，周副主席第三次派父亲连夜坐飞机去香港购买器材并建立电台。这次是由延安方面开出材料采购单的，比前两次增加了大电子管和蓄电池等，根据指示，父亲将采购单交南方局港委办理采购、运输等具体事项，而父亲负责检查前一次所买材料是否已全部运出，结果是全部运出来了，没有问题。这次运输更困难，这批器材又用了很长时间才运到延安。父亲把几次购买器材的全部回扣都用于再次采购通信器材和建立香港电台，没有向组织要建台费用，周恩来副主席对此给予父亲很高的评价。

父亲在汉口及香港购买的几批通信器材陆续运到延安后，由军委三局先后组装成一批批小型电台陆续发往抗日前线，解决了我军急需大量组建无线电通信分队的需要，及时沟通了各个战场与党中央的联络，成为红色无线电通信网络的重要组成部分。

二、在国统区、香港建立电台，保障通信

在周恩来副主席的亲切关怀和直接领导下，南方局电台的工作，从无到有，从少到多，逐步建立和发展起来。南方局所有电台的设立都经过周恩来副主席批准，有的秘密电台是他亲自布置的，有的是由他出面交涉后建立起来的。建台的工作和布局由李克农和童小鹏同志负责，父亲具体执行。从 1937 年到 1947 年南方局先后在武汉、湖南、桂林、重庆、江西、广东、福建、云南、南京、上海、香港、海南岛、新疆、越南、泰国等15 个地区和国家建立了 60 部电台（公开电台 22 部，秘密电台 38 部），基本上形成了我党在国民党统治区和香港的无线电通信网。这些电台在抗日战争和解放战争时期，对保证南方局同党中央的通信联络，以及南方局同各地党组织的通信联络都起了重要作用。

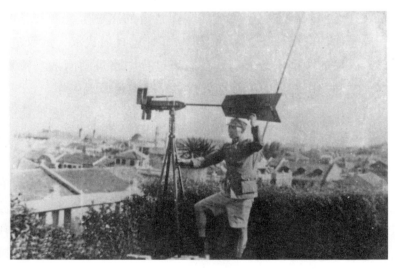

☆1937 年夏，申光在八路军武汉办事处（中共中央长江局）

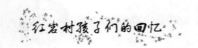

1. 建立汉口南方局的电台

南方局的前身是中共中央长江局，对外称八路军武汉办事处。1937年8月党组织派父亲从延安到汉口，主要有两个任务：一是采购通信器材；二是建立南方局与党中央通信联络的电台。此外还要培训报务人员的基本技能和提高他们的技术水平。父亲从延安出发时只带了一部发报机，到汉口后自己又动手组装了一部收报机，并与延安党中央联络上了，由此建立了长江局第一部电台，父亲在此负责通信工作。随他同去的有肖贤法、张海青同志，到汉口先住在安仁里，1938年1月迁到旧日租界大石洋行。电台台长开始是父亲，后由肖贤法同志接替，这时的报务人员不断扩充，陆续增加了柳仁甫、田宝洪等同志。这个电台使用的是15瓦哈特莱式机器，电台是公开的，与延安、新四军军部、八路军前敌指挥部、香港联络。当时一部电台不够用，如果再出故障，整个工作都会受到影响。因此1938年5月父亲从香港回到汉口后又安装了第二部电台，地点在汉口成忠街53号，后来搬到旧德租界二跃小路。这个电台也是15瓦哈特莱式机器，也是公开电台，台长是田宝洪，报务员有刘澄清、张元（女）同志等。在周副主席和南方局的领导下，父亲在八路军武汉办事处建立了两部电台，在此期间同志们忠实地战斗在各自的岗位上，保守党的机密，较好地完成了通信联络任务。1938年10月日寇直逼武汉，武汉危急，办事处撤离，汉口的两部电台停用。在撤离过程中路过湖南湘乡覆嘉石屋、长沙湘雅中学和衡阳三处时都分别架设过这些电台开展工作。

在汉口时，父亲还负责培训无线电台通信技术人员，教他们收发报、抄报、装机、安装天线、简单维修等。当时从延安派往新四军或其他各地做电台工作的人员比较多，一般都先要在武汉办事处培训并在电台工作一段时间后，再去其他地方。电台人员往来频繁，流动性很大，李克农同志很重视对大家的思想教育，经常亲自给同志们讲形势、讲任务、讲注意事项，组织大家学习理论提高认识。李克农同志革命责任心很强，工作警惕性很高，他亲自过问电台和人员的安全，并经常去检查工作。父亲曾给我们讲了个有趣的故事：电台有段时间设在湖北省委住处，陶铸同志当时在湖北省委工作，也时常到那里，但从未和李克农同志见过面。有一天晚上，李克农同志和父亲正在电台工作，陶铸同志从门外进来，李克农站在门口，二人正好打了个照面，李克农同志一看见有生人进来立即警惕起来，挡住去路，不让陶铸进去。两人争执并发生了肢体冲突，李克农的眼镜还被打落到地上，后来大家听到动静，出来看发生了什么事，原来是自己同志在演"三岔口"呢，赶紧劝架，给他们相互做了介绍，这才消除了误会。

2. 在桂林办事处

1938 年 11 月我党建立了八路军桂林办事处，桂林办事处对外名义是八路军办事处，实际上是中共中央南方局的派出机构，直接受重庆南方局领导，办事处的负责人是李克农同志。办事处主要任务是宣传我党的抗日方针，团结广西桂系与爱国人士及各阶层人民组织广泛的抗日民族统一战线，联络湘、赣、粤、桂及香港海外党组织筹集运输抗日军需物资，护送爱国人士、干部、青年等工作。李克农同志代表南方局领导南方各省、香港、海外党组织的秘密工作。桂林办事处电台是我党设在南方的中心电台，是党中央联系南方各地的枢纽台，电台的任务就是担负起向各地党组织传达党中央、南方局的指示；向党中央、南方局汇报各地党组织的工作情况。电台联络的对象是延安党中央、重庆南方局、八路军前敌指挥部、新四军军部、南岳游击队干部训练班、中共南方工作委员会、江西地下省委、韶关八路军通讯处（此处电台后来改为广东省委的地下电台）、邵阳、东江纵队、海南省琼崖纵队、香港等地。

1938 年年底至 1940 年年底父亲在桂林八路军办事处建立电台并负责通信工作。通过这里，布置、派出和建立了一些地区公开和地下秘密电台，装配供给部分电台设备，并培训和输送电台工作人员，如南委、韶关、海南岛、江西、韶阳、南岳等地。桂林办事处的电台最初建在桂林城北金家村，后来有段时间设在桂北路 138 号，因电流不稳定，电台使用有问题，敌机又经常轰炸，城里不安全，就搬到市郊路莫村，1940 年下半年又搬回到城内桂北路 138 号。1941 年 1 月皖南事变后，办事处撤退，电台停止工作。郑执中同志、刘健辉同志、王清生同志、刘澄清同志曾任电台台长，先后在电台工作的报务员有田宝洪、钟尚青、康瑛（女）等20多位同志。办事处有15～50瓦功率的公开电台，父亲在李克农同志住的桂北路138号设计一个5瓦秘密电台，为安全保密，把天线埋藏在板壁墙里，由刘澄清同志具体操作建台。办事处的收发报机都是自己装配的，平时只使用公开的电台收发报，不启用秘密电台，一旦公开电台被查封不能工作时就启用秘密电台进行工作。任何情况下都保持与南方局（重庆）、党中央不间断的联系。

1939年冬办事处派父亲前往广东梅县，给中共南方工作委员会特委送去一部5瓦电台和一台手摇发电机，并同特委书记方方一起到丙村、雁洋等地勘查建台地址、建立电台。1940年5月再次派父亲前往梅县解决二个具体问题：一是沟通特委与桂林办事处电台的联系；二是把特委电台的室外天线改成室内隐蔽天线，以方便工作，加强电台的保密性。

办事处人员的工作很繁重，生活很简朴，但内部生活却很活跃。除紧

☆越南劳动党主席、国家主席胡志明在中国革命战争年代曾在中国工作过。1955年他到中国访问时，在北京会见了当年的战友。前排左起：申光、钱之光、刘昂、胡志明、王彦之、康瑛、赖祖烈；中排（蹲者）：章汉夫；后排左起：童小鹏、韦国清、潘梓年、薛子正、陈家康、徐冰、李涛、刘澄清、胡志明的侍卫长

张、繁重的工作外，还上政治课、文化课，进行时事政治学习；文娱活动开展得丰富多彩，八路军办事处路莫村的救亡室（俱乐部）组织教唱歌、出壁报还设有乒乓球台，室外平地用于打篮球或排球，开展踢毽子、拔河、跳绳等活动，父亲、胡光等一些喜欢游泳的同志，就到河沟里游泳，每次父亲都游得最快。办事处还经常演戏，有些题材还是李克农同志自编自导的，夏衍同志也为青年会和妇委会编写节目，开始老百姓还不太敢去看，后来越看越爱看。此外办事处还组织军民联欢，既宣传抗日，又加强了同群众的联系。当时的工作、学习和业余生活很有规律，很有秩序，很有意义。在桂林办事处工作期间，胡光同志（越南共产党的胡志明主席）在办事处曾担任过救亡室（俱乐部）主任。在越南被日寇侵略、占领时，他在中国待了一段时间，在中国共产党的帮助支持下领导越南人民抗日、抗法，有段时间和父亲同住在桂林市郊路莫村的一间屋里，他经常打字、勤练毛笔字，他们俩也时常交谈，父亲还教他一些通信知识、技术及收发报操作方法，他在电台学习过装机、维修等，与电台的同志们也很熟悉，后来他回到越南领导游击战争。

3. 建立香港秘密电台和转报中心

1937 年 7 月党组织派林青同志从西安到香港在张云逸同志的领导下筹建秘密电台，在秘密电台未建立前他做抄收延安新闻工作。1938 年 2 月周副主席派父亲到香港购买通信器材并指示要解决香港建台的技术问题。父亲去后从购买的通信器材中抽出了一点儿元器件与林青同志一起自己动手组装了一部 15 瓦的发报机，2 月 28 日就联系上了香港与八路军武汉办事处，随后又与延安党中央的电台联络上。1938 年 2 月、8 月父亲两次去香港购买通信器材并以此为掩护建立了两部电台，第一部为秘密电台，第二部为预备电台。我党在香港的地下电台就这样建立起来了，建电台的费用是父亲从购买材料的回扣中解决的。

1940 年年底，在皖南事变前，国民党勾结日本侵略者，全面反共的趋势迫在眉睫，我党做了最坏的打算。党中央 10 月 28 日对各大城市建立秘密电台的绝密电报中指示："在目前的政治情况下，我们在国民党区域与敌后大城市中的电台工作，将会受到更大的困难，与更严重的压迫，甚至有停（原文如此）国共破坏的危险，因此我们必须以最大的努力克服在工作中技术上各种的困难，准备在最坏的条件下，最秘密的环境中继续保持电台工作，这是我们在国区与敌后一切工作的生命线。"在此特殊情况下李克农同志与父亲研究国民党全面反共后电台后勤的保障工作，认为：当时的香港政治环境比较有利，购买通信器材也比较方便，并且与香港各方面都建立了较好的关系。经李克农同志报请、周副主席批准，把香港作为南方地下电台的后勤基地和转报中心并再次派父亲由桂林连夜坐飞机赶赴香港执行这一任务。

他到香港后，先开办了一个小型训练班，培训报务、机务人员为建立新闻台、东江纵队电台做准备。随后他在香港建立了新闻台、转报台与延安、海南岛琼崖纵队、南委建立了每周一次的定期联络。组织上派刘澄清同志到东江纵队建立电台，与党中央取得联系，并对人员进行培训。父亲为林青同志出国建立秘密电台做准备工作，组织上调刘澄清、康瑛（女）同志接替林青同志在港的电台工作，调肖贤法、张元（女）同志建立大电台以配合林青同志国外秘密电台工作。组织上还安排父亲开了一个杂货电料商行、一家汽车公司做掩护，以方便工作。1941 年 12 月在日军占领香港前后，我党在香港已建立了 4 部电台，均经父亲建立、改造和技术处理。

在香港建立地下电台时，父亲对周围环境、当地电力供应中电力畅通及电力大小的情况、对天线的利用等问题进行了调查研究，不断摸索、总结经验以确保各项任务的顺利进行。这期间父亲为了保障通信联络及人员安全，对收发报机进行了小型化改造。将 15 瓦功率的电台改为 5 瓦功率的小型秘密电台，并把它接到收音机的后面，变成一个整体。敌人好几次到家里搜查，始终没怀疑过这部"收音机"。有一次改建情报台，父亲和报务员连续工作 14 小时，上级领导张唯一同志（单线联系）亲自陪同直到和党中央通信联络上。父亲还和其他同志对电台天线进行改造，用普通收音机的单根天线在距离延安一千七百多公里远的情况下收发报达到良好的通信效果，做到以最小功率收到最大信号的预期效果，同时增强了电台的安全性。父亲和他的战友们在不同时期、不同地点根据革命形势的需要对收发报机进行小型化改造，对天线进行改造，把室外公开天线改为室内隐蔽天线等，这些改革既便于电台的隐蔽和保密，又保证了通信联络的需要，对保障国统区、香港的通信联络和安全起了重要作用。

　　1941年12月8日日本发动太平洋战争，同时进攻香港，先占九龙，12月25日占领香港，当地英国政府投降。父亲在第一时间就将太平洋战争爆发的消息报告给我党。战争初期八路军香港办事处陆续撤离在港人员，对电台工作做了有序的安排。战争愈演愈烈，八路军香港办事处按上级指示也撤离了。上级组织指派父亲做疏散隐蔽工作，他将新闻台人员迁移送出香港并向内地撤离；林青同志的电台奉命停止工作收交电料商行；根据组织指示父亲对电台及相关人员的安全做了妥善的安排及处理。日军对香港狂轰滥炸，烧杀抢掠，残暴统治，一段时间港九（香港、九龙）交通联络中断，香港对外交通完全断绝。到12月底港九交通联络恢复时，人员都安全无恙，大家都非常高兴。有一次父亲根据上级指示把一个预备电台拆成零件放到箱子里准备收回隐藏，在回来的路上经过一个日军驻地，他遭到日本兵蛮横无理的殴打，所幸日本鬼子没查他带的箱子，他躲过一劫，总算安全地收回机器并将其隐藏起来。他当时经常冒着生命危险来往于各个工作地点和电台，安排疏散隐藏，布置工作，检查安全，解决技术问题，发放经费和生活费等诸多具体工作，他忠实、出色地完成了党交给的各项任务。

　　父亲在香港工作时党组织派王彦之（我的母亲）协助父亲工作，以假扮夫妻方式做掩护。母亲王彦之生在香港，长在广州，她父亲王和顺是广西壮族反清宿将、中国同盟会会员、孙中山同盟会时期中华国民军的南军都督、辛亥革命元老。母亲从小便跟随父母东奔西跑，在广州中山大学附中上学时受"一二·九"运动影响参加了革命学生抗日救国宣传活动，1936年3—6月中山大学附中进步学生受到反动势力的迫害，军阀陈济棠要抓人，她和罗立斌、吕志先、张毅等9个同学9月离开学校北上北平，由张苏（时任党的外围组织文化总同盟书记）介绍加入中国共产党，然后母亲去了延安参加红军，在红军大学二期学习，学习结束后被派回南方工作。她曾在曾生领导的游击队做电台工作，对那一带很熟悉，又会讲广东话，因此派她协助父亲以方便工作。

　　港九交通联络恢复后，组织决定恢复香港电台，父亲、母亲选择将九龙的福老村道四楼作为秘密电台工作地点，母亲是电台负责人，报务员有戴机、江群等5名同志。平时与延安、南委、海南岛琼崖纵队联络，并抄收延安新闻。此台还承担随时转报的任务。秘密电台工作人员在外独立坚持工作，条件艰苦，并随时有生命危险。有一次母亲正在接收电报，突然日本鬼子搜查，掩护她工作的江群阿姨（东南亚华侨）刚一开门，日本鬼子举着枪气势汹汹地硬要往屋里闯，江群阿姨毫无畏惧地挡在门口，机智地用熟练的英语大声训斥日本鬼子，并说我姐姐正在洗澡，鬼子一听讲的是英语，以为是英国人，又看这架势，就乖乖地撤走了，她们算躲过一劫。在严酷的环境中两个革命青年为了抗日、为了共同的信仰和理想走到了一起。父亲逐渐了解了母亲，母亲对父亲无畏的革命精神和认真负责的工作态度很敬佩，父亲技术精通、业务熟练，对自己的同志谦虚诚恳，慢慢地母亲对父亲产生了爱慕之意，两人逐渐产生了感情，经组织批准，1942年春节父母申光和王彦之在香港结婚。之后两人回到重庆南方局工作，当时红岩村生活条件非常艰苦，周副主席特意在一次吃饭时提议加菜，并向他们表示祝贺。邓颖超妈妈每次见到母亲时总是用广东话向她嘘寒问暖，了解生活中的困难并给予帮助。几十年后说起当时的情景，父母亲对周副主席和邓妈妈的感激仍然溢于言表。

☆1963年5月，周恩来、邓颖超（左二）、申光（左四）看望中南海话务员

1942年6—7月间周副主席电报指示父亲撤离香港返渝，并在经过桂林时要建立电台。父亲乘坐日本邮轮撤离香港到湛江转道到桂林。到了桂林因办事处已于1941年年初撤离，当时桂林地下组织工作很艰苦，接头时发生很大的困难和危险，地下组织会计熊子明同志转告说：本来电台准备建在何康家（地下党员，国民党要员、爱国人士何遂之子），由于他家遭到国民党特务的盯梢、埋伏，没法建台了。后来经过父亲秘密勘查决定改到李芝楠同志家建台，他们冒着生命危险掩护父亲，一起躲过敌人围捕追杀，最后父亲完成建立电台的任务。他们又护送父亲在阳朔避难约一个月。待电台与上级组织通信联络上并正常工作后、父亲准备去重庆时已身无分文，何康变卖了一些家什凑出路费给父亲，他才能与熊子明一起搭车，于9月23日安全到达重庆，回到南方局。而母亲先于父亲从香港撤出，经桂林乘何遂的车到重庆红岩。

4. 在重庆八路军办事处

1942年9月至1946年1月父亲在重庆负责南方局通信工作，母亲在红岩村八路军驻渝办事处做电台工作。为了确保南方局与中央的通信，父亲和战友们在电台通信方面设了三道防线：（一）设立公开电台；（二）设立室内2个秘密电台；（三）设立市内地下通信台3个。国民党一直封锁我们的电台不准启用，有电报必须通过他们的军政部电台收发，直到毛主席来重庆后经我方严正交涉才允许我党恢复公开台，但实际上党的绝密电报是通过秘密电台在夜深人静时与延安等地联络收发的。林青同志的卧室里设了一部秘密电台，父母屋里也设了一部秘密电台与延安试通后备用。1945年毛主席在重庆与国民党蒋介石谈判期间，父亲参与组织了通信保障工作，用5瓦小功率秘密电台，通过空中看不见的桥梁准确及时地传递毛主席对全党全军的指示，以及对刘邓大军反击国民党军队在上党地区猖狂进攻的指令。

周副主席利用八路军驻渝办事处的合法条件，亲自指示童小鹏同志（时任南方局秘书处处长）和父亲通过各种社会关系和海外关系采购了大批电讯器材运往延安等地以加强我党我军的机要通信工作网，此外还培训

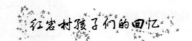

了一大批机要译电员、电台报务员和技术员。

南方局在重庆及四川期间，国民党一贯消极抗战积极反共，以皖南事变为标志的第二次反共高潮达到极点。几年来南方局办事处基本被封锁在办事处所在地红岩村的篱笆围子里，曾家岩、红岩村处在国民党特务的层层包围之中。在这种白色恐怖的环境下，同志们在各自的工作岗位上很好地完成了党交给的各项任务，同时还积极地参加周副主席和董必武领导的三年整风学习。父亲经常在外独立执行党交给的各项任务，能回到南方局的家里工作、生活感到振奋、温暖，在自己"家里"学习，更是提高革命思想的极好机会。在学习中周副主席以身作则用自己的经验、教训，教育同志们自觉学习，认真总结。周副主席还几次参加电台组的学习，对大家进行革命传统、革命气节的教育，使大家认识到在电台高度分散和独立工作中要保持清醒的政治头脑，更要严格地遵守保密制度。通过整风学习大家心情舒畅，进一步明确了革命方向，坚定了革命意志。

为安全保密，把电台、文书（专门抄写情报材料）设在办公楼三层。二楼通往三楼的楼梯口处专门安装了一个结实的门，有电铃，以防备国民党反动派突然袭击时紧急通知用以迅速处理密件，隐藏机器等，平时同志们非常自觉地遵守保密条例，与工作无关人员都不上三楼。

重庆是个大火炉，夏天又长又热，非常潮湿，电台室在三楼顶屋只有5~6平方米，房间就像个鸽子笼，密不透风，犹如火炉酷热难耐，室内房顶开了个通气天窗，阳光正好直射而入。为保障通信联络顺利地进行，大家夜以继日地在这狭小的空间中工作，一天下来好像洗了几身热水澡。虽然条件艰苦，但对国民党反动派的仇恨，对革命的坚定信念使大家在工作中始终保持着昂扬的斗志、饱满的精神。

1945年2月7日我降生在红岩村内办公楼一层的卫生所。这一天重庆漫天雪花飘飞，我刚刚来到这个世界，邓颖超妈妈就亲吻了我的小额头，向我父母表示祝贺。父母亲用代表出生地红岩并喻义革命的"丹"字和中国人对女孩的昵称"妮"，为我取名"丹妮"。我出生时只有四斤半重，先天不足，当时生活条件非常艰苦，母亲工作很忙，没几天就没有奶水给我吃了，只好把我送出去给当地一户老百姓寄养。可人家也家境贫寒，主妇的奶水也不好，还不够吃，送去时刚长到5斤的我接回来又减到4斤多，还患上多种疾病，情况很不好。那时又没有钱买美国奶粉或米糕喂养我，父母没办法只能用红岩村集体食堂大灶里熬的延安小米粥撇出的米油（熬成的小米粥上面厚厚稠稠的那一层）来喂我，没想到我被喂活了，还慢慢地胖起来，并且能送到托儿所了。我就这样在阿姨们辛勤的照料下，在哥哥姐姐们的玩耍喧闹声中渐渐长大。毛泽东主席来重庆与蒋介石谈判45天曾有41天住在二楼，正处在我们所住房间的楼下，我那时小，身体赢弱，比较爱哭，为了不打扰毛主席的工作和休息，父母经常抱着我，哄着我，以免我吵闹。

1945年"双十协定"后父母带着哥哥和我乘飞机离开重庆回到延安，父亲办完事又返回重庆。1946年1月5日国共双方达成关于"停止国内军事冲突的协议"，规定从13日起双方停止一切战斗行动。国民党政府代表张群（后更名为张治中）、中共代表周恩来、美国总统特使马歇尔组成军事三人小组，并在北平建立由三方代表郑阶民、叶剑英、罗伯逊及三方人员组成的军事调解处执行部（简称军调部），以监督停战，调处冲突。1946年冬周副主席指定父亲去北平军调部组织通信联络工作。1946年1月13日父亲又到延安，仅住了一夜，1月14日就随李克农同志到北平军调部任中共

☆1946年冬，申光、王彦之夫妇与儿子光光、女儿丹妮在延安

三处处长（负责通信机要工作），从此在中共中央南方局的工作告一段落。父亲说，在中共中央南方局工作的那些年，他做了一些应该做的工作，这些都是在周恩来副主席、中央军委和南方局，各有关党委领导的关心教育下才做成的。在那种险恶复杂的环境中工作，他的体会就是，没有党的领导将一事无成。

红岩村，我童年的情结

熊畅苏[*]

2009 年 5 月，我随红岩儿女寻访团去重庆红岩革命纪念馆参观。

当一踏上红岩村的小路，往事重游漫步寻，我又回到童年时代的红岩。大概在 1940 年，父母亲带我去了红岩村，爬上一座高高的石台阶，有一栋楼房，大门口挂着"八路军驻重庆办事处"的牌子。经过走廊里的一个门口前，妈妈叫住我，"快进屋抱一抱小弟弟"，我走进屋，果真有一个很小很小，白白净净，白里透红的小男孩在妈妈怀里，妈妈轻轻地将他放在我手里。大家都叫他小霞，他是第一位诞生在红岩村的革命小公民。小霞可爱漂亮的模样，一直刻印在我童年的脑海里。等我再见到他时，他已是一位年轻英俊的海军，才知道大名叫"秦铁"，是秦邦宪同志之子。这次，我俩站在走廊的门口，我告诉他："60 多年前，我曾在这里抱着你——小霞。小霞，你是红岩村人！别忘了。"

1941 年皖南事变后的一个夜晚，天空中只有几颗寒星在闪烁。妈妈把我和姐姐（熊耕午）送到红岩村，从那儿乘坐一辆卡车去延安。在红岩村阴阳树下，我好像预感到马上就要与妈妈分开了，紧紧抱着妈妈，妈妈极力地安慰着我们，摸着我的头，让我抬头看天空的星星，并指着星星说："畅伢子，你想妈妈时，就看看空中一闪一闪的星星，那就是妈妈在

---

* 熊畅苏：熊瑾玎、朱端绥夫妇之女儿。科技部交流中心离休干部。2013 年因病去世。

和你们姐妹说话。"妈妈的这句话成了埋藏在我心灵深处的小秘密，它伴随着我一生。当时，我信以为真，依依不舍地松开了妈妈的手。当汽车要开动时，妈妈说："一路上要听蔡伯伯的话，到延安后，要听姨妈朱慧的话。爸爸、妈妈会去接你们回红岩村。"到了延安后，我们被送到安塞延安保育小学上学。星期天的窑洞空荡荡的，孤零零的只剩下我和姐姐两个人，姐姐怕我想妈妈就给我讲故事，还带我到窑洞外边的土坡上去看天上的星星，一颗、二颗、三颗……我们用手指不停地数着星星。我幼稚地问姐姐："天上星星那么多，妈妈是哪一颗星星啊？"姐姐忽然紧紧抱着我说："我想，就是最亮的，离我们最近的那一颗吧！"我又问："妈妈能听见我们在说话吗？"姐姐宽慰着我说："当然听得见，你看，那颗大星星一闪一闪的，就是妈妈在向我们点头微笑呢！"这是我最幸福、甜美的一夜。妈妈的话伴随我一生，即使在晚年生活中，当心情烦恼时，我也会去找天空的星星讲述。

随着时间的推移，我们渐渐地长大了，在老师的教育和关爱下，在同学的友情之中，我们明白了，父母亲远在数千里之外，在敌人的心脏重庆，正夜以继日地同国民党做斗争。为了解放全人类，我们在延安一定要好好学习，总有一天会回到爸爸妈妈身边的。果然，在1946年春节前的一天，天还没有全亮，老师就来到我的炕头前，轻轻地叫醒我："小熊，快起来吧，今天坐飞机送你去见爸爸妈妈。"后来，我才知道，是周总理为我们想到的，抗战胜利了，孩子们也该和家人团圆了！没想到转眼六年过去了，我们离开父母、离开红岩村六年了。我们在八路军办事处小礼堂等着家人来接，别人都被接走了，天也快黑了，只剩下我一人，我越等越着急。正在这时，一个老头儿提着一个布袋子，朝我走来，问我："你是畅伢子吗？""是的，你是谁呀？""我是爸爸呀！"我用陌生的眼光看着站在面前的这个人，心里想："怎么这么老的爸爸呀？"爸爸穿着一件洗得发白的深蓝色长衫，剃着光头，戴着一顶小毡帽，手上提着一个布口袋，这个布口袋是跟着爸爸抗战八年的"公文包"。爸爸一脸慈祥笑容，吹散了我满脑子的疑问："畅伢子，你怎么剃了一个男孩子的光头呀？交通员来接你，没有找到一个女孩。所以，我得亲自来接你。"我告诉他，女孩子留长发不好，会长虱子，多半女孩都留成男孩发型。这时，爸爸拉着我的手说："快跟我走，咱们回家去见妈妈、妹妹。"握着爸爸的大手，身体一下子感到特别温暖、亲切。回到家了！我一下子扑到妈妈的怀里，眼泪止不住流了出来。6年了，6年中有多少夜晚在梦中才能与妈妈见面讲话，又是高兴，又是伤心。妈妈马上抱起刚刚会走路的小妹妹马四午给我介绍。不久，朱慧姨妈带着姐姐也来到重庆，我们一家人真是大团圆了。那时，爸爸已经60岁了，我和姐姐调皮地叫他——老头子爸爸。他一点儿也不生气。我们全家到照相馆，拍了第一张"全家福"。

　　在重庆的日子虽然不长，却使我见了世面，增长了不少社会知识。当时，《新华日报》所在地重庆化龙桥，看起来熙熙攘攘，热闹非凡，有卖担担面的，有修鞋的，还有算命的……男男女女、老老少少，川流不息，而在这些形形色色的人中间，却隐藏着无数双监视的眼睛。我们姐妹就像被关在笼子里的小鸟一样，不能出门，只能在楼上走廊观风望景。通过"观风"，我们学着怎样侦察敌人、特务。在报社周围也居住着许多贫穷的老百姓。我每天都看到穿得破破烂烂的孩子在山坡上的垃圾堆里捡煤渣、拾破烂。我心里很同情他们。有一次，国民党特务冲进新华日报社，营业部被查封了，很多人被打伤。敌人在报社周围架起机关枪。我看见父母沉着镇定地处理着一件一件文件，我懂得了，这就是与敌人特务做斗争。为了我们的安全，妈妈偷偷地将我们姐妹转移到重庆江北大哥家去住。

☆第一张全家福，前排左起：妈妈、马四午、爸爸，后排左起：畅苏、朱慧姨妈、耕午

　　从红岩到延安，又从延安到红岩，在这六年的童年生活里，我懂得了，因为父母都是中国共产党党员，他们在拼尽全力推倒压在中国人民头上的三座大山，与一切反动派、侵略者做斗争；为解放全中国，建设一个中华人民共和国而无私奋斗、牺牲，他们将毕生奉献给了共产主义事业。

　　在中华人民共和国成立 60 周年之际，我又回到红岩。现在红岩村扩大了，周围环境优美，特别是新扩建的"红岩革命纪念馆"展示、陈列红岩的历史，给我们上了一堂生动的红色教育课，愿红岩联线将红岩精神传递到祖国各地。愿重庆这座美丽的山城继续绽放异彩。

在重庆她找到了共产党，完成了
从大家闺秀到革命战士的美丽蜕变

林 力*

我的母亲林冈原名林双盼，是中国台湾爱国将领林祖密将军的女儿，是被海峡两岸史学界公认的台湾 200 年来最具影响力的第一家族——雾峰林家的后裔。这位有着传奇经历的女性，一踏上祖国的土地就投身到抗日战争之中。虽然父亲是国民革命军的将军，但林双盼在抗日战争的硝烟迷漫中辗转追寻，最终找到了抗日的共产党，开始了她从名门望族的大家闺秀到革命战士的美丽人生。

鼓浪屿：父亲为她种下抗日的种子

1918 年，林冈出生在厦门鼓浪屿三丘田林公馆。当时，不甘心在中国台湾当亡国奴的父亲林祖密，不顾日本人的利诱和阻挠，变卖了在台湾的大部分财产，携家眷回到厦门，并向民国政府申请撤销了"日本国籍"，成为第一位正式获准恢复中国国籍的台湾人。

当孙中山先生派人前来联络林祖密时，他义无反顾地参加了国民革命，并慷慨解囊、出钱组建了国民革命闽南军，由孙中山任命，他担任闽

---

* 林力：鲁明、林冈长女，北京大学法学院毕业，日本早稻田大学研究生，中国文化研究会原副会长。

南军司令，领少将军衔，是国民革命军中第一位台湾籍将军。这一年，他诞下女儿林双盼。

鼓浪屿林公馆，作为林祖密从事国民革命活动的基地长达20多年之久，在黄埔军校建立之前，这里就是国民革命军的训练营地。双盼一出生，就生活在这样一个充满革命朝气同时又是危险重重、斗争不断的环境中。长期的耳濡目染，渐渐造就了她开放、果敢的性格。年幼的她对父亲最深刻的印象就是父亲常常告诫孩子们说：国比家大，有国才有台，爱台先爱国！林家祖祖辈辈都是中国人，都是流血

☆少年林双盼在台湾

牺牲、抗击外辱的英雄，决不能做小日本的亡国奴！是父亲在她心中种下了抗日的种子。

1925年，年仅48岁的林祖密将军遭到反动军阀的杀害。父亲牺牲后，迫于生活，母亲只得带着孩子们回到台中雾峰老家。回到雾峰宫保

☆林祖密将军

第，就像进了大观园，祖母杨水萍是一品诰命夫人，尽管她对失去父亲的孙儿、孙女们十分疼爱，但在鼓浪屿接受过开放式教育的双盼对封建大家庭的束缚十分不习惯。看到姑姑、姐姐们一个个被迫嫁人，又一个个忧郁而终，年幼的她产生了要离开这个家的念头。如果说在鼓浪屿受到父亲抗日思想的影响的话，那么在中国台湾，双盼则切切实实地亲身体会到在日本人的统治下，做亡国奴的屈辱感受。一方面憎恨日本人的统治，一方面不满旧家庭的封建束缚，她一次次下决心要离开台湾，回到大陆。

1936 年秋天，双盼快满 18 岁了，她再也不愿意等下去了。于是她们姐妹四人商定了离家出走的计划。可临行前，三个姐姐都犹豫了，只有双盼一人不退缩，她记得父亲的话：有国才有台，爱台先爱国。她要走，她要走出这片被奴役的土地，去寻找抗日的道路，去寻找光明的前途。

双盼孤身一人从台湾到上海，又辗转到南京。在金陵大学读书的姐姐见到她，大吃一惊：要知道一个女孩儿，她连普通话都不会讲，也不知道姐姐的确切地址，万一遇到坏人，多么危险！

南京：抗日无门

在姐姐的帮助下，双盼进入南京东方中学，可是比起别的同学，她必须加倍努力——她需要从头学习普通话。回到祖国的双盼觉得天特别蓝，地特别大，又有姐姐和哥哥在身边，自己就像一只快乐的小鸟，既温暖，

☆林双盼在国民政府军第九后方医院

又自由。短短的半年时间，拼命学习的她不但完全可以用普通话听课、与同学们交流，而且学习成绩也赶了上来。就在眼前一片光明灿烂的时候，七七事变爆发了，日本侵略者公然对中国发起了全面进攻。整个南京城沸腾起来，每一个有良心的中国人都加入到抗击日本侵略者的战斗中。双盼和同学们，走出了学校，参加了南京学生抗日救援会。他们走遍南京的大街小巷，宣传抗日救国的道理；参与组织民众进行防空教育和演练。

为了更直接地支援抗日前线，双盼和两个最要好的同学一起加入了国民革命军第九后方医院，

在津浦线上以及山东泰安一带救护淞沪前线下来的伤员。小姑娘们不怕苦、不怕累、不嫌脏，细心地为伤员清理伤口，擦干净血渍，同时她们还耐心地安慰伤病员，向他们宣传抗日形势，鼓励他们养好伤，再上前线。姑娘们的行动受到伤病员们的好评，她们的宣传鼓舞了受伤的战士们。可是风声传到院方，却引起院方的怀疑，为了不让她们宣传抗日道理，院方先是对她们进行种种限制，最后干脆把她们调去做后勤敷料工作，不让接触伤病员，甚至对她们进行监视。院方的做法引起姑娘们的不满，她们大惑不解：难道宣传抗日思想有罪吗？是的，在国民党蒋介石的不抵抗政策统治下，的的确确是抗日无门啊！

贵州铜仁：革命启蒙

初出茅庐、刚刚踏上社会的女孩儿们，满腔的爱国热情受到挫折，她们愤而离开伤兵医院。可是南京已经回不去了——日本人野蛮地进行了举世惊骇的南京大屠杀！就在大屠杀前夕，姐姐林双吉已经随学校迁往长沙，哥哥林正亨则随南京陆军军官学校迁往汉口了。双盼一个人在南京城里奔跑着找寻着哥哥、姐姐。街上到处残垣断壁，城门口挤满了逃难的人，已经有日本散兵陆续进城了。傍晚，筋疲力尽的她借宿在一个学校里，看门人见她一个女孩子，就免费让她住一夜，她决定明天再去长沙找姐姐。入夜，整个学校空荡荡的，双盼孤零零的一个人，怎么想也不甘心，干脆从床上跳起来，跑到大街上，当夜就随着人群奔出了南京城。好险啊！——就在第二天大清早，所有的城门都被封锁了，南京成了一片火海，日本人开始了大屠杀！

在那个漂泊动荡的年代，三个女孩儿奇迹般地在长沙会合，双盼找到了姐姐，并考入正在招收流亡学生的"第三中学"，随着学校来到了贵州铜仁。1938年春天，那也是双盼革命生涯的春天。在第三中学，她们受到了革命的启蒙，认识了美术教员刘天伟，在进步教员和同学的带领下，双盼参加了"读书会"，大量阅读进步书籍，并且通过"读书会"壁报的形式宣传和影响其他学生和群众。此外，针对学校里高年级学生中三青团势力猖獗，随意欺侮低年级同学的情况，双盼她们挺身而出，组织同学们

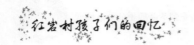

☆哥哥林正亨赴前线前看望铜
仁三中的妹妹林双盼

与三青团势力斗争并取得了胜利。师生们抗日爱国、追求进步的情况很快
引起了国民党反动当局的注意，他们先是派特务到学校盯梢，然后开出
"黑名单"，要求学校开除他们，进而干脆闯进学校里去抓人。第三中学
的校长是个正义人士，对进步师生们是同情和理解的，反对特务随便到学
校抓人。他一面与当局周旋，一面通知上了黑名单的师生们赶快分批离开
学校。刘老师指引大家："到重庆，去延安，去找共产党！"师生们离开
铜仁，翻山越岭，徒步向重庆走去，再苦再累内心也是快乐的，因为此去
他们是向着光明的——他们要去寻找心中的希望、真心抗日的共产党，要
去投奔革命圣地延安！

重庆：投入党的怀抱

在重庆，双盼他们幸运地找到了共产党。当时负责妇女工作的革命老
大姐张晓梅同志安排双盼他们到重庆妇女难民服务队工作。服务队里有不
少共产党员。难民服务队的办公室设在重庆市内曾家岩的"周公馆"二

楼。周恩来同志作为国共谈判的中共代表团团长，就住在一楼；中共代表团成员、八路军总参谋长叶剑英同志住在三楼。可就在难民服务队办公室旁边的一间小屋子里，国民党安插了几个特务，监视着中共代表团和难民服务队工作人员的活动。加入了革命队伍的双盼他们情绪特别高涨，根本不把特务放在眼里，工作劲头十足，连上下楼梯都是一路小跑。

有一天，听说叶剑英元帅（那时人们都称呼他叶参座）要去延安了，双盼就大着胆子跑上楼去请求叶参座带她一起去延安。那时虽然双盼已经是复旦大学的学生了，可是样子还像个中学生。叶参座突然见这个小姑娘蹦蹦跳跳地出现在自己眼前，就仔细地打量着她，不等气喘吁吁的双盼张口，叶参座就说："我知道你是谁了——你长得真像你爸爸！说吧，小姑娘，是不是要搭我的车去延安呐？"这一说双盼可吃惊不小：叶参座怎么什么都知道啊？原来叶参座和林祖密将军在孙中山先生身边时就是革命同志、至交好友，叶参座还在鼓浪屿林公馆住过一段时间呢，所以不用介绍，叶参座就看出来她是林祖密的女儿，而且猜到她一心想去延安。终于要实现去延安的愿望了！双盼兴奋得睡不着觉。

谁知情况突然发生变化：一方面叶帅因紧急情况提前乘飞机走了；另一方面因工作需要，组织上决定调双盼到塔斯社驻重庆分社工作。怀着无限的遗憾，双盼服从需要留在重庆，作为一名采访记者，继续着白区的斗争。

有了党组织的领导和教育，林双盼（后改名为林冈）逐渐成长起来，从一个满怀民族仇恨的台湾女孩儿成长为一个具有共产主义理想和革命觉悟的新女性。不仅如此，她还把自己的哥哥引导到革命队伍中，成为并肩战斗的革命同志。

1944年毕业于南京陆军军官学校的哥哥林正亨参加第二远征军赴缅甸抗日，他的部队英勇作战，由缅北一路打到缅中。1945年春的最后一场战役中，他们遭遇日军的疯狂反扑，被日本空降兵层层包围。弹尽粮绝之际，林正亨率部与敌人展开肉搏战，终因寡不敌众，一个连的官兵几乎全部壮烈牺牲。增援部队清理战场时在死人堆里意外发现身负16处重伤的正亨竟然还有一口气！九死一生的正亨虽然留得一条性命，却因伤残而被腐败的国民政府弃之不顾，穷困潦倒地回到重庆。抗战胜利跟他毫无关

☆林冈（林双盼）在重庆塔斯社

系，蒋介石忙着打内战。对国民党极度失望的他对一切都心灰意冷了。林冈看到从前英俊潇洒的哥哥竟然如此落魄，不禁难过地哭了。她庆幸他还活着，她要把他从冰冷的世界中救回来！她带他去见她的同志们，向他展示革命队伍的光明和热情；给他讲只有共产党才能救中国的道理；让他作为保镖陪自己去采访，亲眼看看国民党特务的无耻破坏和人民大众不畏强暴、反对内战的情绪。终于，哥哥觉悟了，走出了迷茫与徘徊，经八路军办事处同志的介绍参加中国劳动协会，到朝天门码头去做工人工作。1946年有着秘密身份的林正亨接受组织派遣，带领二十几名台湾籍青年回台湾开展工运工作。1949年中华人民共和国成立前夕，白色恐怖笼罩台湾，林正亨被捕入狱。考虑到他是国民党元老之子，蒋介石派陈诚到狱中劝降，许诺只要肯"悔过"，即可释放出狱。林正亨不为所动，他在狱墙上写诗明志："乘桴泛海临台湾，不为黄金不为名，只觉同胞遭苦难，敢将赤手挽狂澜……"英年35岁的林正亨英勇牺牲在国民党反动派的枪口下！

红岩新村：邓大姐牵线做媒
南京梅园：周总理为他们证婚

　　1945年抗战胜利了，林冈也在党的关怀下成长起来了。已经到了谈婚论嫁的年龄，可是长得像个中学生的她却"没有想法"，每天忙个不停。这可急坏了张晓梅大姐，整天张罗着给她找合适的"人选"。在红岩

"八办"和曾家岩周公馆工作的鲁明（董必武的政治秘书、新华日报社特派记者）也是个"大龄青年"，他的事情自然被邓颖超同志放在心上。于是邓大姐拉着男方、张大姐拉着女方，把他们撮合到了一块儿。不久，鲁明随董老和周恩来同志迁往南京"梅园八路军办事处"。为了照顾他们的婚事，组织上把林冈调到新华日报社南京办事处任编辑，并在梅园为他们举行了婚礼。

在简朴而热闹的婚礼上，董老、周恩来、邓颖超等领导同志在"结婚志禧 天作之合"的大红绸子上签名，为这对大龄青年证婚。在这大红绸子上签名贺喜的还有：徐冰、张晓梅夫妇；廖承志、经普椿夫妇；陆定一、范长江、潘汉年、王炳南、浦熙修、石西民、宋平、何谦、汤宝铜、罗晓红及塔斯社社长普罗钦科等同志。现在，这件革命文物被展示在"南京梅园博物馆"，见证着老一代革命者的革命情操。

婚礼上，邓颖超大姐还代表总理向新婚夫妇讲述了正确处理夫妻关系的"八互"祝词（互敬、互爱、互助、互勉、互信、互慰、互谅、互让），祝愿他们在革命的道路上携手并进，永远向前。

随着解放战争的不断胜利，新华日报社的记者们纷纷要求上前线随军采访。林冈当然也不甘落后。可就在这时，她发现自己已经有身孕了。为了能做随军记者，她急得顾不上生命安危，又是服用奎宁，又是从床上往下蹦，希望能终止妊娠。邓大姐知道了，非常着急，马上找她谈话，制止这种做法（幸亏有了邓大姐的制止，否则今天就没有本文的笔者了）。事情又传到周恩来那里，他立刻派人把双盼找来，既亲切又严肃地批评道："小鬼，可不能这样干，太危险！"随后，把她安排到条件较好的部队去了。

☆中国人民解放军胸章（胸章上的印章为"新华通讯社总社之印"）

109

任务完成后父母回到西柏坡，一见到总理，父亲就掉了眼泪说：这两年我们没做出大的成绩，就生了个孩子……总理笑着说：生了个孩子就是成绩嘛！此后，父母一直没有离开过中央机关，直至1949年随中央机关到北京，进了中南海。

多年后有一次爸爸带我去见总理，总理摸摸我的头对父亲说："这就是你的成绩啊，眼睛这么大！……"

在学校：她是女孩儿们最崇拜的校长

1958年，中央机关决定选调一批干部支援北京市的教育事业。时任北京市委教育部部长的廖沫沙同志找到林冈，希望她能到北京市工作。林冈素来十分敬重廖沫沙同志，同时也很热爱教育事业，于是欣然应允，出任"北京市第十二女子中学"的校长。

谁都知道，女校最难搞，可林冈却不同，她本来就性格开朗，来到女学生们中间正是如鱼得水，很快就和师生们打成一片。

"女十二中"的前身是美国公理会创办的教会学校"贝满女中"，教师、学生都很清高。听说新校长要来了，学校里的女教师、女学生纷纷猜测：这位"老革命"的新校长，是个什么样儿啊？……什么样的猜测都有，就是没有猜到出现在她们眼前的，竟是一位亭亭玉立、典型女性装束的漂亮校长：一袭合身的旗袍、一双利索的高跟鞋，漂亮的发髻高高地绾在脑后，挺直的身板快步如风；不论见到老师还是学生，都会停下来用闽南腔的普通话和她们交谈，校园里处处可以听到她爽朗的笑声……新校长那外表、那风度一下子就征服了最爱挑剔的女学生们。从此林校长无论走到哪儿，身边总是围满了叽叽喳喳的女孩子们。为了工作方便，林校长干脆搬到学校里来住。不论晚上还是星期日，林校长的小屋子里总是进进出出着学生们。学习上的、生活上的，家庭的、个人的……总之，一切一切的问题或苦恼、还有理想和憧憬，学生们都爱向林校长倾诉，向林校长讨个主意……说来也怪，在"文化大革命"那个年代，没有被揪回学校批斗的中学校长，恐怕只有她一个。如今，当年的女孩儿们也变了白发人，可她们还是常常来看林校长，一起说、一起笑、一起回想年轻时代。到最后，她们总忘不了说：想当年，林校长就是我们女生心中的偶像！

驻外大使馆：使团夫人们说"我爱中国！"

"文化大革命"结束了，林冈从五七干校回到北京。恢复工作以后，就随丈夫出使科威特。作为大使夫人的她，风度翩翩，十分活跃。使馆经常以大使夫人的名义举办使团夫人聚会，邀请各国大使夫人到中国大使馆来做客。聚会活动的形式活泼、多样：小型图片展览、工艺美术品展览，使夫人们了解中华人民共和国的发展与成就；艺术欣赏如越剧《红楼梦》、小提琴协奏曲《梁祝》、电影《五朵金花》，用中国文化的魅力征服了夫人们，她们不但感谢主人的款待，而且由衷地说：我爱中国！

☆驻科威特大使馆

最有意思的是，有一次聚会恰逢科威特驻日本的大使偕夫人回科威特述职，因为这位大使是科威特王室成员，所以大使夫人也应邀前往中国大使馆参加使团夫人聚会。当使馆工作人员得知这位夫人并不是科威特血统，而是中国台湾籍时，就特别把她介绍给林冈，因为他们知道她也来自台湾。各为主、客的两位夫人同来自中国台湾，又同在异国土地上相遇，自然倍感亲切，立刻用闽南话攀谈了起来。突然，两位夫人热泪盈眶，紧紧地拥抱在一起……这一情景引起了各国夫人的好奇，纷纷围拢过来问：

怎么了？为什么？……好一会儿，林冈才抬起头来，一边揩去眼角的泪，一边笑着解释说："原来我们是堂姐妹，都是雾峰林家的女儿呐……"话没说完，就被夫人们祝贺的掌声、笑声打断了。真是太"神"了，世界如此之大，科威特如此之小，可这对天各一方的雾峰林家姐妹却在这里不期而遇了！

海峡两岸：我希望回到家乡

晚年的林冈在北京过着优裕的生活，颐养天年。她的家就像是个小型会馆，忙着接待一批又一批回祖国探亲、经商、旅游、求学的亲友。无论年长的还是年少的，他们从中国台湾、美国和世界各地来到北京，总要在林冈家里聚会。看到林冈这么健康长寿，他们都要讨教"秘方"。林冈就认真地告诉他们，一是政府照顾得好；二是子女们都孝顺，日子过得很开心；三是有一套适合自己的生活方式和锻炼方法，比如爱唱歌、爱跳舞，"我还跳迪斯科呢！"说得大家哈哈大笑。

每当有人从台湾来，老太太都要仔细地询问雾峰的情况，免不了回忆起儿时在雾峰生活、玩耍的种种情景。她曾经几次想回雾峰看看，都由于

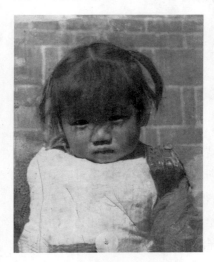

☆鲁明、林冈的长女林力 1949 年 3 月在晋察冀边区李家庄（童小鹏摄）

身份特殊，被台湾当局拒绝了。1995年，年逾七八十岁的雾峰姐妹 4 人在美国相聚，准备一同回雾峰探亲，但只有林冈一人被台湾当局拒绝了。自己的家园却被别人拒绝入内，真是岂有此理！倔强的林冈从此不再向台湾当局"申请"。她唯有盼望海峡两岸早日统一，可以让她自由地往来于北京和雾峰之间。每逢星期五林冈都要和居住在美国、已经九旬高龄的姐姐双吉通一次电话，回忆她们的儿时生活，回忆她们由雾峰而南京、由南京而重庆、由重庆而天各一方的传奇经历，计划着什么时候姊妹们

一同回到雾峰，牵手同游故地……"爱台湾、更爱祖国"是雾峰林家几代人的传统，是凝结在林氏宗族血脉中的不变情结。双盼执着地盼望："我希望在统一的那一天，回到家乡雾峰。"

终于，2008 年大陆居民可以自由地赴台湾旅游了，然而 90 高龄的林冈已卧病在床不能亲回故乡，只得由笔者随首航团代替妈妈探家。

中国人民抗日战争暨世界反法西斯战争胜利 60 周年，作为参加过抗日战争的老同志，林冈接受了由中共中央、国务院、中央军委颁发的英雄纪念章。病榻上，林冈佩戴着金光闪烁的纪念章，自豪地挺起了胸膛。

童年往事

石晓华*

    2009 年 5 月，由童丹宁发起和组织的"红岩儿女红岩行"活动，将中华人民共和国成立前曾在重庆工作过的老同志后代，组织前往原国民党"陪都"重庆。在父辈当年战斗过的地方缅怀先烈、继承父辈的革命遗志和高尚的品德，这是一件极有意义的事情。新华日报社的后代在熊畅苏大姐的率领下，前往化龙桥新华日报社旧址参观、凭吊。化龙桥一带正在建造一座湿地公园，四周的居民早已拆迁，到处是高低不平的土堆，我们踏着泥泞，在车轮压出的崎岖路上前行。一种不知名的植物开着小黄花，近看远望，一片片"鹅黄"在灰色建筑物废墟上透出顽强的生命力，真是别有风味。这也使我们想起毛主席的著名诗句"战地黄花分外香"。化龙桥是我们父辈当年战斗过的地方，也是我们童年生活的"世外桃源"。时隔 60 多年，今天重返旧地，强烈思念之情，使我们加快了前进的步伐。

    在山脚下，用临时围墙围起的新华日报社旧址就在眼前，我们睁大眼睛四处寻觅，儿时的依稀记忆与眼前的现实怎么也对照不起来。在离大门外 20 多米处，熊畅苏大姐指着山坡上一处房屋断墙告诉我们，这就是当年她父母（熊瑾玎、朱端绶）、我父母（石西民、吴伟）以及乔松都父母（乔冠华、龚澎）等编委会人员居住的二层楼房子，楼前不远处还有一条

---

　　* 石晓华：石西民、吴伟长女，上海电影专科学校导演系毕业，在上海电影制片厂工作。

小河，随着大姐的叙述，我的思绪飞回到 60 多年前……

1941 年皖南事变后，在国统区工作的同志处境十分危险，为了预防不测，党中央和南方局领导决定，新华日报社留下部分骨干坚守工作，其余的同志迅速转移到香港和根据地。我父亲是留守人员之一，他写了一首赠别的词给战友，以示明志。该词在 1941 年 1 月 30 日的《新华日报》上刊出："……夜正黑，但长虹在手，壮志不灭。看中华儿女斩荆棘，热血头颅抛掷处，旭日东升急。待重逢，共饮三百杯，试比谁英杰！"表达了共产党人不怕牺牲的英雄气概。当时我母亲怀我已 8 个月，她在四川中部三台县东北大学做地下党工作，父亲对这个还未出生的孩子充满爱意，虽然身处危险之中，他还是掏出所有的钱，买了一套漂亮的男式童装交给战友，万一他发生不幸，一定要将他的心意送到我们手中。一直到 1942 年，形势有所好转，母亲才带我回到重庆新华日报社。我这个女娃娃穿上了父亲一年前给我买的男式童装，在我们住房前拍下了我生平第一张照片。

当年在新华日报工作十分危险，生活也很艰苦。驻地附近国民党特务装扮成居民、小贩，严密地监视着进出新华日报的每一个人。当年父母不仅要躲避日军的空袭，还要时时提防国民党以各种借口的搜查和挑衅。在如此险恶的环境中，我们这些孩子成了大家的牵挂，叔叔阿姨们千方百计保护我们，为我们创造了一块能健康成长的乐园，我们这些孩子也成了叔叔阿姨工余之时的开心果。小时候我比较胖，新华日报的叔叔阿姨都亲切地叫我"石胖子"，并且小有名气。记得母亲说过，我这个"石胖子"出名是因为两件事：其一，我们家后屋的楼前有条小河，平时虽安静，每当发大水时，河水夹着山里冲下来的树木呼啸而去，一些老鼠、蛇为避洪水而钻进居民住房，所以一不当心，不是被蛇咬就是被饥饿的老鼠咬伤。有一次下雨之前，河水已开始上涨，我在河边玩耍等待爸爸妈妈回来，不知怎么就被人推到河里，顿时什么也不知道了，后来隐隐约约听见有人说："醒了，醒过来了。"等我睁开眼睛，天已经黑了，我躺在床上，爸妈和一些叔叔阿姨正紧张地看着我，见我醒过来，叔叔阿姨们才放心离去。事后听妈妈说，当我被坏人推下去后，被河水冲出一段路，被路人发现，新华日报社的叔叔听见呼叫，赶来将我从河中捞起，保住了我这条小命。从此以后，为了孩子的安全，就在新华日报社大本营大门附近的房子建立起托儿所，把孩子集中起来，由家属充当保育员。我母亲以前曾在上海同济大学学过医，所以她就被分配去托儿所工作。（注：新华日报托儿所是否因此而建立，我没确实资料，但因此我进了托儿所是事实）

其二，当年新华日报生活十分艰苦，但逢年过节大家都会举行各种各样的联欢会、体育比赛自娱自乐，也经常邀请一些民主党派的朋友前来观看、同乐。"兄妹开荒""朱大嫂送鸡蛋""黄河大合唱""陕北秧歌"等，延安有什么好节目，一定会在红岩和化龙桥唱响。红岩和化龙桥革命者的歌声、乐观主义的精神一扫笼罩重庆的悲观失望的颓废暮气，极大地感染了、也鼓起了"陪都"广大各阶层人士和普通百姓的士气。我记得有一次，托儿所的阿姨手把手地教会了我几个捡鸡蛋和扭秧歌的动作，在联欢会上，随着阿姨的歌声："母鸡下鸡蛋呀，咯哒咯哒叫，朱大嫂送鸡蛋出呀么出了门……"由我这个胖丫头扮演的朱大嫂扭上了台，我那可爱又笨拙的动作，顿时将台下的叔叔阿姨们笑得前仰后合。从此"石胖子"的名字深深地印在了叔叔阿姨们的心中。如今，我已是老人了，前几年我去看望还健在的新华日报社老人鲁明叔叔、李普叔叔、谢滔叔叔时，他们见到我还直呼我"石胖子""石胖子来了"。

孩子们进了托儿所并不就是高枕无忧了。国民党为了掩人耳目，常常教唆一批流氓到新华日报社来捣乱，他们不分男女老幼，见人就打、见东西就砸，十分凶残。因为托儿所地处大门附近，所以每次一有紧急情况，报社领导一定会派一批年轻的男同志，手拿木棍，守住托儿所的大门，组成第一道防线。阿姨把孩子们集中到最里面的一间房子，手持木棍守住房门和窗户，组成第二道防线。没有"武器"的阿姨围坐在孩子们四周，组成第三道防线。万一第一道、第二道防线守不住，国民党暴徒冲进来，她们将会用自己的血肉之躯来保护我们这些革命的后代。那时我们都只有几岁，看着这些平时慈祥的阿姨们一张张严峻的面容，我们这些向她们撒娇惯了、欢笑惯了的孩子，也懂事地安静下来，紧紧地围坐在阿姨身边，不吵不闹。此情此景，永生难忘。70年弹指一挥间，我们站在新华日报旧址前，往事历历在目，往事并不如烟，它鲜活地永远留在我们心间。

雾都六年（1940—1946）

乔松都 *

2009 年 5 月，我随丹宁老哥率领的"红岩儿女红岩行"寻访团又一次来到重庆，踏着父母的足迹追寻着他们当年战斗的日日夜夜。

一、走进红岩村

1940 年深秋，在通往红岩嘴的小路上，一位与众不同的年轻女子随身带着一个小小的包裹在匆匆地赶路。她苗条的身体挺得直直的，浓密的短发塞在军帽里，一身洗得发白的灰色军装，腿上还打着绑腿。这个女军人的气质不凡，人们的目光不由得向她多注视了几眼，这位英姿飒爽的女八路就是母亲龚澎。

几经周折，母亲终于来到了位于重庆市郊的红岩嘴，起伏的山峦绿树葱葱，沿着石阶往上走，经过半山腰国民党"外办"的灰色小楼，很快就进入了大有农场。高大的灌木和芭蕉树在湿润的空气中生气勃勃地舒展着自己的枝叶，一棵茂密的黄桷树成了醒目的路标，以此右上的山坡通往红岩村，而顺着左下的小路走几分钟就是"国民参政会"。当年有很多盯梢的特务出没在附近，原来国共配合得是这样密切！十几分钟后，群山之中出现了一座有着两个尖顶的楼房，建筑不高，却有着庄重的气势，这里

---

* 乔松都：乔冠华、龚澎之女，天津医科大学医疗系毕业，原在国务院系统工作。

就是十八集团军、新四军驻渝办事处（简称办事处，处长钱之光）和中共中央南方局（简称南方局）所在地红岩村。以周恩来为首的南方局是延安派驻重庆的代表机关，由于国民党当局的种种限制，南方局的活动是秘密的。根据规定，新调来的工作人员都要到这里报到。

对于母亲的到来，《红岩村轶事》一书中有如下描述："1940年秋末，红岩村来了个大美人。"当时办事处的同志们都拥到会客室想看个究竟，新来的同事是什么样呢？

"人群中站着一位戎装的姑娘，旅途的劳累也遮掩不住她的风采：粉腮秀眉，明眸皓齿，短发齐耳，女性的妩媚中透出无穷的青春朝气。果然是一位绝色佳人。"

其实这样的形容是过于夸张了。当年的老同志告诉我，你妈妈到达重庆时，用四个字形容最准确：风尘仆仆。从太行山到延安，再设法搭车到重庆，而且年轻同志大都坐在最后的位子上，至少要走十几天的路程。不停地颠簸和奔波，顺利到达重庆已是很辛苦了。

尽管是满身的劳累和尘土，但精神却十分振奋：终于到达目的地了！这里的年轻女同志并不多，大家见面格外亲切。母亲希望和同志们尽快熟悉，她大方地自我介绍："我叫龚澎，从八路军总部调来的，能和大家一起工作很高兴！"

走进红岩村，仿佛置身在八路军的军营中，房子设施整洁而简朴，包括几位领导人的办公室和住房都极为朴素。办事处的同事们还在空地上开荒种地，自给自足。想象中父母亲的生活至少是大都市化的，而我所看到的却截然相反。

二、曾家岩 50 号

周副主席初到重庆时先住在上清寺渔村，1939年二三月间，邓颖超以周恩来名义租下了接近闹市区的曾家岩 50 号大部分房屋，以作为南方局部分人员办公住宿之用。实际上这里是局机关驻地的一部分，主要负责对外开展统战工作，对外称"周公馆"。

曾家岩 50 号位于嘉陵江边的中山路，"沿着一条一头通向悬崖的街道往上走，先经过求精中学，那里有 15 个文化赈灾机构，还有美国大使馆的办公厅，再经过蒋介石府邸的大门和行政院，到街头尽头处，你还得走过一幢白色的大房子，即白公馆，戴笠就住在里面，然后突然拐入一条沿着悬崖而筑的小巷……"当年小路两侧开着各式各样的小店铺，许多特务便隐藏其中。

2004 年我来到这里的时候，周围的建筑被拆除了，费正清先生笔下描写的街景已经不复存在。只有隔壁不远的一条崎岖小路仍旧闪现着当年的旧景：依山而建的街道，光溜溜的石板路，褪了色的老楼，遮住乌云的繁枝茂叶。继续走上几十米，路边出现了一座深灰色的三层小楼，铁门上方有几个手写的路标：曾家岩 50 号。

这里就是当年被险恶环境包围的"周公馆"。

走进 50 号大门就来到了"解放区"，据说每到下雨时，小院里经常满是泥泞，来访者可以把满是泥水的脚印一直带到接待室。很多年后妈妈多次提起曾家岩 50 号，那亲切的神情就像提起自己的老家。

仿佛似曾相识，仿佛我早已来过这里，真是一种奇妙的感觉。就连门口那位大眼睛的女讲解员也好像是家里人。

进入主楼往右走，有一间十分不起眼的宿舍，在初来的日子里，母亲就住在这里。屋子里原有的三张小竹床分别属于张颖、陈舜瑶、刘昂几位年轻女同事，她们在文艺处、宣传处、机要处等部门工作，妈妈来后又添上了一张床，小屋里挤得满满的。尽管条件艰苦，几人相处得一直很愉快。

二楼是一个国民党官员先租下的，两家互不来往。

三楼仍旧是办事处的地方，外事组和叶剑英同志领导的军事组都在这一层。站在南面的阳台上，可以看到雾中的嘉陵江和在水中航行的船舶。

小楼后面有一道小门能通向悬崖下，国民党盖了一间小屋守候在路边，并且在四周布满了带刺的铁丝网。这栋房子有的出口和楼梯是国民党使用的，有些是共产党专用的，彼此交错，被形容为"国共三明治"式的格局。国民党特工在旁边的楼梯上可以清楚地看到小楼里的一举一动。

周恩来同志的办公室兼卧室在一楼，这是曾家岩 50 号的工作人员最

☆20 世纪 50 年代乔冠华与龚澎参加国际会议期间合影

熟悉的地方。

周恩来初考龚澎

根据南方局领导的安排，母亲被分配到周恩来同志身边工作。自中央红军到达陕北，周恩来担任军委副主席后，很多同志都称他为周副主席，办事处的年轻人则叫他周公。

几天之后，母亲准时来到了周恩来办公室，此时周副主席正在隔壁与另外一位同志谈工作，他请母亲先坐下来等候。

新的工作马上就要开始了，母亲的心情十分激动，周副主席将要分派给自己什么样的工作任务呢？母亲思索着，她抬头环顾四周，这是一间朴素的办公室，里面的陈设简单而整洁，迎面墙壁上有三张作战地图，每张图上都标有数字和说明。她用极快的目光迅速扫了一眼。

就在这时，周副主席匆匆地走了进来。他神采奕奕，两道浓眉下炯炯有神的目光给人留下极为深刻的印象，他一边和母亲打招呼，一边随手拉上了地图边的帘子。

母亲做了自我介绍，周恩来微笑地点头，然后开始了他们的谈话：

"在我进来之前你在这间屋子都看到了什么？"

"我看到了三张地图。"

周恩来继续提问："那你具体说说看！"

母亲描述了印在脑海里的情景："有一张是欧洲地图。还有一张是中国抗日战场上的军事地图，上面的数字是×××，说明文字是关于华北战场的兵力分布情况。还有一张我只看了一半，您走进来把帘子拉上了。"

周恩来十分高兴："你的观察力很敏锐！"

接下来的谈话很顺利。很多年之后，母亲还像小学生通过老师的考试一样兴奋：我的眼睛十分好用，可以做到过目不忘。周副主席的提问我都答对了！

从那时起，母亲开始担任周副主席的外事秘书，同时也是周恩来与外国记者、外国使节打交道的联络员和新闻发布员。作为外事组成员，她的任务是开创对外宣传的局面，并且负责国际统一战线以及外国记者的联络工作。

南方局外事宣传组是外事组的前身，它成立于1939年4月，1940年冬季，外事宣传小组改称外事组。它的工作一直是在周副主席的直接领导下进行的。周恩来回延安时，先后领导过外事组的有叶剑英、董必武、王若飞同志。

外事组长王炳南（副组长为陈家康，1942年南方局任命龚澎为副组长）是一位德高望重的老同志。他早年留学德国，回国后在杨虎城将军身边做统战工作，1937年奉命调到中共中央长江局、南方局从事外事工作，并担任外事委员会副书记（书记是周恩来）、外事委员会副主任（主任是叶剑英），母亲一直尊称他为王大哥（父亲则叫他炳公）。王炳南的德籍妻子原名安娜·丽泽，历史学和语言学博士，是一位反法西斯战士，曾两次被盖世太保逮捕入狱。到中国后曾在中国民权保障同盟重庆办事处工作，是宋庆龄最信任的朋友和助手。她曾协助外事组做过许多有益的工作。

南方局的外事工作是在特殊的政治背景和复杂的国际背景下展开的，当时的主要任务是：搜集各国对华态度和政策情报，宣传中共的对外政策，广交朋友，扩大影响。同时开展华侨工作，指导香港和东南亚地区的中共统战外事工作。外事组的几位同志分别承担了不同的任务。

母亲融入到了新的战斗生活中。

周恩来既是上级又是导师，在他的直接领导下工作是幸运的，每天的耳濡目染使母亲获益匪浅。她还认识了很多前辈和老同志：董必武、叶剑英、邓颖超、何莲芝、钱瑛……

根据毛主席制定的抗战方针，周副主席在外事工作中提出了"站稳立场、坚持原则、机动灵活、多做工作、扩大影响、争取多数、孤立敌人"的基本立场。

在重庆，周恩来同很多国际要人都直接交谈过，并且在皖南事变前夕会见了美国著名作家路易斯·斯特朗，他还与美国记者埃德加·斯诺和著名作家海明威进行过长时间的会谈。周恩来对国际形势做过很多精辟的分析，他深入浅出的演说使人豁然开朗，许多外国朋友都愿意和他探讨问题。遇到敌机轰炸的时候，大家就在防空洞门口搭起竹席棚。

办事处的同事们都知道，周副主席一般都习惯在午夜12时到凌晨4时办公，在他身边做具体工作的人员在此时都不能睡觉，因为他不定在办哪一件事时要问到哪个人。大家都是按照恩来同志的习惯来安排工作日程的。

有一次母亲回到宿舍休息，她悄悄地告诉张颖说，今天周公批评我了！原来，母亲在晚上汇报工作时，精力有些不集中，周副主席看到后就说，嗨！你们年轻人还没我有精神呢，你看，我还不困呢！

张颖阿姨曾撰文描述了母亲当年的状况："当时住在曾家岩50号的同志，除了恩来同志与邓大姐，董老、叶帅、徐冰和张晓梅夫妇这几位各有一间小房，是办公兼卧室外，其他工作人员，有党派的、军事的、外事的、文化的，都在公共办公室里办公，大家工作都很紧张。龚澎常常考虑到打字机的响声会影响别的同志的工作，她总是等着人最少的时候才在办公室里打字。白天大家都外出活动，人少些，她就在白天翻译打字，晚上出外活动，半夜再继续干活。"

为了更好地配合中央领导同志的工作，母亲始终在磨炼自己的意志，她很快适应了夜战。每当夜深人静之时，母亲就悄悄伏在一盏小灯下用功。在完成手头的工作之后，她开始埋头做每天必做的功课，搜集主要报刊新闻，密切跟踪形势发展，掌握最新动态信息，这成为她多年保持的一种习惯。

皖南事变前后（死顶在第一线）

母亲来到重庆的时候正值皖南事变前夕。

1939 年抗日战争进入战略相持阶段，国民党顽固派消极抗日，不断制造两党之间摩擦，在通过了"限制异党活动办法"之后，又连续发动三次反共高潮，环境越来越险恶。为此，中共中央制定了一系列关于白区工作的方针："隐蔽精干、长期埋伏、积蓄力量、以待时机。"为了更好地保守组织秘密，大家不相关的事情不谈，不该自己知道的事情不问。南方局还提出了"勤学、勤业、勤交友"的具体精神。

1941 年 1 月 4 日，新四军军部、教导团，以及第三支队 9000 人奉命北调，6 日行至安徽泾县茂林地区附近时，突然遭遇国民党军 8 万多重兵包围攻击，一场激战开始了。经过七天七夜血战，除少数突围外，死伤被捕 6000 多人。军长叶挺被捕，项英、袁国平、周子昆遇难。1 月 13 日晚，重庆红岩村收到新四军总部发来的最后一份电报："我军弹尽粮绝伤亡惨重，已战斗到生命最后一刻。"这就是震惊中外的皖南事变。

国民党袭击新四军的举动使爱国的中国人无比愤慨，连西方记者也感到震惊。但是重庆官方的报纸却只字未提。外国记者向有关部门询问也没有得到答复，共产党方面写的报道都被新闻检查处扣押了下来。当时的"中国当局既不允许中国记者实地采访，也不容许中国报纸刊登真实情况，这可是个不小的悲剧。"（白修德语）不明真相的人们得不到任何相关的详细情况和媒体的证实。

周副主席获悉消息后于 1 月中旬连夜召集外事组的全体同志，要求他们尽快与驻重庆的外国人取得联系，特别是外国记者和外交官，通过他们将皖南事变的真实情况迅速告诉全世界。并且把编印好的有关资料提供给他们，分别转往美国、南洋，以及中国香港等地发表。紧急会议结束后，母亲与同事们立即分头行动起来，他们想尽一切办法与自己熟悉的记者和外国朋友联系上。

此刻重庆到处是特务和盯梢的尾巴。外国记者站的门口日夜都有人严密把守着，谁也别想蒙混过关。尽管如此，母亲总有办法向他们传递信息，进不去就设法把外国记者约出来见面，通过他们带进解放区的宣传品。母亲还和王炳南、王安娜夫妇分别拜访了自己熟悉的外交官和外国记者，向他们说明皖南事变的真相和共产党坚持抗战的方针政策。

在一次记者招待会上，一直支持中国人民抗战的英国驻华大使克拉克·卡尔爵士对国民党的做法表示出种种不满，母亲立即抓住这个机会，用大量事实揭露了皖南事变的真相，指出"同室操戈"的实质和由此可能引发的严重后果：国民党一手挑起的破坏行为，有可能导致日本侵略者的大规模进攻。记者们在现场提出一个又一个问题，母亲无形中成了记者招待会的中心人物。

英国是最早同希特勒交战的欧洲国家之一，为了打败法西斯，他们在极其艰苦的条件下进行了英勇的斗争。当王安娜把事件真相告诉英国驻华大使卡尔爵士后，他马上邀请周恩来到他的寓所商谈，周恩来向他揭露了国民党顽固派的阴谋，卡尔大使随即向英国国内做了如实报告。英国政府警告蒋介石，内战只会使日军加强对中国的攻击。

在太平洋战争爆发之前，美国等西方政府对中国的抗日战争采取了中立和观望态度，他们希望中国战场尽可能把日本人牵制住，以防止战争扩大化。当时日本侵华期间中国的大部分战争物资都是美国输送的。1939年希特勒军队进入捷克，西方人的远东绥靖政策很快面临破灭。尽管如此，他们仍然探求着中日谈判的可能性。因此，要让英美等国看到皖南事变的真相是十分重要的。

不久，周恩来接见了来华进行调查工作的罗斯福总统特使居里。美国政府根据居里回国后的报告明确表示：如果蒋介石在此时发动内战，就将暂停一切对华援助。周恩来还会见了苏联驻华武官崔可夫（后来成为斯大林格勒保卫战的指挥官）。

在重庆的又一次记者招待会上，卡尔大使故意当众邀请时任周恩来新闻秘书的母亲坐在自己的旁边，当时很多外国人都认识母亲。这显然是为了表示不赞成蒋介石破坏团结抗日的举动。此后，卡尔大使也与母亲成了好朋友，他们保持了多年的友谊，直到中华人民共和国成立以后。

1942年3月，《新华日报》登载了一篇访问记：《惜别一位真挚的中国友人》。这是母亲遵照周副主席的指示，以《新华日报》记者的身份对卡尔大使进行专访之后写成的。

母亲在文中写道："英国驻华大使卡尔爵士在华已四年，他在促进中英邦交上有着显著的贡献，他代表着英国人民对正义战争的意志，真挚的爱护中国抗日战争和中国人民……记者谨祝这位来自致力于反法西斯的民主国家的中国友人和外交家健康与成功。"

国民党顽固派一手制造的皖南事变惊醒教育了对他们抱有幻想的人们，爱国的中间分子趋向同共产党人联合，反对内战的"中国民主政团同盟"也在此时诞生了。中共维护抗战大局的态度博得各界人士的广泛同情，赢取了政治上的优势。一些西方政府警告国民党不要扩大矛盾，国际舆论纷纷要求国民党实行民主，建立包括中国共产党在内的联合政府。

1941年1月17日晚，国民党中央通讯社发布了国民党军事委员会的通令和发言人谈话，反诬新四军叛变，悍然宣布撤销新四军番号，声称要把叶挺交付军事法庭，这些决定第二天就要在报纸上发表。周恩来即刻召开了南方局和办事处全体会议，他分析了当前的形势与对策。

母亲和同志们一起聆听了周副主席的讲话："如果国民党把我们全抓起来了，我们就一起坐牢……我们在牢里要坚持不泄露党的机密，好好保养自己身体。国民党也有可能不杀我们，但也要做最坏的准备，要准备牺牲，要牺牲，我们一块儿牺牲。要学习先烈们在任何情况下保持共产党员的革命气节。我们现在的工作更困难了，我们当共产党员就不要怕困难，只要国民党还没有把我们抓起来，就要坚持工作。为了避免和减少牺牲，要疏散一些同志，留下的同志要更加努力的工作。"

周副主席走上讲台的时候，会场上的电灯曾突然断电几分钟，但这并没有中断他的讲话：有革命斗争经验的人，都懂得怎样在光明和黑暗中奋斗，不但遇着光明不骄傲，主要是遇见黑暗不灰心丧气。只要大家坚定信念，光明一定会到来！

南方局要求大家力争合作抗日，准备全面分裂。并且要做好最坏的打算，准备着被捕和牺牲。并且约定好，没有暴露身份的女同志就说是家属，而公开身份的只承认是共产党员。每一个同志都表了态。

为了掩盖事实真相，国民党当局动员了他们控制的报纸、刊物和广播，四处散布新四军不听军令，擅自举行暴动的谎言，企图一手掩人耳目。重庆的新闻检查官一反常态来到新华日报社坐等监视，他们扣押了第二天即将发行的《新华日报》刊登皖南事变的新闻报道和抗议社论。

当晚，母亲在红岩村办公室亲眼看见了周恩来满怀悲愤挥毫写下了《为皖南事变死难烈士题词》和《皖南事变题词》。报馆的同事们连夜行动起来，他们准备了两套版面，一套是应付审查临时用的，另一套是刊登了周恩来亲笔抗议题词准备大量发行的。

1月18日凌晨，《新华日报》抢先发行报纸，报纸的销量大增，读者们在第二版六栏的位置上看到了周恩来的手迹："为江南死国难者志哀。中华民国卅年一月十七日夜，周恩来钤印。"第三版五栏上刊登了一首诗："千古奇冤，江南一叶，同室操戈，相煎何急。"这满含激愤而又顾全大局的题词，极大震撼了国统区各界民众的心。

自1月7日以来，周恩来先后几次向蒋介石、何应钦、白崇禧、顾祝同等分别提出抗议，并义愤填膺地打电话怒斥何应钦："你们的行为，使亲者痛，仇者快。你们做了日寇想做而做不到的事，你何应钦是中华民族的千古罪人！"

皖南事变发生后，国民党顽固派加强了对国统区特别是重庆市区共产党人的打击和迫害，连有公开身份的中共代表和工作人员也受到严密监视。

为了保存实力，根据中共中央的命令，叶剑英将带领一大批干部和地下党员撤退到延安等地开展工作。办事处只留下小部分骨干力量，由董老主持这一段的工作。周副主席说，以后再来不易，有些工作撤走以后再回来会丢失很多重要关系。为此，南方局对人员的去向做了周密的安排。

在叶帅出发到延安之前，留下"死顶"的人员纷纷托他从解放区给自己的亲属带信，当时的形势十分严峻，大家做好了随时牺牲的准备。如果发生意外，这就是最后的遗言。

在带往太行山总部的一封信里，母亲向远方的亲人诉说了当时在重庆所面临的危险处境，她告诉自己的亲人，万一有一天自己被捕牺牲了，就向他道别，并且希望他今后可以找到自己心爱的伴侣。

在董必武的带领下，母亲和留下来的同事们一起，战斗在重庆最艰难的时刻，他们不顾环境险恶，置生死于度外。

新华日报社女记者甩尾巴

2003 年我收到了一份珍贵的生日礼物，母亲在重庆时期的一张老照片。

照片上的母亲微微仰着头，一双明亮深邃的大眼睛凝视着远方。在这张发黄的照片下面有一行陈旧而清晰的英文：Miss GongPeng Assistant to Zhou EnLai.

这是母亲到重庆后，一位著名记者为她拍摄并保存下来的作品。那时她已经驾轻就熟地活跃在重庆新闻界了。

1941 年 12 月 8 日，日本联合舰队偷袭珍珠港美军基地，太平洋战争全面爆发，中国与英美等国正式成为国际反法西斯同盟国，南方局进一步加强了国际反法西斯统一战线工作。

经过几年不懈的努力，在周恩来领导下，南方局的外事活动从一般的对外宣传转入外交性活动，打破了国民党的外交垄断，中国共产党人逐步走向世界。

作为周副主席的外事秘书和助手，母亲见证了许多重要活动，而1940 年重庆市警察局发放的一张居民身份证上却写着：龚澎，职业：新华日报社记者。曾与母亲同住一个宿舍的张颖阿姨回忆说：

"龚澎和我在对外活动中都以新华日报社记者的名义出面，这是国民党政府承认的合法身份。但安全依然没有保证。我们有时早出晚归，有时为了避开特务盯梢，黄昏以后才出门。要是有哪一天谁回来晚了，另一个人就会为她担心：会不会出了什么事呢？那时重庆不仅有特务盯梢，还有流氓欺负女孩子，所以不管多么晚，我们都要等对方回来了，才一起睡下。龚澎和我常常各自躺在自己的小竹床上，头顶着头，说悄悄话。对外边遇到的事情或交换看法，有时谈的高兴了，到半夜都不睡。"（张颖：《故友二人行》）

曾家岩 50 号地形复杂，隔壁是国民党政治部招待所，不远处就是戴笠的宅院，国民党在附近的小杂货铺、茶馆、对门的修鞋摊都安插了特务。从红岩村通往城内主要街道的小铺子里大都装有监视电话，从周公馆里出来的人他们都盯梢，特别是没有人送的，就证明是内部的人，他们更要跟着，而且是一站一站地跟踪，时间长了彼此都认得。

母亲十分机敏，为了避开国民党特务的盯梢，她很快就总结出一套行之有效的办法。每天出门时她常常先到七星岗的新华日报营业部会见一个朋友，然后再从营业部到别的地方去。山城的道路曲曲弯弯，在大街小巷里转来转去，尾随的特务很容易就跟丢了目标。

但也不能每次都先到营业部，为了不让他们掌握其中的规律，最好的办法是先到与国民政府有关的地方去找个人，比如先去国际新闻署或是美国新闻处，倘若一段时间都这样做，会使得特务们麻痹一阵。有时母亲和外国记者临时约在一个地方见面，这样特务们也很难摸到他们的行踪。

母亲只当跟在身后的特务是摇尾乞怜的狗，人和狗能一般见识吗？可有时她们也会转过身来睁大眼睛怒视这些"尾巴"，你老跟在我后面干什么？

跟踪的特务还厚着脸皮冲着你直点头。后来他们自嘲成了共产党的保镖。

中共第一位新闻发言人

母亲在山城有一项必做的工作：每天下午准时来到两路口附近巴县中学内的外国记者站，在这里，她将要向来自世界各地的外国记者发布来自南方局和解放区的新闻和消息。此时的周恩来已经开始着手培养我们党自己的新闻发言人了，在他的直接领导下，外事组的同事们以逻辑严密、真实可信的发言表达了抗战时期中国共产党人的鲜明立场和观点。

1941 至 1942 年间，日军飞机不停地在重庆上空轰炸，曾家岩 50 号的部分楼房也被炸坏了，母亲与部分工作人员临时搬到红岩村。为了开展外联工作，母亲每天冒着酷暑从郊区步行数里，先在化龙桥坐马车到上清寺，然后再换乘公交车赶往闹市区。那时，她经常身穿一件简朴而合身的旗袍，随身的手包里放满了来自解放区最新的广播稿副本，她已经做好了充分的准备。

当时南方局可以经常接收到延安的消息和来自抗日前线的战地新闻，

母亲和同事们总是即时将有关内容编写翻译成英文，然后编印为若干份材料，并将它们很快分送到外国记者手中。

为了及时将《解放日报》《新华日报》上发表的重要文章和毛泽东、周恩来等领导人对局势的讲话翻译成英文，母亲承担了大量的笔译工作，很多重要文章都是她在打字机上翻译成英文的。母亲要求自己精益求精地译好每一次谈话，校准每一份稿件。后来上级专门抽调了两位同志负责编译对外宣传的英文小册子。

最初他们出的是油印本，后来改进为铅印本。

第二次世界大战期间，重庆已成为国际反法西斯统一战线各种力量的聚合地。这里设有 40 多个国家的外交代表机构，此外还有各种国际性反法西斯组织与 10 多个中外文化协会。据 1943 年 10 月底重庆官方统计，常驻渝的外籍人士达 1192 人，其中英国人 329 名、美国人 168 名、苏联人 163 名，涵盖政治、经济、军事、商业、外交等各个领域。

驻重庆的上百名外国记者来自合众社、塔斯社、路透社、美联社、德新社、哈瓦斯社、海通社、国际新闻社、北美联合通讯社、美国全国广播公司等著名国际新闻通讯机构；《时代》《生活》《读者文摘》《纽约时报》《基督教科学箴言报》《纽约先驱论坛报》《每月邮报》《每日快报》《泰晤士报》《悉尼晨报》《巴黎晚报》《莫斯科世界新闻》等著名报刊在重庆都派驻有记者。

两路口的记者站实际是国民政府为外国记者办的新闻招待所。旧址原有的砖楼成为国民党国际宣传处的办公室，操场上建了一批棚屋式简易房，里面居住着世界各地的新闻工作者。他们来自美、英、法等国各大新闻媒体，左、中、右各派势力都有。这是一批极为活跃的人群。

记者们以俱乐部的形式聚在一起，每天都要交流最新的战时消息和发布当日的重要新闻，然后以最快的速度把这些信息抢先发到世界各地。按照外国人起床时间比较晚的习惯，他们的新闻活动大都选择在午后进行。在记者站里可以见到各方熟人，还能结识新的朋友，母亲的到来和她所发布的最新消息受到了大家的瞩目与欢迎。尤其是她带来的那些已经翻译成英文的印刷品，上面登载的内容引起了外国记者的极大兴趣。

驻重庆的西方记者每天都在跟当局的新闻检查机构展开斗争，他们对国民党当局封锁新闻消息和独裁专政的做法极为不满，自然更加关注来自反对党方面的消息与报道。

"宣传出去，争取过来"，是抗战期间南方局外事工作的方针。来到山城后，母亲陆续结交了几乎所有驻重庆的外国记者。无论是美联社、法新社，还是各国各大报刊的记者她都认识，与美国新闻处也时有来往。母亲还与在外国新闻机构中的中国雇员广交朋友，从他们那里得到了许多宝贵的信息。后来有些记者时常主动代母亲传递宣传材料，给她以多方支持。

母亲认为，与西方记者打交道就要了解他们在想什么，是如何看待问题的，要做到随时准备与他们打交道。当时美联社的记者是个出名的右翼分子，但母亲并没有疏远他，不理他，而是耐心地向他介绍中共的政策和事实真相，后来这个记者发回的稿子尽管态度不怎么友好，可其中的很多内容仍是引自母亲的手笔。

记者站也是许多国民党特务经常光顾的地方，他们常混杂在其中盯梢监视进步人士。中统特务更有阴险的一招，他们不但分区搜集情报，还会蓄意制造事端，挑起激化矛盾。每天出入这里随时都会遭到绑架和不测，斗争是严酷的。

可这些并没有吓倒母亲，在朋友和同事们的眼里，她既是一个热情善良的女记者，又是一个顽强不屈的勇士。母亲大胆机敏地周旋在各国记者中间，不管遇到什么样的难题，她总会化险为夷，把最新的消息迅速发布出去。"横下一条心！""要做事就不要前怕狼后怕虎！"这是她的口头禅。

母亲临危不惧、忠诚事业的精神和她从事外交的才智，赢得了外国记者们的钦佩，他们称她是消息非常灵通而又富有吸引力的"中共外交发言人"。一些朋友主动帮助她传送消息。母亲也与许多外国记者和外交官成了朋友，他们也时常在周末去看望她。

哈佛大学终身教授费正清先生潜心研究中国问题几十年，是西方最具权威的中国问题专家之一。1943年他以美国国务院文化司对华关系处文官的身份来到重庆。经过美国《时代》杂志记者白修德先生的引见，他见到了母亲。

"没几天后，就有一位聪明的富有魅力的名叫龚澎的年轻女子来看我。那时，她刚刚开始走上作为周恩来新闻发布员的辉煌历程。（1970 年她因病早逝时，已是环球新闻界一个出类拔萃的妇女了。）"

"龚澎对那些没有家室之累的，主张采取有力行动的国外记者所产生的魅力，一定程度上在于她那才智超群的性格；另一方面，也因为在这个充斥着随声附和者的趋炎附势者的城市中，她扮演了一名持不同政见者的角色。她是在野党的发言人，而在野党的改良主张暴露了执政党的罪恶。"

母亲答应定期来访并辅导费正清先生学习中文会话。

费正清在日记中记录了他在 1943 年 10 月 25 日去曾家岩 50 号拜访母亲的经历："一步一滑地沿街去看望我们那位信奉共产主义的女朋友龚澎。她立即拿出一本政论小册子，里面共产党扮演了痛斥国民党的高贵角色。此书印刷精美，纸张洁白，真是鬼神莫测，他们竟能搞出这么漂亮的小册子，其中一半已经由她译成英文。当递给我这些书时，这位非常令人钦佩的传教士解释道，国民党机关认为她散发了过多的宣传品，正打算在某一天对她进行绑架，因此，她不能过多离开这所庇护所。我向她保证，她的追随者马上就会订出一种护送制度……由于史迪威将军的一位随从武官来接她去吃午饭，我便离开了这位年轻小姐所在的老鼠横行的堡垒。"

这位来自哈佛的中国通在其日记中这样评价母亲：

"龚澎的性格里既有青春的朝气，又有对中国共产党事业的坚定信念，再加上随军记者所特有的敏锐观察力和清新的幽默感。在 1943 年弥漫在重庆的沮丧的单调气味的气氛中，她那充沛的生命力使人如同呼吸到了一股新鲜空气。她所提出的问题正是民主人士揭露国民党种种罪行的诉状——暗杀、钳制舆论、捣毁印刷厂、捏造罪证而把民主人士投入监狱，不准游行示威，取消罢工权等等。当斥责国民党拒绝给予自由权，而共产党也同样拒绝给予时，龚澎就站在超然的立场上，显出纯粹的正直了。她知道双方的内情，因为她在彼此争斗的国共双方都生活过。"

龚澎的魅力倾倒了美国大使馆和外国记者招待所里不少年轻人，她成了"言论自由的象征"。

费正清在给他的夫人维尔玛的一封信中写道：

"我发现龚澎对她所认识的每一个人都产生一种驯服功能。布鲁克斯·埃特金森也同样感到了她那奔放的热情，别的记者更不用说了，《纽约先驱论坛报》记者约瑟夫·艾尔索普（Joseph Alsop）因她的魅力而发狂，美国哥伦比亚广播公司记者爱律克·萨瓦莱德（Philip D. Sprouse）则是暗自表示倾慕之情。英国大使馆中的部分人士也都是这样，还有哪些人我就不清楚了。主要之点是，她具有像你一样的善于同人交谈的品质。"

费正清夫人费慰梅是一位画家，时任美国大使馆文化专员。当时正在收集中国的绘画、漫画和少数民族美术工艺品等，预备拿到美国华盛顿去办展览，以增进美国人民对中国文化的了解。费慰梅很信赖母亲，她认为母亲为人公正，懂得艺术，找哪些人的作品、找哪一类作品，她大都征求母亲的意见。母亲曾向她介绍了许多解放区的漫画、木刻、剪纸等艺术品。

有一次母亲突然生病发烧，费正清得知后告诉了《纽约时报》记者布鲁克斯·埃特金森。他把母亲悄悄送到海军医生那里，经过诊治，母亲患上了痢疾，在服用了几片磺胺药片后，她很快就痊愈了。父亲到达重庆后，经常与母亲一起向他们夫妇学习美式英语。

1940年底，中共中央在给美籍记者的一份文件中指出，为了加强对外宣传，提高我党的外交地位，我们应当自动有计划地供给各种适当的情况材料，以形成"与英美之间一定程度的外交关系"。

为了打开对外宣传的局面，母亲与各国记者和国际友人建立了深厚的友谊。她与对方聊天、谈家常，从不把自己的观点强加于人，而是尽量寻求共同点。母亲总是兴趣盎然地倾听别人的谈话，并且友好地提出一些忠告，她善于接受每个人的独特个性，对意见不同者不抱有成见。记者们与她很谈得来，也因此愿意接近她。这种氛围不知不觉地影响着周围的人们。一位美国记者曾说，他也知道龚澎是为共产党说话的，但她的话不但说来令人信服，日后也能经受时间的考验。也有一些被反动宣传所蒙蔽的外国记者，常常说些带有侮辱中国人民的语言，母亲对此极为冷静，她采用摆事实讲道理的方法来说服对方。所以外国记者对她都十分敬重、钦佩。

母亲在重庆涉外新闻界中赢得了广泛的欢迎和信任。许多外国记者不愿意到重庆新闻局那里获取资料，反而却更愿意听取来自解放区的声音。国民党行政院新闻发言人张平群学识渊博，通晓中、英、德几国文字，与周恩来是南开大学时期的同学。尽管是政治上的对手，但他很敬重母亲，说龚澎很能干，对待工作一丝不苟，与记者打交道时非常灵活，能够随机应变处理问题。他的夫人也对母亲留下了很深的印象。

后来成为美国老牌电视评论家的塞瓦赖德说："一看见龚澎，我便产生了毫无用武之地的感觉……当一个三心二意的自由主义者面临一个具有献身精神的真正的强者的时候，他就会产生这种全然徒劳无益的感觉，这位强者是这样一个人，她甘愿冒险犯难，下定决心，把自己的一生献给高贵的事业，献给她永远也看不到的未来——凯歌高唱的明天。"

自然，在这样一位受欢迎的女记者周围，浪漫的插曲也会悄然响起。

当时曾有一位出色的美国记者对母亲极有好感，尽管他知道不会有什么结果，却一往情深地暗恋着母亲。他没有任何非分的举动，却总是默默地出现在妈妈经常出现的地方，希望能更多地看她一眼。

母亲一如既往地对待每一个朋友。很多年以后，几位老记者还得意地讲起这段浪漫的故事。

王安娜是父母亲的老朋友，她在《中国，我的第二故乡》一书中写道："聪明的龚澎，她就像画中的美人。在外国记者中，龚澎很受欢迎，因此，那些怀着恶意的家伙便到处宣扬：外国记者的报告非常亲共，是因为他们想得到这个很有魅力的女共产党员偏爱。龚澎与记者们很友好地合作，但并没有个人感情掺杂在内。对那些颇为露骨的求爱的话，她总是采取听而不闻的态度，不加理会，但外国记者中并没有人因此而对她抱有恶感。"

母亲对现实始终保持着清醒的头脑，她认为自己还很肤浅，还有很多没有读懂的理论，不能仅仅成为一个宣传家。她经常对自己进行严格的剖析。

教周恩来英语

1942年前后，为适应形式的发展，周恩来号召有一定文化水平的同志学习英语，办事处办起了业余学习班，母亲也捡起了基础课。

让她没有想到的是，尽管周副主席在南开大学毕业后到国外留学多年，英文、法文都很好，可以直接与外宾交谈，并且常常指出翻译工作中的错误，可他仍旧以身作则，虚心学习，并且请母亲为他讲授英语知识。

母亲为此进行了精心准备，可她却从未在众人面前提及教周恩来英语这件事。多年之后，老同事们的相继回忆再现了当年的情景。

陈舜瑶阿姨说，龚澎自幼受的是洋学堂教育，她的英文功底很好。可是在她的身上却没有一点高傲，显示自己，看不起别人。那时大家都很少谈各自工作上的事情，但我们时常聊起彼此的家庭，过去的经历。她对同志很真诚。尽管我们后来没有在一起共事，可我一直十分想念她。

1945 年 10 月初，周恩来准备会见美国总统私人代表威尔基之时，为了使工作更加周密妥当，周恩来与在美国新闻处工作的刘尊棋同志商谈，还是由龚澎担任翻译，除非是美方另提出人选。

几天之后，周恩来在宋子文的家里与威尔基见面会谈，并且再次向他提供了国民党制造摩擦的具体情况，说明蒋介石若不改变反共政策，势必造成中国内战，影响对日作战。

威尔基在他的《天下一家》中回忆说："我就是在那里和中国共产党领袖之一的周恩来作了一次从容不迫，单独而不受阻碍的谈话。"

中华人民共和国的外交部成立之后，周恩来仍然十分信任母亲，当年轻人在现场翻译时，周总理就对她说："翻译得怎么样啊？你看看有没有不准确的地方和漏掉的词句，你把关啊！"

三、龚澎与乔冠华

在抗战最艰难的岁月里，母亲接连失去两位她生命中最重要的人，在亲人离世的时候，母亲都没有守护在他们的身旁。她把这些痛苦深深埋藏在心底，把一切精力全部投入到了工作之中。

由于劳累和一连串的变故，母亲的体质下降了，发烧后打针的部位反复感染迟迟没有痊愈，此间她曾几次住院，最后不得不在伤口上切了一刀。每逢医生为她换药时，她总是忍着剧痛，咬紧牙关一声也不吭。

很多朋友得知母亲住院的消息，都纷纷赶来探望。当时有许多人给母亲送花，父亲对母亲献殷勤就是从每天送一束含苞欲放的玫瑰花开始的。

黎明之外是青山

1942 年岁末，就在母亲从失去亲人的悲痛中逐渐走出来时，命运之神把我的父亲从千里之外牵到了母亲身旁。

爸妈相识在重庆曾家岩 50 号周恩来的办公室，那是他俩第一次见面。

那么，我的父亲是怎样来到重庆的呢？

让我们暂时把视线转向香港和九龙半岛。

1941 年 12 月 8 日，日军偷袭美军海军基地珍珠港，太平洋战争爆发。

日军即将占领九龙半岛，中共南方局指示廖承志、连贯、夏衍、乔冠华等人，要迅速将滞留在九龙半岛的文化界和民主人士抢救出来。他们日夜在奔忙着，想尽一切办法通知和疏散他们。

此时我的父亲乔冠华（笔名"乔木"）在香港写国际论评已经小有名气。他在香港对第二次世界大战的局势预见和分析条条入理而精辟，受到很多读者的欢迎。

1941 年 12 月 25 日香港沦陷。

根据中央迅速撤离港、九的指示，父亲与夏衍、连贯三人在铜锣湾"避风塘"租了一条小船，冒险渡海，撤离了香港。在九龙半岛与东江纵队的政委林平会合。此时，香港工委与东江纵队策划实施了"香港大营救"。

父亲等人化装成香客通过了封锁线来到牛池湾，翻过九龙坳，走过羊肠道，直至夜色降临，他们从企岭乘武装的船只偷渡大鹏湾。夜间 3 点行至沙鱼塘上岸，又走了一段山路，才脱离险境，当他见到东江纵队司令员曾生同志时，兴奋之情溢于言表。

紧接着他们连夜开会，决定分别在惠州、老隆、韶关、东江粤北一带设立秘密接待站。组织上决定爸爸留在韶关，以完成接送从香港、东纵疏散过来的人员，那时几乎每隔几天就会有一批人从香港过来。

"香港大营救"期间先后有近百名爱国民主人士和文化界知名人士被安全护送到东江纵队游击区。其中有何香凝、柳亚子、邹韬奋、茅盾等著名爱国人士。

因为叛徒告密，廖承志在广东乐昌县（今乐昌市）被捕，特务押着他到韶关上了一条小客船。此时父亲正好远远站在河边，刚要上前打招呼，廖承志见状转过头大声痛斥叛徒，由于他的机智，父亲才免遭一劫。

不久，军统局发出逮捕父亲的电报，父亲的老同学赵一肩暂时扣押了逮捕令，并且立即将这个消息告诉了父亲。父亲得知马上动身离开韶关来到桂林，然后继续前往目的地重庆。到周恩来身边工作，这已是他早就向往的事情！

火车从桂林行至贵州独山就再也没有铁路了，人们都纷纷搭乘黄鱼车。什么是黄鱼车呢？当时国民政府为了出口钨砂，有许多途经西南公路运输钨砂的卡车，司机为了赚些外快，便沿途拉载顺路乘客，搭乘这种车的旅客叫它黄鱼车。乘客给司机一些钱，他就给你一个座位，钱多就坐在前面，因为钨砂单位重量大，在车上只铺了很浅一层，槽梆内剩余空间多，上面都可以坐人。为了继续赶路，父亲登上了一辆开往贵阳的黄鱼车。车上已经有不少乘客，父亲便背着小包坐在靠在边上的一个位子上。

卡车在崎岖的山峦上一路颠簸着，不久天上就开始下起了小雨，而且越下越大，父亲身穿雨衣又靠着卡车的铁板，尚能挡住一部分风雨，可坐在中间的就惨了，干挨淋。父亲看见前边有一个老太太穿得少，被雨水灌得直打哆嗦，就跟她换了个位置，老太太少受了许多风雨之苦，连声道谢。

下雨走山路必须格外小心，下坡时司机不踩油门，顺路向下滑行，人们已远远望到前边有灯火在闪烁了，可谁想就在此刻，突然之间天翻地覆一片黑，翻车了！汽车从公路边的悬崖上翻了个身，整个掉了下去。

惊恐之余父亲伸手一摸，身边老太太已经死了，车上20个人死了一半，父亲不但没死，连伤也没有。后来他乘着警察开来的车来到了贵阳。通过老同学邓迁相助，搞到通行证，继续搭车来到了重庆。

很久之后，爸妈闲聊起当年的往事，我问他们在讲什么好听的故事？妈说："你爸爸到重庆之前，九死一生，捡了一条命。"我对爸爸说："这就是一报还一报吧！"

父亲显得若无其事，他笑眯眯地对我说，那是赶巧了！

神曲之门

21世纪初的重庆是一座现代化城市。傍晚，站在南岸的山峦上向北望去，江岸一片灯火辉煌好似小香港。听老同志们说，20世纪40年代的重庆可没有这样繁华。

我不由想起了父亲那带着浓重苏北口音的回忆："到重庆的时候，我记得天还没黑，我跳下车子，拿起自己的小包袱，这里面有随身换的衣服，慢慢地向长江江堰上走去。这时候江水很低，江沿显得很高，站在南岸江堰上向对岸望去，那一边就是所谓的战时的首都——重庆。我心里不由自主地想起了但丁在《神曲之门》写的两句话：'这里，必须根绝一切犹豫，这里，任何怯懦都无济于事。'"

刚到重庆时，父亲就住在香港时期结识的老朋友冯亦代家中。那时，爸爸是冯伯伯家里的常客。不久，父亲见到了夏衍。几天以后，夏衍陪他一起去见周恩来。父亲说，这一定是他们提前就安排好的。

几十年后，父亲深情地回忆起了当年第一次见周恩来的情景："从冯亦代家里到曾家岩50号需要一些时间，这在当时习以为常了。见了周恩来同志心情非常激动，因为这是我参加革命以来第一次见到他，从青年时代我就梦寐以求，向往见到这位伟大的革命家。

"当时我只向他扼要地谈了一下曲江的情况以及我从曲江化装到重庆的经过。周恩来同志很详尽地问了广东粤北的政治情况，余汉谋的情况，我们部队的情况，廖承志被捕以后我们党的情况，以及我党在曲江一些统一战线的情况，其中他特别关心赵一肩的处境和工作……他还亲切地询问我身体怎么样，我说我是坚定走这条路的。"

奔波动荡的生活使父亲患上了慢性结肠炎，他的背包里总是装着灌肠器，周恩来对人很体贴，他要父亲先在重庆多休息几天，工作上的问题过些时候再谈。

在他们的谈话即将结束的时候，周恩来请父亲在办公室稍候片刻，他将要为父亲引荐外事组的几位同事。

几分钟之后，周恩来的办公室门口出现了两个人，一个是戴着黑边眼镜的陈家康，他礼貌地和爸爸握手问候。

后面是一位干练的年轻女士，瘦高苗条的身材，一头浓黑的头发随意盘起。当看见办公室里新来的战友时，她爽朗地笑起来，深邃的眼睛里闪动着真诚和快乐："你好！欢迎你！"

周副主席对父亲说，这位就是龚澎同志。

于是他们四目相视——妈妈的眼睛像两泉清澈的葡萄酒，爸爸一眼望见就醉了，从此他们守望了一辈子。两年后，尚在襁褓中的哥哥做了夏公的干儿子，这大概是爸妈感谢夏衍伯伯的这次"无意插柳"吧！

1943年9月以后，外事组陆续增添了新成员，其中有蒋金涛、罗青、李绍石、章文晋、郑德芳、陈浩、沈野、邓光、吴明、沈蓉等同志。

在父亲开始工作之前，周恩来嘱托文艺宣传组的张颖带着水果、花生和日用品到纯阳洞住所看望了他。父亲很随和，穿着不讲究，也没有摆名人的架子。以后在新华日报报馆，大家彼此逐渐熟悉了，同事们都称他为老乔。

几十年后，当年的旧貌已所剩无几，一位熟悉本地情况的同志指着虎头岩附近的繁华大厦说，看到大楼后面山坡上那片破旧低矮的楼基了吗？那就是新华日报社旧址，一切都非常简陋。

可就是那一片"断壁残垣"引起了我的浓厚兴趣。

纯阳洞的故事

我很想知道爸妈在重庆的情况。父亲的老同事鲁明叔叔当年是重庆《新华日报》首席记者（后历任外交部亚洲司副司长，驻越南大使衔参赞，驻科威特大使），曾多次陪同母亲到新村参加记者招待会。他笑着对我说："让我告诉你老乔在纯阳洞的故事吧！那时我住一楼，你爸爸住在我的楼上。有一天夜已很深，我突然听到楼上有动静，原来是楼上在敲地板，我醒来静听，敲声是有节奏的，两快一慢，声调越来越急，一定是老乔在楼上遇到情况了！我跳下床向窗外一看，不好！有小偷在用竹竿子偷东西！等大家都跑出来抓小偷时，小偷早已溜之大吉。你爸爸定睛一看，挂在窗户上的那套唯一可以出门穿的西服被偷走了！"

后来与他身材相仿的费正清先生拿出一套 1936 年在牛津做的蓝哔叽西装，极力说服父亲把它作为友谊的纪念品接受下来。父亲回答说："物质的东西是供人们使用的。重要的是使用者是谁……我相信，我文章里的观点是你所同意和欣赏的。我们正在追求一种共同的理想，并在同一条战线上作战，不是吗？"

1942 年底，父亲根据周副主席的指示参加了《新华日报》编委会的工作，并担任《群众周刊》的主编，由左源和曾光如两同志担任他的助手。当时《新华日报》的三位主要领导是社长潘梓年、总经理熊瑾玎、总编章汉夫。父母亲一直亲切地称呼熊瑾玎夫妇为熊老板和老板娘。

当时西线的德国法西斯还没有打垮，中国的大片土地仍在日军占领之下。在新华日报报馆，父亲参加编报、主编专刊，每周撰写并发表国际评论一篇。那时他住的小屋墙上到处都挂满了一张张第二次世界大战期间的军用地图，每当苏联红军攻克一地，他就在地图上标明确切位置，并且贴上一面小红旗。

和父亲同在国际新闻版工作的有夏衍、陈家康等人。这是一批实力强劲的高手，父亲到达重庆之后，这个版面的文章更加熠熠生辉。除此之外，周恩来还为父亲安排了另一项重要工作：参加党的外事活动。他对爸爸说，你过去在华南和海外工作，有一定的外事工作经验，重庆有使馆，有美军总部，还有很多的各国记者，这里有相当数量的外事工作等着我们去开展。

不久，经常跟在母亲身后盯梢的特务发现了新的线索：在龚澎身边常出现一个高个子戴着眼镜的男士。当年的"中统城分区主任"留下一段有趣的回忆：

1942 年曾布置一次大规模的监视活动……由专职人员指挥，不可暴露，一定要水落石出。我负责纯阳洞街，历时一周多是有点收获的。

先是发现《新华日报》女记者龚澎与一高个、戴眼镜、颇有气度男子常常同行，很亲密。估计此男子不是一般人物，但查对照片，询问老特务都不知道他是谁，经过研究确定，这人重要，非弄清不可。

连日跟踪知道他住在纯阳洞街《新华日报》宿舍，那里外间有一个皮作坊，老板是党网，也不知道此人是谁。

我只好窃绘了宿舍的地形图，准备扮作小偷窃密。

另据跟踪报告，××号（即此人，特务用编码保密）常去化龙桥新华日报报馆，都是半路下车，不走正路而是绕李子坝山野小径，远出正路一倍，甩掉"尾巴"。

另有报告，他夜访四得村×号，内有文化人秘密集会，经派人化装保甲去查户口，只知户主沈端先，其他客人姓名不知。

我一看坏了，沈端先就是夏衍，在他老先生面前玩化装简直是班门弄斧，他的客人也不是一般的文化人。可见被跟踪的是个未公开的大共产党。

于是一人跟踪改为三人交错，颇费了点精力，发现此人与龚澎几次进入一家外间极少人知，又无营业执照的宽仁医院专为医务人员设置的西餐厅，进入那里的都是高级知识分子，大都用外语交谈，临街则是嘉陵茶社，特务们忽略了……

我们忽又跟踪发现他俩在民生路若瑟堂一侧的一家照相馆中拍过照，于是由我出面，轻易加洗得这张照片……

最后只得把照片交"特情"查认。不久，经《新华日报》幼儿园的特情报告，此人是南方局的乔木（乔冠华）。

化龙桥二重奏

在重庆，父亲每周都有一天来到化龙桥附近的《新华日报》编辑部工作，如果有大块文章要完成，就在那里鏖战一夜，其余时间大多在曾家岩50号和母亲一起参加外事组活动。在父亲眼里，参加新闻活动与撰写国际述评有许多共通的地方，它们和谐地交织在一起，就是一曲绝妙的"二重奏"。

父亲晚年回忆这段经历时说："这两方面的工作看起来是有些矛盾的，实际上是相辅相成的。尽管国民党千方百计阻挠我们和世界各大通讯社的联系，把大量稿件先收过来，由他们来控制发稿。但是，我们跟这些报纸的记者联系相当密切。因为当时美国的罗斯福总统是倾向于国共联合共同抗日，这对美国是有利的。另外一方面，我们想从外国记者那里得到一些消息，外国记者也想从我们这儿得到一点消息。我们的威信很高，因为我们给他们的消息都是客观准确的。"

1942 年至 1945 年间，重庆公开的和秘密的共产党员和进步人士都在十月革命节这天聚会在枇杷山。

父亲说，重庆虽小，外事活动却很多。这是党在国统区的主战场。

当时他经常与"龚澎、陈家康等同志"一起去两路口附近的记者招待站。在这里，他们可以广泛接触各方面的人，听到各方面的消息。

为了尽快打开工作局面，爸妈来到驻地与各国记者交谈，并且特别注意与不同倾向的西方记者接触。大家在一起吃饭，共同举行小型记者招待会，也因此增进了解，从渐渐熟悉到彼此成为可信的朋友。通过这些活动，父亲也从中掌握了丰富翔实的资料，这使得他在《新华日报》副刊《国际论评》专栏的"第一小提琴曲"更加富有生命力。

有几位美国人是父母亲都熟悉的。

其中一位是毕业于哈佛大学的白修德先生（Theodor White），他当时担任亨德尔·路斯办的《时代》杂志驻中国特派记者，曾经是费正清的第一个学生。费正清先生到达重庆之后，正是通过他认识母亲的。

在白修德的回忆录《寻找历史：我的亲身经历》一书中，对 20 世纪 40 年代的重庆有这样一段描述："周恩来身边的工作人员都是年轻的共产党人，他们后来个个都成名了，他宠信的更是我所喜欢的，是一位我生平见过的最漂亮的中国女人，名叫龚澎……她调到重庆工作以前曾在华北打游击对付入侵者，是一个拿起手枪的真正女英雄。"

父亲在回忆重庆生活时提到此人："有个美国记者的中国名字叫白修德，这位朋友对我们态度很好，我想写新闻史的不应该忘记这一章。白修德写了一篇文章，专门揭露国民党黑暗的，在美国引起了很大的轰动。"

为了打开工作局面，外事组的同事们和美国驻重庆大使馆来往很密切。那时，美国在任大使是高斯。在大使馆内部也有不少同情共产党的人士，如美国使馆的参赞科弗兰、阿德勒这两位朋友在美国就和我们的同志有交往，来到中国后还是保持着进步的态度。这些朋友提供给我们不少经济、财政方面的情报，我们党内能够让他们知道的情况也提供给他们。大家也因此逐渐熟悉起来，熟悉到"经常争论问题，争论得很激烈，但不会伤害双方的关系和感情"。在辩论当中，外国朋友认为父亲太容易把一个命题一般化，便开玩笑地称他为"一般化之王"。

1941 年下半年，美国人增派了驻军事使团的人员。美军司令部和美驻外使馆还在重庆设立了规模庞大的美国新闻处，桂林和昆明也有。这在当时是起了积极作用的。如今重庆还保留着当年的旧址，这里也是母亲熟悉的地方。

在周恩来的领导下，外事组开展了卓有成效的工作，其中一些工作是与在美国新闻处的同志一起开展的。当时在新闻处的各个单位里，都有中国进步知识青年在里面工作。这些同志或朋友到美国新闻处工作，绝大部分是经过我们党组织同意的。前面提到的周恩来会见美国特使威尔基，就是通过在美新处工作的刘尊棋同志联络的。

当时我们党非常需要与外面的世界保持联系。战争时期各地之间交通不方便，外边的消息得不到，我们可以凭借这个机构得到大量消息，多收集一些必要的新闻材料。

由于工作需要，母亲经常与外国记者在《新华日报》营业厅碰面。这里也是父亲常来的地方。

营业厅位于重庆闹市区民生路的一座灰色小楼内，一楼对外开放，二楼和三楼是潘汉年等领导同志的办公室和资料室，这是现今保存最完好的一处旧址。路边种满了高大的乔木，细雨飘摇，枝叶摇曳，不禁使人浮想联翩……

开始，"乔冠华同志"和"龚澎同志"只是不期而遇。在营业厅、在巴县中学记者站、在美国新闻处，每当此时，两人总是不约而同地发出会心的微笑。

小时候曾经询问母亲是怎么与父亲相识的，母亲笑着说，我上燕京，你爸爸在清华，两个学校挨得很近，我们每天在校门口都碰得到。你爸爸总是喊："龚澎，快出来呀！"长大之后才知道这是玩笑话。

母亲说，父亲年轻时长得很帅气。而母亲，尽管她被形容为"画上的美人"，可她对此好像从来不知。母亲从来没有说过自己当年如何，我想这正是她的魅力所在，真正的美是自然散发出来的。

父亲母亲有大量的时间接触，他们的认识和交往是十分自然的。

不久，他们互相有了进一步的了解，并且发现彼此有很多相似的经历与共同的话题，自然，还有他们共同的爱好和品位。崇尚真善美，追求自由平等是爸妈共同的志向。两人都酷爱古典音乐，尤其是肖邦的作品，一曲《军队进行曲》把两颗风雨飘摇的心连接在一起。很快，母亲的朋友也成了父亲的熟人。

父亲战胜了其他追求者，他与母亲是同事，见面的机会绝对占优势，他们一起访朋友，一起送稿件，有时还一起去下小馆子。一对风华正茂的年轻人渐渐心心相印。

我无法知道是哪一个细雨蒙蒙的夜晚，父亲母亲打着一把雨伞在重庆幽静的小巷子里漫步深谈……

断肠人找到心上人

父亲年轻时消化系统就不太好，颠沛流离的生活和旅途中的劳累使得他的体质下降了。一天傍晚，他突然感到腹痛难忍，便蜷缩着身体伏在桌子边，原以为撑一下就会过去的，谁知症状越来越重。望着爸爸痛苦而苍白的面容，母亲心急如焚。

突然间她想起两年前在市民医院住院时为她治病的李颢医生，他医术精湛、富有正义感，母亲经常和他谈天，讨论对时局与人生的看法，那是一位值得信赖的医生！

想到这里，母亲立即跑了出去，在七星岩市民医院外科室，她气喘吁吁找到了李颢，请求他能够立即去看一位急诊病人。经过检查，父亲被确诊为急性腹膜炎，需要连夜进行剖腹探查。母亲和李颢立即把他紧急送进了医院。为了让爸爸尽快得到救助，唐瑜、黄苗子等老朋友发起了"救乔委员会"，大家捐钱凑够了医疗费。

这一次急诊手术由梁主任主刀，李颢做第一助手。麻醉以后打开腹腔一看，父亲原有的肠结核病灶已经穿破了肠腔，腹腔已经受到感染。专家们当即决定，清理腹腔，切除坏死的病灶，然后再择期进行肠吻合术。手术进行了好几个小时，当医生缝合完最后一针的时候，天色已经微微发白了。

母亲急切地等候在手术室门口，一切都顺利吗？李颢深深地吸了口气说，要是能输点血就好了！

父亲是B型血，医院血库里眼下没有这种血型的血源，可他的病情急需输血，这可怎么办呢？到哪里去找合适的血源呢？母亲把父亲的病情告诉了两位好朋友，请他们帮忙想想办法。这两天，她焦急地跑上跑下几乎没有合上眼。

第二天清晨，当母亲推开病房的窗户时，她惊奇地发现，医院的门口已经站满了等候献血的人们，《新华日报》的很多同志都在队列里，还有送报的小报童。排在最前面的是美国使馆的二等秘书谢伟思先生，他伸出胳膊第一个带头。

谢伟思是史迪威将军的助手之一，他和父母都很熟。当时许多中国人对献血都充满了恐惧和疑虑，可看到这样的场面，重庆的市民被感动了，他们自觉地在医院门口排起了一条长长的献血队伍。很多人都素不相识。

望着街头上一个个热情的身影，母亲的眼眶湿润了……很多年之后母亲对我提起这段往事，她说，重庆这么大的城市很多年都没有出现过这样热烈的场面，而且是为了救助一个共产党人，那是非常感人的！

几天后，李颢成功地为父亲做了肠吻合术，父亲逐渐恢复了健康。从那以后，李颢就成为爸妈两人的好朋友了。1945年9月，邓发代表解放区职工参加巴黎世界职工代表大会，董必武也将去联合国参加制宪会议，代表们到达机场后，国民党当局以缺少防疫接种证明为由，不予办理登机手续。当父亲急匆匆找到李颢时，他义不容辞地为代表们填了表，并请院长办公室秘书为自己"出国的亲戚"盖上公章……

很多年后，李颢在苏州帮忙安葬了父亲。直至李伯伯自己去世，就安息在洞庭东山父亲的墓地旁。

1943年深秋，父亲母亲结婚了。在以后近30年的漫长岁月中，人们看到了一对相得益彰的夫妻。

周围的老朋友们说，这是"断肠人找到了心上人"。

相对来说，母亲更加理性化，在政治上比较成熟，她善于做人的思想工作，与各式各样的人打交道。父亲是一个才华横溢的学者型革命者，他为人处世质朴耿直。他们两人在一起就像一艘向着灯塔行驶的船，一个划桨，一个掌舵。因此，有同行把他们两人的组合称为"绝配"。

有一件珍贵的纪念品来纪念这永远难忘的一日：一块正方形的大红丝绸布，上面有周恩来、董必武、邓颖超、叶剑英、林伯渠、博古、王若飞等人用毛笔题写的亲笔签名。那一个个名字从红绸布中心逐渐向四周如花瓣一般散开。上面还有一首董老题的诗。

很多年后，母亲整理箱子的时候拿出了这块不同寻常的红绸子，一个个笔墨不同的签名与题字栩栩如生地出现在眼前，我觉得那是世界上最美丽的婚纱。

☆乔冠华和龚澎结婚照

第一个家

2004 年，我终于有机会探访了父母的第一个家。沿着曾家岩 50 号狭窄的楼梯向上爬，在三楼东头的小屋门口，我惊喜地看到了双亲熟悉的身影，风华正茂的爸爸妈妈笑意盈盈地在照片中望着我，仿佛在说，亲爱的孩子，进去看看吧！

这是一间 12 平方米左右的正方形屋子，里面简洁而整齐，原来是外事组的驻地，后来成了父亲母亲的新房，屋子里的摆设很少，一张床、一个桌子，外加几把椅子。东侧临江处有一个不大的窗户，从那里可以望到远处的景色。那位大眼睛讲解员亲切地招呼我：到这里就是回家了，真的，这里就是你的家啊！

站在门口向旁边的小楼梯望去，洁白的墙面上仿佛映现出爸爸妈妈年轻时的身影，他们刚刚参加完一个活动正匆匆赶回家。周围的一切似乎都引退到60年前，连屋子里的空气也变得柔和了。

据李颢伯伯回忆，父母亲住的三层小屋里经常聚集很多老朋友，常去的有夏衍、张瑞芳、胡绳、徐迟等人，一些国际友人也来访过，如美国使馆的费正清、苏联大使罗申、墨西哥使馆代办瓦叶等。

哥哥出生后也住在这间小屋子里。

这里是父亲母亲的第一个家。

曾家岩摇篮曲：巴黎与华沙

1944年6月6日，以美英为首的盟军在诺曼底发动登陆战役，欧洲战场苏联红军和盟军开始大反攻，形成对德军东西夹击之势。父亲推断，巴黎很可能会在哥哥出生那一天解放。爸妈商定，如果一切按预料中的进展，就为即将出世的孩子起名为"巴黎"。

预产期快到了，到哪里生下孩子最安全可靠呢？重庆的情况十分复杂，找自己人接生是最稳妥的，爸爸妈妈决定，请奥地利记者严森叔叔来帮忙。

奥地利记者严森（弗里茨·严森，Fritz Jensen）从年轻时起，就接受了马克思主义，他自幼聪明好学，喜爱体育，擅长拳击。为反对法西斯统治，他站在街头演讲，被当局抓到监狱关禁了一年。严森在医科大学毕业后在奥地利行医，1936年西班牙内战爆发后他志愿来到西班牙，在马德里成为反法西斯国际纵队的一名医生，同在这支闻名遐迩的队伍里工作的还有加拿大的白求恩大夫，此间他加入了奥地利共产党。1939年西班牙共和失败后，严森与部分国际纵队战友转到远东战线，保卫中国同盟把他们安排在贵阳红十字救护总队工作，不久，严森辗转来到重庆，在这里，他结识了他的妻子小王阿姨，爸爸妈妈参加了他们的婚礼。（1947年严森在奥地利共产党中央《人民之声报》担任编辑，1953年成为报社派驻中国特派记者。1955年4月，严森在参加亚非会议途中，因"克什米尔公主"号失事牺牲。）

朋友们为即将出世的小生命感到兴奋，大家猜测着，这将是一个男孩子还是女孩儿呢？父亲说，男孩女孩都很好！不过，在这艰苦的战争年代，第一个最好是男孩子！

严森叔叔乐呵呵地说，一定是个男孩！我打赌！生了男孩子你们就请我吃冰激凌！

战时的生活十分艰难，更不要说有多少零花钱了。一位叔叔曾用一个月的稿费从餐馆买了一份想了很久的红烧鱼，每顿吃一点点，然后就放在床底下收藏好，几天后拿出来一看，全都发了霉，只好扔掉。同事们为此唏嘘不已，冰激凌更是奢侈的食品了。很多年后我们全家在一起吃一次冰砖是最快乐的事情，连从不吃冷饮的爸爸也要品尝几口。

7月下旬的一天，天早已放亮，母亲突然感到阵阵腹痛。父亲早上出去办事，陪伴她的是小王阿姨。母亲对小王阿姨说："小王，我怕是要提前几天生了，我们早些准备吧！"

小王阿姨马上找到了严森叔叔，并且立即通知了父亲。几十分钟后，小王阿姨陪着母亲乘车来到一所空荡荡的学校。学生们已经放暑假，校园里一间闲置的办公室成了临时医院，严森叔叔已经清理了房间，正在紧张地准备着从医院里借来的消毒用品和医疗器械。父亲很快就赶到了，他在"产房"里席地而坐陪着妈妈。

不久，屋子里传出了严森叔叔兴奋的喊声：Icecream！Icecream！（冰激凌）

等候在门外的人们欢呼起来！是男孩子！吃冰激凌庆祝！

一个健康活泼的婴儿出世了，他是父母的第一个孩子。这一天，苏联红军占领了华沙，他先于巴黎胜利了。所以，男孩子应被称为"华沙"。

1944年7月至8月间，父亲没有文章问世，原因很简单，他一直守护在妻子和刚出生的儿子身边，细心地照料着母子二人。老朋友送来柔软的旧布衫给孩子做衣被，李少石和廖梦醒的女儿李湄为这个弟弟特意织了一双新线袜。

父亲的家庭是一个传统的家族，为了尊重江苏盐城老家的规矩，母亲决定，男孩子仍按着"宗"字辈分继续排行。由于父母亲的家乡都位于淮河流域浇灌的大地。为了纪念两人共同的故乡，为了永远不忘记这条母亲河，爸妈最后为孩子取了淮河的"淮"字为名。

夜幕降临。在曾家岩 50 号，母亲一手怀抱着出生不久的儿子，一手轻轻摇着大芭蕉扇，她轻轻哼着约翰内斯·勃拉姆斯《摇篮曲（第 49 号）》的旋律："宝宝，你甜蜜地睡吧，小天使保佑你在梦中出现美丽的圣诞树，你静静地睡吧……"

重庆是一个大火炉，住在楼顶更是汗流浃背。待孩子熟睡之后，母亲悄悄走到打字机前，继续白天没有完成的工作。

当时红岩村有一个自助形式的托儿所，很多同志上班后都把身边的孩子送到那里。除了张所长之外，幼儿园没有专职的保育人员，所谓自助就是各个家长合作带孩子，每个父母要轮流去幼儿园当老师。在照料自己孩子的同时也照顾其他同志的孩子，最多时幼儿园里有 20 多个大小不一的孩子。童小鹏和荣高棠的孩子都在那里生活过。

哥哥是在曾家岩长大的。父母没有条件去红岩村接送孩子，每天他们都要外出活动，总是在快吃饭的时候才急急忙忙赶过来喂奶、换尿布。为此，父母动了很多脑筋。她请办事处的同志用木头做了一个下面有底的围栏，上面再垫上一块旧毯子，很像外国的婴儿活动床，孩子可以在里面玩耍。大人出去的时候，就在他身上拴一条长带子，另一头固定在木床上。办事处的同事们谁有空谁就跑过去帮忙照看一下，这个给一口水，那个塞一块饼干，好像喂小鸟一样。有一次红岩村的房主饶国模女士看到婴儿爬到了床外面，绳子却缠绕在身上，她急忙跑过去解开了绳子。

大木盆里总是堆满了尿布，一位兼做后勤的当地妇女帮着妈妈做一些清洗工作。陈舜瑶阿姨谈起当年的往事时说，你妈妈一边工作一边带孩子，非常辛苦，要讲起来故事那就多了。

天气暖和的日子里，父母常把小床摆在办事处的小天井中间，收发室警卫的同志时常带着哥哥一起值班，一起迎送来客，因此，他最早学会的一句话是"再见"。

☆全家福

　　周副主席的办公室就在一楼。经常是孩子哭了抱一抱，渴了饿了喂一口。爱泼斯坦说："曾家岩有一种浓厚的家庭气氛，龚澎的孩子坐在一边，周恩来更像一个'舅舅'。"

　　在哥哥出生后两个多月的时候，父亲又拿起了笔，他在《八月秋高风怒号——自九月九日至十月二十日》一文中写道："胜利在西线，胜利在东线，胜利在海洋——东西南北的胜利都在呼唤我们。""现在是我们认真振作起来的时候了！"

战斗在敌人心脏

　　作为周恩来的助手和中共新闻发言人，母亲被人们所熟悉，许多同行与国际友人对她留下了深刻的印象。

　　一位在战时重庆工作过的中国记者回忆说："八路军办事处一直是我向往走向革命的大门……做记者跑新闻之后，最能吸引我的新闻人物就是周恩来和叶剑英。不久我得到一个机会去采访周恩来举行的中外记者招待会。国共合作之前，国民党称共产党为'共匪'……但是这些宣传却起了反作用。在这次记者招待会上，我第一次见到周恩来。他用目光扫视着全场，放射出一股神奇般的磁力，吸引着每个人的视线。他好像和每个人都很熟，对我这个新面孔也报以热情的微笑。""紧跟在他后面步入会场的，是大家早已熟知的周恩来秘书龚澎女士，龚女士不仅年轻貌美，而且很有风度。她当时穿着一件旗袍，坐在椅子上，引得在场的中外记者不住地打量着她。加上龚澎能说一口地道的英文，交相辉映，是典型的美与革命结合的化身。按照国民党的说法，她是一个'女匪'，这样的'女匪'实在可敬可爱。"

脱下了灰色的八路军服，盘起了乌黑的长发，一袭中式旗袍，外罩一件简单的翻领外衣，妈妈在重庆时的照片都显得优雅时尚，大方得体。

其实，当时的生活是非常俭朴的，妈妈的穿着很随意。可每当外出活动时，她总是精神焕发地出现在公众面前。用妈妈的话说，无产阶级是爱好整洁注重外表的，邋遢不代表革命。

文志忠（文幼章之子）在《文幼章传》中写道："许多共产党领导人给那些有机会了解他们的人总是留下了强烈而难于磨灭的印象，龚澎也不例外，'潮湿的地下室里的一朵长颈花'便是她的写照。她给外国记者的印象极深。"

长期担任世界和平友好协会会长的文幼章先生与父母亲是老朋友；1945年他在重庆的一次记者招待会上第一次见到周恩来，周恩来希望他将共产党的活动和主张向战略情报局作全面汇报，并当场把母亲介绍给他。周恩来说自己经常不在总部，文幼章可以完全信任龚澎。此后他们打了15年交道。文幼章在写给一位中国朋友的信中说，对所有愿意了解革命斗争实质的人，龚澎都保持着一种热情友好的关系。从一开始，她就把我当作值得信任的好同志。

由于母亲在对外宣传上的鲜明立场，她受到国民党特务的严密监视，随时可能遭遇不测。为了避免给朋友们添麻烦，她尽量不在路上与熟人打招呼，以免对方受牵连。

有一次，费正清先生准备把手抄本文件送还周公馆，恰巧在街上遇到了母亲。时值清洗运动开始，母亲正被特务盯梢，处于被捕的威胁之下。她知道费正清不愿在公开场合和共产党人接触，便和他擦肩而过，招呼也不打，这使得费先生大吃一惊。

为了表示对国民政府的不满与对朋友的关怀，一群美国朋友在重庆冠生园餐厅设宴，公然邀请母亲和父亲。宴会在特务们的重重包围和严密监视下进行，朋友们大声地谈笑，为中国的未来，为这一对新闻夫妇频频干杯。

当时还发生这样一件事，原八路军驻洛阳办事处处长袁某叛变后跑到重庆，国民党政要让他提出一份策反八路军重庆办事处工作人员的计划。他提出了三个人的名字：童小鹏、王梓木、龚澎。

童小鹏时任八路军办事处机要科科长，是在重庆卫戍司令部公开登记的，王梓木是八路军总部高级参谋，对内是军事组组长，而母亲从八路军总部到重庆后，一直担任周恩来的助手，并且经常出现在公众场合。他们都是八路军在重庆的公开工作人员，也是在周恩来、董必武、叶剑英直接领导下久经考验的战士，早就下定决心不怕杀头永不叛党。袁某向国民党要求一笔经费，拟定采取金钱收买或用突然袭击的办法，妄图绑架收买这三人（后来这个报告没有得到批准，一直压在档案柜里）。

曾家岩50号一直处在国民党的严密监视下，陈秀霞阿姨第一次到那里时，看见窗外天井中央有一张小床，上面独自坐着一位男婴（那是哥哥），便好奇地走过去看孩子，一位工作人员悄悄告诉她：站在这里隔壁楼上的特务会拍照的！抬头一看，天井周围一圈高楼，许多窗子正对着天井和50号。父母和同事们就是在这样的环境下生活战斗的。

有一张父母亲与外国记者在重庆的合影，照片上的爸爸妈妈特别苗条，引人注目的是妈妈手中抱着的孩子，他长得瘦骨嶙峋，大脑袋上一双黑亮的大眼睛望着镜头，可以想见，当时的生活条件是十分艰苦的。但是，这些都阻挡不住他们的脸上洋溢着发自内心的笑容。

这是父母亲的黄金岁月。

母亲时常与年轻同事谈起重庆错综复杂的斗争形式，谈到处在斗争最前线的毛泽东和周恩来，也谈起她和同事们是怎样巧妙地冲破国民党的重重封锁线，通过不同类型的外国记者把很多真实的消息传到全世界。在她的眼里，这些与风险相伴的生活成了一段段风趣的故事，因为她和父亲早已把自己融入其中了。

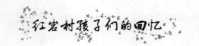

重庆谈判期间的国际交往

1945 年 8 月 15 日是中国人民永远值得纪念的一天，日本天皇裕仁通过广播向全世界正式宣告：接受波茨坦公告，日本无条件投降。消息传来，整个山城都沸腾了。

大家欢呼着、跳跃着，互不相识的男女老少拉起手尽情地歌唱着，人们放起了鞭炮、敲起了锣鼓、打开了啤酒。父亲母亲走上街头和大家一起欢庆胜利的这一天，望着远处一簇簇闪动的火把，他们默默地告慰在抗战中牺牲的亲人与战友。父亲写了一篇普天同庆抗战胜利的文章《天亮了》，文章开头借用了杜甫的诗句："剑外忽传收蓟北，初闻涕泪满衣裳，却看妻子愁何在，漫卷诗书喜欲狂。"

父亲在文章最后说，"值得欢庆但没有理由陶醉。"时势确实如此。

毛泽东早有预见，蒋介石不会和我们平分胜利，对美国人我们更不抱任何幻想。慑于国内外实现和平的强大压力，蒋介石在美国人的授意下玩起了花招，他连发电报，邀请毛泽东到重庆来谈判，据说这是赫尔利的主意：给共产党摆一个鸿门宴，料定毛泽东不敢离开根据地到国民党统治中心来赴宴。他们的如意算盘很快就落了空。

8 月 28 日下午，毛泽东在赫尔利、张治中的陪同下毅然飞抵重庆。当毛泽东、周恩来乘坐的飞机在重庆九龙坡机场降落的时候，欢迎的人们立刻沸腾起来。父母亲与办事处的同志们早已等候在那里，中外记者蜂拥而至，毛泽东走出机舱向大家频频挥手，照相机不停地闪烁着。

在周恩来的陪同下，毛主席来到了欢迎的人群中，在他们身后有一位女士，她用一双深邃的黑眼睛兴奋地望着眼前这难忘的瞬间，那是母亲的眼睛！还有穿着短裤正在点烟的父亲、王炳南伯伯……

毛泽东在中山路 107 号桂园的张治中公馆稍事休息，之后便来到了红岩村。

南方局和八路军办事处在小礼堂里举行了热烈的欢迎会。

毛主席接见了在重庆工作的部分工作人员。《新华日报》参加会见的有潘梓年、熊瑾玎、胡绳、刘白羽、乔冠华等人。刘白羽伯伯回忆了当时

☆1945年重庆，周恩来会见美军修理电台的技术人员，陪同人员有乔冠华、肖贤法、龚澎等人

的情况，他说，当介绍到父亲时，毛泽东说："哲学家。"后来他们握手时毛泽东又幽默地说道，跟着我来了一个乔木，这儿又有一个乔木，总不能叫"大乔""小乔"喽，我看就叫"南乔""北乔"吧！

谈判期间，毛泽东、周恩来、王若飞的外事活动十分频繁，毛主席广泛会见了各界人士，外事组的同志们在日夜忙碌着。为了紧密配合中央的工作，父母带着哥哥一起住到了红岩村。

就在这段时间里，母亲见到了云南昆明大学地下党的同志，根据他们的反映，有几位美国士兵已经来到重庆，他们非常希望见到中共领导人毛泽东。

母亲详细询问了具体情况，并且立即向周副主席做了详尽的汇报：作为第二次世界大战中的盟国，美国派驻云南昆明的第十四航空队总部有几位正直的年轻士兵，他们是霍华德·海曼、爱德华·贝尔、杰克·艾德尔门。在昆明，他们结识了一群进步学生，彼此很快就熟悉起来。大家经常在一起聚会，谈论正在进行中的战争、中国革命斗争的真相，也讨论美国和未来。毛泽东赴重庆谈判后，他们几人来到了重庆。海曼与贝尔即将退伍，在回国之前，他们渴望能亲眼见一见向往已久的解放区代表。

当时许多外国人还不了解中国共产党人。我党需要利用一切机会向世界打开窗口，要让美国人民了解解放区，了解中国共产党人正在做什么。根据周恩来的指示，母亲在曾家岩50号接待了三位美国士兵，并且与他们交谈了几个小时。几天之后，周恩来抽出时间热情地会见了几位美国士兵，母亲在场陪同。

几位美国年轻士兵事先得知毛泽东抽烟非常厉害，为了表示对毛泽东的敬意，他们把从军营里领来的两条香烟和一张便条留在办事处，请求转交给毛泽东。

让这几个年轻人没料到的是，一星期之后，他们接到了母亲的电话：毛泽东准备请他们去红岩村共进晚餐，他们欣喜若狂。

母亲为此提前做了周密的安排。

1945年9月16日，三位美国人步行几小时来到曾家岩50号时已是下午了，等候在那里的同志很快用车把他们送到红岩嘴13号。毛泽东在一楼会客室接见了他们，母亲和父亲等人陪同会见。与此同时，母亲还兼任了现场的翻译工作。毛泽东显得非常愉快，当看到美国朋友的脖子上挂着照相机时，便幽默地说，要照相可要赶在太阳下山之前哦！

毛泽东和年轻的美国士兵讨论着中国和她的前途。毛主席认为，中国人与美国人有许多共同之处，两国人民一定会建立伟大的友谊，他希望他们能把所见所闻告诉美国人民。

夕阳落下余晖，大家来到了主楼外面的院子里。那阵子父母亲带着哥哥就住在小院西面的两层小楼里。

美国客人们要求合影留念，毛泽东欣然同意。

靠近主楼边的土坡上有两棵七八米高的芭蕉树，它轻轻摇动着翠绿的大枝叶，仿佛是在向客人们招手，童小鹏举起了照相机……

参加接见的还有钱之光、章文晋、罗青、刘昂、张彦等人。在下一张的快门按动之前，母亲特意把刚满一岁的儿子叫了过来。这大概是她给予孩子的最高奖励吧！

这张照片如今陈列在红岩村和北京的国家博物馆里。

晚上 7 时，毛泽东、周恩来请几位美国朋友在二楼共进晚餐。三位年轻的客人将他们存有的 115 美元赠给毛主席，以表示对八路军新四军的支持。毛泽东则送了一套版画给他们留念。毛主席和周恩来亲自送三位客人到办事处大门外，同他们一一握别。毛主席寓意深长地说："希望有一天，在中国能再见到你们。"

这次会见历时三个小时。三位美国士兵从红岩村回到他们的驻地后，心情久久不能平静。爱德华·贝尔在日记中生动地记下了这个难忘的日子，他称颂毛泽东"非常谦虚，讲起话来声音柔和，从不提高音调，从不激动，是真正的人民领袖。在这样的人面前，我们不由得有卑微之感"，而周恩来"是个五英尺四英寸的壮汉子，我喜欢他那有力的握手。他真诚，英文讲得相当好，穿着举止都很有风度"。

爱德华·贝尔回忆说："在这一天，语言不可能成为我们的障碍，我们通过译员谈了二次世界大战的意义、世界和平的重要与中美之间的友谊。"

1985 年 3 月 23 日，一批在抗日战争和解放战争期间曾经在中国做战地报道的美国新闻工作者重访中国。老记者重访团应《中国日报》刘尊棋总编和中国记者协会主席吴冷西之邀，在重庆、延安、北京和南京等地访问了三周，邓小平同志接见了他们。

老记者们大都是二战期间在中国开始记者生涯的。尽管他们都先后离开了中国，而现在的身份也各不相同，可他们对中国都有着深厚的感情，他们是中国革命的见证人。报道革命，支持正义。那一段经历留下了他们青春的理想和浪漫的脚印。为了重返中国，他们已经等待了近 40 年。老记者们旧地重游，大家不由得想起曾经活跃在他们中间的一个倩影——龚澎。

在北京，一位老记者向接待人员表示，非常希望能够亲眼见到龚澎的女儿，他们要向后一代讲讲当年在重庆的往事，而且，他要自己打电话。不知为什么，虽然近在咫尺却没有联系上……非常遗憾。我渴望听到母亲的故事。

美国《巴尔的摩太阳报》（*Baltimore Sun*）著名记者波特先生和老记

者访华团的朋友们来到了梅园新村。他望着熟悉的一切，不尽感慨万千。在留言簿上，波特写道："这儿使我回忆起我见到周恩来、龚澎等人的许多愉快时刻。"

时光飞转，往事早已飞逝。

在中华人民共和国成立 60 年之际，在那部著名的大片《建国大业》中，人们重新看到了许多久违的名字，其中，也有我的母亲——龚澎，那几分钟闪动的胶片里又饱含着多少激情的故事，或许，只有血肉相连的亲人才能永远铭刻在心吧！

愿父母永远安息。

霜打枫红——在南方局的日子里

杨小万 *

一、随夫出征

1945 年 8 月，重庆谈判在即。为了加强中共代表团的情报工作，中央社会部决定派父亲杨超赴渝。考虑到以夫妻方式便于掩护，组织上决定让妈妈罗迭同赴山城。

中央社会部李克农副部长找到在延安中央医院当护士长的妈妈谈话。

妈妈素来对李副部长敬畏有加，此次，妈妈觉得李克农厚厚的眼镜片后闪烁着慈爱、亲切和信任。那天，峡公（李克农左眼几乎失明而自称瞎公，常署名峡公）打着绑腿，风纪扣紧扣，着一身洗得发白的军装，像个标准的军人，但鼻梁上一副金边眼镜和一抹齐口短髭又使他增添了几分学者派头。他用浓重的安徽口音对妈妈说："罗迭同志，知道你在抢救中受了委屈，现在已经甄别了，你也就不要放在心上。这次主席到重庆谈判，杨超随行，把你也调去，这充分说明组织上信任你。"听此一席话，妈妈鼻子发酸，眼眶一红，泪落滚地。见妈妈动情了，李克农轻声说道："你们此行到重庆办事处搞情报工作，光荣而又危险，你要做好充分准

---

* 杨小万：杨超、罗迭之女，北京航空学院遥控遥测系毕业，《科幻世界》杂志社原社长。

备。为了掩护工作，把零零也带去。"妈妈点点头，拼命克制住没放声痛哭一场。她握紧李克农的手，哽咽着说："请组织上放心，家里会听到我们的好消息。"

1945 年 8 月，妈妈的心境火红透亮。日本投降了！抗战胜利了！终于脱下白大褂随夫出征并肩战斗，这才是她向往的革命。

8 月 28 日，周恩来陪同毛泽东飞赴重庆。第二天，父亲和搞情报机要工作的一对夫妇（男方姓邓）也乘机赶赴重庆。临行前，爸爸说情报工作危险，要做好牺牲的准备，必须销毁所有和自己有关的文字物品。妈妈听从吩咐，含泪点燃了火，忍痛将她视为珍宝的毛泽东给爸爸的亲笔信、爸爸所写的"未寄的情书"、外婆的来信照片……通通付之一炬。

"风萧萧兮易水寒，壮士一去兮不复还。壮士仗剑从此去，永为儿女颜。"荆轲刺秦王的不朽诗句雷鸣般地在妈妈耳际轰鸣，她心中腾涌着为革命献身的澎湃激情。

几天之后，妈妈带着快满两岁的零零，和祝华（红岩村派来接应的同志）及警卫战士一道，乘八路军驻重庆办事处的大卡车，经过一周跋涉到达重庆红岩村。

二、初到红岩村

五年在延安，出了校门（中央党校和马列学院）进机关门（中央办公厅、中宣部、社会部），父亲总觉得离对敌斗争前线太远，他渴望到前线和敌人做面对面斗争。虽然没能在枪林弹雨中冲锋陷阵，但能径直走进抗日时的战时首都，在备受景仰的周副主席身边工作，父亲知足了。

当时，周恩来负责中共中央南方局的工作。数十年后，父亲这样写道：

"毛泽东 1945 年 8 月 28 日到重庆谈判，我第二天也由延安到重庆，经历了重庆谈判的全过程。以后留在南方局工作……从延安到重庆，如从光明到黑暗。我们下飞机后，所见到的山城乌云笼罩，群魔乱舞，民不聊生，民怨沸腾。到重庆后，我才亲眼看到几年来身居虎穴坚持斗争的恩来同志住的周公馆，与戴笠公馆隔墙相望，周围布满了特务暗哨。

恩来和同志们进进出出一举一动都受到监视。在这样的条件下坚持革命斗争这使我对恩来同志肃然起敬。周副主席身上肩负着多么重大的历史使命。"

到重庆后，父母先后在红岩村、曾家岩、中山三路工作，短短的一个春夏秋冬，其间经历了43天中外瞩目的重庆谈判、李少石事件、政协会议、较场口血案、四八烈士追悼会、公开中共四川省委……在敌人眼皮下，环境险恶复杂，父母经受了严峻的斗争洗礼。身边有周恩来、邓大姐、董老，有在隐蔽战线工作的同志们；周遭是郭沫若、田汉、贺绿汀、马寅初、黄鼎臣……谈笑皆鸿儒，往来尽大家。父亲觉得在重庆一年收获丰厚，在伟人身边工作，受到大师级名人熏陶，父母如登临泰山，眼界开阔，思路清晰，斗争艺术日臻提高，工作方式更加缜密细致。

在红岩村，南方局社会部的领导是张明（又名刘少文），他爱人叫小红，还有吴克坚、袁超俊、刘光、赵平等。父亲化名"杨道"，妈妈化名"邓育华"。父亲是情报科科长，外出搞情报；妈妈搞内勤，关在屋里摘录整理抄写誊录。他们夜以继日地工作，收集各界人士对重庆谈判的反映，搜集国民党反动派发动内战的各种部署，找寻各种报刊资料，供延安决策。

刚到重庆时，妈妈还是一身旧灰蓝制服。红岩村妇女组副组长张晓梅拿出一套浅蓝色旗袍和黑色半高跟鞋，对妈妈说："你的延安装束该改一改，不然一上街，人家就会认出你是个'延安'。"这套旗袍高跟鞋成了红岩村好些女同志外出的装扮行头。

父亲刚去时也是一身延安装，组织上要求置装，妈妈在旧货市场给父亲买了套银灰色的法兰绒西装、天蓝色的衬衫和玫瑰红的领带，还买了换洗的衬衫和皮鞋。有一次，有两个华侨到红岩来，妈妈交给他们一包衣物，他们拿到衣物就离开了。张明赶来问妈妈："来客了？他们是谁？报纸包的是什么？"妈妈不经意地答道："他们和我同车从延安来，要上街置装，来借杨超的衣物试试。纸包里包的是衣服和皮鞋。"张明警惕地瞅着妈妈，"啊"了一声，笑笑走了。妈妈立刻悟出自己太大大咧咧，得尽快转变作风，要努力适应国统区的形势。

☆1984 年冬，杨超夫妇回到重庆曾家岩曾经工作过的办公室

　　红岩村的同志还给父母指点红岩山旁山下的特务侦察点，说特务配置了望远镜，要父母随时警惕。

　　经过这些小事，还不习惯地下工作的妈妈变得非常注意。她不再像在延安时那样活泼随意了，开始处处谨慎，就连有事要找同住一层楼房对面的于江震和许涤新，妈妈也只是站在房间门口请他们出来，在门口说事情，不轻易进他们房间。

　　从重庆谈判到次年年初，父母住在红岩村。从红色延安来到白区陪都，在隐蔽战线从事情报工作，认真执行党中央"隐蔽精干、长期埋伏、积蓄力量、以待时机"的方针，父母绝对服从，严格遵守铁的纪律，不该问的事不问，组织上没让接触的人不接触。在重庆 14 个月，妈妈跑外勤时无数次路过桂园和化龙桥新华日报社，但她从来没有进去过；当时有个小青年朱 B（对内的化名）和妈妈一起整理文件，领导没做进一步介绍，妈妈从不询问朱 B 的真实姓名；爸爸青年时崇拜郭沫若，甚至能成章成段地背诵《女神》一些篇章，但没有工作任务，哪怕郭老就在身边，父亲也不去与他攀谈；就连轰动一时声震陪都的话剧《屈原》《棠棣之花》在重庆公演，父亲也不得不压抑他的渴望，严守纪律，不去观看。

三、曾家岩 50 号

1946 年初，父母调到曾家岩 50 号。周公馆住地往来人多且杂，数以百计的大小特务苍蝇似的来往盯梢，后来特务干脆在周公馆门口开"袍哥茶馆""小小商店"，路口的店铺，比邻的楼房，都是特务的机关岗哨。

周公馆是栋灰色的三层小楼，父母带着我大姐零零住在三楼的一间小房子，屋里一开窗就能看见戴笠公馆。有时父母外出，就把零零锁在小屋子里，小零零常常独自站在小屋另一侧的窗前眺望嘉陵江。

那时，曾家岩的同志们同住在一栋楼，周副主席一定要让搞情报工作的同志住三楼，他住二楼为同志们"把门、放哨"。每次材料发出之前，周副主席都要亲自上楼检查工作，看材料齐不齐，密封怎么样，直到把情报送上飞机，周副主席才放下心来。那时，周公馆工作人员外出受到国民党特务的严密监视甚至面临生命威胁，周副主席经常教他们如何与敌人斗智，巧妙甩掉"尾巴"。多少年来，我方情报人员深入虎穴，以鲜血和生命换来了情报网络。这张交织的情报网有国民党核心人物及亲属、将校将领、高级要员，从军统、中统到宪兵队、警察局……

周副主席常对同志们说："情报工作要抓住主要的政治动态，要保密，要准确，要迅速。"周副主席对整理出的每份情报都要从头到尾地仔细审阅，工作人员抓紧时间及时完成任务，周副主席就表扬鼓励大家；发现工作中的问题，他总是耐心又严肃地指出，教导工作人员对到手的材料要善于分析研究，去伪存真，抓住本质，使党中央、毛主席一目了然。在周副主席的亲切指导和具体帮助下，父母很快工作就上手了。

有一次开支部会议，周副主席亲切又严肃地鼓励同志们：不管白色恐怖如何严重，反动派多么狠毒，共产党员头可断，血可流，宁死不屈的革命气节不可丢。支部会结束时，党支书请周副主席做指示，周副主席站起来，严肃而亲切地说："今天是过组织生活。在党内，我是一个普通党员，是以一个普通党员的身份来过组织生活，不存在做指示的问题。现在，我以一个普通党员的身份发言。"短短几句话，说得大伙心里热乎乎的，父母切身感到，周副主席和我们是一个支部的同志。

"与有肝胆人共事，于无字句处读书。"周恩来的教诲影响父母终身。

红岩村还成立了托儿所，周恩来夫妇像亲生父母般爱护孩子。孩子们一看到他俩，就又跳又笑地叫："周伯伯好，邓妈妈好！"周恩来夫妇很喜欢小孩，也常抱小零零，并逗她玩。办事处的同志们喜欢自己的孩子亲近周伯伯、邓妈妈，沐浴他们的父爱母爱，同时也让周恩来夫妇享受天伦之乐。

四、单线接头关系

临离开延安时，社会部副部长陈刚找父亲谈话，交办了一项秘密任务，同时也派周俊烈夫妇到重庆，和父亲一起做策反陈立（国民党一个地方军阀）的工作。

由于隐蔽战线工作特殊，父亲多是单线接头收集情报。父亲单线接头的关系中，他最看重戴笠手下72贤之一的共产党卧底军统"特务"葛亦远，还有国民党司法部部长居政的女婿祁世谦。

葛亦远，1940年奉命打入国民党军统系统，他给父亲来往情报代号为"黎"。1946年春之后由妈妈与葛亦远夫妇接头。葛家是湖南人，妈妈常以看老乡为由到他家取情报。葛夫人吴德明在电信局当话务员，利用电话局的职业做掩护。如果她打电话说："请到我家来玩。"那就是要妈妈去取情报。有一次，妈妈未事先联系顺路经过进了葛家门，发现军统的人在里边打麻将。葛家老太太一看到妈妈，急忙摆手示意，妈妈见状，用湖南话在门口说："葛太太，回湖南时，记着帮我捎点东西回去啊。"说完赶紧扭头离开。父母和葛碰头时，常给葛传达党中央文件精神，让他了解延安所需情报。葛亦远提供了许多特务系统内部的情报，如组织机构、任务、动态、装备、武器等，为延安掌握国民党军统、中美合作所内部组织情况提供了重大机密情报。

祁世谦原是新四军的一个军官，皖南事变后开小差逃回重庆。但他看不惯国民党腐败专横，就利用其岳丈（居政，国民党元老派，国民党中央委员）的背景及其社会关系给共产党提供情报。他送的资料大都是国民党内部核心文件，还有国民党中央委员会的密级情报。有一次，他把国民党五中全会的整套文件都搞出来交给父亲。

爸爸的第三个联络对象是李姓银行老板，他属于 CC 派的高层核心人物，他不仅提供国民党中统方面的各种消息，还为延安提供资金。有一天晚上，父母如约到李老板家，李老板从小楼上取出两麻袋法币交给父母。那个晚上，父母各背着一袋钱，一路小心翼翼，直到背回红岩把麻袋交给党组织。

父亲的第四个联络对象叫易礼容，是劳协的头头。劳协全称"劳动者协会"，它在红色和白色之间两头摆，于是延安称劳协为"黄色工会"。通过劳协，父亲也得到了一些情报。

住在重庆棉花街的李荣模老板是中共地下党员，也是父亲的接头关系之一，他家是党在社会层的一个据点。他常到县里为《新华日报》购买报纸纸张。

除敌特情报工作外，父亲还有个工作是团结接触民主人士。当时，苏区和白区很多同志都瞧不起中间派，南方局却非常重视统一战线工作，周副主席概括我党情报工作的经验是"寓情报于统战"，周公的言传身教使父亲学会了做情报工作和统战工作。他常到鹅公岩、七星岩参加民主党派聚会。在民主人士中，父亲主要联络致公党的黄鼎臣先生。黄鼎臣是个华侨，在苏州军人监狱曾为父亲治过病，也算是难友了。父亲主要联系民主党派的秘书长，联系了章乃器、吴茂荪、孙起茂、赖亚力等，了解掌握了许多除国、共两党之外其他党派的情况。后来，中国民主同盟、中国民主建国会、九三学社以及后来并入国民党的三民主义同志联合会均在重庆成立，这些民主党派从一成立起就与中国共产党风雨同舟。其中，父亲做了不少工作。

五、紧急的情报工作

无论在红岩村还是在曾家岩，妈妈的主要工作是搞内勤整理情报。情报送来后，她和颜太龙的爱人吴大兰分类整理编写，然后烧掉情报原件。那时没有钢板也没有蜡纸。她们因陋就简，把窗上的玻璃启下来当简易钢板，把大头针的尖头稍稍磨钝，把另一头绑在竹筒里，做成简易刻蜡笔，用复写纸把文件复写十多份。情报整理工作时间非常紧张，常常"赶货"，有时有乘飞机可免检之士来取情报，一来就十万火急刻不容缓。往往货还没有赶好，周副主席就亲自进屋催促，忙得不可开交，但妈妈忙得非常快活。有一次，一个专司送情报的人来说："家里对你们的材料很满意。"妈妈和吴大兰听到欣慰极了，这就是最高奖赏。

妈妈还有个任务是剪报纸。抗战胜利后，国民党派员接收，一批批在报上公布县以上各类人员的任命。妈妈收集报纸上有用的消息，注意国民党县以上人物的动态报道，每周报送延安，妈妈回到延安后，李克农还当面表扬："你们寄回来的剪报资料人物调动等很有用，起了很大作用。"

李少石遇难后，红岩村气氛十分紧张。大家认为国民党背信弃义挑动事端，都做好了被捕坐牢的思想准备。一天晚上，组织部长钱瑛到父母房间来问："形势如此严峻，你们的文件怎么处理？"妈妈说："我把文件藏起来。娃娃的床是竹子做的，把文件藏在竹节里。"钱瑛果断地说："不行，得坚壁清野。把重要文件交给我，其余全部烧掉。"

那晚，父亲执行任务未回，妈妈独自到坡下厨房去烧毁文件。时值深夜，天色突变，滚滚惊雷震天炸响，瓢泼暴雨倾盆而下，雷鸣闪电中，她看见远处闪着一两个手电筒光。不好，特务来了！妈妈立即把所有的文件全扔进火堆。嚯，烈火熊熊腾起，映得妈妈的脸膛鲜红，她的心怦怦乱跳，快，快烧，决不能让文件落入敌手。

在厨房小屋里，妈妈一边用竹棍挑着灰烬中尚未烧透的纸张，一边紧张地仔细观看。轰隆隆，滚雷炸得惊心；霹雳雳，一道雪亮的闪电，将一个画面定格在妈妈的记忆中：周副主席手扶着毛主席，冒着雷雨，朝红岩的小山坡走来，同行的还有邓大姐、王若飞夫妇和几个警卫。原来是他们。吁，妈妈瘫坐在地，长长地吐出一口气。

原来周副主席冒雨连夜将主席从桂园转移到安全之地。妈妈早就听说过周副主席对毛主席忠心耿耿，照顾无微不至。妈妈深为周副主席的人格所折服、吸引、感动。

9月27日，《新华日报》发表《毛泽东同志答路透社记者中国需要和平建国》。毛泽东开宗明义地写道："自由民主的中国"将是这样一个国

☆1984 年冬，杨超夫妇与魏传统（右）

家，它的各级政府直至中央政府都是由普遍、平等、无记名的选举所产生，并向选举它们的人民负责。它将实现孙中山先生的三民主义，林肯的民有、民治、民享的原则与罗斯福的四大自由（按：指美国总统罗斯福在第二次世界大战期间提出的"言论和表达的自由""信仰上帝的自由""免于匮乏的自由""免于恐惧的自由"）。它将保证国家的独立、团结、统一，以及与各民主强国的合作。

看到振世宏文，红岩村的同志们和山城的知识分子欣喜若狂，爸爸和妈妈无比振奋。毛泽东主席将未来自由民主的中国阐述得如此清晰明了，犹如醍醐灌顶，让人心明眼亮，酣畅痛快。日本投降了，蒋介石的独裁统治也将完蛋，领袖毛泽东已经在构架"自由民主的中国"了！

六、重庆中山三路

1946 年 3 月，国民党政府准备还都南京，中共中央代表团也准备撤离重庆随迁南京继续谈判。当时，两党谈判的主题已发生了显著变化，政治天平越来越向共产党倾斜，已在谈判改组政府，改组统帅部，成立联合政府。4 月，党中央决定成立中共四川省委。当时的中共四川省委实际上是中共中央重庆分局，负责联系云、贵等省党组织。吴玉章任四川省委书记、王维舟任副书记、于江震任组织部部长、田家英（后更名陈野苹）任组织部副部长、傅钟任宣传部部长、何其芳任宣传部副部长、杨超任社会部部长、程子健任统战部部长、魏传统任省委秘书长。为了进行统战工作和对付国民党，中央决定四川省委由秘密转为公开。

4 月 30 日，周恩来在重庆举行的最后一次记者招待会上，公开对各界介绍了四川省委。"我们党成立四川省委，目的是争取党的公开，作扩大的合法斗争，从四川开始，逐渐把各省的省委都公开起来……四川省委的公开成立是一个胜利。"（吴玉章：《在重庆工作的概况》）当时的四川省委努力发展党组织，争取上层人士反对内战，反对独裁，统一祖国，发动群众，开展爱国民主运动。

中共四川省委驻地在重庆中山三路。这里原是美军的一个招待所，中共四川省委刚搬过去时屋里跳蚤臭虫满地爬，其脏无比。招待所对面是《西南日报》，实为特务驻地。有一天，中共四川省委驻地对面来了个人，叫代表团造个花名册送过去，说他们要查户口。代表团将花名册送了过去，才知道对面是个特务局，代表团人员进进出出都有特务盯梢。

1946 年 5 月 5 日，国民政府发布《还都令》。自 1937 年发布《国民政府移驻重庆宣言》以来，历时 8 年半，随抗战结束，重庆也完成了战时首都艰巨而光荣的使命。入夏，国民党进攻中原解放区，内战全面爆发，国统区的白色恐怖更为严重。中共四川省委吴玉章、张友渔、于江震常给大家上党课，鼓励大家在恶劣危险的环境中英勇战斗，准备流血，不怕牺牲。上党课时省委领导对同志们讲，国民党日益法西斯化，特务机关心狠手辣，抓住共产党员立即严刑逼供，叫人开口求饶，然后马上释放，让叛徒伪装成没被捕似的照旧工作，同时受特务调遣。省委要求全体同志准备随时可能出现的意外，随时准备应付最严重最危险的局面，要求大家保持气节，编造好口供，随时准备被捕，也随时准备为革命牺牲。吴玉章常作革命历史讲演，宣讲革命的英勇奋斗和英勇牺牲精神。在中共四川省委的工作斗争中和之后的被迫撤退中，大家坚定沉着，连一些国民党人都感觉到共产党人有着高尚的人格。

在白色恐怖中，爸爸妈妈和省委的同志们相互支持相互鼓励，甚至编好了口供，做好了为革命牺牲的准备。

强有力的中共四川省委构架令国民党当局恐慌，引起了国民党卫戍司令部的强烈反对，怕在国统区搞武装斗争，搞兵运，打游击战，蒋介石甚至要有军事背景的王维舟、魏传统等限期出川。7月中旬，李公朴、闻一多相继被刺，重庆气氛异常紧张，为了安全，经请示周恩来同意，王、魏于8月7日飞赴南京。

那时，父亲的朋友达县老乡洪毅然的夫人杨复秋到重庆中山三路来看望父亲。因时局复杂紧张，身边带着孩子不方便，父母托她把零零带回老家达县。杨复秋是达县妇女联合会的头目，系当时达县名人，她慨然应允，牵着零零回达县，并一路反复教导："零零，听话，你不要对人家说延安、红岩、八路军什么的，啊?"快满3岁的零零答应得乖乖的。

有一次，零零和一群孩子玩游戏。她翘着两根小辫站在桥头，对小伙伴大声嚷嚷："哎，老百姓，来呀，给我们八路军洗衣服!"杨复秋听得吓出一身冷汗，赶紧把小零零拖回屋。她怕零零暴露身份，只得托人转告父母，赶快把孩子接走。

紧张的工作生活、高度紧张的精神状态损害了父亲的健康。有段时间他常常腹痛，但工作是单线联系无法中断，也不可能换人接替，父亲只得带病工作，一拖再拖。有一天他翻山爬坡到重庆七星岗神仙洞附近葛亦远家取情报，一路浑身滚烫，腹部剧痛，冷汗不已，爬不动坡，好容易挨回中山三路，同志们这才知道父亲生病了。李医生（陈野苹夫人）诊断是急性阑尾炎发作。

父亲身份已公开，不便住国民党政府医院，焦急的妈妈带父亲坐省委吉普车满山城转，好不容易才找到一家私人医院。父亲一进医院，立即被架上手术台全麻开刀。主刀的医生在手术台上一连站了三四个小时也没找到阑尾，医生急得满头大汗，妈妈在手术室外更是又急又心疼热泪长淌。这时，一个小报记者在手术室外晃悠，他见妈妈不像普通百姓，就前往询问，妈妈觉得那个记者可能是个同情中共的人士，就告诉他病人是中共四川代表团的。那个记者对妈妈说："哎呀，你怎么不早说。别急，我去对医生说。"他转身进手术室，一边帮医生擦汗，一边对医生说这个病人很重要，你们务必千方百计做好手术。

手术一直做了五六个小时，几近累瘫的医生一下手术台就劈头盖脸怒斥妈妈："你怎么搞的，病人阑尾化脓都烂了，肠穿孔，肠子粘连得一塌糊涂，他少说也拖了六七天。你太不像话！"

妈妈何尝不知父亲病情，但形势严峻，条件恶劣，他的工作旁人接不上手，只好一拖再拖。

妈妈精心护理爸爸，靠两人每月几元津贴和组织上的补贴，给爸爸熬牛奶、煮鸡蛋、炖鸡汤、煨猪脑花。父亲在小医院住了半个月，趁住院把脸上的黑痣割掉了，这个标记太打眼，国统区情况复杂，连化装都困难。

父亲以顽强的生命力再次从死神手中挣脱出来。为此，吴玉章评价道："杨超同志能吃苦耐劳，带病而努力不懈，致盲肠炎去治太晚，几乎不治，在紧急时能镇静安心处理工作。"

1946年夏局势十分紧张，妈妈隐蔽进居政的女儿居瀛棣（小名朱朱）婆家。妈妈住过去没几天警察来查户口，如果查出妈妈身份是"杨太太"，朱朱婆媳将获"通匪"之罪，婆媳俩惊恐不安。为了不连累她们，妈妈只得再搬回到中山三路。

七、紧急撤离

10月，白色恐怖愈演愈烈，为了不被敌人一网打尽，组织上决定让父亲和程子健到成都去。后来，父亲留下了，省委的程子健、周文、傅钟等同志根据省委决定陆续撤离。"南京、延安来电要求疏散，我们去电中央，无论如何要坚持到底，不能自行撤离，要保持这一敌后堡垒。危险是危险，至多不过牺牲，我们不怕牺牲。中央和董老都赞成，所有留下的同志都很坚定而安心工作。我军撤出张家口后，风声鹤唳，中央来电，除了我和张友渔同志外，尽量走。要江震、杨超走……我赞成江、杨等大批同志回延安。"（吴玉章：《在重庆工作的概况》）

省委决定分批撤回延安，并决定妇女娃娃先走。形势严峻，谁走、何时走都严格保密。妈妈头天晚上接到通知第二天离开，她匆匆收拾衣物、销毁文字材料。第二天，妈妈牵着零零，和于江震夫人季河清及另一个女

☆1999 年 5 月，重庆召开南方局成立 60 周年纪念会。左起：童小鹏、
宋平、杨超、张德邻（时任重庆市委书记）

同志急急赶到嘉陵江边的重庆机场。机场内国民党士兵三步一岗，五步一哨，妈妈她们牵着孩子匆匆赶往候机室。一进门，哨兵大喊："把箱子放下！"他们夺过箱子，把东西"哗"地倒了一地，用刺刀乱挑乱捅，没发现什么，就厉声喝道："走！"

临上飞机，妈妈看到机坪上插着一块木牌，上面赫然写着："共产党人与狗不得入内！"妈妈狠狠地瞪了木牌一眼，牵着女儿登上旋梯。

11 月初，于江震、田家英（陈野苹）和父亲等坚持做疏散前的工作。云南地下党前来汇报工作，于江震和父亲交代了云南武装斗争的任务。父亲的工作还没交接通知完，奉周恩来之急命，他和于江震紧急撤退。两人将工作移交给张友渔，火速乘飞机回到延安。当时形势严峻，社会部严格保密，爸爸下午抵达延安，当天上午妈妈才接到通知。

在重庆，父母第一次在一起工作。那 14 个月，霜打枫红，令父母终生难忘。

中航中共党员在陪都

华山立 *

我的爸爸华斌 1931 年加入中国共产党时，年仅 22 岁。从此，在党的领导下开始了长期而艰险的地下工作。从大革命时期参加革命活动，抗战时组织中国航空公司抗日活动、建立党支部并任重庆地下党区委干部，在日军侵占缅甸的危急时刻，组织抢救数千难民撤离，为此赢得了抗日胜利勋章。解放战争时期，他在周恩来指示下架设地下电台和建立地下党中央领导秘密联络点，保证了地下党领导活动及组织与党中央和三野的机要通信联络，得到党中央及周恩来的表彰。妈妈邹毓英支持与配合华斌革命工作，舍生忘死，掩护和参与地下党组织活动，从白色恐怖的阴云中掩护营救了许多我党的地下工作者，其中不乏优秀的高级领导干部，为人民的解放事业做出了重要的贡献。华斌 1988 年荣获二级红星功勋荣誉章，然而他自己从不炫耀，甘做无名英雄。

全面抗战　峥嵘岁月

1937 年至 1945 年，是中华民族抗击日本侵略者艰苦卓绝斗争的八年，中国共产党人除在抗日前线抗击日本侵略者外，还要和国民党顽固派

---

* 华山立：华斌、邹毓英四子，清华大学无线电系毕业，原中共中央对外联络部局级干部。

的一次次反共高潮做斗争，团结全国各族人民为争取抗日战争全面胜利而奋斗。共产党人的华斌和夫人邹毓英在党的领导下为这场斗争做出了巨大的贡献。

1937 年全面抗战爆发后，华斌随中航公司紧急撤往大后方，先到武汉，继而准备前往重庆。

武汉党组织在第十八集团军办事处名义下进行半公开活动。华斌的表妹陶云，经组织营救从南京监狱释放出来后在办事处工作。华斌由她介绍，提出恢复组织关系的申请，并说明石凌鹤同志可作脱离组织时期的证明。当时组织上还需调查一下，要华斌先和办事处保持联系。

在武汉短期停留期间，华斌也不忘抗敌和革命。他与卢文懋、张文英、解孝则、华振（华渭臣别名）等发起组织武汉电信界抗日后援会，后改称抗敌服务团，其宗旨是团结武汉电信界人士，支持和坚持抗日战争。沙千里莅临指导，参加的有武汉电信局和中国航空公司（简称中航公司）及财政部电台等电信人员 50 余人，并有八路军驻武汉办事处的电信人员参加。华斌在武汉组织群众抗日运动期间，曾和冼星海相处一段时间，在冼星海去延安前，送给他一条毛毯。

团结中航同仁　开展抗日活动

1937 年 11 月，华斌举家随中航公司撤退到重庆。刚到时，还值抗战初期，国民党政府至少在表面上还要维持国共合作共同抗日的姿态，政治环境比较宽松。利用这段时机，华斌在川东特委书记廖志高的领导下积极开展抗日群众运动，发动公司中一部分青年员工组织了各种抗日宣传活动，建立了歌咏队，开办图书馆，出版刊物《中航月刊》。为了团结更多的群众发起成立了带有工会性质的组织"中航同仁公益会"，并从中选择发展了几名党员，建立了"中航"第一个地下党支部。这段历史，吕吟声（吕福田）有几段详细的描述：

我到重庆后大约三个月，中航总公司于 1937 年 12 月又从汉口撤退到"陪都"，这是我又一机遇——我正式参加了中国共产党，参加了真正的

☆1939 年，华斌的夫人邹毓
英与大儿子华海烽、四儿
子华山立合影，摄于重庆
北碚

政治斗争。

随总公司迁来的大队人马中有华斌，我与他过去虽同事几年，因为他在上海，我在青岛，只见过三四次面，但因志趣相投，心有灵犀一点通，曾经用拉丁化新文字通信交换过对国民党的意见。因此他一到重庆，我们两人水乳交融，密不可分，着手在公司里做群众工作，宣传群众，动员群众，坚持抗战，坚持团结，坚持民主。首先组织宣传队，继而成立工会性质的中航同仁公益金筹备会。宣传队打的是中航歌咏队旗号，队员 20 余人，以无线电和维修飞机的职工为基础，每周两三个晚上去中山公园教唱抗战歌曲和宣讲。我们有一有利条件，照明用的电线灯泡公司有的是，从公司借用，去到广场旁边的一个小山包上的机关接通电路，高亮度的灯光照得广场如在白昼，因此学唱和听宣传的人越来越多，多至近千人。有一次，正当大家唱得兴高采烈时，电灯突然灭了，广场一片黑暗。我推测是那个机关的人捣乱，就用五音不全的嗓门大声领唱"打倒日本、打倒日本、除汉奸、除汉奸"，随即带动自己人和听众跑向那个机关去交涉。他们关上门，不让进，人多口杂要挤进去，门上的玻璃破碎了，我方有人被玻璃碴子扎伤了，于是我方逼着对方一起去附近警察分局讲理。一到那里，他们的人拿出证件给警察一看，就扬长而去，才知道那个机关是国民党新生活运动委员会。我看到我们已成为原告缺席的被告，要吃亏了。从平日的言行，我推测华斌可能是党员，担心他身上有什么文件，将发生麻烦，就劝他与公司其他人一齐退出，由我和交通部电台的一个人留在那里顶"罪"。没有被审问,我们二人即被送往宪兵第三团去关了一夜。当时是抗战初期,国民政府表面上也说在御敌,对我们上街宣传要定罪也定不成,因此不经审问,第二天由交通部电台出面交涉,我们二人就出来了。

中山公园事件后不久,华斌找我谈话,介绍我入党,从此有了主心骨,政治活动的方向清楚了,比在青岛时期天地广阔了。入党仪式在武库街单间门脸的生活书店门市部举行。1938年一个夏日的晚上,我如约前去,介绍人华斌没到场,只有接收和监督的该店店员华凤夏、张国钧和我三人,但仪式隆重,宣誓一心忠于党,至死不变。

此后,华斌转达组织决定,要我开设一无线电夜校,我找青年会总干事高毓嵩和交通部电台总工程师杨守清商量,谈妥了借用青年会房屋开办。高、杨当不问事的正副校长,我当教务主任,招收了三四十名学生开班,所收些微学杂费只勉强支付茶水费用。各科教员请公司无线电老同事担任,白尽义务。

隐蔽精干 积蓄力量

1938年1月,重庆市区委的人来找华斌,通知他恢复组织关系的申请已经被批准,以后就和重庆市区委联系工作。华斌积极开展了发展党的组织工作,介绍吕吟声(吕福田)入党,过后又吸收了温启祥、戎世明和严养田,都是中航无线电人员。1938年春天成立的中航这个地下党支部是在川东特委领导下的直属支部,华斌任支部书记,委员有吕福田、严养田,后改为华领导,吕任支书。当时华斌参加了区委,是新市区区委委员,那时书记是汪敏。

1939年以后,政治局势恶化,国共摩擦事件增多。国民党反共高压逐步加强,采取"溶共""限止共党办法"等反动手法,使蓬勃一时的抗日运动日渐萎缩,一些抗日青年团体被解散了,有些活动分子被捕或被逼离开了重庆;华斌亦被注意,一切活动转入地下。华斌领导的中航歌咏队停止了活动,职工会也因大部分职工调到香港去工作而停顿下来。国民党统治区内大肆摧残进步文化事业,如西安邹韬奋主持的生活书店遭封查,经理和职员被逮捕。这种情况持续到年底并扩展到川、赣、浙、湘、广西

☆华斌在重庆中航公司
工作时证件照

各处。6月12日，湖南发生平江惨案。6月18日周恩来返延安，研究应对摩擦事件办法。离开重庆前周恩来主持南方局会议，指出应准备应付突然事变。6月29日南方局发出《关于组织问题的紧急通告》，要求各地党组织从半公开的形式转入秘密的形式，建立完全的秘密机关，党员和党组织都不得违反秘密工作的原则。从这以后在国民党统治区内的党组织全面转入地下工作状态。

1941年1月皖南事变后，局势更加紧张，环境更加恶劣，国民党错误地估计形势，以为共产党受此打击从此就削弱了。与此同时，国民党大施政治压迫，审压《新华日报》稿件，逮捕已暴露的共产党员，形势非常严峻。中共中央南方局在周恩来的领导下，精辟地分析了战争和形势，为了保存力量，更有利于日后的斗争，周恩来指出，处在地下的共产党员应该"职业化"和"社会化"。1939年以前，地下工作者没有职业和社会身份还可以生存，以后就不行了。皖南事变以后，就更不行了。"每一个党员和领导干部都要有职业，一般党员不能依靠党生活，要在社会上为生存而斗争，要广交朋友，要找到合法的社会职业，取得较高的社会职业……反对急躁暴露。"周恩来高瞻远瞩地制定了党在白区的工作原则，和"隐蔽精干，长期埋伏，积蓄力量，以待时机"的方针。西南后方的群众性公开活动被迫停止，抗战初期发展的一部分党员看不到解放区发展的形势，失去了胜利的信心，因而发生了动摇和退党。迫于当时的政治形势，为了保存党的基本力量，根据党组织"隐蔽精干、长期埋伏、积蓄力量、以待时机"的指示中航支部停止活动。华斌改由南方局童小鹏单线联系，华斌也曾秘密到红岩村联系工作。

1941年初，组织上调任华斌任区委干事，领导生活书店支部和一些零星的关系，主要是提高党员认识。到了7月，根据组织指示，停止一切政治活动，潜伏下来，待机再起。

政治活动被迫停止，华斌的公开身份中航公司无线电工程师的工作却异常繁忙。重庆是个山城，对外联系的快捷交通必须靠航空，支撑抗战的大量战略和生活物资也要靠空运来解决。当时日本飞机经常来重庆轰炸，炸毁房屋、炸塌防空洞，造成多起惨案。中航公司的飞机场设在嘉陵江中沙洲珊瑚坝上，敌机也经常来轰炸，一面要躲避日本人轰炸，一面还要保证航线畅通，工作之辛苦和危险可想而知。开辟一条新航线沿线要架设很多新的导航电台，已有航线的导航电台也要日常维护，那段时间华斌经常出差到偏僻山区去架设和维护电台。

太平洋战争爆发后，香港沦陷。为了取得美国大量援华战略物资，迫于敌机骚扰袭击，中美决定开辟一条相对安全但也充满危险的飞越喜马拉雅山的新航线，后称为"驼峰"航线，连接中国昆明和印度加尔各答。为了建立沿线的通信联系和导航设施，中航公司把华斌从重庆调到昆明。他架设了"驼峰"航线重要的起降机场、云南丽江机场的通讯导航台和航线沿江峡谷中许多导航台。公司还派华斌去缅甸北部密支那架设电台。这时日军已进入缅甸，很多印度难民逃到密支那，等待飞机撤退回国。华斌很快就架设好了电台，航线开辟成了，成批难民运走了。不出两星期，日军打破了国民党军队的防线，向密支那方向进攻，电台人员不敢继续工作，纷纷逃跑。华斌一个人单独坚持工作，直至日军炮声临近机场才最后登机撤走，因此又救出了近千名印度难民。华斌为抗战这条重要航线——空中生命线建设贡献了一分力量。此后国民政府交通部为华斌在支援缅甸战役和驼峰空运中所立的功劳，颁发了奖状和抗日胜利勋章。

南纪门的家　安全温暖的"驿站"

1937年底，华斌举家西迁重庆，搬过几次家，住过两路口、黄桷垭口，最后住到了南纪门坡上一片平房中，虽然也是重庆的"捆绑"房子，但比较宽敞，而且混杂在一般居民中间，比较隐蔽。这个家，一直是地下党的一个"驿站"，许多南来北往、东来西去的革命志士曾在这里找到一个安全、可靠的落脚点。前后掩护联系过的有川东特委的李维嘉、许晓轩、王致中、汪敏等，有南方局的童小鹏、吴克坚等。往往是屋里开小会，屋外邹毓英打毛衣、缝衣服把风掩护。还有，从武汉宜昌过来的陶云，从金华、上饶过来的汤逊安、林琼，从香港过来的杨惠玉、陈少炎，从上海、南京到延安去的华萼、戚铮音等革命同志，人来客往，大家尊称邹毓英为二嫂，她从来都热情招待，并给以帮助。在掩护过的革命同志中，许晓轩就是长篇小说《红岩》中许云峰的原型。罗广斌、杨益言所著革命小说《红岩》，是以描写重庆解放前夕残酷的地下斗争，特别是狱中斗争为主要内容的长篇小说。小说着重描写和树立了江姐、许云峰、华子良等一批革命先烈、革命志士不屈不挠、英勇献身的光辉形象。1961年，小说一出版立即风靡全国，英雄们成为青少年学习的榜样。小说也给全国人民战胜当时的三年困难时期注入了强大的精神力量。许晓轩是《红岩》中的川东党委书记齐晓轩、工委书记许云峰的主要生活原型。许晓轩担任过川东青委创办的《青年生活》月刊编委、中共川东特委青委宣传部长、中共重庆新市区区委委员，经常深入工厂领导、发动群众开展地下斗争。当时父亲正在杭州搞空军"条令"，特意剪下《浙江日报》一篇关于回忆小说《红岩》中江姐的文章，写信寄给在北京的孩子们，要他们好好地读一读这部小说，并说："书中的许晓轩烈士，在被捕前就曾在黄桷垭口我家住过。只是由于烈士的立场坚定、英雄不屈，永不叛党才保证了我家一直是一个安全可靠的地下联络站。"据父母回忆，1939年父母家住重庆黄桷垭口。那时许晓轩烈士是在新市区做地下工作，但家住长江南岸，晚上不能回家。母亲听说后，就腾出楼梯旁的阁楼，接待许晓轩让他居住。有一晚许出去后没回来住。两天后有人自称许的哥哥，来查问许的下落。母亲觉察可能出事了，不承认许晓轩住在她家，跟着就把许存放在阁楼的东西收拾干净，把不适合焚烧的都埋在屋后厚厚的玻璃碴下。特务再来查问时，已经人去楼空，因没几天前面的店铺失火，差一点儿殃及后进住宅，母亲就以避灾为名搬了家。许晓轩同志失踪那晚是去兵工厂工人家开会的，但由于叛徒出卖被国民党特务抓去，多亏母亲的机敏和许晓轩同志始终坚贞不屈，才没有殃及其他同志。在狱中，他多次带领难友们进行越狱斗争。1949年重庆解放前夕，许晓轩惨遭国民党特务杀害，在歌乐山英勇就义。对这些为中华人民共和国解放事业抛头颅、洒热血的革命烈士父亲难以忘怀，并以此教育激励我们。

　　除革命同志外，华斌还给一些同学、朋友提供帮助。农大教授、植物病理学家裘维蕃回忆：他和华斌是中学校友。抗战时期在华斌帮助下，他从重庆上飞机到印度，在印度就住华斌兄弟华祝家，之后去的美国。多年后他很感谢华斌的帮助，特向华斌在农科院工作的女儿打听华斌的情况。在抗战时期，华斌帮助接送的人很多，这些事他都尽力做好，对给予别人的帮助，从不放在心上。

重庆的家还被用来作为党的急需物资的采购转运站。机上报务员温启祥利用每次飞行机会，为延安解放区解决医药及某些器材短缺的困难。邹毓英经常将采购清单交给温启祥，由他在香港采购，一次次通过敌特的搜查，安全交给邹毓

☆邹毓英和吕吟声夫人携子女在北碚家中

英，再设法转送延安。抗战时陪都重庆物价飞涨，没有公开职业的同志们生活都很困难。为了开辟财源，邹毓英托飞香港的飞行人员带一些小商品，在重庆出售。以后大哥华渭臣因组织关系暴露，躲避到香港去，暂时没有工作，就利用熟悉的社会关系，寄一些航空包裹到重庆出售。邹毓英在重庆接收，借此获得一些可资助救济的经费。

兴办企业　为党解困

华斌的终身事业是无线电通信，因公、因党的需要也曾与无线电器材行业打些交道，但是有几年在重庆却与化工行业发生了关系，参股经营一家油脂公司。1941年至1943年间，由于国民党的背约和封锁，经济十分困难，陕甘宁边区开展了旨在生产自救的大生产运动。毛泽东号召"自己动手，丰衣足食"。中共中央明确指示，八路军驻重庆办事处、

红岩南方局以后的经费来源需要自行设法解决，不能依赖中央。经费问题使南方局重庆办事处面临严重的困扰。革命不只是小米加步枪，也需要其他经费。怎么筹集呢？经济之战和政治之战同样重要，有时还有过之而无不及。关键的时刻终于来到，过去一贯主要从事政治斗争的红岩南方局和八路军驻重庆办事处的某些地下党活动，必须将注意力移向经济的领域——为党筹集经费。不仅要维持自身的开销，最好还能支援根据地。

楚湘汇是党当时单线联系的进步人士，他的女儿楚珏辉回忆："当时父亲任湖南省银行重庆分行经理一职，并在'中中交农'四行联办事处、四联总处工作兼任专员一职。借着四联的办公地点与新华日报社较近，去新华日报社更频繁了。在四联工作期间，父亲对共产主义的认识更为深入，信仰也更为坚定，他把原本所期待的拯救民族、拯救人民的希望全寄托于共产党身上。通过和新华日报社的来往，和共产党的接触，他看到了中国的希望，看到了光明的前途。他愿全力以赴地完成党交给他的工作，投入了地下党的活动。党通过当时任红岩南方局常委的吴克坚同志和父亲单线联系。"

党通过长时期的接触了解，认为楚湘汇正是党在白色恐怖的心脏区需要物色的对象，利用他的社会地位和广泛的社会联系，可以协助完成党难以以合法方式完成的任务。当时时任《新华日报》总编辑的吴克坚同志为筹措报社经费，安置一批隐蔽下来的同志，需要兴办社会上公开的党的地下经济企业。楚湘汇女儿回忆："就在这一关键的时刻，周恩来副主席、董必武等慎重地接见了父亲，坦诚地指出对他的

☆华斌在昆明滇池龙门

期望，党的领导人深知这副担子不比打仗轻松，他们也深信，父亲是可信赖的，有条件挑起这副重担的。"不久之后，吴克坚带来周副主席和董必武的明确指示，希望"由楚湘汇出面领导几个人做点生产事业和商业，钱的问题要他解决，做什么事业也由他决定"。这几个人里就有华斌，吴克坚要他们从资金上、经营上、技术力量上提供大力支持。

几经研究考虑，楚湘汇决定从事提炼石油的生产，一则因抗战之需，前后方都需要能源；二则石油也是国计民生中重要资源之一，经营得好的话，可以获得很高利润。这个计划很快得到南方局和董老的赞赏。经再度和吴克坚商量，决定兴办"兴华油脂股份有限公司"。兴华一名实为与"新华"（日报）相呼应。所属的炼油厂承办西南公路总局的任务，挂上"西南公路总局第二炼油厂"的牌子，由西南公路总局提供大部分贷款和原油——当时的桐油。因而这个厂对外来说是西南公路总局属下的一个炼油厂，但对共产党内部来说都知道是"兴华油脂公司"，也知它的含义。炼油厂设在涪陵荔枝园，而兴华油脂公司的办事处便设在重庆机房街45号，和最初八路军办事处的设址"机房街30号"相距不远，这都是当时认真考虑过的。

下面便是如何筹资金、如何筹原油的问题了。利用楚的社会关系，可以公司名义向银行贷款做资本，可以向公路总局赊购桐油，以炼好的成品汽油、柴油偿还，一切办妥了可是开办费却没有着落。为了帮助党组织克服经济困难，支持党的地下经济事业，又是华斌、邹毓英节衣缩食慷慨解囊，首先拿出去一笔钱作为开办费，并向其他朋友募集资金，使炼油厂得以顺利开张。在资金上，从现存的"兴华油脂公司股东名单"上可以看出：总的股份金额为法币100万元，分为1000股，每股1000元。最大股东为楚湘汇，275股，第二是潘公皓（党负责人）110股，第三是华连元（华斌别名）100股，此外还有谢霈（谢筱洒）30股，温启祥20股，都是华斌促成的。

熊老（瑾玎）在1962年致董老（必武）信中，再度提及兴华油脂"公司的大部职员，尤其是重要职员都由红岩和报馆两方面派去的"。有的为股东，有的任营业、财会经济等职，兴华油脂公司董事长为楚湘汇，经理原为朱济忍，后为谢霈，董事有石凌鹤、华连元、林鹏侠等，其他干

☆邹毓英与五儿子华平澜

部有潘公皓、张永仑、杨静尘、毛英健、黄常熙等。其中，与华斌有直接联系的人有潘公皓（人称潘公）、谢鼐等，职员中有黄华山、杨惠玉、余金堂、颜白秋、方锦霞、乐嘉鹏、周家鹏、杨静尘等，这些人都是地下党员或与党有关联的民主人士。中华人民共和国成立后，不是党员的同志，都已入了党，包括楚湘汇。公司这些党员当时都还没有暴露，但公开活动已不可能了。为了隐蔽，相互间有条不成文的规定，"只谈生意，不谈政治"，又说要"做龙像龙，做虎像虎"，所以始终没有发生问题。炼油厂和公司最早由吴克坚发起组织起来，以后吴克坚去延安，就由《新华日报》经理熊瑾玎领导，华斌作为重庆《新华日报》生产机构董事，参与公司的经营管理。

兴华油脂公司不仅搞油脂的经营，同时还搞油脂的生产，成立了第二炼油厂（挂的招牌是"西南公路总局第二炼油厂"）。兴华炼油厂厂长为潘公皓（原名潘念之），工程师为王芝伦，后为王常熙、钱保功等。钱保功是化工专家，去第二炼油厂任工程师，解决桐油提炼代汽油、代柴油的技术问题。这个厂是从原油（桐油）开始提炼代汽油、代煤油、代柴油等的。油厂提炼的代汽油、代煤油、代柴油等都是抗战时后方急需的燃料，大都返销给公路局等单位，销路不错，利润也不菲。为了打破国民党政府对《新华日报》的封锁，决定由第二炼油厂开发在提炼石油过程中的另一副产品——油墨。有了油厂提供油墨的后盾，《新华日报》就不用为天天要用的油墨发愁了。公司的盈利，除部分用于扩大再生产外，大部分都以捐款形式转交给南方局和《新华日报》，具体手续由当时八路军办事处组织部长刘少文（中华人民共和国成立后任总参二部部长）经手。并有部分楚湘汇直接交给董必武，以便分散这些捐款形式和对象。据当时公司营业部经理谢肃回忆，兴华油脂公司提供给《新华日报》的资助约占报社经费来源的三分之一，还不算提供的油墨。

兴华公司和炼油厂的创办，是党经过很慎重的考虑、计划和挑选的，创办的动机不仅是为党筹集经费，解决新华日报社的油墨和经费开销问题，更有深一层的意义，就是掩护地下党的革命工作。在当时白色恐怖的重庆，特务密布，地下

☆华斌对兴华油脂公司说明手迹

工作和地下交通联络常常会遇到意想不到的困难，不少革命者因此而牺牲生命。党当时不仅考虑怎样掩护地下工作者的安全，还要解决他们的衣食住问题。在那段艰难时期，油脂公司和炼油厂掩护了党的地下工作，使一些地下党员和进步人士暂时有了一个栖息之地。1945 年，华斌的大哥华渭臣也从香港回来参加公司的经营工作。这些地下党员和进步人士，在这里找到了一份能发挥所长而又安全可靠的工作，暂时潜伏下来，以待时机。对于一些在白区受到追捕或怀疑的共产党人，还通过兴华油脂公司发办证件，支出疏散费或以公司职员身份，改头换面，化装去延安、香港和台湾。

到 1945 年看到抗日战争快结束，便把工厂卖给了公路总局。公司散伙，工作人员都分得一部分红利。在抗战胜利后，果不其然，这些同志回到上海后，又发挥了巨大潜能，潘公皓、谢筱迺、华渭臣等在刘少文组织领导下，成立了正大实业公司，吸收了杨惠玉等人参加工作，又成为一个地下党的庇护所。正大实业公司将四川特产贩往上海，华渭臣先到上海设

☆邹毓英与子女华谷鸣、华山立和华平澜

立办事处。不幸在一次从涪陵贩运一船大米中途触礁沉没，未能继续办下去。

（本节部分内容引自楚珏辉作品：《往事迹如牵》）

父母在南方局的经历

李小萍*

　　我的父亲李晨和母亲陈浩都是中共南方局领导下的干部。他们两人都是北京人，也是北京师大一附中的高中同学。抗日战争爆发后，他们先后去了云南，考入西南联大，一边读书，一边在中共南方局领导下从事党的工作。他们各自向我讲述了他们在南方局领导下的工作经历：

　　1940年我父亲李晨在昆明西南联大介绍我母亲陈浩入党。我父亲本人是1939年在西南联大入的党。1941年皖南事变后，我父母的共产党员身份已经暴露（当时听说国民党在昆明要逮捕的人的黑名单上有他们两人的名字）。按照组织上的安排，他们两人疏散到云南泸西县以教书为掩护，组建中共泸西县委。我父亲任书记，母亲任组织委员，赵国辉任宣传委员。不久，发现泸西县党内有一个内奸嫌疑的人。于是，云南省工委就让我父母撤离云南去重庆南方局分配工作。

　　当时南方局就在重庆的红岩村，公开名义是十八集团军（八路军）办事处。1942年春天的一个清晨，我父亲按照云南省工委书记郑伯克同志的嘱咐，走上重庆化龙桥的一段山路，直奔红岩村那栋小黑楼。到了门口，他看到戴着18GA（十八集团军）臂章、穿着灰军装的警卫人员，才松了一口气。"啊，到家了!"在传达室，我父亲用约定的口号说："我找

　　* 李小萍：李晨、陈浩之女，广州中山大学中文系本科、英国利兹大学电视研究中心硕士毕业，曾任中央电视台英语频道高级编辑。

柯参谋!"一会儿，一位两眼炯炯有神的同志出来接待我父亲，问了几句我父亲从哪里来之类的话，就上楼去了。后来我父亲才知道他就是南方局组织部长孔原同志。

过了十来分钟，南方局组织部的钱瑛同志微笑着走进屋来，和蔼可亲地和我父亲谈了一上午。她问到我父亲的简历、工作情况以及社会关系。

那次我父亲在红岩住了大约两周，看了有关整风运动和刘少奇同志关于白区工作的几篇文章，还听钱瑛同志传达了党中央的"长期埋伏，积蓄力量，以待时机"的方针，和南方局根据大后方的情况所制定的"三勤"（勤学、勤业、勤交友）原则，要求学生党员努力学习，争取成绩优异，在各部门工作的党员要搞好本身的业务，所有党员都要广交朋友。这样，逐渐积蓄力量，以便时机一到，就可以组织战斗。

至于我父亲的工作，钱瑛同志说，打算派父亲到贵州去。她要父亲先给他在贵州安顺军医学校任细菌系主任和血清疫苗研究所所长的堂兄李振翩写封信，看看他能否在贵州给我父亲找个职业；如果能去贵州，三个月后估计可以站稳脚跟，到时就给南方局来信，以便再派人和我父亲一起执行重建贵州党组织的任务。

同时钱瑛同志也指示我母亲通过自己的社会关系，找个职业做掩护，先站稳脚跟，酌情开展工作。

于是我母亲在重庆通过那时在重庆第十兵工厂任总工程师的她的堂兄陈心元的关系，在那里的子弟小学当了教员。这个兵工厂是生产炮弹的，是国民党的要害部门之一。那里的政治控制很严密，在教职员中强迫发展国民党党员。对此我母亲应该采取什么方针，她拿不定主意，于是她就决定去红岩请示南方局。

当时我父母亲这些在国民党统治区做地下工作的共产党员是多么盼望能"上山"，去南方局请示工作啊！由于我母亲早已向父亲问清了去红岩的路，1943年春天的一个早晨，母亲就从重庆化龙桥奔向红岩。当时真有一种"回家"的激情。踏上那条山坡路，远远地就看见那幢上面带有"冲楼"的、深灰色的屋顶。啊，看见那守门的战士了。他那18GA（十八集团军）的臂章就意味着是自己人，是八路军的战士啊！我母亲马上就要回到自己的"家"了，不禁心花怒放。

☆2006 年，李小萍与父母在西花厅"不染亭"前合影

　　在红岩，接见我母亲的也是钱瑛同志，她严肃而又非常亲切。她当时就像是党组织的化身（代表），母亲就像是她的小妹妹。此时此刻，我母亲像是握住了向往已久的亲爱的妈妈的手。钱瑛同志听了我母亲的汇报后问："你能不能再去上学啊？"我母亲在上西南联大之前原是燕京大学的学生，1941 年珍珠港事件爆发后燕京大学被迫关闭，她才去了西南联大上学。1942 年，燕京大学迁到成都复校。我母亲可以去成都燕京大学复学啊，钱瑛同志的这个主意非常好！

　　不久，母亲就辞别在重庆的堂兄，离开第十兵工厂去成都，用原来的名字和学号在燕京大学外国文学系复了学，攻读英文。后来成都地下党按照在红岩时钱瑛同志与母亲约定的口号来找我母亲，与她接上了党的关系。

　　根据南方局领导的指示，我父亲于 1942 年"五一"前夕到达贵州安顺。父亲的堂兄李振翩安排我父亲在他的血清疫苗研究所任技佐，负责做生理盐水。这样，我父亲在贵州就初步站住了脚。过了三个月，父亲给钱瑛同志用暗语写了信。

　　1942 年 8 月，南方局派赖卫民带着从外省转到贵州去的 12 个人的党员关系来到安顺，要我父亲查找这些人，接上关系。我父亲这一级组织没有什么名称，只是由赖卫民和我父亲两人负责，赖处于第二线，父亲在第一线。由父亲出面，去接这些党员关系。

父亲利用暑假一个个地去查找。结果，只在贵阳、安顺、遵义 3 个地方找到了 5 个同志，接上了关系。然后，我父亲去红岩，向钱瑛同志汇报。她严肃地对父亲说，前几年贵州党组织受到了严重破坏，是从省委机关破坏的，原因还没有查清楚。你们如果接触到原来贵州党组织的人，绝对不要发生横向的联系。

我父亲的堂兄李振翩是湖南人，他 20 世纪 20 年代和毛主席一起在湖南搞过学生运动。中华人民共和国成立前夕，他去了美国。他是小儿麻痹疫苗的发明者之一，是著名的细菌学家。1973 年他回国探亲，毛主席接见了他，周恩来总理还为他当年对我父亲起过掩护作用表示了谢意。

1943 年春，李振翩对我父亲说，你还应该去学习，就是将来共产党当了政，也需要学工的。他建议我父亲学工，最好学电机。我父亲和赖卫民也觉着在军医学校活动不方便，不如去上大学，有寒暑假，便于活动。于是，父亲就化名李振铭，在 1943 年夏天考入了在抗战时期迁到贵州的浙江大学。

当时，浙江大学所在的遵义、湄潭一带是红军长征经过的地方，曾经播下了很多革命的种子，影响非常大。举一个例子来说，我父亲于 1943 年秋到湄潭，去永兴浙江大学新生部报到。当时，从湄潭到永兴没有长途汽车，只能步行，父亲请了一个挑夫帮他挑行李。他看过《西行漫记》，知道红军长征路线大概是经过这里的，就打算从挑夫那里了解些情况。

开始那位挑夫不吭声，后来知道我父亲是到浙江大学念书的，是个穷学生，就和父亲谈了起来。原来他当年为红军搞过运输。他一路跟我父亲讲，红军从哪儿翻过山冈，往哪个山头走去，一直讲到父亲到达永兴镇。浙江大学同学在那里还看到过红军墓。后来父亲到遵义金顶山玩的时候，路过一个小村庄喝茶，木板门都是熏黑了的，仔细一看，还可以依稀看到"红军万岁"的标语。从这一点可以看出，长征确实是播种机，播下了革命的种子，留下了深远的影响。

浙江大学本身是有革命传统的。从"一二·九"运动一直到抗战期间，学生运动是不断的。迁到贵州后，虽然贵州是国民党的"模范省"，反动统治特别严密，与当时的云南、四川都不一样。可是就在这白色恐怖的环境里，浙江大学仍然有不少进步同学在进行革命活动。有些人直接与《新华日报》联系，在浙江大学建立了"据点"，还有一些失掉组织联系的党员在积极起作用。

父亲按照党中央的"长期埋伏，积蓄力量，以待时机"，"发展进步势力，团结中间势力，孤立反动势力"的工作方针，以及"三勤"（勤学、勤业、勤交友）和斗争要"有理、有利、有节"等原则，在浙江大学开展工作。利用国际反法西斯战争和抗日战争的有利形势，利用学校的有利条件，利用国民党反动派这个反面教员，发展进步力量，广泛团结正直、爱国的中间群众，教育广大群众，提高他们的觉悟。

就这样，一点一滴地积蓄起力量，到1945年，浙江大学的中共党员从两三个人发展到十来个人，周围的进步骨干发展到100多人。特别是浙江大学迁回杭州的1947年，以这些人为核心，很快就开展起了广泛有力的群众运动。这种力量积蓄的威力在贵州时期还不大明显，到了杭州就比较清楚了，成了解放战争的第二条战线的一个组成部分。应当说，这就是在贵州时期打下了政治上、思想上、组织上的基础。中华人民共和国成立后，许多同学都成为社会主义建设各条战线上的骨干、专家、学者，他们大体上也是在贵州时期的斗争实践中确定了自己一生的政治方向的。

那个时期，我父亲一年只能去一次红岩向南方局汇报工作。1943年、1944年、1945年，三个暑假，是由龙潜、荣高棠听取父亲的工作汇报，钱瑛同志回延安去了。

1945年夏天母亲从燕京大学毕业，当时有些她熟悉的进步同学在美国战时新闻处工作。为了在那里占据更多的阵地，他们认为我母亲也应去那里工作。经请示，党组织同意母亲也去成都的美国战时新闻处工作。这样母亲就去了那里，在图片科工作，主要是把新闻处要展出的图片的英文说明译成中文。8月15日日本投降，接着美国战时新闻处很快就关门了。于是我母亲的上级领导马子卿同志就让母亲回南方局请示工作。到了重庆，母亲就找了张友渔同志带她回红岩。当时，党很需要加强对国际上的宣传，南方局外事组正需要会外语的人。母亲到红岩的当天南方局外事组的领导王炳南和龚澎就现场考她，让她翻译一篇《新华日报》的社论，看她的英语水平如何。考试合格后就留我母亲在南方局外事组工作了。当时能留在红岩工作，我母亲特别高兴，就像是到了解放区一样。

外事组当时的工作主要是对外文字宣传，即把我们共产党自己的新闻稿和社论翻译成英文，并马上打印出来散发给在重庆与我们有联系的国际友人或外国记者。

在红岩，领导我母亲的罗青同志有一天带她去见周恩来副主席。当时周副主席在红岩大礼堂刚作完报告正要离开，罗青同志向他介绍我母亲说，这是外事组新来的燕京大学学生陈浩同志。周副主席问母亲："你是与龚澎同志在一起的吗？"母亲答："不是，我比她小好几岁呢。"

南方局外事组先在红岩，后在重庆上清寺。1946年4月底南方局外事组就随中共代表团迁往南京。

那时，组织上考虑我父亲在浙江大学已经暴露，不宜久留，把父亲调回南方局工作，回到重庆。

1946年5月3日，周恩来同志率中共代表团乘马歇尔专机由重庆飞抵南京，钱瑛同志也随身提着她的那个小机要箱子同机到达。从此，党领导整个南部中国革命斗争的指挥中心就移到了南京。父亲和母亲也作为代表团工作人员到了南京。在南京梅园新村中共代表团（中共中央南京局），我父亲在青年组工作，母亲在外事组工作。

☆1948年，李晨和陈浩在泊镇华北局城工部合影

　　在周恩来同志和钱瑛同志的关怀下，1946 年 5 月的一个晚上，在南京梅园新村中共代表团驻地，代表团的同志们为我父母举行了一个结婚茶话会。周恩来同志和邓颖超同志都来参加茶话会，还在他们平时吃饭用的那个小圆饭桌上请我父母吃了一顿饭。这使我父母他们这些刚从地下党环境调到党的公开机关来的人感受到一种特殊的革命大家庭的温暖。

　　1946 年 10 月，国民党侵占张家口，并决定 11 月召开伪国大，国共谈判完全破裂。10 月 16 日，我父母就和中共代表团的其他工作人员作为第一批撤退人员乘飞机撤回了延安。

父亲的歌

徐浩渊*

> 新华托儿所，宝宝真快乐
>
> 爸爸妈妈工作忙，我在这儿学唱歌
>
> 妹妹骑竹马，哥哥上学堂
>
> 阿姨教我唱歌打东洋

这是抗日战争时期，重庆新华日报托儿所的小朋友们都会唱的一首歌曲。我在 2008 年 3 月 28 日，参加《新华日报》70 周年纪念会上，听到一位 80 多岁的老伯伯咏唱，他告诉我："这可是你爸爸徐迈进同志作的词和曲呀！"听到这我的眼睛潮湿了。老人柔和的声调和南方口音，让我恍惚看到已经逝去的父亲好像就站在面前。

父亲很少对我们讲他做过的事。记忆中，他说过自己在重庆《新华日报》的时候，指挥大伙唱《黄河大合唱》。中华人民共和国成立后，因为不少人来家里采访，我还知道大革命失败后，父亲被捕，关在国民党的浙江陆军监狱，当时是地下特支书记。在那里，他作了一首鼓舞难友们的《囚徒歌》，后来在上海、江苏、安徽等地的监狱中被革命者传唱：

> 囚徒，时代的囚徒。
>
> 我们并不犯罪，我们都从火线上俘来⋯⋯

---

　* 徐浩渊：徐迈进、方琼之女，河南医学院毕业，圣母大学博士，宾夕法尼亚大学博士后，后在耿丹学院心理中心工作。

☆20 世纪 40 年代的徐迈进

　　父亲出生在江苏吴县（该县 1995 年撤销）一个贫苦农民家中。他是遗腹子，也是家中唯一的孩子。出生前，他的父亲过世。为了生存，父亲出生不久我的奶奶只好去苏州城里打工，把父亲留在自己的娘家。父亲是跟着他的外婆长大的。因为贫穷，小学毕业的父亲虽然在县里考试第一名，还是不能继续上学。他伤心地痛哭三天没有吃饭，但没有用，年幼的父亲还是去做了学徒工。记得父亲说他打工的地方是一家西洋乐器商店，就此，他对西洋乐器一直都只知道它们的英文名字。

　　1925 年，父亲 18 岁，加入中国共产党。此后，为了人类的解放事业鞠躬尽瘁死而后已。抗日战争时期，驻重庆红岩的八路军办事处与《新华日报》的革命者都是生死朋友。据说红岩办事处的托儿所也唱这首歌。至今，红岩村后代还与《新华日报》后代争得面红耳赤，说：“那是我们八路军办事处托儿所的歌。”我想，当时他们肯定把第一句改成了“红岩托儿所，宝宝真快乐”。

　　记得 20 世纪 60 年代，《红岩》小说中华子良的原型——韩子栋叔叔每次来北京，父亲都要请他吃饭。父亲一生非常节俭，从来舍不得去餐馆。只有韩叔叔来的时候，去了一次北京烤鸭店，并悄悄告诉我：“你韩叔叔是山东人，烤鸭店是从山东迁来的，他会喜欢。"韩子栋叔叔沉默寡言，走路双脚擦着地面，慢慢移行，让我想到国民党监狱里的酷刑。

也许是因为英雄的时代已经过去，现在的电影、电视剧要表现英雄也总是演绎共产党人过去的故事。然而，影片里人物与那一代人的思想、情感相距甚远，好像革命者都是板着一副冷冰冰的面孔，缺少常人的柔情与激动。殊不知，中国共产党人可是 20 世纪中国社会中最浪漫的群体呀。那些年轻人，为了理想，为了民众疾苦，为了民族的存亡，献上的是自己的青春和热血。他们的歌，均是心灵绝唱。

希望我们的子孙能够明白、记住父辈、祖父辈的歌，能够在物欲横流的当代得到重生。

红岩，我的人生起点

郝锦绮*

出生在红岩

1943 年 7 月我出生在红岩八路军办事处，后进入红岩托儿所，从此沐浴在党的温暖阳光下，在革命大家庭中幸福成长。那时红岩人的革命情谊不是当今人所能想象的，他们为着共同的信仰和理想，走到了一起，互相信赖，互相帮助，大家以后都成了一生的亲人。妈妈多次讲到，我和其他小朋友经常受到周恩来伯伯和邓颖超妈妈的爱抚，他们抱抱这个，亲亲那个；每个孩子都是革命的后代，也成了大家的宝贝。那时红岩人的生活艰苦清贫，父母们包括周伯伯、董老伙食都很差，唯有托儿所的孩子们受到了特别照顾。

☆郝锦绮在红岩托儿所的竹椅上
（1943 年冬）

* 郝锦绮：罗清、蒋金涛之女。中国科学技术大学地球物理系毕业，退休前在中国地震局工作。

妈妈曾回忆起托儿所中的一个个小朋友，叫着他们在托儿所的小名，如数家珍。有艺术特长的妈妈和管平阿姨，一起给孩子们编了不少歌和舞，教给我们。她与荣高棠、朱汉民在红岩七一纪念会上合演陕北秧歌剧《牛永贵受伤》，这出表现八路军和人民鱼水情深的秧歌剧受到了大家的热烈欢迎。以后，她又教给了小朋友们。当岛仔和丹坡两个孩子演着八路军战士和农村大嫂、又唱又跳时，办事处的真八路军们看了是多么欣慰啊！

我的父亲母亲

我的父亲罗清（郝文彪、郝威）和母亲金涛（蒋宪端、蒋金涛），都在清华大学读书期间积极投身于"一二·九"爱国救亡运动。他们勇敢地走在清华大学的队伍中，参加了 1935 年 12 月 9 日和 12 月 16 日两次大游行。父亲在运动中被选为清华大学学生抗日救国会的委员；母亲绘制了影响很大的抗日宣传画，拍摄了记录"一二·九"运动的大量珍贵照片，还组织了"海燕歌咏团"带领同学们高唱爱国救亡歌曲。"一二·九"运动之后，1936 年 6 月父母都相继由共青团员转为中国共产党党员。

☆"一二·九"运动时期母亲手绘的抗日宣传画，此图迅速传往各地

"七七事变"后按照组织意见，父亲罗清于 1937 年 8 月从北平回到家乡重庆，九月底参与建立中共重庆市地下党第一届工作委员会，任工委委员。1938 年 7 月，董必武同志交给父亲一项任务："应该在重庆这个地

194

☆爱国学生夺过军警的高压水龙，英勇战斗。这帧广为人知的"一二·九"运动的现场照片，来自母亲珍藏的作品

方，创办一个我们党领导的中学，培养大批思想进步、具有党的优良作风的青年。"父亲遵照董老指示，经过两个月的筹备，9月份"重庆清华中学"就建成开学了。我母亲蒋宪端（当时的名字）和黄觉庵、陈洛、黄绍湘、毕中杰等地下党员先后被调到学校，以教员身份开展工作；很快建立和发展了地下党组织。父亲任江北县委书记兼重庆清华中学党支部书记，母亲任宣教委员。党支部组织青年学生学习政治、讨论形势，还到附近农村中做宣传，不少进步学生从此走上了革命道路，其中包括两弹元勋、已故全国政协副主席朱光亚。

父母在红岩二三事

1941年皖南事变后白色恐怖严重，父亲多次被特务跟踪。父母的共产党员身份已有所暴露，南方局组织部遂将父母调到红岩村八路军重庆办事处，这一以周恩来为首的中共南方局在国统区领导党的工作和统战工作的半公开机构。父母都被分配到外事组，名字分别改为罗清和金涛，父亲任翻译小组组长，母亲任外事组秘书。他们终于回到了革命大家庭，从此在这里度过了5年难忘的、战斗的幸福岁月。

他们在周恩来的亲自领导下，做了大量的对外宣传工作。下面谈到的，是我知道的几件事。

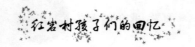

编写英文小册子

周恩来在国民党统治区开展外交活动的一个特点，是亲自和各国朋友广泛接触，积极宣传我党抗日救国的方针政策，除口头介绍，他还非常重视向外国友好人士直接提供英文翻译材料。父母到红岩后，外事组的一项重点工作，是将我党领导人文章、党的政策和解放区情况译成英文，编辑出版宣传小册子，大量散发，分送各国驻华使馆，同时通过外国记者和友人传往国外，来宣传我党的政治主张。

这是在1941年冬季，周恩来指示我父亲罗清和母亲金涛负责编译出版对外宣传的英文小册子。由于物质条件的限制，最初只能油印，他们将文章译成英文打在蜡纸上，印成24开的油印本。小册子编译的内容来自当时延安《解放日报》和重庆《新华日报》上刊登的重要文章，毛泽东、周恩来等领导人对局势的讲话，有关我党抗日救国主张，解放区军民抗日战绩，以及评述国际反法西斯战争的社论和文章。

在周恩来的亲自领导下，父亲以后又与《新华日报》熊瑾玎、汤宝桐一起筹办了英文铅印车间。从1943年起，重庆办事处开始发行铅印的英文小册子，每本三到五万字，其中包括他们翻译的毛泽东《论联合政府》《两个中国之命运》《中国革命战争的战略问题》等重要著作，至1946年止，共出版了20多种。这是我党外事宣传工作的新发展。比起油印本，铅印本印行数量大为增长，最多时一册书发行好几千份，相当可观，与当时国民党报刊的发行量差不多。宣传材料除分送各驻华使馆、记者外，多数由外事组干部冒着被捕危险送到外国朋友手中，再转至海外发表。

其间，翻译队伍不断扩大，李少石、章文晋、柳无垢、陈浩、邓光等都参加了这项工作。小册子由章汉夫负责修改定稿，罗清、金涛负责编辑、校对，沈野曾经做过发行工作。

当时任外事组长的王炳南，在中华人民共和国建立后不久曾拿给父亲看英国麦克米伦公司1948年出版的两本书，书中内容都选自上述英文小册子里的社论、文章、通讯和特写等，可见这些小册子在国际上确实起到了很好的宣传作用。

编印《他山石》

抗日战争中期，中国共产党领导下的广大根据地，已成为国际反法西斯战争在亚洲的重要战场。许多外国记者和作家来到中国，如《纽约时报》的索尔兹伯里、苏兹贝格，《基督教科学箴言报》的康汉，《生活杂志》的卢斯等，采访和撰写了许多新闻和通讯，对我国解放区人民英勇抗敌、浴血奋战的情形做了如实的报道，对国民党的黑暗统治进行了批评和揭露。它们陆续在西方报刊上被发表，使世界人民了解中国共产党领导下的根据地的抗日斗争情况。

1942年以后，周恩来曾多次对外事组编译小组的同志说："要把外国报刊对我抗日战争的报道，让国内人民知道，借以鼓舞民众的斗志。这件事应该尽快办好。"遵照这一指示，从1943年开始，父母亲他们的另一项工作，就是将国外报刊上的有关报道译成中文，编辑成名为《他山石》的小册子广为散发。"他山石"引用自《诗·小雅·鹤鸣》中"他山之石，可以攻玉"的句子，由董老亲自取名并题写在小册子封面上。

在父母和同志们努力下，《他山石》先后编译、印发了十余期，印刷2000~3000份。在特务横行的国统区，许多同志和朋友冒着生命危险，秘密地广为传播。散发的对象是进步学生、文化界进步人士和支持抗日的广大群众。

《他山石》使当时生活在严密新闻封锁中的国统区人民，客观、真实地了解中国共产党领导下的敌后解放区军民的英勇业绩，鼓舞了要求抗日、民主、进步民众的斗志，提高了民族凝聚力，受到各界爱国同胞和进步人士的赞扬。

我就是在这一段时间诞

☆1945年父母亲和我

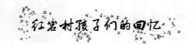

生的。听父母讲，我家住在红岩一层半、中间楼梯西边那个突出的房间，东边对着的房间住着周伯伯、邓妈妈。父母担心他们嘀嘀嗒嗒的打字声和我的啼哭声会吵着工作到半夜才休息的周伯伯他们，于是调整打字时间，并走来走去抱着、哄着我，妈妈唱着摇篮曲，在歌声中我甜蜜入睡。

政治协商会议期间

1945 年 8 月抗战胜利。秋天，中共与国民党的和平谈判开始。谈判时期，外事组的工作极其繁忙、夜以继日。父母都被调到中共代表团。当时在重庆的外国记者，为了解会议进展情况，特别是中共对谈判的态度，纷纷要求我方每天用英文发表谈判消息。为了满足这一要求，驻上清寺政治协商会议的中共代表团的文字翻译工作更加紧张了。在周恩来的直接领导下，父亲他们搞到了一部卷筒油印机，把新华社发表的稿件翻译后油印成英文新闻稿，每天出一两次，直接分送给各国新闻社和报社驻重庆记者，及时提供了中共和民主党派在政治协商会议中的主张。这个时期，翻译队伍也大为加强，最多时达到 20 人。

丰富的精神文化生活

红岩村处于国民党特务的重重包围之中，工作人员一般都不能外出，还要警惕特务对办事处的突然袭击。但是，他们充满革命乐观主义，有着丰富的精神文化生活。紧张工作之余，他们读书、赋诗、演戏、跳舞、办墙报、开运动会，大家唱革命歌曲，还表演陕北秧歌剧。这些活动，都有周恩来的亲身参加，常得到他的热情鼓励和指导。我的父母也都很活跃地参与其中，与同志们一起唱歌、演戏。

撤离重庆

1946 年 4 月，国民党即将发动内战。周恩来亲自交给父亲一项紧急任务：在有美方参加的国共整编军队谈判时我方需英语翻译，要从重庆、

☆ 父母与同志们在红岩唱抗
日救亡歌曲。左三为母亲
金涛，右二为父亲罗清
（童小鹏摄）

☆ 1944 年红岩村的七一纪念
活动，妈妈和荣高棠、
朱汉民演出陕北秧歌剧
《牛永贵受伤》（童小鹏摄）

成都地下党和进步学生中选拔外语人才，同时也为新中国建设储备外事干
部。经过父亲逐个面谈，共选拔了 79 人，然后将他们带领到了张家口解
放区学习英语，父亲任张家口外语学校教务长。这批干部以后成了我党在
战争中和中华人民共和国成立后从事外事、外语工作的骨干力量，包括外
事、宣传战线的领导和学术带头人，如前驻英大使胡定一和前中宣部外宣
局局长高梁。

　　1946 年 5 月，国民政府从重庆还都南京。为了便于扩大共产党的统
战活动，周恩来、董必武及南方局大部分同志迁往南京梅园新村。妈妈是
随董必武同志撤到南京的，在梅园新村短暂工作后，又被分配到中共代表

团上海办事处，时年不到 3 岁的我也被抱在妈妈臂中随行。听妈妈讲一路很危险：国民党给董老派的这架飞机在起飞不久就出现发动机故障，又返回重庆，换了一架飞机才走成。这估计是国民党特务所为。出生 8 个月的弟弟明理则被留在了重庆的爷爷家，1950 年才被接回北京全家团聚。

1946 年 7 月，妈妈将我送到上海的外婆家，由外婆抚养。原重庆办事处时父母的老同志、时任上海办事处处长的祝华叔叔和另一位叔叔，在白色恐怖下冒着危险，每月一次到外婆家为我送去生活费和营养品，带去了红岩大家庭的温暖，令我全家万分感动，现仍健在的姨妈一直念念不忘。在组织的关怀和家人的照顾下，我在上海健康成长。

这时，妈妈已被组织安排到晋察冀广播电台主持英语广播编辑工作，需取道天津去阜平。红岩托儿所的两个孩子乐天、乐妹（荣高棠和管平的子女）也正好要送到天津的姥姥家，就由我妈妈带走。在从上海到天津的轮船上险象环生。尽管"临时妈妈"事先千叮万嘱，要乐天、乐妹在船上不要乱讲话，可开船不久，兄妹俩就讲开了：延安的大红马，毛主席……刚被制止，乐妹又唱起了《东方红》，乐天大声叫："妈妈不让唱东方红！"幸运呀，旁边没有特务。

自此，随着父母们奔赴新的战斗岗位，红岩托儿所的孩子们也各奔东西，除我们这些投亲靠友的之外，更多的是由父母带着随周恩来回到延安。中华人民共和国建立后，大多来到了北京，有的又陆续成了我的小学、中学和大学同学，比如钱之光伯伯的女儿小康（北京育才小学、北京师大女附中），阿方阿姨的儿子小火车（中国科学技术大学）等。对于我们这些红岩托儿所出来的人来说，红岩是心中永远的情结。

我的大哥龙小虎

龙苏菲[*]

我的大哥龙小虎，出生于桂林八路军办事处，故取名龙桂辉。因为父亲龙飞虎被主席、总理及同事们亲切地称之为"老虎"，所以跟随父母辗转于延安及各八路军办事处的大哥，亦被大伙称为"小虎"。直到今天，那些"八办"的老人及家人也只称大哥为"小虎"，而不知道他的大名了。

记得小时候，大哥在外地学习工作，偶尔才回家。那时我对大哥很陌生，感觉有点喜欢，有点畏惧，也有点崇拜。喜欢是因为大哥能护着我，而且穿军装时特神气；畏惧是因为大哥太大了，大哥是孩子里的"鸡"头我是"猴"尾，相差十多岁，他太像个大人了；崇拜则是在父母的革命历史故事中常常伴随着大哥的身影，觉得大哥太棒了，很厉害！在我的记忆中，大哥身上有许许多多的故事。

1939 年秋季，大哥出生在桂林的一个教会医院。当时父亲是桂林办事处的交通科科长，在外忙于往延安运送抗战物资和人员，长年不在家。为了保密，母亲孟瑜只能对医院谎称是木匠的妻子，丈夫外出挣钱不知归期。大哥出生后，因为母亲没经验，什么都没准备，是修女扯了一块布，把大哥裹上了。连修女都说："没见过这么穷的。"没过几天，日军飞机

---

* 龙苏菲：龙飞虎、孟瑜的小女儿。江西医学院医疗系毕业，退休前在北京大学首钢医院工作。

轰炸桂林，没出月子的母亲抱着大哥躲进潮湿的山洞里，体力不支蹲靠在渗水的岩石上，由此落下了月子病。浑身酸痛，每天腹泻不止。一天早起，房东大娘问母亲："娃娃整夜哭，是不是病了？夜里吃奶了吗？"母亲方才知道夜里是还要喂奶的，可是实际上母亲当时没有奶水，那时觉得这孩子可能活不成了。后来是办事处的领导李克农特批了一块银圆，买了两片"痢特灵"和一只老母鸡，为母亲治病补养身子。不巧的是正炖着鸡，日军的飞机又来轰炸，等警报解除回来时，锅翻了，汤洒了，鸡也烧焦一多半。母亲没舍得扔，就这样吃了。也奇怪了，两片药、半只鸡起了大作用，母亲不拉肚子了，也就有了奶水，大哥吃上了奶，得以逃过一劫。

大哥的幼年是在延安度过的。母亲回延安后，因月子病加重了，再加上三过草地两过雪山时落下的风湿，没多久就瘫痪了，生活不能自理。组织上把幼小的大哥托付给了李金元叔叔，李叔叔那时还是个单身小伙子，哪懂得照顾孩子，每天早起还要外出给食堂采购。一天早晨，大哥起床后见屋里没人，他肚子饿了就跑到屋后的排水沟里捡地蛋（土豆）皮吃。延安的窑洞是依山而建的，在高处窑洞口洗漱的人看见在大哥上面的沟里有一只狼在盯着他，那时发生过狼叼吃小孩的事，这时跑下去救人是来不及了，人们机警地敲响了手里的脸盆、杯子，又叫又喊，周边窑洞的人也都跑出来帮忙，其声势浩大把狼吓跑了。我大哥就这样捡回了一条小命。开始这件事情一直没敢告诉瘫痪在床的母亲，母亲知道后为自己不能照顾大哥难过得直掉泪。

大哥在延安渐渐地长大了，也越来越淘气，那时中央首长出行是骑马的，大哥总喜欢往马圈里跑，围着马转，还爱拉马的尾巴，要看马拉屎。饲养员老得往外轰他。后来，延安有了汽车，中央首长们出行改坐汽车了。大哥又添了一玩法：在汽车行驶中跑到路中间，摆出一个"大"字形拦车。车停后，车上的领导朱老总、叶剑英下命令："狠打这娃的屁股，让他以后再不敢拦车。"好在那时车速不快，要不大哥就有危险了。

1946 年初，父母带着大哥和褓褓中的小瑜姐姐来到重庆八路军办事处，在红岩村两栋楼之间的一棵树下，搭了一间木板房，一家人住在里面。父母工作时，大哥和小瑜姐就在红岩村托儿所。托儿所床少，晚上有省委的同志和其他革命志士从后山篱笆过来谈工作，当走不了时就留宿托儿所。时常大哥醒来会发现床上莫名地多出一个人，于是常发生手拽脚蹬争夺被子等事情。

有了小瑜姐以后，大哥很喜欢这个妹妹，在小瑜姐8个月大时，大哥把好不容易得来的核桃仁省下来，塞到了妹妹嘴里给。可想而知，小瑜姐小脸憋得发紫，幸好母亲听着声音不对，及时抠出核桃仁排除了险情，小瑜姐转危为安。此时，大哥自知做了错事而逃之夭夭了。

国民党迁都，当重庆八路军办事处也要搬迁南京时，母亲带着大哥和小瑜姐与办事处及《新华日报》的同志们一起从水路去南京八路军办事处。那时为了多载客，一条有助力的大船，在两侧和后面要带三条无助力的小船。母亲他们当时买的是大船的船票。但快开船时，上来了一批烫着头发、穿着旗袍、涂脂抹粉的官太太和有钱人家的家眷。因为没有空位子，就把母亲他们赶到了靠江心的小船上。那天船在顺游而下行驶时出事了。后面那条无助力船控制不了速度，撞上了前面的大船，把船尾撞掉了。大船很快就沉了，只见落水人的卷发在水上转两圈就沉下去了，救都来不及。当时，新华日报社的一位女同志去大船上厕所，也不幸遇难了。她爱人急得要跳下去救她，被人们拽住了。此时，各小船赶忙砍断了与大船连接的缆绳，靠岸边的一艘小船很快就靠了岸，而母亲坐的这条靠近江心的小船在潮流中离岸越来越远，船上一片哭声。大家着急呀！这时，6岁的大哥拍着胸脯、瞪大眼睛对母亲说："他们哭什么哭？我下去推。"弄得母亲，又好气是又好笑。还好小船最后总算是有惊无险地靠岸了。

在南京梅园新村时，住房很紧张，于是父母带着两个孩子住在楼梯间，那里直不起腰，只能摆下一张床，母子三人睡在床上，父亲就只能屈居于床下。有一天，总理和民主人士会谈，地点安排在中山陵一个平台旁的松树林里。父亲担任警戒。为了不引起别人的注意，父亲还带着一家人，装扮成郊游客，在平台下边逗着孩子边观察周围情况。当时，父亲还拍了张照片，母子三人显得很自然、很温馨，看不出丝毫的紧张。大哥和小瑜姐小小年纪也为革命事业做出了一点贡献。

国共谈判破裂后，八路军办事处撤销了，大哥随母亲回到了延安。那时，谁家有点糖果是很稀罕的，通常大人们是把糖果放进小篮子里，吊在

☆1946 年孟瑜（左一）和龙小虎
（左二）、龙小瑜（右）在南京

房梁上，防耗子什么的。大哥就召集小朋友们到那家登梯爬高地拿下来大伙儿分吃了。高兴呀！过节了！当丢糖果的那家家长追问谁干的时，大哥会勇敢地站出来，大声地说："是我。"看着大哥大有好汉做事好汉当的小大人样，家长哈哈大笑，拍拍大哥的脑袋也就不追究了。

1947 年的春天，蒋介石向延安发起了大规模的进攻，妄图消灭解放区。根据党中央的战略部署，部队有计划地进行战略转移。

那时，家属队每两家分配一头驴，驴背上放一个木架子，可以放东西，驴两侧架子下各挂一个筐子，用来放杂物，还能睡个小孩。在一次行军中，遇国民党的飞机轰炸，人们四处躲避，驴子受惊吓奔跑时跌倒了，把小瑜姐睡的那侧压在身下，更不巧的是大哥当时正坐在驴背上，一条腿给压住了也动弹不得。母亲急得顾不上躲飞机，大声招呼着，喊人来帮忙，可是人们哪顾得上呀。等飞机飞走了，大家来帮着把驴扶正了，掀开筐盖，小瑜姐刚睡醒正笑呢，大哥的腿也没伤到骨头，母亲这才松了口气。正是多亏筐子两侧有木棍支撑着，才保护了两个孩子。

过黄河时，乘坐的是羊皮吹起来的筏子，风大浪急，筏子又小又浅，像一片叶子一样漂在黄河的漩涡中，非常危险。当时就发生过有船到岸时，人们清醒过来才发现手里紧抓的是小孩的衣服，而孩子不知啥时掉进黄河里的事。当时母亲一手抱紧小瑜姐，一手紧抓筏子的护绳，只能嘱咐7岁的大哥自己坐稳了，抓紧绳子。还好最后母子三人平安渡过黄河。

过了黄河就没有毛驴了，大哥都是和大人们一起，每天走几十里路，手里还要提着用罐头盒改装的用来装饭的小铁桶。到了宿营地时，大人们忙着收拾、打扫，大哥就提着小铁桶找中转站的伙房打饭。那时，伙房地上铺两张炕席，每煮熟一锅饭就倒在席子上，过往的部队各取所需。有一次，不是以往的高粱米和杂粮，而是烙饼。大哥高兴坏了，顶在头上又蹦又跳地往回跑。一不留神，烙饼掉地上了。大哥四下里看看没人瞧见，急忙捡起烙饼拍拍上面的土，放进小铁桶里，小心翼翼地拿回家了。

就这样，大哥跟着队伍一路走来，一直走进了北京，走进了新中国。大哥是幸运的，他不用跟随父母继续南下打仗了，他和小瑜姐一块儿跟着周总理和邓妈妈居住在北京，从此留在北京上学读书了。而他的小伙伴——钟延生，得了白喉，因为缺医少药，无法医治，不幸倒在进京的路上。

中华人民共和国成立后，母亲只要提起大哥的童年，就会不住地摇头，总说："对不住大娃子，难呐。"因为那时候，大哥好奇心重，精力又旺盛，不时地捅娄子，大人们又工作忙没时间管他。母亲说："没少打他，是真打，恐怕他被马踢死，恐怕他被车压死，恐怕他和孩子们打架，打出个好歹来。总之，就是怕他惹祸、怕他出意外。"每次打完了还心疼，有一次，母亲惩罚完大哥后，躺在床上掉眼泪。一会儿就听到小瑜姐招呼从窗外冒头的大哥："哆哆（哥哥），快来七（吃）饭，妈妈睡作（着）了。"母亲听着心里更难过了。大哥稍大点时，也还真帮了母亲不少忙，躲飞机时，母亲跑得慢，力气小，大哥就抱着小瑜姐跑在前面。有一次，来不及跑了，大哥机警地抱着小瑜姐躲进角落里的鸡窝内，直到警报解除。

还有，在从延安撤出来的日子里，大人们都累得不行，可大哥都是自己走。母亲抱着小瑜姐，看着大哥走的鞋裂开了口，脚也磨出血，心痛啊，可又没有办法，还得不停地走着。大哥自己倒是乐呵呵地不当回事，始终跑在母亲前面。

　　这就是我大哥龙小虎的童年，就是这么很不容易地、磕磕绊绊地走过来的。他是伴随着革命历程一点点长大的，就像是石板下的豆芽，使劲儿地向上长。他有着很多的经历和小故事。这8年过得很艰辛，很困难，也很幸运。之后的大哥仍然是好动的，好奇的；仍然是诚实的，勇敢的。有了这样的历练，大哥还有什么样的困难过不去呢？

　　中华人民共和国成立后，大哥过上了安稳的生活，他经历了上学、工作、参军等。现在退休在家，颐养天年。等我退休后，一定要去南方看望已是古稀之年的老大哥，好好儿地听他讲那过去的事情……

重庆来的娃娃

赖庆来*

2009 年初是中共中央南方局成立 80 周年的日子，我们作为红岩革命先辈的子女，于 2009 年 5 月 8 日下午，以童丹宁为团长的红岩儿女寻访团来到重庆。我是赖祖烈的女儿赖庆来，我虽然在延安出生，但母亲在重庆怀的我，现在来寻根了。

1950 年初父母把我和弟弟赖华基（方块）送到位于西郊万寿路的中直育英小学上学。中直育英小学的小朋友都是住校生，我们和校长、老师、阿姨朝夕相处，建立了深厚的感情，直到老了儿时的同学们还在不断地往来，在不断地缅怀老一辈的革命者，更加回忆小时候的往事。

在学校，有的女孩的名字叫什么英、什么萍、什么莉、什么梅的等很好听，我挺羡慕的，而我却是一个男孩子的名字。一次放假回家跟我爸爸聊天，我问爸爸："我为什么叫庆来？这是一个男孩子的名字。"爸爸听了说："你不要嫌弃你这个名字，它是有意义的。"我问："有什么意义？"他开始讲述：

1937 年 11 月，组织派我和史唯然以副官的身份，将大批物资包括人民团体慰问八路军的物资和印刷纸张、设备等，从南京安全转运到八路军西安办事处。从浦口到西安，我们整整走了七天七夜，历经艰难险阻。随

---

* 赖庆来：赖祖烈、谢淑珍之女。中国人民解放军西安军事电讯工程学院自动控制系毕业，原国防工业出版社印刷厂高级工程师。

☆中华人民共和国成立初期，赖华基（左三）、赖庆来（左二）、赖祥基（左一）与父母合影

后，1938 年初我调任八路军武汉办事处经理科科长，负责筹集、采购、管理、转运八路军、新四军的军饷和物资。

为了给党筹集资金，以及迅速、安全转运文件、物资等，我结识了许多党外各阶层朋友。在汉口我经常去福建街福建会馆，以福建老乡的身份认识一些国民党高层军官、商人、青洪帮中的进步人士，他们真诚与我党合作，给我们很多帮助。

在福建会馆我认识商人谢炳阳（汉口"谢盛兰"香铺老板。）等人，谢炳阳是你妈妈谢淑珍的堂兄，谢淑珍家庭世代经商，她父亲从小跟祖父经营神香业手工业店，不幸中年患心脏病逝世，店方由谢炳阳等经营，经济状况一般，入能敷出，有时略有积蓄，她母亲谢熊氏一人带 3 个女儿，谢淑珍是老大，他们就靠上述经济来源生活。当谢炳阳得知福建老乡共产党人赖祖烈是单身一人，接触多了自然接受进步思想，同时也了解了赖祖烈的为人，正好堂妹谢淑珍也到谈婚论嫁的年龄，这样他到谢淑珍母亲谢熊氏那里提亲。谢熊氏虽然是小脚女人，但她是见过世面的人，是非分明，她心里很清楚，现在抗战时期，只有共产党能担负天下兴亡的重任，她感觉到共产党前途一片光明；再说赖祖烈忠厚老实、重交情，肯帮助人，大女儿跟了他一定会幸福，谢熊氏欣然同意，我跟你妈妈谢淑珍就认识了，经过几个月的交往，两人互相都满意，便在当年于八路军武汉办事处结婚，你妈妈谢淑珍正式参加革命。结婚不久武汉失守，我们于1939年1月西迁重庆八路军重庆办事处，1939年底你姐姐小渝在重庆出生，不幸在一岁左右生病夭折。

1941年1月国民党发动了震惊中外的皖南事变，陪都重庆的形势日趋紧张，八路军重庆办事处处于国民党警宪特的包围之中，组织获悉我已经成为国民党特务的监视目标，为防不测周恩来让我以叶剑英秘书的身份随同叶剑英从重庆飞回延安，结束了中共中央南方局的工作，你妈妈因身怀六甲则提前回到延安。

1941年3月中旬的一天，正是阳光明媚的春天，你诞生在延安中央医院妇产科的窑洞里，因为你姐姐小渝一岁左右生病夭折，你的出生给我们带来欢乐。不久你母亲出院回到杨家岭自己家里坐月子，当时还没有给你取名字。一天八路军重庆办事处的廖似光阿姨回延安到家里来看望我和你妈妈，也看到了你。你母亲把你捯饬得挺干净，廖阿姨说："你们的女儿好白呀！真好看，她叫什么名字？"我们说："还没有起名字。"廖阿姨说："她是在重庆怀的娃娃到延安生的，就叫她庆来吧，重庆来的娃娃。"我们听了觉得庆来这个名字起得好，让我们记得在国民党统治区腥风血雨的岁月里，我们一起战斗在红岩村，这孩子来得不易啊！我们一拍即合就叫庆来吧。

然后问我："你说你的名字好不好？"我听了爸爸的一番话，立刻对我爸爸、妈妈和他们战友的崇敬心情油然而生，我很快地回答："我的名字起得好，我是重庆来的娃娃！"这时我才明白我的名字的含义，原来它和我们父辈的革命历程、革命情谊有着这么多的联系啊！

难忘的往事

杨延林*

  1995 年 9 月我随父亲杨超、母亲罗迭到重庆参加第二次国共合作、抗战胜利暨重庆谈判 50 周年纪念大会。会后参观了红岩和曾家岩。在总理的雕像前，父母和我一起敬献了鲜花。父母在他们曾经工作、生活过的小角楼里给我话说当年。

  我 1943 年 9 月出生在延安。在延安时父母工作、生活都不在一处，我跟着母亲生活在中央医院。母亲当时做过几个科的护士长，不仅很忙又常值夜班，我就常被锁在中央医院最高的第九排窑洞左侧的家里。当时医院的老鼠又大又多，好多小孩都被咬过（我记得北京保育院院长丑子冈阿姨的女儿丑亮亮的鼻子就被老鼠咬伤了，到上小学时还可看见斑痕）。有一天母亲下班快到家时听见我大哭，赶紧跑过来，看见几个大老鼠才跑开，再一看我的两个小手都被老鼠咬出血了。从此后就把我放在床上，周围堆放着陕北盛产的酸枣刺丛，这样老鼠是过不来了，但老鼠身上的虱子、跳蚤爬了不少。在外面玩时，当地的小护理员黑娃身上也有虱子。虽然在延安也灭过多次，但是到重庆红岩要进托儿所，这身上的小动物马上成了大问题。妈妈们把我身上的衣服全脱光，连同所有的衣物一并放进大锅煮沸消毒。陈野苹伯伯的夫人李医生把我的头发全剪光后，还用土方法涂上醋，我睁不开眼，还被放进大盆内洗澡，妈妈们笑我的光头，而我吓

---

  * 杨延林：杨超、罗迭之女，原名杨零零，原四川大学华西医大二院妇产科工作。

得大哭。那一段头发很短的时间妈妈们叫我小光头。

在托儿所，当时有二三十个孩子，大多能自己吃饭。两岁多的我比较听话，在后排的小桌旁坐好，自己吃饭，自己安静地玩。妈妈们常教我们识字，认数，唱抗日和革命歌曲，并给我们讲革命道理。有时让我们一个拉一个，妈妈们拉一串小孩在托儿所的小院里或红岩的小路上游玩，孩子们笑着唱着，相互拉着帮着。这是那时大人们最爱看的一道风景。周伯伯和邓妈妈多次到托儿所来看望孩子们，而妈妈们也都希望他俩能在这儿开心、放松，所以每次他俩的到来都是阵阵笑声，欢乐不断。邓妈妈多次说：一定要尽可能地给孩子们吃好，再怎么困难也不能亏了这些革命后代。所以每当收到重庆各界人士或延安和部队转来的物资、糖果等，只要托儿所适用的都转给了托儿所。

在红岩我们住在二楼，平时不能下楼，也没有星期六星期日。母亲每次早晨送我去托儿所一住就是几天。有时母亲很忙，就忙过了再接我。我在红岩托儿所住了三四个月。有个星期天，雨淅淅沥沥下个不停，轮到母亲在一楼的楼口值班，一整天没有发生什么事，我又在托儿所，一楼的几位阿姨、叔叔就合在一起打扑克。一会儿周伯伯和邓妈妈来了，在旁边看大家玩。那一次母亲把别的牌都垫出去，最后只剩一张牌放在额头上。大家放下牌说："你是白板了。"母亲翻开额头上的牌，是个大王，周伯伯笑着说："哈，罗迭，你还留了一手啊。"大家都笑了。在当时艰苦困难的环境下，红岩这个革命的大家庭中，大家都团结在党中央和周伯伯周围，艰苦奋斗而又团结、和谐、幸福。

蒋介石撕毁《双十协定》重开内战，红岩人员限期撤离。红岩村的人员开始分批撤离时，为了工作方便，母亲就把我交达县老家的名人杨复秋暂回达县。当时才3岁多的我站在一个小桥上，像在托儿所一样，对周围的人说："我爸爸是共产党，我们是八路军。""老乡过来给八路军洗衣服，我教你们唱抗日歌，好不好？"把杨复秋吓出一身冷汗，赶紧托人把我送回重庆。

在曾家岩，周伯伯安排搞情报工作的同志住三楼，他说：我住二楼为你们把门、放哨。一楼是会客厅、餐厅、厨房、厕所和后门。我们住在三楼楼角的小房间里，父亲经常外出搞情报，做内勤的母亲在屋里，用绑在筷子头上的大头针在玻璃板上刻"钢板",复写情报。小桌子只能放在房子中间,因为隔壁就是戴笠的公馆,里面的特务们时时监视着这边每一个进出曾家岩的人,对面每一个窗户的后面常常反射出镜头的贼光。这里没有托儿所,院子又很小,各房间之间不允许串门。母亲没有时间,小小的我很想出去玩,但只能站在窗台上。母亲不写情报时,把办公用的小桌子抬过来让我站上去,有时抱着我从小窗子看外面的世界。就这样在曾家岩过了半年多。当时我只有两三岁,对这一切只留下了朦朦胧胧的印象,但是,后来的几幕却深深印在我脑海里。

1949年父母离开北京回四川工作,我们三姐妹仍留在北京。父母离开北京时,周伯伯、邓妈妈特意带父母和我游颐和园。只记得在一个很好看的亭子里,周伯伯抱着穿得圆滚滚的我一起玩耍,我高兴地不停地咯咯咯地笑。后来母亲来了,赶快把我从周伯伯怀里接过来,说:"伯伯的手是受过伤的,不要累着伯伯啊。"吃饭时送上来的菜,几种都没见过,大家一起玩到很晚。

父母刚回四川不久,我患中耳炎住北京医院,丑子冈院长来看我,并在我7岁时亲自送我上育才小学,还给我照了相。紫非阿姨和季河清阿姨也到托儿所看望我们并照了相。周伯伯和邓妈妈多次到托儿所看望孩子们和两个妹妹,周伯伯还抱着妹妹白文照了相。多张照片后来都分别寄给了父母,让他们安心工作。

一年多后,母亲来北京接我们姊妹回四川,但那时对分别还不理解,就这样先坐火车后坐船离开了敬爱的周伯伯和邓妈妈。逐渐长大了,面对国家的日益强大,国内外发生大事小情,父母没日没夜地为国家辛勤工作,以及怀着对周伯伯、邓妈妈的敬爱,我们才更想再见周伯伯、邓妈妈。

1964年,周伯伯亚非14国之行圆满结束,回国途经成都,在这短暂休息时间里,给我们全家一次难得的欣喜万分的机会——再次见到敬爱的周伯伯、邓妈妈。那天,父母带着我们全家挤进小汽车到金牛坝招待所。我们几兄妹跑着进了二楼的会客室,大家满心欢喜地围着亲切无比的周伯伯和邓妈妈,问着好,七嘴八舌地回答着他俩的问话。我回答:"我当兵两年了,在重庆七军医大学学医……学得还可以,我一定会努力的。"一会儿陈毅伯伯来了,还有童小鹏叔叔和紫非阿姨、龚澎阿姨都来了。父母

和老朋友欢聚一堂，谈笑风生。周伯伯对我们说："你们知不知道非洲？非洲的黑人兄弟非常友好。你们现在要好好学习知识，学好外语，长大以后去支援非洲的革命和建设。"我和弟妹们连连点头答应。我当时就想，我是老大，我一定要兑现这个承诺：到非洲去。

后来"文化大革命"，我从部队按战士退伍到基层卫生所工作；1976年，"文化大革命"结束后落实政策我被安排到华西医学院工作。再后来作为"文化大革命"后的第一批研究生毕业，回华西继续当医生。每当回想起周伯伯光明磊落的一生，他的人格魅力和自己到非洲去的承诺，心里总是感觉对不起周伯伯。1991年夏，听说医生可以报名到非洲医疗队工作，我马上去问支书，回答确有此事，但是很艰苦，有很多疾病和困难。我当时听后很高兴很激动，我终于有机会实现愿望了。报名后不久，卫生厅两个同志找我谈话："为什么非要去非洲医疗队？"我想说的话太多，我说："是总理叫我去的。""总理？""对，周恩来总理。"我讲起了1964年金牛坝的会面和总理的嘱咐。过去的这些年都没有可能兑现这个承诺，现在我有了一定的能力，机会又来了，我应该了却这个愿望，我一定要去。很快我收到同意去的答复，准备到绵阳集中学习葡萄牙语。

当父亲听到这个事情后，很高兴，给我写了一封信，请当地熟悉的同志在我有困难时帮助我。这是我一生唯一得到父亲的亲笔信，虽不是直接写给我的，但是为我写的。这是父亲对我要去非洲最明确的支持，也是父亲对我终能实现对总理承诺的奖励。

1992年大年初三，我们集中到绵阳中心医院葡萄牙语学习班学习。那时我已经48岁了。老师上完课我又是念又是写，可还是记不住。小考刚及格，真是羡慕年纪轻和记性好的同伴。

学习了近一个月，一天晚饭后回住地，一边上陡峭的楼梯一边念着葡语，灯又不太亮，在有水很光的台阶上一滑，我还没反应过来，就看见小腿向外撇了出去。剧痛让我一下清醒过来，赶快喊同伴帮忙。当地诊断骨折马上送回华西医院，复位失败后经手术钢板固定。一个多月后，卫生厅的同志来病房询问："是否还能去非洲医疗队？"我回答："好了，我还要去。"术后我加紧锻炼并学习葡萄牙语，希望能早日康复跟上医疗队，可惜最终未能成行。这真是我一生的遗憾呀。

我的红岩情怀

孙　岩[*]

1942 年 5 月，我出生在重庆，我的父亲孙敬文和生母林曦在中共中央南方局的领导下曾经在四川工作和战斗。尽管我自己当时很小什么也记不得，但是把他们在那里工作的情况整理一下，提供给写南方局历史的人们参考是我的义务。我们党的历史是由苏区和白区、正面战场和敌后战场、秘密工作和公开工作共同完成的，缺了谁都不可能换来我们的共和国，那些在敌后的无名和孤胆英雄更值得我们尊敬和爱戴。

我的名字来源

我原名叫孙罗曼，为什么父母给我起了这样一个带有洋味的名字？

1942 年 5 月我在重庆出生时，这一年不论是世界反法西斯战争还是共产党在国民党占领区的工作都很困难，即使在那样的环境下父母都乐观地对待，相信前途是光明的困难是暂时的。他们受到周恩来夫妇给在八路军办事处工作的荣高棠子女起名叫乐天、乐妹的启发，就给我起了罗曼这个名字，即英语罗曼蒂克的前两个字，意思是在困难中也要保持乐观和浪漫主义精神。"文化大革命"期间在大学里，我为了纪念幼年时在红岩托

---

* 孙岩：孙敬文、林曦之子，西安军事电信工程学院毕业，原在中信集团信息管理部工作。

儿所度过的生活，为了抹不掉的红岩情怀，自己改名叫孙岩。

我的生母是四川人

我的生母是四川北部阆中县（今阆中市）人，原名叫何旭，她在做秘密工作时曾经改过几个名字，但都是临时的。在重庆《新华日报》工作时叫何熙，从重庆撤到延安后才改名叫林曦。母亲 1919 年出生时家里很穷，10 岁时父母病故，大哥大嫂开茶馆继续抚养她上学，那个学校的高小老师很进步，在上地理课时经常讲苏联工农翻身和男女平等内容，所以她在小学时就非常向往苏联的社会制度。小学毕业后由于学习成绩好，小学校长经过努力保送她上了县初中，在中学她 16 岁时就参加了共产党的外围青年组织。当时阆中县在共产党员于江震（"文革"前是中共西南局书记，1967年遭迫害因病得不到及时治疗病死）等人的领导下建立农会、组织农民武装，开展的革命活动轰轰烈烈。母亲 1938 年参加共产党，那时她在成都一个小学里当老师，她从事党的秘密工作的上级是郑伯克。母亲在当老师时有两个非常好的朋友，一个叫季河清，后来嫁给了于江震，在"文化大革命"中遭迫害身亡。还有一个叫曾秀娟，后和郑伯克结为夫妻。她们三人都是小学老师并且都是共产党员，于是结为三姐妹。由于母亲的名字何旭的旭字里有个九字，她就是九妹。季河清是师范毕业的学生，年龄稍大，季姓的谐音近似七，她就被称为七妹，为大姐。年龄最小的曾秀娟成了八妹。

1940 年 3 月，国民党在成都制造了"抢米事件"，借机对共产党进行大逮捕，她们三姐妹侥幸没有被抓。1940 年底母亲为了党的秘密工作需要，按上级指示和从延安派来的新领导人——我的父亲孙成达组成了家庭，领导这样的安排是为了用夫妻关系掩护父亲，另一方面因为她更熟悉当地情况，能帮助父亲尽快开展地下工作。

父亲从延安被派到成都与母亲组成家庭

父亲是河北省黄骅县（今黄骅市）人，他的原名和离开四川后的名字都叫孙敬文，但他从 1940 年底到 1946 年 1 月在南方局领导下工作期间

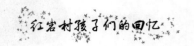

用的名字叫孙成达。

1939 年底到 1940 年春，国民党顽固派发动了第一次反共高潮。1940 年 3 月，在成都制造了"抢米事件"，以打击共产党和进步力量，在这个事件后抓捕了包括川康特委领导人罗世文、车耀先（均在 1949 年被杀害）等很多人，共产党的力量受到很大削弱。

父亲当时 24 岁，正在延安中央青委任干部科科长。1940 年 12 月，青委领导人冯文彬通知他到中央组织部报到接受新任务，组织部李富春副部长亲自和他谈话，告诉他："在国民党掀起的反共高潮中，四川省委书记罗世文、军委书记车耀先都被捕，四川省委损失很大，中央决定选派有敌后斗争经验、能独立作战的干部去四川，经组织研究决定派你去，这是秘密工作，所以你的名字必须改。"父亲在去延安前，在 1935 年党发动的北平"一二·九"学生运动中是领导人之一，那时他是"北平学联总交通"，是北平镜湖中学（现北京七中）高中学生。运动期间为了发动学生参加游行示威，他按彭涛、姚依林、黄敬等上级领导指示到各个大学和中学联络，曾遭到国民党通缉。"一二·九"运动后他又按上级指示在沧州、北平、天津、济南等地搞革命工作，直到 1937 年 9 月到了延安，那时他的名字叫孙敬文，这个名字到四川做秘密工作肯定不能再用了，所以他接受了去四川的任务后就把名字改为孙成达。以后在南方局领导下工作期间，不论是在搞秘密工作的一年多时间，还是在重庆《新华日报》任营业部主任的三年半，用的都是这个名字。李富春还告诉他那里的环境很艰苦，因为他是第一次去四川，应该做好充分的思想准备，不过那里的党组织会全力帮助他。当时和他一起从延安出发被派到四川的还有杜浮生，他在 1938 年曾任四川成都市委书记，对那里的情况比较熟悉。父亲到成都后与他接头的女同志叫何旭，就是我的生母。按照组织安排他们组成了一个革命家庭。

父亲是河北人，母亲是四川人，结婚前根本不认识，他们的爱好和生活习惯也不一样。他们能结合到一起完全是党的工作需要和安排，也是为了共同的战斗目标。

父母在四川搞地下工作

1940年底，父母在四川成都郊区找到住房后开始了工作。父亲先担任中共川康特委青委书记。到成都没多久，刚熟悉了情况，南方局在1941年2月把原川康特委的领导人于江震、郑伯克（于的女儿于谦、郑的女儿郑敏敏都是我在北京育英小学的同学）分别调任川东特委书记和云南工委书记，同时把在重庆搞地下工作的荣高棠（荣的子女乐天、乐妹也是我的小学同学）调来任川康特委书记。父亲任特委委员兼青委书记，实际上此时川康特委领导就他们两个人，按分工荣高棠负责联系成都市区，父亲负责联系周围几个县的地下组织。根据皖南事变后中共中央关于"隐蔽精干、长期埋伏、积蓄力量、以待时机"方针，南方局要求各级党组织从领导形式、工作方式都完全走向地下。根据这个精神父亲的工作重点是疏散、隐蔽暴露身份的党员，保存革命力量。在当地党组织的安排下，他的公开身份是四川省立"成都中学"聘用的外省老师，什么课都教，幸亏有党组织找人为他备课，才没有暴露身份。过了30年后，父亲在北京石油化工部当领导时，著名的炼油专家"石科院"副院长兼总工程师闵恩泽（2007年国家最高科技奖获得者）在一次宴会上对父亲说："您是我在成都上中学时的老师吧？"父亲说："我真的不认识你这个学生，那时我在成都中学的老师工作只是为做地下党工作掩护，我没上过大学，讲课都是别人写的讲义。你是美国博士、中国科学院院士，你才是我的真正老师呢！"这件事在石化部曾传为美谈。

由于当时中共四川省委已经撤销，南方局把原四川所属地区党组织分为两大部分，一块以成都为中心，包括四川西部并加上当时的西康地区，党的领导机构称为川康特委；另一块以重庆为中心的川东地区，领导机构为川东特委。后来又把川东的领导机构分为"上川东"和"下川东"两个特委，它们均隶属于南方局领导，父亲后来就调重庆，先后任川东特委宣传部部长、组织部部长、上川东特委书记。

217

父亲被国民党特务跟踪

父亲在成都川康特委和重庆川东特委搞秘密工作时曾两次遇到过危险，都是和一个叫戴天的国民党特务有关。

戴天的父亲是"川军"的一个团长，母亲是日本人。戴天本人在1938年从四川到陕北"安吴青训班"学习，"安吴青训班"是党培养年轻干部的重要据点，父亲那时是戴天所在连队的指导员，当他发现戴天是国民党派遣的特务后，就派人把他押送到延安，所以他们两人彼此都很熟悉。没想到不久国民党陕西省主席蒋鼎文把他从关押点要了出来，并送回了四川。

1941年夏天的一天，父亲在成都街头突然碰到了戴天，看到他时因离得很近已经躲闪不及，戴天首先打招呼说："孙老师你还认识我吗？"父亲立刻回答："我不认识你，你认错人了吧。"然后匆匆忙忙地离开，事后他立即把这个情况向南方局领导做了汇报。后来南方局把父亲从成都调往重庆搞地下工作。1942年春的一天，父亲在秘密工作的住处附近又发现了戴天，好在及时躲开，这一次没被他发现。但证实了戴天是国民党的侦探，也表明父亲的身份已经暴露并被跟踪。南方局的领导知道这个情况后，在这一年6月调父亲到新华日报社工作，公开了共产党员身份。

父母都调到新华日报社工作

我1942年5月出生在重庆，父亲是那一年的6月调入新华日报社工作的，从1942年6月到1946年1月的三年半的时间里，他任重庆《新华日报》营业部主任，也是新华日报社管理委员会的委员和报社党总支书记，负责《新华日报》的发行工作。由于地下工作身份暴露，母亲也同时调到新华日报社工作。她先在营业部发行科负责财务，后又调到日报的编辑部和印刷部所在地重庆郊区化龙桥工作，任《新华日报》财会科主任，此时她的名字也改叫何熙。

父母带着我由秘密住处搬到了市区的《新华日报》营业部所在地，

即重庆市区民生路208号，住在三楼。父母因为工作很忙，我出生后三个月就被送到了红岩八路军办事处托儿所。后来为了母亲探视方便，我也在化龙桥庞家岩的《新华日报》托儿所待过。

当时新华日报社的最高领导是党报委员会，主席是周恩来，但是对外公开称新华日报社，社长是潘梓年，总编辑原为华岗，后为吴克坚、章汉夫，总经理为熊瑾玎。报社下设一室三部，即经理室、编辑部、印刷部、营业部，从名称里就可以看出它们的分工。营业部是办报的最后一道工序，它的任务主要是做好报纸的发行工作，下设发行

☆1943年春，孙岩（孙罗曼）10个月时在红岩托儿所的照片

课、图书课、广告课、行政课，它也是直接和国民党反动派当局进行面对面斗争的部门。因为国民党要限制共产党的影响，就必然对报纸的内容、发行量、发行范围进行各种限制和阻挠，所以斗争是相当激烈的。发行工作确定以父亲为主，其他同志配合，当时父亲是新华日报社党总支书记，从这点就可以看出南方局对发行工作的重视。

《新华日报》营业部所在的市区民生路208号小楼在重庆影响很大，因为除了发行报纸和图书外，它还是周恩来、董必武、王若飞以及报社领导人开展统一战线的重要地点，也是地下党和进步朋友往来联系的场所。实际上《新华日报》营业部是南方局的一个公开联络站，因为南方局是秘密机构，国民党不允许共产党组织公开活动，南方局设在了红岩村八路军驻渝办事处内，但是那里接见外部朋友显然不方便，统一战线又是南方局的重要工作，而《新华日报》的编辑部和印刷部等都在郊区，这样营业部二楼就成了周恩来、董必武等领导人会见和接待各界朋友的地方。一楼不但卖报纸还卖一些进步图书，另外还传递一些南方局的消息和口信。

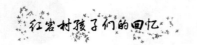

三楼是我父母和一些报童居住的地方。

报社营业部发展和壮大报童队伍

因为《新华日报》是中国共产党在国民党统治区坚持抗战、团结进步的一面旗帜。国民党顽固派对它恨得要死，一方面加强对《新华日报》的新闻检查，另一方面把军警宪特以及黑社会力量动员起来破坏《新华日报》的发行。他们毒打、迫害报童、报丁和读者，甚至捣毁和查封报社的分支营业部和分销处。重庆市三青团头头、派报业工会主席邓发青声言，不准报贩销售《新华日报》，谁卖就殴打谁，还要开除其工会的会籍，永不准许卖报。报贩为了养家当然不敢卖《新华日报》。针对这种情况，有人建议"报社自己招收胆大机灵的娃子，管吃给工钱，这样就不受工会的约束"，所以营业部提出自己建立报童队伍，周恩来批准了这个建议。

父亲1942年到营业部时，报童队伍已经建立，并且这之前在发行皖南事变的报纸宣传上有了杰出表现。父亲上任后为报刊的发行及壮大自己的报童、报丁队伍，做出了不懈的努力。他去后把报童、报丁的队伍不断扩大，从他刚去时的报童不到20人，发展到最多时100多人。他还非常注意培养、训练报童的斗争水平，经常给他们讲政治课。当然报童中也有人因为卖报时被打、被恐吓，或者因家庭干预离开了。父亲在回忆这些报童时说："这些孩子多数十四五岁，出身贫苦，容易接受为人民服务的教育，区别共产党和国民党的不同。"

由于报社同志和报童之间长期的互相关心和帮助，他们中间建立了深厚的感情，所以当1947年2月国民党强行查封《新华日报》时，企图对报童、报丁做分化瓦解，声言如果他们愿意留下，愿上学的可以上学，愿回家的可以发路费，但是他们都异口同声地回答：我们去延安。于是，就趁四川省委书记吴玉章回解放区之便，把他们都带回了延安。

1978年3月中国儿童话剧团上演的话剧《报童》，表现的就是那个时期的报童生活和斗争的故事。该话剧一上演就轰动了北京，后来改编成电影，特别是话剧里王铁成饰演的周恩来关心报童场面很逼真和吸引人。话

☆1978 年 6 月，话剧《报童》在大庆演出后，父亲和石油部宋部长在台
上和演员合影。前排站立者右起第四为化工部部长孙敬文，第五为剧
中周总理的扮演者王铁成，第六为石油部部长宋振明

剧排演时父亲经常接受剧组的采访，讲述当时的实际情况。话剧上演时父亲已从石油化工部调任化工部部长，因为排演认识了一些剧团的人，就很容易地邀请剧团在当年的 6 月去大庆油田演出《报童》，在那里同样产生轰动效应。

巧妙散发毛泽东的《论联合政府》报告震怒了蒋介石

父亲在营业部工作期间经历的事件很多，营业部是报社斗争的最前线。其中经历的一个大事件是 1945 年 5 月大量印发毛泽东在中共"七大"的政治报告《论联合政府》和朱德的军事报告《论解放区战场》。这两个报告如果公开在《新华日报》上发表是通不过国民党新闻检查这一关的，可是这两个决定中国前途和命运的重要文献必须让敌占区的广大群众知道才能争取民众，所以南方局决定以传单形式印刷，然后用《新华日报》的发行渠道广泛发行。南方局的领导王若飞指示：报馆要用自己的合法机构，把这两个报告秘密地大量印发。《新华日报》管委会决定单独印出不

☆重庆新华日报发行部旧址

写报头、不写日期、不送检的报纸型的传单，在订户的每份报纸内夹一份，零售的报纸也一样，不另收费。营业部的工作量顿时加大了很多，寄往外地的传单就通过把《新华日报》的外包装改变成国民党的《中央日报》《扫荡报》包装样子，然后分别到重庆的各个邮局分散邮寄。当总经理熊瑾玎和父亲到南方局汇报工作时，王若飞问发了多少份，父亲说5万份，比平时多一倍多。王若飞说太少了，至少再加20万份。于是他们回来后按指示加印，最终总共发了30万份。

值得一提的是营业部把传单向国民党的要人发送。当共产党在延安开"七大"时国民党也在重庆开"六大"。父亲通过《新华日报》采访部主任石西民得到了国民党"六大"代表名单，营业部就把《论联合政府》传单以请柬形式封寄给"六大"代表每人一份，直接寄到国民党"六大"秘书处，国民党的工作人员一看是请柬就没拆封，把它送到每个代表手里。此事轰动了重庆和国民党最高当局。蒋介石对此大为愤怒，责令国民党新闻检查局调查此事。新闻检查局和警察局把新华日报社社长潘梓年和父亲叫去查问，潘说："这份传单不是我们《新华日报》出的，但的确是我让他们发的，因为我是共产党党员。报童、报丁是受雇于我的，他不发不行，和《新华日报》没关系。"营业部对门的警察局也专门找父亲问发传单的事情，

父亲说："是我让发的，报童、报丁不敢不发，我是营业部主任，他不发我就不给他饭吃。"他也给报童交代了，遇到有人问就往社长和主任身上推。他们把印刷和散发分开成两件事情，只承认散发，不承认印刷，因为报纸在重庆印刷出版就必须送检，这样也是为了保护《新华日报》整体。

中华人民共和国成立后，从敌伪档案中发现了一份文件，是事后国民党新闻检查局给蒋介石的《呈文》："查本局以中共近在延安举行七全代会，为预防其驻渝机关报《新闻日报》违检刊布荒谬言论起见，曾密谕重庆新闻检查处外勤班加强管制。该报自知狡计难逞，不得不另作别图，竟于昨天（5 月 11 日）在西路口、大田湾至复兴关一带，秘密散发传单一种，计四大开版一大张，标题为《论联合政府》，实系毛泽东 4 月 24 日向中共七大代会所作之政治报告。……查前项传单，虽无印发机关和团体名称及印发日期，然其版式字体，实与《新华日报》完全相同，且有多处系夹于《新华日报》内发布，显系由该报先事印妥，并早已秘密运城。唯本局以其既系传单性质，并未送检，无法确定该报发行责任。除既分别电话通知各有关机关秘密注意查禁外，现合检同原传单一份，备文呈请鉴核。谨呈委员长蒋。附呈《新华日报》传单一份。"

从这件事情也可以看出报社的出版和发行斗争方式也更加多样和成熟，在这以前的皖南事件时，报纸把国民党删除的地方以开天窗方式揭露和抗议，而这次的《论联合政府》的刊登和发行是以传单和发行同时并用，共散发 30 万份，起到了更好的效果。

中共中央和毛泽东高度评价《新华日报》

中共中央和毛泽东对于《新华日报》及其发行工作评价很高。1943年，林彪来重庆同国民党谈判时毛泽东曾委托他来报社慰问，并将他在任国民参政员的薪金作为奖金发给了报社的模范工作者。在重庆谈判期间，1945 年 8 月 2 日毛泽东在南方局接见《新华日报》编委会领导时说："我们有八路军、新四军，而《新华日报》在团结抗日的战斗中起了非常重大的作用，也是一个方面军。"后来，在周恩来和王若飞的陪同下，毛泽东又专门到《新华日报》门市部看望了大家。

☆我的父亲孙敬文在《新华日报》发行部时办公的照片

父母分别离开四川我随周恩来到延安

父亲抗战期间在南方局领导下在四川共工作了5年多时间，直到1946年1月父亲接到通知立即随叶剑英和李克农到北平军调部工作，这是叶剑英点的名，因为父亲在"一二·九"运动中任"北平学联总交通"，对北平市比较熟悉。军调部的领导班子大部分都是周恩来领导的南方局人马。要求连夜乘飞机启程。根据当时党的纪律调动不能告诉别人，其他人也不能打听，所以《新华日报》的其他同志也都不知道。他就这样悄悄地离开了《新华日报》和重庆，同时调去的还有荣高棠等同志。半年后他又被紧急调往第一次解放的张家口市。

根据母亲的回忆：父亲1946年1月离开后不久，营业部在民生路的小楼就被国民党顽固派捣毁了，营业部搬到了其他地方。大约在这一年的秋冬，母亲带着我与部分其他中共干部和家属，一起跟着周恩来乘美国人的飞机去了延安。到延安后经过周恩来的安排，把我和其他几个重庆来的小朋友送进了延安中央保育院（延安洛杉矶幼儿园），母亲进党校学习后又接受了新的任务。在延安她和一个四川籍的干部再婚。

在小学我又见到了父母

1949年春我随"延安洛杉矶幼儿园"（原总政军委机关事务总局幼儿

园）从河北西柏坡到了刚解放的北平。

那一年9月在小学开学期间，幼儿园园长丑子冈把我们所有已经够7岁的孩子都送入了从解放区进入北京的中直机关育英小学。在这之前有一天，在西南局工作的于江震伯伯和季河清阿姨来北京开会，他们到幼儿园来看望女儿大鱼（于谦）和儿子二鱼，同时也把我叫去，给我们三个从红岩就在一起的小朋友照了一张合影。

我上育英小学后，学校条件很好、老师也很好，又是住校，和在重庆红岩托儿所和延安保育院一样，小朋友根本没有家庭的概念，学校就是我们的家。即使到了星期天大部分同学被接回家，仍然有很多同学因为父母在外地就留在学校，我们都习以为常。

1950年初，在上小学一年级的寒假期间，马上就要过中华人民共和国成立后的第一个春节了，我们班里只有少数几个同学留在学校，有的同学父母在西北或者东北，有的父母在台湾。有一天老师找我说："有人来接你回家。"有个自称"警卫员"的叔叔带我到校务室领了我的寒假伙食费。我们乘三轮车去了

☆1949年延安保育院迁北京后，3个红岩托儿所的小朋友在保育院合影。左起：孙岩（孙罗曼）、二鱼、大鱼

前门火车站。在火车上我迷迷糊糊地睡着了，直到火车到了当时的察哈尔省省会张家口市。早晨醒来我发现睡在一间陌生小房间的床上，警卫员叔叔说："昨天晚上你睡得真香，有人要抱你过去睡你不去，知道他是谁呀？"我说："他是郭叔叔。"我想起了保育院的郭叔叔，在我们从延安到北平的两年行军路上他经常骑着大马来回跑，查看人数和保护着我们，我们都特别喜欢他。警卫员叔叔大笑说："什么叔叔呀，他是你爸爸，是孙书记。现在他去开会下午才回来，上午你就和我玩吧。"这是我有记忆以

☆母亲林曦带我到延安后，她去党校学习时的照片

来第一次见到父亲。

我在上小学二年级时，有一个星期六下午，在北京有家的同学纷纷被接走，中央统战部接孩子的人按名单把我也接上了大卡车。同学郑敏敏的父母郑伯克伯伯和曾秀娟阿姨在机关大院等着我们，在家里他们拿出一张照片说："这是你妈妈，她现在是重庆纺织厂军代表，来北京开会，一会儿就来接你。"我看着照片说："这不是我妈妈，我妈妈在张家口！"他们只是大笑没有再多说。吃完饭，郑伯伯指着刚进来的阿姨说："这就是你妈妈。"这是我有记忆后第一次见到母亲。我当时并不明白为什么她抱着我就哭，并且说："你们学校的条件比我们重庆好多了，将来有了火车我会接你去玩。"

父亲随叶剑英李克农到北平军调部

1946年初父亲调到北平军事调处执行部工作任庶务科长。军调部中方代表是叶剑英，秘书长是李克农，黄华是新闻处长，荣高棠是行政处长，军调部办公地点在协会医院（当时协会医院还没有恢复诊疗）。中共代表团驻地是在南河沿大街。

我父亲一到北平就投入紧张繁杂的行政事务工作。为各地来的人员安排交通、住宿、警卫和采办工作。还要应付国民党特务、流氓、还乡团等捣乱分子。"军调部"成立是1月，到结束总共只存在了8个月，国民党完成军事部署后美国人就宣布调处失败，军调部宣告结束。我父亲在北平也只工作了5个月，1946年6月张家口第一次解放，这是中国共产党接受的第一个大城市，领导通知他速去那里报到，马上交接工作。因为中共军调部庶务科就他一个人，进出的账都是用黄金，账目一时无法算清，上级领导李克农说："不要算了，别人可以不相信，你孙敬文我是信得过的。"

☆军调部中共代表团驻地旧址。图片来源：东城区委党史办公室

这5个月尽管时间短，但他的工作特别多，经常加班加点无法睡觉，对他身体影响很大。

中华人民共和国成立后，他在张家口工作时一直剃光头，我们问他：你为什么老剃光头，多难看呀。他说这是在军调部工作时太累留下了头疼病，剃了光头好些。我们全家都知道他睡觉时千万不能进他屋，一推门他就跳起来大喊："谁？"原来他已经养成警惕的习惯，怕有人在他睡觉时进来拿"床下的金条"。

父亲来北京出差时，周日他带我出去玩，路过王府井和东四一带时，商店的老板都出来和他点头打招呼，他总是带我匆忙离开。我问他："你在外地工作他们怎么认识你？"他说："他们都说我是共产党里最有钱的人，其实买东西的钱都是公家的。""当时我一个人住一间房，床底下有两个箱子，一个箱子是装肩章，这是为了三方谈判需要，领导根据从解放区来谈判的人让我发什么肩章我就照办，这好办。叶剑英是中将，李克农是少将，其他来的人临时给发。还有一个箱子可重要了，也是我最操心的箱子，里面装的全是金条，是给解放区买药品和其他必需品的，准备打内战，我的主要工作就是给解放区买物品和发货，每天黄金进出不少。"我说："你要是留下一个金条就好了，我从来没有见过金条是什么样。"他非常生气地说："你真是傻孩子，这是公家的钱，公私必须分明！你必须

227

记住这点。"

1952年8月察哈尔省建制撤销，父亲从张家口调到北京工作，我也和其他同学一样每周都可以回家了。但是说实话，那个时候我和其他从幼儿园去的小朋友一样，真的不愿意回家，因为我们已经习惯把学校作为我们的家，同学就是我们的兄弟姐妹。

☆2013年原新华日报社工作人员子女们到新华日报社旧址参观时合影
左起：石晓华（父石西民）、汤澄东（已故，父汤宝桐）、林力（母林冈）、袁冬林（父袁超俊）、熊畅苏（已故，父熊瑾玎）、乔松都（父乔冠华）、石晓华的妹妹石小媛、孙岩（原名孙罗曼，父孙敬文）

动荡的童年生活

梁华银 *

我是重庆八路军办事处梁隆泰、赖贤的第三个儿子。

父亲梁隆泰是 1937 年 5 月加入中国共产党的，他长期从事地下抗日救亡工作。当时他是广东梅县松口区区委书记。1940 年从广东梅县调往重庆八路军办事处工作。他先做过门卫收发工作，曾授过准尉军衔。在周恩来公馆做过馆长。后来担任八路军办事处经济组会计科科长工作。1946 年 5 月随中共谈判代表团先遣组到南京梅园新村筹办代表团的办公驻地，从事管理工作。1946 年底内战爆发，他随代表团最后撤回延安，进入党校三部待命。半月后，任弼时找他谈话，并受董必武指派，经北京、上海到香港中共华南局从事地下党工作。公开身份是米店老板，实际是为东江游击队筹备资金、药品；联络国内支持革命的民主人士；培养一些建国后所需要的财务人员。

直到 1949 年 5 月，接到董必武指示，尽快结束了香港的工作回北京。这时他们乘海轮，途经上海、天津，历经艰险回到北京，进驻中南海，并参加了第一届全国政治协商会议的筹备、组织工作。中华人民共和国成立后他长期在国务院工作，曾任预算室副主任。在国务院机关事务管理局担任财务处长、服务处长、交际处长，后来任国务院机关事务管理局副局长

---

* 梁华银：梁隆泰、赖贤三儿子，西安军事电信工程学院毕业，原煤炭部科学研究院唐山分院工作。2018 年 10 月去世，享年 79 岁。

兼办公室主任。1951年冬广东解放，在母亲生下小弟梁华恩时，父亲曾与许广平到广东参加广东土改工作，半年后回北京。

1958年父亲调任北京市人民政府办公厅任副主任。直到1966年"文化大革命"离开市人委大院，经历长期隔离审查，没查出任何问题，于是被下放到北京顺义县杨镇农村劳动。中共九大后，分配到北京医疗器械总厂任党委书记。他始终坚持朴素的工作作风，和人民群众打成一片。1976年打倒"四人帮"后，回到全国政协机关秘书处任主任，做统战工作，直到离休。

父亲长期在周总理身边工作，受到党的教育和总理的培养。在对国民党反动派的斗争中，在社会主义建设中，在历次运动中都能遵纪守法、严格执行党的方针政策，立场坚定，斗志昂扬；在工作中认真负责，任劳任怨，深入基层。在生活上艰苦朴素，教育孩子们遵纪守法、勤奋学习、积极上进、努力工作。每年春节期间在全家团聚的日子里，他向孩子们讲解国内外形势，讲革命家史，进行革命传统教育，鼓励大家在各自的岗位上努力工作。

母亲赖贤1939年在老家广东梅县加入共产党，协助父亲从事地下工作。1941年由组织派人从老家把母亲和我接到重庆八路军办事处。由于当时革命形势严峻，我的两个哥哥没法同往，6岁的大哥由太祖母一人抚养，4岁的二哥梁华富交给外婆抚养。大哥是1947年随父亲到香港，二哥1953年才接到北京。母亲是农村妇女，没有文化。到八路军办事处后，从事托儿所保育员工作，辛勤地担负抚育革命下一代的任务。1949年进京，1950年3月生了老六华京，同时还参加了文化补习班。后来参加了一些机关科室的行政工作。1958年国家精简机构，母亲也因为体弱多病，病退在家。但是她从没有停止自己的革命步伐。一直在西便门国务院宿舍从事街道办事处的工作，担任了20多年的居委会主任及治保委员的工作，为小区的居民们勤勤恳恳地工作，直到1982年因肺癌病故。

我的童年是在重庆红岩八路军办事处托儿所度过的。在托儿所，我算是比较大的了，因此对于我们的生活环境、大人们所从事的工作以及社会上发生的事多少有些记忆。

我们的托儿所很小，坐落在一个高处的平台上，院子里仿佛有个滑梯、一个秋千、一个跷跷板。重庆的冬天有些阴冷，在那我还曾看到过下雪。我们借住的地方是一位刘老太的花园，她是个好人，愿意帮助我们。

红岩村里地势高低不平，有个办公用的三层楼，还有我们住的一个小楼。我们家住在一层，董必武一家住在二层。我们两家都很熟悉。就是进京后，妈妈还带我去中南海乙区看过他们。红岩村里有杂草丛生的高冈，有经过开垦的菜园子，在较低处种有牛皮菜、空心菜，在高处种有西红柿、洋白菜。在初夏太阳充足的日子，白蝴蝶满天飞舞，非常好看。但是洋白菜可遭殃了，叶子上长满了虫子。那时没有农药可用，只有人工去捉虫。再往低处走有潺潺流水的小溪。沿溪边有长满青苔的石板和杂草，水中有漫游的小鱼，岸边水草中有小虾，水中石缝外有小螃蟹，虽说它只会爬行，但你想捉它时，它一钻进石缝中，你就拿它一点儿办法也没有了。

大人办公的地方是那三层主楼。爸爸工作的会计科在一层，天天人来人往比较繁忙。二层、三层我们小孩都不能去，比较神秘。主楼前方四五百米处，有条公路通往郊区。那时公路上看不到汽车，远远看去只有黄包车和抬滑竿的人在移动着，就像些小蚂蚁。

红岩村是个安全、美丽的地方，但外面的世界是很可怕的。从我们的大门看出去，较远处有时能看到穿黄军装的国民党兵走动，我们叫他们黄狗子。也有穿黑制服的警察，我们叫他们黑狗子。我们还听说外面有拍花的，坏人用手拍你一巴掌，你就会自动跟随他走。我们小孩从来也不敢随便出去。我在重庆五年多，只到市区去过一次，那是到医院做胸部透视。检查出我胸部有些结核菌钙化点。

我们住处不远的地方有个防空洞，是为了防日本飞机轰炸挖的。

1943年3月我家增添了一个妹妹，她就是大妹梁华容。她是我们家的头一个女孩，大家都很喜欢她。重庆夏天很闷热，晚上下班后，爸爸有时把她带到办公室吹吹电风扇。她很乖，很少哭，长得也很健壮。

1944年7月我家又增添了一个小妹妹——梁华云。她出生时才两斤多，身体很弱，两岁多才会走路。她俩后来都健康成长，学习成绩优秀，大妹毕业于北京大学，小妹毕业于北京石油学院。

1945年8月15日，日本投降，抗战胜利了，全国人民欢天喜地，我们到新华日报社驻地，参加了两处人员的联欢会，大家唱"东方红""没

☆1984年，梁华容在重庆红岩革命纪念馆留影

有共产党就没有新中国""解放区的天是明朗的天""团结就是力量"等革命歌曲，还扭秧歌。

1945年秋毛主席来到重庆与蒋介石进行谈判。大家真为他的安全担忧，最后他胜利返回，我们非常高兴。

1946年4月8日，王若飞、叶挺、秦邦宪等人在乘美国军用飞机回延安途中，飞机失事。我们都非常悲痛，因为他们都是我们亲人啊。

1946年春天，我已经6岁多了。我离开了托儿所，穿着新衣服去上小学。听父亲说这是教育家陶行知先生创办的，叫育才学校。学校离办事处不远，校园挺大，教室整洁。我坐在教室上课，透过窗户看到外边操场上，正有一队童子军手持警棍在操练。但好景不长，因为父亲要去南京工作，我没人接送，也就退学了。

1946年的初夏，国民党在全国范围内调遣部队，包围解放区，内战即将爆发。重庆八路军办事处的工作人员已在疏散。一天早晨，天下着毛毛细雨，我随着大人去为回延安的汽车队送行。他们将回到延安了，可我们怎么办呢？

1946年7月初，南京中共谈判代表团先遣组安排好住所后，我们随代表团去了南京。这批人是由电台台长带队，乘船沿长江水路去南京。我们乘坐的是一条木船，不太大，并列挂靠在一艘小汽筏子旁边。这样，小汽筏子在江中顺水行驶时可以控制方向。在逆水行驶时也可以提供足够的动力。由于当时从重庆到南京人太多，船不够用。我们的这两艘船又被迫用绳索拉上了两艘更大的木船，构成了一个笨重的组合船队。它就起航沿江而下了，我们的队长很担心，因船上的人员复杂，尤其后面的两条船上多是国民党的人员。队长要求我们不要与他人交谈，尤其别让小孩子不小心唱出革命歌曲来。这支船队慢腾腾地往下行驶着。如果这时有大型客轮从我们船边驶过，它在江中激起的波浪将会使我们的船摇摆不停。我们真的非常害怕这些大型客轮的到来，第一天和第二天都平安地度过，第三天我们进入长江三峡区，这时正是雨季，江水湍急。这个笨重的船队更难控制，突然我们后面牵引的一条大木船触礁了。船底撞破，江水流入船舱，船上的人员喊声连天，乱成一团，船体开始倾斜，四条船分离开了，自顾不暇。江上没有任何救援，各船也没有救生器材，小汽筏子也不敢靠上去营救。我们这艘船在大木船触礁时被大木船撞坏了尾部，有个女同志（队长夫人）不幸落江，一下子被江水吞没。据说她会游泳，但始终没有发现她的身影。我们的船因为有损伤，不能在江面上过久停留，只能立即选派了水性好的人带着救生圈，背着缆绳，游向左岸。他历经风浪游到岸边，这时聚集在岸边的群众协力相助，将船拖到了岸边，队长再组织群众帮助我们到达汉口，住进旅馆。队长用了几天时间沿岸寻找落江的妻子，却没能找到，我们大家都很难过。在汉口为买船票等了几天，这次我们坐的是比较大的汽筏子，安全地到达了南京。

南京的工作人员比重庆少了很多，没有几个孩子。在南京我们住在一座楼里，楼前是一条马路，路边经常停放着两辆国民党的吉普车，当我们的同志乘车外出时，他们就开出跟踪盯梢。离我们不远有梅园新村，这是董必武和周恩来的住处和工作地点。

美国马歇尔来华调解国共关系，蒋介石搞谈判是假，他为了争取时间部署他的军队，消灭共产党是真。蒋介石最后破坏了国共谈判，发动了内战。1946 年 12 月初我们家与叶剑英的家属，还有一些人乘坐马歇尔专机飞回延安。我们的飞机到达时，可把延安的老百姓吓了一大跳。这个飞机有四个螺旋桨发动机，还有一个大机头，它长、宽都有一二十米，飞机轮子都比一个人还高。返航起飞时，螺旋桨一转起来，机场像刮起了一阵狂风，像要把人吹倒。

我们住进延安大砭沟一个招待所。我很快就进了延安宝塔山下的延安二保小。我们学校坐落在半山腰，山顶上有雄伟的宝塔，山下有清澈的延河水。我们生活、学习在山间的窑洞里。12 月初的天气已渐渐地冷了，还没有炉火，晚上睡觉我们都紧紧地缩在被子里。早晨起来没事时，我们尽量坐在墙角下，唱着儿歌晒太阳，一天老师领着我们到山脚下延河对岸的新华广场去欢迎回防的人民子弟兵。当时传说蒋匪帮胡宗南部队要进攻延安了，他们是回来保卫延安、保卫党中央、保卫毛主席的。大家拿着花束和标语，老百姓拿着红枣、鸡蛋来慰问他们。大家唱着歌，扭着秧歌，往战士们手里塞礼物。

一个星期六的下午，一个小哥哥领着我回家。我们带着刚发的棉鞋、棉帽和棉手套。我非常高兴，因为我很想妈妈和妹妹们。一路上我们蹦蹦跳跳地走着。突然，呜呜地响起了防空警报声。我们赶紧跑进小丛林中，在一个低洼处隐蔽起来。警报结束我们又上路了。后来检查我们的行装，发现我丢了一只棉鞋。我们又返回寻找，却没有找到。一生气我把另一只也扔进了草丛。回到家，母亲知道后教训了我。第二天我们回去寻找，也只找回了我扔掉的那只。后来母亲用旧布给做了只蓝色的，我只好穿着一只黑的，一只蓝色的棉鞋过冬。这次回家，我得了水痘，把两个妹妹也传染上了。后来又得了百日咳，从此我再没回到二保小。

胡宗南要进攻延安，没有工作的妇女儿童必须尽早撤离延安到更安全的地方去。据说这次撤离是邓颖超组织带领的。出发前家家都准备了许多路上临时吃的饼干、油炒面、烤馒头片和肉松。公家统一为我们做了行军用的小木床。我们是第二批从延安出发的。那天早上，从老百姓家调用的牲口到了各家。我家来了一匹大毛驴和一匹马。我的两个妹妹一人一个小木床，里面铺好了被褥，她们睡在里头。两个小床，一边一个绑在牲口驮架上，由那头大毛驴驮着。我的小床和我家的行李是另一匹大马驮着，妈妈还要骑在上头。开始行走时，看牲口的叔叔不太留意。一个小下坡，马儿一个小跑，把妈妈从马背上摔了下来，还好没有摔伤，否则我们三个孩子将怎么办啊！第一批头一天出发的队伍，由于天气寒冷，小床中的幼儿盖得太严，有个孩子被捂死，领导上要求我们各家要特别注意。三天后我们在晚上渡过黄河，因为白天怕国民党飞机轰炸。后来父亲也回到延安，为了便于一家团聚，我们又回到黄河西岸。不久组织上又派父亲去香港做地下工作。我们第三次过黄河，追上前面的队伍。黄河以东是山西，我们暂时定居下来。1947年这一年我们是在山西度过的。母亲为我们每人输了些血，治好了我的百日咳，这年的春天在这里我还上了半年学。1948

年我们行军到河北平山县。我们一直跟着统战部系统走（当时叫城市工作部）。母亲是个党员，又是从红岩村回来的，上级指派她担任一个小组长。每到一个地方，她先要把其他人家安排好，才来照顾自己的孩子。组织上看她太劳累，后来派了个小战士来帮助照顾我们。母亲白天在托儿所工作，晚上经常开会学习，在老乡家两个妹妹就由我照管。我大妹在平山县上了洛杉矶托儿所，每次都是我跟别的家长一起去看她。

1948年秋季，由华北地区的延安保小、光明小学和行知小学合并成立了华北育才小学。我离开家上学去了，上二年级。初冬时节傅作义调兵想攻打党中央所在地西柏坡。为了孩子们的安全，我们学校提前从平原地区向山区行军转移，牛车帮我们拉行李。我们在老师和高年级同学的带领下排队行进，有时晚上有月亮就在月光下走在田埂上。到了宿营地时，就住宿在老乡家，睡在铺着谷草的地上。我们到了山区，在山间的小河边看到纸作坊的工人在制作纸浆，从纸浆中捞出一片片纸贴在墙上。这样就能生产出草纸。我们中有人从已经收获完的花生地里挖出残留花生，"喜讯"传开，一下子地里成了挖花生的战场。老师知道了，狠狠地批评了我们，我们都是人民的子弟，不应该干损害人民利益的事，这样在群众中影响不好。这次傅作义没敢进攻河北解放区，我们也很快回到原来的驻地。我们每天在教室里学习，黑板是用锅底黑灰刷在墙上做成的，桌子和凳子是用长木板搭在砖垛上做成的。在那时能有这样的学习条件已经是很不错了。我们每天早早起床，出操跑步，再洗脸刷牙。用的是金鸡牙粉，猪胰子（用猪油做成的肥皂，像元宵大小的圆球）。上、下午我们上语文、算术课，课间我们玩打瓦、抽陀螺、撞拐等游戏，晚饭后要点名唱歌。前线获得了一些奶粉罐头也分给我们一些。只有身体弱的孩子才能喝到。我因为身材矮小、脉搏弱，也是受补对象。早晨要到学校的医务室去喝。

1949年北京和平解放了。1949年的春天格外美丽，中华人民共和国成立前每年的4月4日是儿童节，这天我们学校的全体师生开了联欢会，校长给我们讲了国内战场的大好形势。孩子们上台表演了自己的节目。午饭后我们就在小树林的沙地上休息。

1949年7月1日北京派来了汽车，我们乘坐的是敞篷军用卡车，在乡间的土路行驶，尘土飞扬。早上出发，中午到保定休息，下午驶过卢沟桥，经城外环行路进入北京。我们暂住在东城柴棒胡同一座小楼里。

很快就放暑假了，我们十几个孩子被接到中南海。虽然我们的父母都在中南海里工作，但都没有和我们一起住，他们工作忙，也没有时间管我们。我们由一位阿姨带领过着集体寄宿式生活。那时我们住在中南海的一个俱乐部的大厅里，那里放着许多锣鼓等乐器和彩旗。我们的年龄大小不一，没有什么共同语言，都各行其是。有一天是星期六俱乐部举办舞会。晚上8点前我们从住所直接进入舞厅，没有经过什么门卫检查，真是太方便了。舞厅地面好像打了滑石粉，光滑得很，我们在厅内跑着玩，有时都会滑倒。8点钟毛主席、朱总司令等首长都来了。这是我第一次近距离看到我们日思夜想的伟大领袖毛主席和朱总司令，我们没敢太靠近，但已经非常满足了。他们坐到墙边的沙发上抽烟、喝茶、聊天。灯光暗了，舞曲响起，舞会开始了。我们这帮兴奋的孩子就尽快地躲到自己的房间去了。

不久，我们离开了这个宝地，住到一个较偏僻的地方。不过，我们也没安静下来，独自到处玩耍。中南海曾经是封建皇帝、达官贵人居住的地方，房屋都是用漂亮的琉璃瓦装饰，庭院里都很整洁。到处有假山、竹林、海棠树、松树、核桃树等。院落间由画廊连接，靠近画廊有水潭，潭中有水草，开满荷花。荷叶下有成群游动的金鱼。潭边的石壁上还爬着很大的螺蛳。我们的调皮行动又开始了，用大头针做成鱼钩，用米饭做鱼饵钓金鱼，金鱼很馋嘴，很容易上钩。钓完我们又会把它们扔回水中。我们还用铁丝和布做了小网兜，把它固定在一根长竹竿上，用它来捞螺蛳。我们找些盐，把捞到的螺蛳煮熟了吃，可惜这道菜太土腥味，又硬，不好吃，我们从此不再干这傻事了。

家长们都很忙，没空管我们，甚至没空来看望我们。一天晚饭后，我们散步到勤政殿，听说里面在放电影，我们也混进去，摸到放映机旁边坐下来看，我因为在外面玩耍了一天非常疲劳了，竟然躺倒睡着了。电影结束后，看电影的人都纷纷离开了，放映员叔叔发现了我，他高声喊："这是谁家的孩子？"父亲走近认出了我，将我领回了家。洗了脸，睡了一晚。这也是我进入中南海后，头一次与父母团聚。第二天我又回到自己的住处。暑假很快就结束了。返校前，父亲送我一支他从香港买回的钢笔，鼓

☆20 世纪 50 年代初期全家福
前排左起：梁华容、梁华京、
梁华恩、梁华云
后排左起：梁华丰、梁隆泰
（父亲）、赖贤（母亲）、梁华
富、梁华银

励我好好学习。

　　我们回到华北育才小学。它位于北京南城先农坛中，校舍是先农坛的
一群古建筑。宿舍、食堂、礼堂、图书馆都是在旧的老房子里，只有教室
是在新盖的小楼里。我被分到三年级甲一班，我们班增加了许多不认识的
新同学，也增加了一批新的优秀老师。我们的新学期开始了，我的动荡的
童年生活也就结束了。

红岩回忆

陈庆立*

　　无论在什么地方，只要一看到"红岩"二字我就会感到无比亲切；无论是什么时候，只要一听到红岩村的名字，我就会感到有一股暖流淌进我的心里。红岩村这个名字对我来说实在是太熟悉了。从我孩童时代起，就无数次的从我父母与他的老朋友们的谈话中听到过，她已经深深地烙在了我的脑海里。虽然当时我并不太懂他们所谈的内容，但从他们激动的表情和兴致勃勃的情绪上来看，我猜想那里若不是一个很有趣、又很好玩的地方，就一定是一个令人神往、又非常重要的场所。随着我长大，才逐渐知道原来红岩村是抗战时期国共合作时，中共中央南方局在重庆的首脑机关驻地，对外称"重庆八路军办事处"。在党中央的领导下，在周恩来、董必武等同志的直接指挥下，我的父辈们以红岩村为指挥中心，在国民党统治的大后方，演绎了一场虽然没有飞机大炮、坦克装甲，但同样是刀光剑影、腥风血雨、惊心动魄、可歌可泣的殊死战斗。

一、欢乐童年

　　难怪我对红岩村会感到那么亲切，原来我就出生在那里，并在那里度过了一段欢乐的童年时光。

---

　　* 陈庆立：陈于彤、黄纪之子，原在中国人民解放军总后勤部生产部工作。

化险为夷，平安降生

我的姨妈黄常和李超南阿姨①及一些当年曾在红岩村工作的叔叔阿姨们曾对我说：母亲怀着我时，正在新华日报社负责编辑《妇女之路》专栏。重庆是个山城，走路爬坡是家常便饭，况且我已不是头胎了，母亲便没有那么小心翼翼，直到临产的前几天，还坚持着到化龙桥的新华日报社去上班。正是由于山城道路的高低不平，母亲每日爬坡颠上颠下，我的头部在她的盆骨上磨起了一个大水泡，因而造成了难产（当然这是在我出生后医生分析出的结论）。当时的中国，生孩子很少听说去找什么妇产医院的，家里请个有经验的人来帮忙，或者找个接生婆就行了。情急之下，守候在一旁的姨妈只有去找办事处的同志们帮忙了。有人出主意：去请当时在重庆挂牌行医的外国妇产医生。请外国医生谈何容易，是要花大把钞票的！可当时办事处的工作人员生活都很俭朴，谁也没有什么富余的闲钱，大家倾囊而出也凑不出几个钱来。大家的喧闹声惊动了邓颖超妈妈，又很快传到了周恩来伯伯的耳朵里，周伯伯当机立断：救人要紧。决定动用办事处的经费。据说是花金条请了个英国的妇产医生。大夫一番检查，动用了产钳，把我接生出来。一场危难就这样化险为夷，我也平安地降生了。除了要感谢我的父母把我带到这个世界上来之外，我的心中时时都保持着一种由衷的感激之情，感谢那些拯救了我生命的红岩村的叔叔阿姨，感谢敬爱的邓妈妈、周伯伯。

"我见到了毛主席！"

我的姨父薛子正②，早年曾参加过上海的工人武装起义，后由党组织

---

① 李超南：陈野苹同志夫人，中华人民共和国成立后任北京邮电医院党委书记。

② 薛子正：四川凉山人，1926年入党；1927年派往苏联，后入列宁格勒（今彼得格勒）军政大学学习；1930年毕业回国后曾任闽北军分区司令员、江西军区参谋长等职。1935年负伤潜回家乡。1939年随叶剑英到南岳游击干训班任教官。1940年到南方局军事组，后任北平军调处中方参谋长。中华人民共和国成立后任北京市政府秘书长、副市长、国家经委副主任、中央统战部副部长等职。

送到苏联东方大学读书，以后又和萧劲光等人到列宁格勒（今彼得格勒）军政大学学习军事。1930年学成回国后，组织上派他到井冈山革命根据地工作，曾出任过江西军区的参谋长。1935年部队突围时被敌人冲散，他因腿部中弹负伤，便与部队失去了联络，暂时隐藏在荒山野地里。后来靠好心老乡的救助，历经千辛万苦，潜回四川老家养伤。康复归队后几经辗转，组织上派他到南方局的军事组工作。在红岩村他是个出了名的热心肠，一有闲暇他就张罗着大家凑份子、打牙祭；既调剂了生活、改善了伙食，也增进了同志们相互之间的了解和感情，真是好不热闹。每逢此时，不仅他要亲自操刀下厨，也会动员大家各显神通，拿出各自的绝活。据说周恩来伯伯也给大家做了他最拿手的淮扬名菜——清蒸狮子头，被传为佳话。

　　1945年毛泽东主席赴重庆参加国共和平谈判期间，在红岩村接见了部分八路军办事处和新华日报社的工作人员。母亲有幸参加了这次接见。当时我才两岁，正处在襁褓中咿呀学语的阶段，也被母亲怀抱着到了接见的现场。对于长期生活在国民党陪都的共产党人来说，能亲耳聆听毛泽东主席的讲话，能亲眼看见自己领袖的风采，那真是千载难逢的好机会。参加者当然都既非常激动，又极其兴奋。散会出来，在红岩村自己的同志中间，谁也不加掩饰，欢乐之情溢于言表，逢人便说：我见到毛主席了！我见到毛主席了！我这个黄毛小子，虽然不懂这句话的意思，却受了这强烈气氛的感染，而跟着大人学语。在红岩村这当然没有什么，但出了办事处再说这些事便是非常危险的，甚至会招来杀身之祸。下班后，母亲和姨妈带我回家，中间要乘一段公共汽车。在公共汽车的行驶途中，我口中突然冒出一句：我见到毛主席了！声音很大，把母亲吓了一跳。有人不怀好意地问母亲：这小孩喊的是什么？车上的人都用吃惊的眼神看着母亲。这中间也有几个国民党特务用恶毒的眼光盯着母亲，气氛异常紧张。我姨妈当时的心都要提到嗓子眼了。要知道，在国民党统治下的陪都，竟然在公开场合说这样的话，这无异于呼喊反对他们的口号，是要抓起来关监牢的。面对这突如其来的变故，母亲开始也有些不知所措，好在她经历过长时间的对敌斗争锻炼，也算是见过些世面，积累了不少经验。她立刻使自己平静下来，并没有惊慌失措地用手去堵我的嘴，而是把我抱起来，让我背对着其他的乘客；又指着车外的景色和行人，以分散我的注意力。同时不紧

不慢、轻描淡写地回答：学说话的孩子，谁知他在说些什么。一边又故意摸我腋下的痒痒肉逗我发笑。我的笑声缓解了车上凝重的气氛。但为防止意外，也为了不影响同车其他同志的安全，母亲提前下了车。她带着我和姨妈一边逛市场、绕弯弯路，一边观察身旁有无异常情况，直到确认彻底安全了才走回家去。

当我读育才小学时，才头一次听到别人讲起这件事情。我对自己在浑然不明事理的懵懂年代闯下的大祸感到歉疚。当看到母亲望着我的微笑，丝毫没有责怪我的意思时，便更加地忐忑不安了。也许是姨妈看出了我的尴尬，拍着我的肩头说：当时你那么小，怎么能怪你呢。不过那次真的是好紧张啊，如果不是你妈妈沉着、巧妙地敷衍过去，后果就难以想象了。你真的是要好好地感谢你妈妈。姨妈的话深深地印在了我的脑海里。

托儿所里的捣蛋鬼

大概在我两三岁的时候，我和哥哥、姐姐都生活在红岩村的托儿所里。父亲也已完成了组织上交给他的特别任务，回到办事处，到新华日报社任资料室主任。重庆是中国著名的三大火炉城市之一。夏季的烈日，骄阳似火，直射到长江江面上，江水腾起的蒸气又形成雾，笼罩在城市的上空，简直就是一个大蒸笼。而那时候不要说空调，连电风扇都难得一见。

由于办事处的工作人员数量有限，几乎没有专职老师管理托儿所。常常抽调年轻阿姨来轮流照顾我们。我姨妈就曾当过我们的老师。五六岁的男孩，正是精力旺盛的时候，没事都会生出事来。我的

☆1951 年政务院副总理董必武（右）
与秘书陈于彤（左）

241

大哥及托儿所中像他一般大小的几个男孩，当时就正处在这个阶段。夏日的午后，人躺着不动都是一身的汗，这些小家伙又怎么会安静地躺下，去忍受这般的难耐呢，便借口上厕所，一个一个地偷偷溜出了托儿所，我也跟着他们跑了出去。溜到了院子里便如同龙归大海、放虎归山。半大小子们撒开了欢儿地蹦啊、跳啊、喊啊、叫啊。红岩村的院子本来就没有多大，又夹在山坳里，孩子们的喧闹声不一会儿就把正在午休的叔叔阿姨们吵起来了。更有甚者，据说我哥哥抢球时，正好把皮球扔到了董必武伯伯的窗户上，把他老人家也给搅起来了。这还了得，事情立刻反映到周恩来伯伯处。那时的我们哪里懂得，南方局的叔叔、阿姨们常常是通宵达旦、夜以继日地工作。尤其是董老、周伯伯他们几位领导人，更是日理万机、忙得不可开交，难得中午有机会小睡一会儿，又让我们这帮捣蛋鬼给搅了。可这毕竟是孩子们闯的祸，真是让人急不得也恼不得。董老和周伯伯没有责备孩子们，只是要求托儿所的老师多留点心，把托儿所的大门关严些，不要让孩子们再跑出来，避免发生类似的事情。可这事让父亲有些耐不住了，他的两个儿子都在捣蛋者之列，还有一个是打破窗户的肇事者。他到董老的办公室去向董老诚恳道歉，又向周伯伯做自我批评。董伯伯和周伯伯都没有责备他，这反而使他更加地不安，回到家里，好生地责骂了我们一顿。

红岩托儿所的生活是欢乐美好的，也是幸福难忘的，可惜实在太短暂了。1947年初，国共和谈破裂，南方局也完成了它在重庆的使命。孩子们也随着他们的父母到其他的革命工作中去了。

红岩村的"客人"

1940年底，由于叛徒的出卖，我父亲在贵州省工委负责人的身份暴露了，并被国民党贵州当局通缉。鉴于此，南方局通知我父亲撤回了重庆。

在红岩村，像父亲这样在蒋管区坚持在隐蔽战线工作的同志都被称作"客人"，住在二楼专设的房间里，平时不出房门，吃饭都有人送来，听报告也坐在隔壁的房间里，还会挂上帘子。按规定"客人"只能与自己工作

有关的机关工作人员接触，即使是老朋友、熟人也不允许私下往来。这期间父亲除了向各部门首长汇报工作，聆听周恩来或董老的当面教诲外，每天就是抓紧时间看文件、读书、看报、听报告，学习党的政策，为下一步的工作做好思想上和理论上的准备。例如，孔原讲了很多的具体事例来告诉他们如何识别敌人的"红旗政策""美人计"，以及被捕后如何应对审讯等做秘密工作的注意事项。这都是我们一些同志的亲身经历和用血的教训总结出来的经验，当然印象深刻。当时南方局的干部大多像父亲那样初出茅庐，才二三十岁，比较年轻，周恩来非常重视对他们的思想教育。有一次利用青年晚会的机会，周恩来从午夜一直讲到第二天凌晨。从时事政策、组织纪律、革命气节、秘密工作到恋爱婚姻、家庭生活等，凡是年轻人要涉及的方方面面的问题都讲到了。大到党的政策，小到生活琐事，用了许多身边发生的实际例子，掰开来揉碎了、深入浅出地为大家分析与讲解。他把高深的理论融会贯通到浅显的实践之中，用他自己几十年革命斗争的经历、体验、感悟来启迪年轻人。即便是一些大道理也丝毫不让人感觉到空泛，大家都听得津津有味，不断地点头称是，会场的气氛既欢愉又热烈，一点儿也不感到疲劳，不知不觉间他已经连续讲了好几个小时，天都要亮了。要不是因为白天还有许多工作要做，大家真希望他再多讲一些。

另一次听周恩来讲党史也给父亲留下了极深的印象。周恩来长期在党的核心领导层担任主要领导职务，亲身经历了党的发展进程中的若干次重大历史事件。通过他把这些亲历的史实，提升到理论的高度来进行深刻的反思，而得到的经验和体会，这绝不是在普通的党史教科书中所能看到的东西，是非常难得、极其珍贵的第一手党史资料。虽然周恩来声明这只是他个人的看法，未经中央同意，不能引以为据。父亲还是做了不少笔记，回来后又反复地揣摩、消化，深感受益匪浅。遗憾的是，根据当时的保密规定，这类笔记不能带出办事处，在父亲离开红岩村时都上交了，没能流传下来。多年以后，父亲一提起此事还连连摇头叹息，深感可惜。

一天晚上，周恩来找父亲到他办公室去谈话，谈到了半夜两三点，周恩来便让父亲先回去休息，以后再约时间谈，说还要赶写一篇第二天要见报的社论。父亲回到房间倒头就睡，一觉醒来已是上午10点了。他起来看见桌上有份当天的《新华日报》，头版上正是他睡觉时周恩来连夜赶写的题为《论军事第一》的长篇社论。父亲看着报纸，一股崇敬之情从心中油然升起。这过人的精力、刻苦的敬业精神、精深的理论修养、敏捷的文思和扎实的文笔功底无不跃然纸上，怎么能叫人不敬佩呢？父亲在渝待命期间，董老也曾多次找他谈话，除了给他分析皖南事变后，国民党发动第二次"反共"高潮以来的形势，还详细讲解了为应对这一形势，我党制定的"隐蔽精干、长期埋伏、积蓄力量、以待时机"的十六字方针，以及为贯彻这一方针具体制定的一些办法。如，三勤（勤学、勤业、勤交友）；三化（社会化、职业化、合法化）；三有（有理、有利、有节）。董老给父亲留下最深刻印象的一件事是，已经年逾六旬的老人，还在孜孜不倦地学习英语和俄语，一有空就翻出来看，有不懂的地方便去找年轻人求教，也许这就是古人所说的，学而不倦、不耻下问吧。等母亲来红岩村以后，又过了一段时间，廖似光和孔原通知父母到川康特委工作，交给父亲一封表面上看似家书，其实是暗语的介绍信，让他去成都找钱瑛接头。临行前董老又把父亲找去谈了三个小时的话，从川康地区的形势，到父母的具体任务及家庭的安排都做了详细的交代。周恩来也找父亲谈了话，并特别叮嘱他，在蒋管区的大城市单独执行任务，会接触到形形色色的人，也会碰到些乌七八糟的事情，切记要同流而不合污，出淤泥而不染，不但自己要记住，还要告诉别的同志都要记住。

由于红岩村的四周都有敌人的特务盯梢，为了保证同志们的安全，通常是用首长的专车送人下山。父亲及一家人离开时就是乘用了董老的车。按照事先的安排，汽车从临江门拐进一条短巷，里面是国民党的兵役署，由于巷子太短，里面又是敌人自己的机关，跟踪的车怕暴露便不再跟进来了。甩掉了尾巴，父亲、母亲及哥哥、姨妈便连忙提上行李，下车找个小旅店住下。他们四人费了不少周折才找到一辆去成都的汽车，于1941年春到达成都。

二、川康特委

抵达成都后，经过严格的审核手续，父母才与川康特委书记钱瑛接上头。一见面，钱瑛大姐便急切地向父亲询问中央和南方局的指示。由于

"皖南事变"后，全国都处在"反共"高潮之中，川康地区的党组织也受到了很大的破坏，下一步的工作怎么开展，他们也在盼望着南方局的指示。父亲便将党中央关于"隐蔽精干、长期埋伏、积蓄力量、以待时机"的方针和周恩来、董必武临行前所做的指示，原原本本地传达给她。钱大姐也将川康地区的情况，向父母做了全面的介绍。父亲还记得那次他们谈话时，是管平阿姨负责在外面放着哨。分手时钱大姐根据中央的精神，要求每一个隐蔽战线的同志都有一个合法、相对稳定的职务做掩护，以便长期开展工作。她让父母先安好家、找好职业再与她联系，然后再谈工作的安排。不久，父亲即在华西日报社找了个编辑的职位，既有合法的身份，又很方便他四处联络活动。他把家安顿在当时属成都城乡接合部的青羊宫外，交通便利，国民党的管控也相对松懈，流动人员多，较易于隐蔽。母亲便带着姨妈和哥哥做起协助和掩护的工作。这时钱瑛交给父亲一份名单，让父亲分别与他们建立起单线联系，向他们通报党中央和南方局的最新政策和指示，探讨新形势下如何开展下一步的工作。又让父亲找刘文哲、刘连波，从他们手中接下一些关系。钱大姐还特别叮嘱父亲：这都是一些在社会上有影响，或是政治、军事等方面的上层人物，不编入支部，不过组织生活，不交党费，也不与其他地方党组织发生横向联系，要特殊对待。实际上关于这个问题在父亲离开重庆时董老已经特别交代过了。这期间，钱大姐及川康特委的成员荣高棠、孙敬文都与父母见了面，研讨如何贯彻党中央和南方局的指示，如何开展川康特委的工作。但时间不长，1941年夏天，几位川康特委的成员都相继撤离了成都。从这时起直到1946年夏父亲奉调离开成都，他的工作就一直是直接由董老来领导了。

仅从由南方局主要领导人董老亲自指导父亲的工作，便可知这项任务的分量了。父亲所联系的这些人，可以给我们提供重要的情报，还可以影响到我党对四川地方决策人物和国民党的高层人物的统战工作。这当然需要有极高的政策要求和高度的保密，也就只能由南方局的最高领导人——董老和周恩来直接掌控了。他们中的一些人后来归了队，由于他们与父母之间曾经有过这样一段不平凡的战斗经历，便结了生死与共的挚交，中华人民共和国成立后与父母经常往来，成为家中的常客，连同这几家的孩子们也都成了很好的朋友。

　　譬如中华人民共和国成立后担任全国政协常委、卫生部顾问的王文鼎，作为四川省的名中医，由于医术高超，在社会上的名气很大，声望也很高。被当时的国民党四川省警察厅长聘为专职医生，特地在警察厅内为他设立了一个诊室，专门为国民党的高官显要们把脉看病。像刘湘、刘文辉、潘文华、邓锡侯等人都曾是他的病人。当然也少不了会被请到这些人的家中，去给他们的太太、小姐等看病，成了他们家中的座上客，一起打麻将、抽大烟、下饭馆、喝花酒，和他们混得称兄道弟、不分彼此。说到抽大烟，这里还有个插曲。王文鼎认为自己是共产党员，抽大烟不合适，专门向党组织请示过。考虑到他常要与这些人打交道，通过抽烟喝酒能使他们走得更近一些，也更便于开展工作，所以准许他抽大烟。这样王医生便能轻而易举地从与这些人的闲聊中收集到许多情况，甚至是很重要的情报。有时他也利用与这些高官的私人关系来为我党办事，当然更会不失时机地向这些人进言，吹吹耳边风、做他们的统战工作。

☆父亲（中）和战友胡春浦父女合影

　　说起四川的和平解放，就不得不提到胡春浦。正是由于以他为代表的一批同志认真执行南方局的指示，不畏艰险，深入虎穴，长期坚持做川康将领、地方实力派官员和袍哥帮会的工作，宣传党的统一战线政策，到解放大军兵临城下将要包围成都的关键时刻，才可能由他们亲自出面去说服并策动刘文辉、邓锡侯、潘文华等率部起义，挫败蒋介石在川西决战的意图，避免几十万生灵涂炭，城毁人亡的人间悲剧，让天府之国的明珠——

红岩回忆

成都完好无损回到人民的手中，这一不朽的功绩永载史册。

胡春浦出生在一个成功的商人家庭，从小深谙经商之道。在别人眼里，他豪爽大气，待人诚恳，讲义气，帮朋友而从不吝惜钱财，做起事来又非常地精明干练，深受朋友信任和喜爱。这对他今后的工作有很大的帮助。1935年1月他加入中国共产党，随即进入中央特科，属于中央特科——中央社会部系统。1941年，我父亲从刘文哲手中接过了胡春浦的组织关系，从此开始了他们的长期合作。当时我父亲刚到成都，各方面的情况都不熟悉，而胡春浦人脉广，情况熟，点子又多，给我父亲提供了很大的帮助，真是有求必应。由于经费紧张，我父亲只能先安排工作方面需求，结果常常搞得生活很拮据。胡春浦看到我父亲拖家带口，便常常给予接济。为了避开特务的视线，我父亲经常需要搬家，胡便事先做好安排。情况最危急时，他干脆把我父亲的家安排在灌县他经营的煤矿附近，让我母亲去小学教书，再给我父亲安排个挂名的闲职，一点也不耽误正常的工作，一家人就这样很好地掩护下来。每逢党组织有重要指示或领导人有重要著作，父亲都会向胡春浦传达并一起学习。正是靠胡春浦、黎强、刘景素这些战友的帮助，才使我父亲能在成都工作的五年期间一次次躲过追捕，化险为夷。

又如刘景素，自幼受其追随孙中山革命、奔波一生的同盟会军人父亲的影响，立志为谋求中华民族的富强而努力奋斗。年轻时便结交了许多共产党员的同学做朋友，与他们一道在家乡江油搞爱国学生运动。1930年考入黄埔军校第八期，1937年9月在山西抗日前线因营救第22集团军总司令邓锡侯脱险而立功。1938年7月经林蒙、周俊烈介绍秘密加入了中国共产党，随即刘景素便在他担任团长的第731团秘密发展了一批共产党员，并组建了以他和陈元良为正副书记的党支部，使这支部队除了还有少数顽固的反动军官之外，基本上掌握在共产党员手中。1939年4月，第731团在湖北大洪山重创日军，受到战区的嘉奖。随即根据我党潜伏在第22集团军的代表胡春浦、郑绍文，以及中共鄂中特委书记杨学诚、中心县委书记谢威的指示，刘景素率全团脱离第22集团军的建制，配合我应城抗日游击四支队参加李先念、陶铸等领导的创建大洪山抗日根据地的斗争。三个月以后，上级党组织考虑到当时正处在国共合作、共同抗日的时期，为了不影响大局，又指示他率部归回原建制。这对刘景素来说是一个左右为难，非常难以执行，但又必须执行的命令。他只好留下部分已经暴露了身份的共产党员和一批武器弹药给了游击队（这些留下来的同志后来大都成为新四军五师的骨干，其中青雄虎在中华人民共和国成立后曾任福州军区闽北指挥部副司令员），冒着被枪毙的危险率部回到第22集团军。此事惊动了国民党的最高当局，蒋介石亲自下令严查。幸而他与时任第22集团军司令的孙震是亲戚，而且他又曾经救过邓锡侯的命，这些人不希望别人说自己的部下有"通共嫌疑"，便有意放过他。经过刘景素在军法处的巧妙应对，虽然侥幸躲过一劫，却被剥夺了带兵权，把他调到集团军司令部去当了个课长。结果在这期间他又利用课长的职权，把被国民党特务逮捕的我党地下交通站的5位同志给放了，其中还包括陶铸的夫人曾志同志。此事再一次闹到第22集团军军部，孙震只得下令将刘景素撤职遣送回成都去反省，并接受进一步的审查。

就在这时父亲来到成都，从胡春浦、刘文哲手中接过了他的组织关系，与他建立起单线联系。为了达到尽快让刘景素回到原部队，更好地利用与孙震的关系来开展统战工作的目的，他们商定先让刘景素暂时做个表面上不问政治、一心只挣钱的商人来麻痹敌人。凭着刘景素的国军上校身份，再背靠上第22集团军驻成都留守处，刘景素在焦家巷所开的饭店、酒家、商行不但生意兴隆，为党提供了非常难能可贵的大笔经费，还成了我党在成都最安全可靠的一个秘密联络站。我党往来于成都的很多同志都在刘景素的西城招待所驻足，不但安全有保障，还受到了很好的免费接待；一些同志被安排进去工作；一些党的秘密会议在这里召开；一些同志还在这里躲过了敌人的追捕。我母亲黄纪一次去医院看病时发现被敌特跟踪，几经努力仍未摆脱敌人，情急之下来到了刘景素的饭店。刘敏锐地察觉到有情况，便机警地把母亲安排进最豪华的包间住下来，让他的夫人王尧贞亲自陪伴。国民党的特务怎么也不会想到，在这个有着国民党军队背景的饭店高级房间内，居然会藏着他们想要追捕的共产党员。一次父亲发现一连两天都盯过他，虽然都被他甩掉的特务现在又跟上来了，这是个很严重的征兆，他转了几个弯，甩掉特务后便拐进了刘景素的饭店，直奔经理室找到刘景素说明原委。刘二话没说立即安排车，并让他的夫人王尧贞

亲自掩护父亲出城，又让人一直把父亲送到什邡暂住些时日以避风头。这次由于父亲走得匆忙，来不及做善后工作，只好一到什邡就立刻给荣高棠写了封信说明情况，让同志们放心。由于需要在外地耽搁较长的时间，成都的家又不能不搬，只好写信给林竹栖，托他帮助把家搬到犀浦的乡下去。十几天以后父亲返回成都，等他到犀浦找到母亲时，家中已无米下锅，我哥哥他们已经断炊在饿肚子了。可见当时他们度日还是很艰辛的。

一段时间之后，他们的韬晦之策终于收到了效果，1943年春，孙震又将刘景素调回到湖北襄樊前线的军中。1942年10月刚得知这一消息，父亲便安排刘景素到重庆八路军办事处面见周恩来和董必武。那天因周恩来临时有事，只好托董老转达他对刘景素的关切和嘱托。董老听到刘景素表达希望去延安，回到自己的队伍中爽爽快快地大干一场，而不愿憋在人家下面受气的愿望后，便谆谆地劝慰他：还是要从党的工作上多考虑，他和孙震的关系是别人不能替代的，他在那里能为党发挥更大的作用。随即给刘景素交代了任务：长期潜伏，搞好与孙震的关系；团结爱国官兵，争取重掌兵权；等待完成党交给的重要任务。同时也给他规定了三条纪律：一、要坚守在孙部的岗位上，未经允许不得擅自离开。二、任何情况下不得暴露共产党员的身份，不能自己去发展共产党的组织和活动，需要时可以参加国民党的组织活动。三、不要自己主动去寻找党组织，党会在时机成熟时去找他。刘景素牢记着董老的教诲，孤身奋战在敌人的营垒中。1947年之前，父亲还能不定期地与他保持着书信往来，南方局撤离重庆后，父亲仅能偶尔通过关系向他表达口头问候，直至1949年，才又和他重新建立了联系。这期间，刘景素从团长、师长一路升到少将纵队司令。1949年12月21日，根据党的指示，刘景素与原国民党川鄂绥靖公署、第16集团军等部联名通电起义，宣告了蒋介石川西大决战计划的失败。刘景素没有辜负党的期望，胜利地完成了党交给的任务后，回到了自己的队伍中。

正当刘景素及其家人与全国人民一道沉浸在欢庆胜利的喜悦之中时，难以想象的事却发生了。1950年11月，刘景素在华东军政大学被隔离审查，停止了党籍。一个军职干部被安排到安徽的地方院校任后勤处副处长。刘景素除了忍辱负重、兢兢业业地完成本职工作之外，还要不停地为

☆1978年夏，陈于彤（右）夫妇与刘景素夫妇

恢复自己的组织关系而申述。1953年底董老收到刘景素的申述信后，立即指示用中央人民政府法制委员会的正式公函回复，并让父亲多次复信处理此事。父亲又通知胡春浦、周俊烈等人为其证明。但直到"文化大革命"时，此事仍然未能解决，使得刘景素在"文革"中又蒙受了许多不白之冤。粉碎"四人帮"以后，刘景素又一次提出了他的党籍问题。父亲请薛子正给时任安徽省委书记的万里去信，又请童小鹏找安徽的政协主席张恺帆和统战部部长魏建章专门谈周总理、董老亲自派遣刘景素打入敌人营垒的经过。直至1978年7月刘景素才恢复党籍。

还有一位叫黎强的同志，原名李碧光，四川省安岳县人，1915年出生。1939年，李碧光受中共中央组织部的派遣，从延安回到重庆。按照南方局的指示，作为不参加组织生活，不交党费，不与一般党组织或其他党员发生横向联系，由南方局最高领导人周恩来或董必武通过指定的专人对他直接指挥，即所谓垂直领导、单线联系的特殊党员；打入敌人内部，尽量争取进入敌特机关，钻得越深、职务爬得越高，对党越有利。这时南方局给李碧光一个代号："黎强"，即力量强大之意。1940年秋，黎强巧妙地利用各种社会关系和机会，用李长亨这个名字打进国民党的特务机关"中统"的下层组织。也正是在这个时候，父亲奉南方局的命令，到成都与黎强建立起单线联系，相互配合，共同完成组织上交付的任务。经过一

段时间的观察，黎强发现中统、军统貌似强大，但内部却矛盾重重，相互之间派系林立、钩心斗角、排斥异己、争功诿过、你抢我夺。他把这些情况告诉了父亲。他们俩把收集到的敌特情况进行了认真的分析，又经过反复研讨后，决定抓住国民党最高当局或军统、中统高层因下属失误而震怒，要求追查原因、限期破案的机会，挖出证据、抓出他们内部的祸首来，这样既表现了黎强的能力，又打击了敌人的力量。他的努力很快便得到了上峰的认可，一步步把他提拔起来。不久黎强便进入了中统的核心机构，被委任为中统成都局助理，很快又指派他代表中统担任"省特会"掌管机密情报的主任干事。"省特会"是"四川省特种工作委员会"的简称，是国民党在四川的党、政、军、警、宪、特常设的最高特务机关，负责统管全省的情报汇总，任务分配，行动指挥工作。"省特会"的主任是由国民党四川省的最高领导人刘湘（1938年刘湘病死后继任为四川省政府主席的邓锡侯）兼任，可见这个机关的重要。黎强的这个主任干事的职务，官不大，但却是一个非常重要的位置，每周由他代表"川调室"主任来主持军统、中统等情、警、宪、特等机构各科科长的情报汇总会。他能看到国民党中央的各种机密文件和简报，"省特会"的文件、快报、绝密档案等核心机密。南方局要父亲告诉黎强，组织上对他当前的工作非常满意，周恩来和董必武对他取得的成绩给予了表扬。父亲对黎强说，对我党来讲，你占领的是个非常重要的阵地，要尽一切力量长期坚守住，不到万不得已，未经上级同意，决不可放弃这个位置。为此你要准备结婚成家，要让人家认为你是个稳定的职业特工。为了取得敌人的信任，你要和他们在形式上打成一片。为了完成任务甚至可以做些无关痛痒的"坏事"。三教九流、袍哥、哥老会都可以加入，逢场作戏也可以"五毒俱涉"，但要同流而不合污，出淤泥而不染，要时刻记住你是一个共产党员，身上肩负着组织的重托。黎强不辱使命，没有辜负南方局的重托，从1943年进入四川"省特会"，一直坚守到1949年初，才经上级批准离开成都，到南京国民党卫戍司令部某师去任少将副师长兼政工主任。

黎强利用他的职务，将他能收集到的国民党特务机关的所有核心机密：敌特的各种组织机构、人员名单，包括潜伏进我党的特务名单、各项政策的要点、不同时期的重点方向、每周汇总的情报要点、已经侦察到的我方机构或人员的情况及线索、准备搜捕人员的名单、搜捕及其他行动的时间和地点以及审讯被捕人员的口供、在押人员的表现等，全部密抄后分批交给父亲，再由父亲交给南方局。这实际上使我党基本掌握了川康地区敌特的动向。这就使南方局在与敌特机关的斗争中掌握了主动权，根据预知的敌人的行动，及时主动地采取防范措施，避免了不少同志的流血牺牲，减少了组织机构的破坏。自从1943年黎强打入敌"特委会"，直到1946年父亲离开成都期间，再没有发生过类似车耀先、罗世文这样省、市级党委书记被捕，党组织被严重破坏的情况。为此，南方局多次对黎强的工作给予表扬。2005年，黎强的传记发表在《中共党史人物传》第85卷上，对他的历史功绩和贡献给予了肯定，载入了史册。中华人民共和国成立以后，马识途等作家，根据他们的事迹，先后写出小说《魔窟十年》和《京华夜谈》等作品。

1944年，日军为弥补其太平洋战争中的失利，为打通平汉、粤汉铁路交通线，疯狂地发动了1号作战命令行动，先后攻占了郑州、洛阳、长沙、衡阳、桂林，其先头部队已经打到了贵州的独山，战况空前危急。全国人民纷纷要求一致对外、共同抗战。鉴于此，南方局派出了不少同志，分别到一些有条件的地方去发动群众，建立自己的武装队伍，准备一旦日军进入四川就和他们打游击。这年的秋天，父亲根据南方局的指示，通过林竹栖，找到林的亲家陈联诗，随后又将党派去指导军运的饶时俊介绍给陈联诗，让他们回到华蓥山地区去重整华蓥山游击队。早在1926年，以廖玉璧为首的一批共产党员便在四川省党组织的领导下，发动了川北民军起义，并在此基础上建立起我党的武装力量，以华蓥山为根据地，坚持开展游击斗争。20世纪30年代初期，为迎接红四方面军入川，他们又发动了更大规模的武装起义，并在华蓥山地区建立起苏维埃政权。这样便大量地牵制了军阀杨森进攻红军的兵力，为川陕苏区的建立和发展创造了有利条件。1935年廖玉璧牺牲以后，这支队伍化整为零，除少数人仍坚守在华蓥山上打游击外，大部分人都分散到川北各县去坚持斗争。此后川西特委的车耀先通知陈联诗去延安，组织上决定派她去苏联学习军事。可惜正当她乘船沿长江东行时，由于日本人的轰炸，出川的道路被阻断，她被耽搁在云阳县而未能成行。1945年初，通过陈联诗、饶时俊等同志回华蓥

山整顿后，又组建起了有数千人的华蓥山游击纵队。他们在以后解放全中国的战斗中，以英勇的战斗和重大的牺牲，沉重地打击了蒋家王朝最后的巢穴，有力地配合了人民解放军在主战场上的进攻，为四川的解放做出了贡献。

陈联诗原名陈玉屏，1900年出生在四川岳池县一户翰林之后的书香门第之家，受过良好的家教，诗词文章、棋琴书画样样精通，加之天生丽质、聪颖灵慧、人见人爱，按照当时的社会习俗，她完全可以嫁到达官富贾家做个贵夫人。不然起码也能成为一个小家碧玉，过上让常人羡慕的优裕生活，平稳地度过一生。但她在孙中山、陈独秀等革命先辈以及五四运动所掀起的革命浪潮和爱国主义思想的影响下，走上了完全不同的另一条人生轨迹。她反抗封建礼教，放天足、公然在大庭广众之下嘲弄封建老朽的劣迹；自由恋爱、与当过放牛娃的廖玉璧结婚。她所做的这些事在今天看来是太正常不过了，但在她所出生的那个年代，在地处中国内陆的一个长期受封建礼教思想统治的封闭小县城来说，不啻为一声惊雷，其中的每一个举动，都能掀起一场轩然大波。稍待成年她便自作主张，冲破封建家庭的樊笼，从家乡的女师毕业后跑到南京去读东南大学，从此走进了革命的队伍，并于1927年加入了中国共产党，协助廖玉璧创建了华蓥山游击队。由于战斗的需要，她练就了一手好枪法，能左右开弓、百步穿杨。凭着她的英勇机智，一次次出色地完成了艰巨的任务，成了一名优秀的指挥员，成为这支游击队的核心领导成员。在20多年的游击战争中，她经历过痛失丈夫，亲眼看见许许多多的亲密战友倒在她的身旁，她也曾数次被捕入狱，陪过屠杀场，受过无数的挫折和失利，但她却始终坚守着自己对党的誓言和创建新中国的理想，一刻也没有停止过战斗。为了给这支队伍筹集经费，她经过商，做过船老大，当过运输行老板，开过服装作坊。在那个兵荒马乱的年代，一个男子汉也未必敢去办的事，她一个弱女子却凭着过人的胆识和才智，在众人的帮助下，历经千辛万苦，闯过一道道难关，奇迹般地把这些事全都办成了。她是那个改天换地的时代所造就的奇女子，是那个时代女性的楷模。人们敬仰她、爱戴她，到处传颂她的事迹，使她成了家喻户晓的传奇人物，并给她起了个绰号"双枪老太婆"。

由于父亲经常在敌人的眼皮底下活动，又常常要接触一些比较敏感、受到国民党当局"保护"的要人，就难免不进入他们的视线。稍不留意便会暴露身份，引来杀身之祸。因此父亲时刻都保持着高度的机敏与警觉。为了熟悉地形地貌，他把成都的大街小巷跑了个遍，哪里有侧门，哪里有通道他都非常清楚。所以每当他甩起"尾巴"来都能得心应手。一旦他发现自己连续被人盯上，或者住家周围有异常，便马上搬家。每次搬家前，他都要先去看看环境，选择那些既便于隐蔽、又容易撤离的地点。从他和妈妈以及他们的一些老战友的言谈中，我听说他们曾在苏坡桥、青羊宫、草堂寺、金牛坝等地居住过。许多年以后，父亲仍然记得他在苏坡桥罗家碾住家的房东叫冷清顺。他所选择的与联络人会面的地点，都是些人员往来自由，地形复杂，有多重院落，有多个通路的地方。每次接头，他都尽量提前到场，在预定地点外隐蔽观察，确定没有异常情况后，他才去见面。有时他还故意一对上暗号接上头，便示意对方离开此地，一前一后相互不说话，好像不认识的人，或坐黄包车、或步行，跟他到另一个选定的地点去谈话或办事，以防止被别人摸出规律。为了保护他的联络对象，每当收到的密件需要下传至基层时，他都要认真地进行改头换面的处理，既不能失去原情报的本意，又要让人摸不清其来源与出处。即使此密件被敌人截获，也让他们无从侦察下去。为了减少与黎强这样一类敏感人物直接见面过多，容易给人留下蛛丝马迹的机会，他们约定了一套符号和密语，在码头、车站、茶馆、酒楼等公共场所的留言牌贴条子、画暗号，或在指定的报纸上登广告、刊启事等办法来传递消息。也常常把密件放在香烟、火柴盒、钢笔芯、点心、煮熟的鸡蛋中传递，当然也还有一些比较复杂的方法。这些方法，后来我们已在不少侦探小说或电影、电视中见识过了，也不是什么新鲜事了。不同的是那只是电影、电视中的表演，而父亲他们当年可是在真刀真枪地实干着。万一出点差错，轻则丢失情报、贻误战机，给革命造成损失，重则人头落地、人事不保。

　　小时候喜欢听惊险故事，一有机会就磨着大人讲故事，至今还记得一些父亲讲述他脱险的故事情节。一次他正在一家茶馆里等人，突然走进来几个不三不四的家伙，凭着与敌人多年打交道的经验，他马上意识到这是几个特务。那几个人在离他不远处的桌子边坐下来，虽然也如其他客人一样上了茶点，但那几双眼睛总不住地四下张望，还不时地从他的身上扫

过。父亲立刻仔细观察了一下周围的情况，发现门口也有他们的人，看来大门是出不去了。由于他非常熟悉这里的环境，心里已经有了主意，所以并不慌张。他先把茶馆的小伙计叫过来，拿出些钱来让他去帮助买报纸，同时有意大声地问小伙计厕所在什么地方，然后顺手把多余的钱放在桌上，用他的帽子压住边角，还留一半在帽檐外让人看得见钱，再不紧不慢地脱下身上的长衫来搭在椅背上，摆出一副只是去上个厕所，还要继续喝茶的架势。又大声嘱咐一句小伙计，让他帮助看顾好这里的钱、衣物和茶水，告诉他自己马上就回来，这才大摇大摆地向厕所走去。他一边走一边用余光观察着茶桌旁那几个人的反应，心中不免暗笑，这几个人还傻乎乎地在那喝着茶等他回来呢，那就让他们等下去吧。其实厕所旁有一条通向烧水间的过道，烧水间里有个不为人知的后门，能通往一条小夹道，夹道的两端都连着大路。就这样父亲飞快地穿过过道、走出后门、沿着夹道离开了险境。

还有一次险情发生在家里，那时妈妈已带着哥哥、姐姐和姨妈回重庆八路军办事处了，家里只有爸爸一个人。这种情况下父亲一般回来的比较晚，也没什么规律可言。但他回到家里忙完杂务后，便会习惯性地泡上一杯茶，静静地坐下来梳理一下今天所发生的人和事，有没有处理欠缺、需要补牢之处；再考虑明天有哪些事、应该怎么去办。正当他聚精会神地思考问题时，一阵刺耳的汽车喇叭声把他从沉思中惊起，他下意识地连忙走到窗口向外张望。已经入夜了，人们为了节省灯油钱早已上床睡觉了。今晚的月光非常明亮，如水银泻地般照得大地雪亮，连远处的大树都能看得很清楚。万籁寂静，整个村子只有几个窗户还依稀闪烁着昏暗的灯光。在这样宁静的夜晚，远处那对明晃晃的大灯显得格外扎眼。很明显，那是一辆汽车正朝这边驶来。父亲的眼睛一边紧盯着汽车观察它的去向，同时头脑飞快地旋转起来：除了极少数富商大户外，只有高官和国民党政府的机关才有汽车，这么深更半夜的，忙生意的可能性不大。而从它那骄横的喇叭声来推断，更像是敌特抓人的汽车。由于搜捕对象白天行踪不定，敌特们惯于深夜出动。难道这个村里还有什么其他的目标吗？冲我而来的可能性要更大些。从它的速度来看估计十几分钟内即可到达。事不宜迟，不能有任何的侥幸心理，立即准备撤离！一旦考虑清楚，父亲便飞快地行动起来：先把桌上的文字材料集中，再搜寻一下其他要销毁的东西。其实多年以来，父亲就已经养成了习惯，凡是惹麻烦的书籍、文字一律不留在身边。拿到密件后也尽快处理，马上转递出去，一般不在自己手中停留。机密的文字材料用过即随时销毁，重要的东西，尽量用脑袋记，而不留文字。他把窗下的花盆移开，在它下面还叠套着另一个花盆。这是专门烧毁文件用的。他把那几页纸点燃后扔进花盆，便去箱中翻出另一件长袍来，一边穿衣、一边顺手打开被子、拉下蚊帐、把换下的拖鞋摆到床边，再把脸盆中加进热水，看看那几页纸已经烧完，便倒进点水把灰烬捣烂，让它难以复原，又随手把那盆花放回原地。办完这几件事后，父亲再伸出头去看了一眼窗外的汽车，估计它三四分钟就能赶到门外了，事不宜迟，马上撤退！他拉好窗帘，再审视了一遍房间，白天穿着的衣帽还好好地在衣架上挂着，被子摊开在床上，拖鞋随意摆放在床下，煤油灯仍在点燃着。一眼望去，好似房主人正准备洗脸然后上床睡觉，现在不在房间，可能是去上厕所，或被什么人暂时叫出去一会儿就回来。便转身掩上房门，疾步奔到后院，打开后门走出去后又立刻回身把它关好，再沿着田间小路向远处跑去。墙外的环境他早就观察过了，是一片开阔的菜地，穿过菜地就是另一个村落，只要进到这个村子就好办了。但今晚的月光实在不作美，把黑夜本该掩藏的东西全都照亮了。父亲跑到距对面村庄还有一段路程时，便听到身后有动静，他立刻趴下身去回头张望，只见他所住院子的后门已被人推开，有几个人正举着手电筒四处扫射，好在手电筒的灯光射不远：虽然好几次朝他这边扫过，却没有照到他。但是他注意到有两个人，一边举着手电筒扫来扫去，一边沿着那条小路朝他的藏身之处走过来了。事不宜迟，路边这几棵低矮稀疏的菜叶根本无法藏身，情急之下，父亲只好迅速地匍匐着爬进不远处的一个厕所里。这是个露天厕所，围墙只有不到一人高，要是敌人冲进来，可就无路可走了。但这个时候也别无他法，只好碰碰运气了。父亲把心一横，做了最坏的打算后就蹲到了墙角下。只听见那两个人越走越近，但他们并没有走进厕所，只是拿着手电筒朝厕所里面扫了两个来回，父亲恰好藏在靠近他们这边的墙角下，灯光从他的头顶上扫过去，只照到对面和两侧的墙上却没有照到他。只听那两个人嘴里不干不净地用川腔嘟囔着："妈的个好臭啊，没得人，再到那边找找看！"这两

个人在菜地里转了两圈，没找到人，就回到父亲住的院子去了。又过了一会儿，汽车开走了。父亲始终未敢轻举妄动，凭经验靠在墙后观察情况。借着月光，他依稀地看到有暗红的微光一闪而过，随即在他所住房子的墙上，映射出晃动的人影，这是有人在划火柴吸烟。看来敌人并不甘心空手而归，还留了人在这里守株待兔。父亲在心里盘算着：从他藏身的地方到对面的村子不算远，但在这么明亮的月光下，万一被他们看到不就前功尽弃了吗，还是宜静不宜动，再等等看，看能不能找到更好的机会和办法来。就这样，父亲一直藏在那里，直耗到公鸡啼早、晨曦来到，但就是到了这时，父亲还能不时地看到有暗红色的火光在晃动，这说明敌特仍然守候在他家附近。这时已经有人来挑水浇菜了。他看看自己这身打扮：礼帽、长衫、皮鞋，与这些干活人的穿戴差别也太大了，只要他一露面，就如同鹤立鸡群，明显的与众不同，万一被那几个等候在那边的家伙注意到，不就等于送货上门吗？要设法改了装才行。又等了一阵，有人到厕所来淘粪了，父亲便与这人商量，用他自己的全套服装，去换那位菜农的衣着。换好衣服后，父亲才赶快离开菜田走到对面的村子去了。

由于父亲所执行的任务十分危险，一般都干不长。只要南方局发现他的安全受到威胁就会把他调离。1946年夏初，父亲把工作移交给接替他的川康特委书记陈国瑞后，便回重庆南方局述职了。这以后组织上安排父亲到新华日报社任资料室主任。1946年末，为了加强军事方面的工作，又派父亲到成都工作了几个月。1947年春，南方局撤离重庆，父母亲也撤回延安，结束了南方局的工作。

"月正圆" 爸爸妈妈留下的故事

郭北阳 *

我的父亲郭正 1938 年参加革命后，即在周恩来同志领导的中共中央南方局工作，母亲王衡于 1945 年也来到重庆南方局投身革命队伍。他们有幸在周副主席、邓妈妈、董老身边工作学习，聆受到老一辈革命家崇高思想品德，精神风范的影响和教育，在这个温暖的大家庭中相识相知相爱，度过一生最受教益，最快乐的时光。

帽子的故事

在许多纪录片、故事片等影视作品中，在各地革命纪念馆的照片视频中，凡涉及 1945 年抗日战争胜利后毛主席受蒋介石之邀赴重庆谈判这一历史事件，都能看到他头上戴着一顶盔式太阳帽的英姿伟岸的形象。我的父亲郭正就是将这顶盔式太阳帽带到领袖身边的人。这顶帽子的故事，不仅显示出革命伟人间的情谊，更是当年革命队伍，党内关系平等、融洽的生动写照。

郭正，曾用名郭端正，1938 年 3 月加入中国共产党，先后在八路军（第十八集团军）驻湘、驻桂办事处做电台工作。在桂林工作期间，一位爱国华侨、送海外捐赠物资的青年司机林琼秀也在办事处工作，大家称他

＊ 郭北阳：郭正、王衡的三女儿。国家广电总局机关服务局处长。已退休。

☆1945 年 8 月，毛主席在延安机场

为"阿林"。两个年轻人经常在一起谈抗战前途，谈共同理想情谊日深。阿林急切地盼望到抗日前线，直接参加打击日寇的斗争。终于，他的愿望实现了，组织上批准他到新四军工作。当阿林即将离开办事处时与父亲彻夜长谈，并将从南洋回国时带来的一顶盔式太阳帽送给他留作纪念，父亲非常珍惜这顶帽子。1941 年 1 月，国民党反动派发动震惊中外的"皖南事变"，桂林办事处奉命撤离，父亲被安排在重庆办事处工作。从桂林到重庆有时需步行，帽子放在行李中不方便，他就小心翼翼地包好随身携带，到重庆时帽子没有一点损坏。之后父亲着一身新制服，手持太阳帽在照相馆很正式地照了一张相片。平时父亲舍不得戴这顶盔式太阳帽，帽子就一直保存在办事处的储藏室里。一天，老虎伯伯（龙飞虎同志）到储藏室看见了这顶帽子，笑着对父亲说："小郭，这帽子老收着干什么，拿出来戴嘛！"父亲见他喜欢这顶帽子，又想到他经常随周副主席外出，确实用得着，便转送给老虎伯伯，以后这顶帽子又戴到了周副主席头上。

1945 年 8 月 15 日日本投降，抗日战争胜利结束。毛主席为争取民主建国，接受蒋介石的邀请到重庆进行谈判。去重庆谈判毛主席需要一套整齐的衣帽。当时解放区生活艰苦，物资匮乏，叶剑英同志从蒋管区买回一身衣服，还缺一顶合适的帽子，来延安接毛主席的周副主席立刻将他头上的太阳帽摘下，戴到毛主席头上。1945 年 8 月 28 日，毛主席肩负党和人民反对内战，争取和平民主的历史使命登上了飞机。他面对延安机场欢送的人群，慢慢地举起盔式太阳帽，举过头顶用力一挥，表达了中国共产党人为中华民族的命运英勇奋斗的坚强决心，毛主席手持盔式太阳帽的神采永远定格在那一刻的历史中。

　　父亲曾回忆，当年毛主席走进红岩村十八集团军办事处时，在人群中的他一眼就认出了这顶盔式帽，还悄声问老虎伯伯，是我给你的那顶帽子吧？老虎伯伯兴奋地点着头，两个人都非常高兴，这顶爱国华侨阿林从南洋带来的太阳帽派上了大用场。重庆谈判结束后，毛主席将帽子还给了周副主席。1946 年秋全面内战已经爆发，周副主席在即将撤离国统区回延安时，到南京紫金山中山陵缅怀中国民主革命的先行者孙中山，他手持盔式帽在中山陵留影纪念。

☆周恩来拜谒中山陵（1946 年 6 月童小鹏摄）

中华人民共和国成立后，南京梅园新村开辟为革命历史纪念馆，这顶帽子已作为革命文物陈列至今。1983年5月原中共中央南方局党史资料征集小组，向原在南方局、中共代表团和重庆、南京、上海、贵阳、桂林、长沙办事处工作过的人员征集资料时，父亲写下了关于重庆谈判时毛主席戴过的盔式太阳帽的回忆文章。1986年9月江苏省委、南京市委举办原中共中央南京局、中共代表团40周年纪念活动，许多当年在南京局工作过的老同志受邀前往。在梅园纪念馆内，父亲与龙伯伯又见到了这顶帽子，父亲问：

☆父亲——郭正，携盔式太阳帽

"是我在红岩村给你的那顶帽子吗?"龙伯伯答道："就是那顶帽子，过去我们都戴过它，今天它成为永久的纪念品了。"父亲见到帽子，回忆着在周副主席、董老等领导人身边工作、学习、战斗的情景，心情异常激动。在座谈会上，他谈了这顶盔式太阳帽的来历、经过和意义。回京后，母亲问起纪念活动的情况，他又兴奋地讲起帽子的故事。父亲还说："这顶帽子，从阿林、我、老虎，到周总理、毛主席都戴过，这是在特定的环境中才会发生的事。如果当时我们党也像国民党那样等级森严，阿林的'礼物'就不会有这番经历了……"

见微知著，以小见大，在那峥嵘岁月里，一顶颇为时尚的盔式太阳帽，从一个爱国华侨青年的头上戴到革命队伍中的普通战士头上，再戴到周副主席、毛主席头上，成为壮丽的中国革命历史的见证。

简朴的精神

1945年2月，组织上安排母亲在化龙桥新华日报托儿所工作。当年工作、生活的环境十分艰苦，为了革命事业必须节约每笔经费。托儿所的房子都是用竹篱笆抹上黄泥盖起来的，她与小刘、老张（时间久远记不清名字）三个固定的人员负责照顾孩子，购买食物、用品，做饭等。那时托儿所不可能分什么班，从吃奶的孩子到五六岁的孩子都在一起，工作人员几乎是 24 小时连轴转。由于人手紧在开饭时，孩子们的妈妈会轮流来帮忙。因物质条件所限，托儿所没有洗脸盆，就因陋就简用当地土窑烧制的黑色粗瓷大碗做洗脸盆。一块长条木板架起来就是脸盆架，上面摆上一排黑瓷碗脸盆，墙上钉个孩子姓名的木牌。黑碗脸盆一人一个，大些的孩子用来洗脸洗手，再小点的孩子就用水壶冲洗。

母亲说，那时刚刚参加革命工作，思想水平有限，觉得用这些黑瓷碗又笨又不好看。一天中午，她正在给孩子洗手准备开饭，负责人杨菲阿姨陪着一位身着竹布色旗袍、举止谦和的女干部走进房间，杨菲分别介绍："这是新来的小王""这是邓大姐"。妈妈高兴地向大姐问好，大姐微笑地点头回答你好，并示意不必停止工作。她看孩子们洗手洗脸，目光落在那一排粗瓷碗上，边看边笑出声来："这好别致呀！"杨菲说明用黑瓷碗的缘由后，大姐称赞道："你们这个办法真好，既不费多少钱，又能让孩子分盆洗脸，养成讲卫生的习惯。"还说："要把你们的这个经验，这种简朴精神带到延安去。"母亲说邓大姐的话对她很有启发：从黑瓷碗代替洗脸盆这件小事中，大姐提倡了一种可贵的艰苦朴素、艰苦奋斗的精神。

爸妈的"月正圆"

大约是 1945 年年底，《新华日报》的何亮同志介绍一位在重庆办事处工作的湖南同乡与母亲相识，由于她的大哥——我的大舅王本初，曾于 1938 年与这位湖南老乡同在桂林办事处工作过，母亲就多了一种亲切感，这位湖南同乡就是我的父亲郭正。两个年轻人在组织的关心安排下，相识相知相爱了。

抗战胜利后，国民政府迁都，周副主席、董老准备率代表团前往南京，父亲等人员也将分批前往。负责组织工作的钱瑛同志就安排父母把婚事办了，时间是 1946 年的"五一"国际劳动节。与父亲同在红岩村办事处工作的蔡连芳、刘昂、刘金平等同志，七手八脚张罗着找了两条凳子，几块木板，把父母的被褥搬到一处，布置了简朴的婚房。"熊老板"熊瑾玎同志取了母亲名字中的"月"字（原名王月嫦）和父亲（原名郭端正）的"正"字，亲笔在红纸上写下一副对联，横批为"月正圆"，寓意幸福、永远、美好、团圆，极富文采，多么浪漫！当年是供给制也没有什么津贴，红岩村和《新华日报》的叔叔阿姨们送来了毛巾、水杯、脸盆等生活用品。何谦叔叔和刘金平阿姨送了一床绣花的丝质被面，非常漂亮。这在当时是很高档、时尚的物品了，大家还在一块红布上证婚签名。父母带着领导和同志们的祝福，带着"月正圆"踏实而勤奋地工作，迎来了中华人民共和国的建立！

婚礼那天要送周副主席赴南京，大家在一起聚餐，红岩村和化龙桥的领导就把父母的婚礼安排在这里。当天，母亲身着旗袍，胸前戴了朵红花，父亲穿着统一发放的制服。席间，父亲带母亲到领导同志桌敬酒，母亲第一次见领导同志既紧张又害羞，周副主席、董老等领导同志表示祝贺，童小鹏伯伯说："小郭，照个相吧。"父亲担心打扰他人没有照。母亲记得当时领导同志桌有熊老、廖承志等，多数都是红岩村办事处的同志。新婚之夜，周副主席、董老、邓妈妈等还亲自到新房祝贺，邓妈妈把著名的"八互"（互爱、互敬、互勉、互慰、互信、互助、互让、互谅）送给年轻的父母。大家一起吃着喜糖，有说有笑，非常喜庆热闹。婚后不久父亲跟随董老前往南京，母亲是第三批赴南京的。

遇险长江上

1946 年 5 月周副主席、董老先后率中共代表团由重庆前往南京。6 月初，沈毅同志带领第三批人员约 28 人离开重庆去南京，这一行人多是女同志和孩子。带队的沈毅同志从延安来是做电台工作的，他爱人姓叶也带着孩子。队伍中有龙飞虎伯伯的爱人孟瑜阿姨带着儿子小虎，有王清生伯伯的爱人童娟阿姨带着女儿丹娜等，还有一些从延安来的同志。沿途所见到处是战争留下的创伤。当时人们乘的是由一条很旧的小火轮拖挂着的三条木船中的一只小船，时走时停速度很慢，多半个月才到沙市，小火轮终于不能动了，需靠岸大修，人们在沙市等待好几天。一日，母亲离船上岸

☆1946年在上海的王衡和郭正

在一个杂货铺中看到有笔墨、信封等，就动了给已去南京的父亲写信的念头。她买了笔纸、信封、邮票，写好一封报平安的信，说明这一行人到了沙市，为保密署名"红"。小火轮修好后开行半日又坏了，长江上风浪大，母亲他们乘坐的小木船又被无动力、无法及时停住的大木船撞上，老沈同志的爱人小叶落入滚滚江水中，眼看她被大浪吞没无法相救，人们心痛极了！后来又改乘其他船只，一路历尽艰辛，大约在7月中下旬抵达南京。

一天下午，邓妈妈到中山路360号的群众周刊宿舍看望刚从重庆迁来的同志。她走进房间，一件小碎花布旗袍依旧简朴，母亲高兴地握着她的手向她问好。慈祥的邓妈妈详细询问了路上的情况，母亲向她讲述路途不顺利、小叶牺牲和照顾小叶的孩子等情况。当谈到小叶牺牲的经过时，邓妈妈非常难过，惋惜地说："小叶同志刚从延安来就牺牲了，真可惜啊！"她语气缓缓地充满对离去同志的哀思。邓妈妈提到母亲从沙市寄出的信说："你们离开重庆后，很长时间得不到你们的消息，与重庆联系也没有你们的消息（限于当时的环境，负责人老沈没有给南京和重庆写信），非常焦急，接到你给小郭的信才知道你们到了沙市，放下心来。"母亲不知道写信是否违反纪律，心里一直犯嘀咕，她坦率地向大姐讲了自己的想法。大姐笑着说："没你那封信还不知道你们在哪里呢。"聊天中，邓妈妈看到母亲缝制的一件领口有绣花，还串了一个橘色丝带的白布短袖上衣，说："很好看，也给我做一件吧。"当时母亲因眼病散瞳无法看清东西，便说视力恢复后再做。不想10来天的时间就与从大别山等地来的同志分配到救济总署上海办事处工作，很长时间见不到大姐，衣服一直没有做成。晚年的母亲仍清楚地记得这件事，为没能达成此心愿深感遗憾，她说，这反映了邓妈妈对美好事物的喜爱和向往。是呀，革命者同样有着温情浪漫的情怀。

慈母般的心

1946年初，抗战胜利后的国民政府自重庆迁回南京，第二次国共合作时以周副主席、董老为首的中共代表团亦赴南京继续与国民党和谈，实现毛主席重庆谈判的成果，争取和平建国，并在南京、上海等地设立了中共办事处。在此后一年多的时间里，蒋介石采取假谈判真内战的手段积极备战，依靠美帝国主义的支持派重兵进攻解放区，国共两党谈判破裂，内战全面爆发。1947年2月28号，惧怕中共代表团统一战线工作的国民党以"共产党拒绝谈判、制造内乱"的谎言为借口，限令代表团在3月5日前全部撤离，并对办事处人员实施监视、跟踪、剪断电话线、没收收音机、"保管"所有外来报纸信件、拒绝各报来访记者于门外等卑劣手段，甚至出动警察荷枪实弹内外监守，以达到逼迫代表团离开的目的。由于当时环境十分险恶，中央决定南京、上海办事处大部分同志返回延安。1947年3月7日，母亲同南京、上海的70多名工作人员在董老的率领下乘飞机返回解放区。上海办事处只留下成润、林仲、郭正、纪峰等6名同志，他们都是公开身份的共产党员，随时有可能被国民党监禁或杀害。周副主席关心留守的同志，从延安发来电报，同时指示："留下的人要像尖刀班一样，继续在上海公开活动，不要自动撤离。要扩大解放区的影响，在思想上做好牺牲的准备。"父辈们面对国民党反动派的迫害，决心保持革命气节，宁死不屈，决不

☆20世纪50年代初，王衡于中南海幼儿园

泄露党的机密，经得起严峻考验，决心坚持到最后一分钟。

撤离国统区的人们到达延安时正值胡宗南准备进攻延安，中央做出"主动撤离，诱敌深入，歼灭敌人有生力量"的决策，延安居民、党政机关大部已撤离，只有毛主席、周副主席等中央领导同志以及警卫部队在做最后的准备，延安显得那样镇定和平静。第二天，从白区回来的同志相约去看周副主席和邓妈妈，当时母亲已经有八个月身孕走得慢，最后一个进入周副主席的窑洞，窑洞内长条板凳上已坐满了人。细心的周恩来同志看到她气喘吁吁的神态，连忙招呼她坐下。这时一位同志向他介绍，这就是郭端正的爱人小王，周副主席迅速反应，伸出手向大家说道："噢，她的爱人和其他几名同志还留在白区坚持斗争，小王回来了你们要好好照顾她。"短短的话语令妈妈非常感动：周副主席日理万机，仍牵挂着在白区坚持工作的同志，记着他们的姓名，关心着他们的家人。周副主席见大家穿得单薄就说："天气很冷，你们穿得太少了吧，现在是战争环境，这里吃的缺乏，大家要克服困难，适应环境。"大家回答，请周副主席放心，我们能做到……几天后，受周副主席、邓妈妈的嘱托，董老的夫人何莲芝和一位叫李青的阿姨带着母亲到中央领导的保健医生马海德大夫处检查身

☆1986年9月纪念南方局成立40周年活动。郭正（左一）、龙飞虎（左五）

体。马海德大夫仔细做了检查，笑着说："一切正常。"向马海德大夫道谢告辞，在回来的路上何大姐告诉母亲，邓大姐和她商量撤离延安时为母亲准备了一头毛驴。母亲说："请大姐们放心，我能走。"何大姐回答："不行，这是行军，每天要走几十里路，赶不上就掉队了！"这天晚上母亲久久不能入睡：周副主席、邓大姐、何大姐在纷繁忙碌的工作中，还惦记着自己这个普普通通的工作人员，亲自安排中央首长保健医生为自己检查身体，安排交通工具，何等的细致入微呀！邓妈妈慈母般的爱心深深感动着、激励着、教育着年轻的母亲，她终身不能忘怀。

　　我的父母曾在总理、邓妈妈、董老身边工作，耳濡目染领导同志的气质风范，并以他们为楷模。父母一生认真、实在地工作，谨慎、忠厚地做人，服从组织，严守纪律，安排什么工作就做什么工作，从无二话。每当说起总理和邓妈妈，父母充满着对两位老人深深地敬仰和怀念，他们感受最深的是两位伟人的清廉简朴，和蔼可亲，从无架子。父母留下的故事虽然都是普通人的视角，但普通、平常，同样具有历久弥新的感染力。

若你如书，跨越世纪去领悟

刘海平 *

　　2018 年 8 月，是父亲 100 岁的寿辰。这既是老爷子的福气，也是老人一生追求良知的福报。

　　父亲从大山里走出，在军队里成长，和通信事业结缘，见证了一个世纪的变迁。他一直是我们心中的榜样，也在用一言一行教导我们清白做人，用心生活。

　　此时此刻，不由得想起杨绛先生《坐在人生的边上》的那段话：

　　一个人经过不同程度的锻炼，就获得不同程度的修养、不同程度的效益。我们曾如此渴望命运的波澜，到最后才发现：人生最曼妙的风景，竟是内心的淡定与从容。

　　在历史的长河中，人的一生是短暂的，无论居庙堂之高还是处江湖之远，无论拥有琼楼玉宇还是一叶扁舟。天若有情天亦老，人间正

☆晚年的刘澄清

道是沧桑。我的老父亲，当我回望您这一生，留给我们子女不朽的精神和道德力量，会一直推动着我们继续前行。

---

　　* 刘海平：刘澄清、康瑛之女，原是人民日报社华闻文化影视部副主任。

一、革命年代

做一块木头，在所有人下沉时，献出自己。

1919年父亲出生在四川省南部县一个普通农民家庭。由于家里经济困难，过继给了大伯，大伯送他去上了四年私塾，因此掌握了文化知识并写得一手好字。1933年14岁的父亲义无反顾地参加了红军，走上革命道路。

1935年春，父亲随红四方面军开始长征，爬雪山、过草地，成为长征路上的"红小鬼"，同年被调到军委总部一局二科做译电工作。

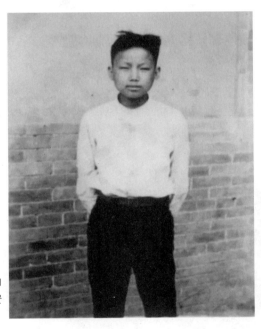

☆1937年走过长征的父亲刘澄清于西安留影

西安事变后，父亲又先后到武汉、桂林、重庆办事处，香港地下电台，东江纵队和中央驻南京代表团做机要译电工作。

在香港做地下电台工作时，周恩来同志让他化装成西南联大的学生，和已经确定恋爱关系的康瑛同志——也就是我的母亲扮成他的表妹同行，直到1947年3月跟随董必武返回延安。

☆ 1937 年，周恩来（三排左一）、叶剑英（二排左二）和刘澄清（一排左一）等同志的工作合影

　　我的母亲，也是抗战初期参加革命的电台报务员，曾在香港、重庆、武汉、南京、上海等地从事过秘密电台工作；参加过东江纵队的电台建立工作；为党的地下工作和国共合作做出过贡献。

　　她曾和《永不消逝的电波》中的主人公李白共事多年，李白被捕前

☆姐姐刘海虹（图中画圈者）和红岩托儿所的孩子们。我的姐姐刘海虹 1941 年在香港出生，1942 年父母到东江纵队工作，将她送予一户农家，后经组织出面领回。小小的她随父母走南闯北，在延安保育园长大

270

就是和母亲对班的，连发几个 SOS 之后消失……

☆1947 年我的父亲刘澄清（后排中）和母亲康瑛（前排右二）在山西孙家沟

母亲于 2015 年底离开了我们，于现世是失去，于己实是归乡，又是一年盛夏时，以文寄相思。

☆担任办事处电台台长的刘澄清（这张照片至今仍保留在桂林八路军办事处）

1943 年夏，东江纵队派人护送我的父母经澳门转道来到重庆。电台的首要任务就是要保证南方局与延安党中央保持不间断的联系，周恩来同志指示用社会身份作掩护，我的父亲便以民生轮船实业股份有限公司雇员的公开身份，在重庆城内闹市区一位很可靠的社会关系家庭中设立了秘密电台。

1946 年，日本投降一年后，组织上将我的父母调到梅园新村继续做秘密电台工作。

我问过父亲，一直从事机要电台工作，做看不见战线上的尖兵，是什么支撑着你渡过艰难险阻？

☆父亲刘澄清（左一）和工作人员在八路军桂林办事处电台发报

☆现在南京梅园新村八路军办事处纪念馆的展橱里仍保留有父亲当年登记的一张户籍卡，户主是周恩来

　　他回答我说："革命信念坚定，服从组织安排。共产党人不重名利，心怀革命胜利的信心，走到哪里也毫无怨言。"看着父亲坚毅的眼神，我从心底感到一名老共产党员的坚定与执着。

二、和平岁月里，踏踏实实为人民服务

　　中华人民共和国成立后，父亲先后参与了对广州、梧州的城市接管。

　　即使是在和平年代，父亲无论是在广西，还是他在邮电部工作期间，对待工作仍然热情又勤恳。

　　他在工作中兢兢业业、一丝不苟，这是我们作为子女都能感受到的。1971年中美开启外交往来期间，他被钦点参与业务工作，保证了尼克松访华的顺利进行。

☆解放初期，在广西邮电工作
会议上的父亲

☆1955 年，越南劳动党主席、国家主席胡志明访问中国期间会见当年的战友，
我的父亲刘澄清（后排右二）和母亲康瑛（前排右三）也在其中

☆20 世纪 80 年代初，刘澄清
接见外宾时的工作照

后来，他任邮电部党组成员、副部长，主管通信工作。在我们的记忆中，他一直忙于工作，直到离休。

父亲在革命年代从事电台工作，在中华人民共和国成立后从事邮电工作，将自己的战斗青春和革命理想献给那永不消逝的电波，也将自己的一生奉献给了党和人民的通信事业。

三、爱若有力，穿透云层也照耀你

我的父母风雨同舟，相濡以沫携手走过 75 载。父亲的爱向来隐晦而绵长，像溪水，又像热汤。离休后每天看书看报看新闻，就已是他们业余生活的全部。二老共同生活的几十年间，虽未听过多少甜言蜜语，但对方坐在身边，心就踏实平静。

我们的家庭无疑是幸福的、幸运的，如今已是四世同堂的 21 口人的大家庭。周六的家庭团聚延续了几十年，四世同堂，老少同乐，聊聊新闻，说说乐事儿，幸福不就是一家人围坐在一起吗？

274

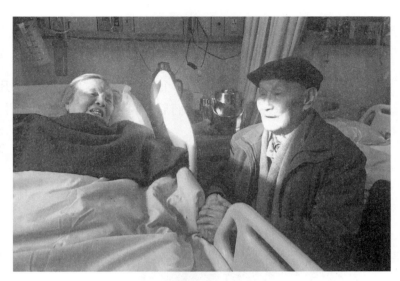

☆2015 年冬母亲住院期间，父亲前去探望，风雨同舟牵手 75 载的手，再也没有松开

☆这是一个充满欢笑的大家庭（摄于 2011 年）

　　父亲生活简朴，情趣高远。他一生的行事之道就是 12 个字：饮食清淡，经常步行，问心无愧。我想这也是他长寿的秘诀吧。

四、尾声

光阴荏苒，一生之中阅尽 100 个春秋，这本身就是不平凡的人生。

父亲的一生像一本书。给我们后辈留下多少感触和领悟。岁月百年，信念如初。

☆工信部刘利华副部长为刘澄清戴上中国工农红军长征胜利 80 周年长征纪念章。这枚沉甸甸的纪念章，值得用一生去扛

您的品德潜移默化地影响着我们以及晚辈，优良品德在家庭中继续传递。我们也会追寻着您的足迹，每一言每一行都写得清清楚楚，写好自己这本书。

父母养育了我们，造就了我们。因为我们源自他们，最终也会与他们慢慢重合，依偎在一起。在我们的一生之中，父亲是永不言弃的心灵导师和永不退场的守望者。

一位党性极强的女共产党员
——回忆我的母亲曾秀娟

郑为群[*]

　　"我党在白区工作中，有伟大的成绩，有不少成功的范例，云南地下党的成绩就比较突出。"中共中央政治局原常委、中共中央组织部原部长宋平同志在为郑伯克撰写的《白区工作的回顾与探讨》一书所作序言中说，对于云南地下党的工作成绩，毛泽东、周恩来、邓小平同志都曾予以肯定。取得这样的成绩，时任云南省工委书记的郑伯克功不可没。然而，鲜有人知曾秀娟这位革命伴侣长久的默默付出。对家人而言，曾秀娟不仅是一位党性极强的共产党员，更是一位吃苦耐劳、可亲可敬的贤妻良母。

　　为了纪念母亲，女儿郑为群从 2005 年就着手收集材料。因为郑伯克同志身体不好，经常住院，2008 年 3 月不幸辞世，收集工作曾一度中断。2013 年，郑为群最后采访了一些与曾秀娟有关的老同志后，便寄来所有资料，委托《红岩春秋》整理发表，遂成此文。

　　我母亲是一个很普通的小人物，作为一个革命领导同志的伴侣、一个慈祥的老妈妈、一个革命老人，她把她的一生都贡献给了中国革命和党。她的事迹写不了一本大书，没有多少文字，是那样平凡，却又那样感人。

钱瑛指向光明路

　　我母亲曾秀娟原名曾慧君，1921 年 3 月出生于四川铜梁与永川交界

---

　　[*] 郑为群：郑伯克、曾秀娟之长女。本文为郑为群提供资料、杨山山整理撰稿。

处的板桥（今重庆市永川区板桥镇）。她父亲是晚清秀才，家境还不错，但山区的生活，仍让母亲从小养成了吃苦耐劳、坚忍不拔的性格。参加革命以后，在老同志的带领下，这种性格更是炼铸为钢铁般的决心和毅力。

1938年，母亲和骆英阿姨（后在南方局工作）在铜梁一中读书，是同班同学。因她俩追求进步、积极活跃，经老师、共产党员罗清发展和介绍，加入了中国共产党。那时，重庆红岩村八路军办事处房东饶国模的女儿刘纯化（夏静）也在铜梁教书，她们三人便经常在一起进行参加抗日演讲、出墙报等抗日救亡活动。骆英阿姨和母亲还组织思想进步的同学开展读书会，学习马列主义、毛泽东著作等，并发展了几个共产党员。

通过学习和参加活动，母亲明白了抗日救国的大道理，坚定了报效祖国的志向。那时，延安是进步知识分子向往的革命圣地，同学们都想到延安去，母亲也不例外。记得上初中时，我背一篇歌颂延安的诗歌，其中有一句说到"一定要去延安"。母亲就问我："如果去不了怎么办呢？"那时的我难以理解："怎么会去不了，不是有那么多人去了吗？"母亲说："我那时多想去啊！地下工作总是没有前方打仗和解放区干得痛快。"但因为革命的需要，她不得不放弃个人意愿，一切服从组织安排。

不久，由于国民党开始发动第一次反共高潮，党的活动转入地下，母亲的组织关系转到了成都。她由铜梁经重庆，带着党的介绍信与川康特委副书记邹风平接上了组织关系。母亲提出想去延安，邹风平说："干革命在哪里都是一样，你就在四川干革命嘛，不要去延安了。"母亲便留下了，转与特委妇委甘棠联系，组织上决定让她到乐山工作。

在乐山，母亲先是被派到一个丝绸厂当女工，工种是"扯猫头"（并纬线）。她当时化名高淑贤，与该厂的党员一起，开展交朋友，讲故事，宣传抗日救国，发动女工上夜校认字、读书，参加歌咏、话剧等活动，并在有一定阶级觉悟的女工中发展了两个党员。不久，组织又调母亲到灰山井小学教书，改名凌侠。这里生活很艰苦，母亲把与学生及家长的关系都处理得很好，在当地进行抗日救亡宣传，广泛交朋友。由于工作表现突出，母亲到五通桥区委负责妇女工作不久，便被调回乐山，负责妇女工作，主要联系女党员，如工厂的女工和武汉大学（当时迁到乐山）的学生党员。

母亲在乐山工作期间，父亲作为川康特委常委兼宣传部长，被派往乐山检查工作。在那里，父亲第一次见到母亲。父亲对母亲的印象是：这是一个组织性极强的小姑娘。

1940年3月，成都发生"抢米事件"后，白色恐怖的阴云笼罩着乐山。因为母亲一会儿叫高淑贤，是女工；一会儿又叫凌侠，在校教书。为防敌人注意，组织决定让母亲离开乐山，前往成都。母亲到成都后不久，川康特委设立妇女工作组，调母亲为妇女组成员，做党内的妇女工作。

1941年初，国民党顽固派掀起第二次反共高潮，国民党特务头子康泽带领一批叛徒、特务来到成都，策划大规模逮捕共产党人和进步人士的行动。南方局决定父亲和特委主要领导成员程子健、余代生（于江震）撤离到南方局另行分配工作，派西南工委书记钱瑛到成都检查工作并传达这一通知。工作之余，钱大姐常问及父亲的生活情况，劝父亲成立家庭，说这一方面是生活上可以互相帮助，另一方面是工作更需要掩护。她预计将来的工作环境比川康更加艰苦，形势也可能更加严峻，寻找一个性格坚忍的革命伴侣非常重要。钱大姐与母亲相熟，"曾秀娟"这个名字也是根据钱大姐的意见取的，钱大姐认为母亲是一个能在恶劣环境中坚守的人，因此极力促成父母的结合。这时母亲想去延安的愿望仍未改变，钱大姐找母亲谈话，说跟父亲结婚，配合父亲做省委机关的掩护工作，更是当前革命的需要。母亲再次服从了组织的安排。

红岩授命赴云南

大约在1941年2月上旬，父母从宜宾乘船前往重庆，辗转来到红岩村，受到了同志们的热情接待。他们被钱大姐安排住在二楼孔原同志住房旁的一间屋内，也在周恩来同志住房斜对面的那间屋住过。由于父亲是要干秘密工作的，这期间很少参加公开活动，几乎没有外出，听报告会也是躲到图书馆里面，由钱大姐把门关上，散会以后才开门叫他出来。母亲为了不暴露，也不跟其他党员发生横向的联系，就算在红岩村碰上了同窗好友、当时在南方局协助孔原同志做统战工作的骆英阿姨，也只大概说自己碰巧在这附近，中华人民共和国成立后才告诉了骆英阿姨实情。

三个月后，周恩来同志约见父亲，通知调他到云南去主持工委的工作，遵照中央确定的隐蔽方针，把云南党组织建成秘密的巩固的党组织。在端午节的前一天，根据组织的安排，母亲同父亲秘密离开红岩村，随后坐上一辆南方局交通科联系的大卡车，前往昆明。这是一辆满载货物的商车，父母坐在货物上，没有篷布遮盖，风吹日晒，还要随时抓紧货物上的绳子，以免被颠簸下来。更糟糕的是，母亲那时候正怀着我，吃了东西就吐，只能勉强吃下去。汽车进入云南曲靖后，就不走了，父母又改乘火车。前后共用了四五天时间，终于抵达昆明。他们先住在"圆通旅社"，父亲通过秘密交通站跟云南省工委联系上后，被安排在昆明附近的呈贡县杨洛铺住下，我就是在这期间在一次父母躲避日机轰炸后出生的。以后为了工作的方便，我们多次搬家。父亲作为省工委书记，开始了对云南党组织的重建和整顿工作。

刚到云南时，遵照周恩来和南方局其他几位同志关于职业化的指示，父亲要求省工委的所有人员谋取社会职业。1941年10月，父亲自己也进入地方财经系统所辖的省合作金库当了一个办事员，开始在文书股担任撰稿工作，不久又调去管理案卷。父亲的工作十分繁忙，每天上午8点出门，下午6点回家，晚上还要从事党的工作，有时星期天也要到库里报到。为了支持父亲的工作，母亲更加繁忙。一方面，她在中华职教社学习会计，毕业后又在业余补习学校当会计教师，上下课时间需要严格遵守；另一方面，作为省工委机关的两个工作人员之一，还有一些联络的任务。她既不愿意舍弃职业化，也不愿意放弃党的工作，同时，还要照顾我和弟弟，十分地劳累。

为掩护好父亲，母亲非常注意与周围邻居搞好关系，也在工作和生活中交了不少朋友。她在中华职教社补习会计时，与一个姓马的阿訇的女儿相处得很好，她家住金牛街，在那里的回民中有一定的势力。母亲与她商量，利用她家的地址帮父亲转信，这成为初期父亲两个重要的联络点之一。虽然母亲不能插手父亲的具体工作，但她时时从旁边协助配合，做好掩护工作，比如抱着孩子送电报、送字条，跟周围的人巧妙隐瞒父亲的真实身份，还教育我们跟周围的邻居搞好关系，来人后就到外面玩玩，看看周围是否有陌生人等。否则父亲一个人行动，会很容易被人盯上。父母都如此繁忙，孩子怎么办？因为与邻友相处得好，这个问题也得到了解决。那时候公家的托儿所地点很远，收费也高，母亲与附近一个私人托儿所的老板相识，我们也得到了妥善的照顾。还有一个姓王的阿姨，母亲出去买菜什么的，经常帮着带我们。母亲为人特别和气，因此与大家相处极好，中华人民共和国成立后都还有人向父亲问起她。

1944 年，父亲到重庆汇报工作时，董必武同志严肃地提出他不能搞职业化的问题。从重庆回来后，父亲就辞去了合作金库的职务，只留了个没有实际意义的空衔。失去固定的收入，生活很不稳定，尽管父母对饥肠辘辘的度日满不在乎，但还有我们几个嗷嗷待哺的孩子，生活很难维持。这时，母亲肩上的担子更重了，家庭收入一度主要靠母亲到商业补习学校教会计所得。为缓解工作上、生活上的压力，父亲后来也化名到一所中学教书。然而不管当时境况多么艰难，父母从来没有向南方局主动要过钱。

冲破黎明前的黑暗

在云南时，母亲也和父亲秘密参加一些公开活动。如 1946 年 4 月 20 日晚上，父母领着我们和邻居一起进入云南大学，参加该校党支部借校庆机会组织的群众活动，结束后又随群众一起离开，丝毫不引人注目。5 月底至 6 月初，经过云南省党组织的努力和协调，圭西山区兄弟民族歌舞团在省党部礼堂表演《阿细跳月》《五里亭》等节目，反响很大。父亲注意到看演出的人很多，也同母亲带着我们买票去看。

6 月间，发生了一件敌人突然袭击检查的事。那时父母住在北仓坡的一个大院。一天早上，母亲上街买菜，刚出门又折了回来，说大院门口有警备部队把守。父亲马上意识到有情况，赶快收拾屋中存放的文件等物品，防备敌人检查。本来家里一般不存放秘密的和公开的党的文件，但刚好前一天收到两份《新华日报》，还有随报附送的两小页公开文件。情况紧急，要烧毁反而容易暴露，只有想办法藏起来。父母急中生智，看到地板上有一堆孩子刚换下来的屎布，便商量着把文件卷起来夹在一条屎布里，一起放在一堆脏东西之中躲过了一劫。7 月 11 日李公朴在附近被暗杀后，父亲推测这可能是敌人在暗杀之前的行动。

随着解放战争的胜利发展，云南白色恐怖日益加重。1948 年夏，父亲从不同渠道得知国民党云南省政府主席卢汉和昆明警备总司令何绍周要从学生入手找到共产党的首脑机关，并且要搜捕一个脸上有疤、牙齿不整齐的人——根据他们掌握的情况，这个人是共产党在云南的头目。父亲暗自吃惊，因为这两项特征都是他所具备的——小时候因调皮跌跤，不小心划破了脸，在四川时脸上的疤痕还很明显，到云南近 8 年才渐渐消失；由于他儿时缺钙，几颗门牙也长得不规则。虽然父亲一直注意隐蔽，在工作中从未使用过真名，但此时处境已极其危险。11 月，父亲到香港向钱瑛同志汇报工作，钱瑛谈到当时原川东特委副书记、重庆市委书记刘国定的被捕叛变，刘还对特务机关交代说认识上海局负责人（钱瑛）和她的住处，也认识云南地下党负责人（我父亲），但不知道地址和联络暗号。因此，特务机关给云南发来电报，描绘了父亲的长相特征，要云南当局注意搜捕。因为当年在四川工作的关系，刘国定认识父亲，1941 年在红岩村等待分配工作期间，刘也认识了母亲。情况紧急，母亲和我们随即被安排疏散去了香港。

记得我们从云南离开时，为了掩护，母亲对别人说是带着孩子去四川老家看姥姥，以免小孩子不懂事乱说，连我们也被蒙在了鼓里。我们到香港后，跟钱瑛同志住在一起。不久，中华人民共和国成立，我们又跟着钱瑛离开香港前往北京。轮船到达烟台港，母亲以及同行的叔叔阿姨都激动起来，跳啊唱啊，特别高兴。敌占区的人到了解放区就像到了家一样，他们一路高唱《跟着共产党走》："你是灯塔，照着黎明前的海洋；你是舵手，掌握着航行的方向……"接着，一行人乘坐大卡车经天津前往北京。我缠着母亲嚷嚷："什

☆1948 年的曾秀娟

么时候见姥姥？什么时候到老家啊?"母亲说:"跟叔叔阿姨一起唱,唱完歌就到老家了。"原来,老家就是北京,就是解放区啊!

工作在统战部

1949年秋,经钱瑛同志介绍,母亲带着我们来到了统战部。她先在业务部门工作,后因托儿所人手不够,被调了过去。那时,托儿所人员比较杂,思想也混杂,几乎没人愿意去那里工作。母亲甘愿肩负苦差,担起政治指导员的重任,负责思想政治工作。

有些参加过革命的工作人员自恃与学过幼儿知识的高中文化水平保育人员不同,说后者是雇来的、可以随时开除。为此,这些年轻的姑娘们心里不舒服,闹起了情绪。母亲便一次次找她们谈话,说:"革命工作不分前后,只要好好努力,好好学习,不会不要你们的。"曾经在托儿所工作的孙秀琴阿姨说:"我们在思想政治上的正确转变,与曾秀娟不厌其烦地一次次谈话是分不开的。她为人特别和气,与我们谈话的时候,能够感受到她是真心诚意地对我们,帮助我们提高思想觉悟。她不仅关心我们的工作状况,在生活上对我们也是关怀备至,包括哪个同志谈恋爱或者感情上有苦恼,她都及时予以引导。所以,那时我们有什么话都愿意和她交谈。"许多刚来托儿所的保育人员都是母亲接待的,张秀云阿姨说:"曾秀娟手把手地教我们,像妈妈一样。对托儿所的孩子,无论其家长职位高低,都一视同仁。"李俊英阿姨回忆道,母亲对人总是笑容满面,对保育人员处处关怀,还给她们做灰棉衣、灰棉裤,教育大家要全心全意做好工作。

母亲不仅做工作人员的思想政治工作,也做学生家长的思想政治工作。那时,一些学生家长认为保育人员是"孩子的保姆",在称呼上也表现了出来。母亲得知后,多次和家长谈话,帮助家长转变思想观念,请他们称呼"同志",而不是"保姆"。加之孩子在托儿所生活得很好,家长逐渐转变了态度,对保育员们十分尊重。

托儿所条件不好,父亲也不在身边,母亲那时才20多岁,不仅要挑起工作重担,家里也全靠她一个人,十分不易。母亲身体不好,有头疼的毛病,一头疼就吃点药挺着。可如果我们谁生病了,她一下就"好"了,我们当时还挺奇怪的：她不是病了吗，怎么弟弟一生病她就好了呢？现在才知道，那是她忍着。统战部的叔叔阿姨见到我们家的难处，也时常给予帮助。当时有一位黄老太太，是王若飞的舅妈，也在统战部工作，曾跟我们住一个四合院。她看我母亲很难，说了很多同情的话，经常照顾我们，还给我们几个孩子每人做了一双鞋。

不管多艰难，母亲始终顾全大局。刚开始，托儿所只接收一两岁的孩子全托，这让工作繁忙的妈妈们苦不堪言，于是提出是否可以接收小点的孩子全托，并且将原来入托的年龄提前，生下来满 56 天（产假）就能进托儿所。因为责任重大，这让所长思想上不太愿意接受。母亲深切明白在繁忙的工作中带孩子是多么艰难的事情，反复给所长做思想工作，让她接受这个改变。托儿所孩子的家长、肖贤法的夫人杨至英阿姨说："那时，我们工作很忙，早上早自习，晚上下班后开会，这样确实解决了我们的实际问题。你妈妈虽然待的时间不长，但对托儿所工作有很大改善。"

1954 年，母亲调离统战部托儿所，到云南陪在父亲身边，1956 年又随父亲回到北京，先后在商业部托儿所、西城区儿童医院（后合并为第二医院）工作，直到"文化大革命"爆发。"文革"结束后，组织上为母亲落实政策，她又回到统战部工作，直到退休。原统战部政治部人事保卫

☆1954 年，曾秀娟（前排中）与孙秀琴（二排左一）、李俊英（三排右一）等统战部托儿所阿姨在一起

局副处长柳春怀说："回到统战部，你妈妈的心情非常好，她说回统战部，在政治上、工作上、生活上我归队了。工作之余在院中散步，总有两三人陪伴着她谈着各自儿时的经历、'文革'中的磨难，并问候妈妈亲人的情况。"

1993年，母亲因病去世，本来没想办仪式，但是被她的宽容真诚、热情纯朴打动的同事和朋友们都不同意，最后在复兴医院办了个简单的追悼仪式。

以身作则的伟大母亲

母亲是一个很乐观的人，革命信心很坚定。她爱唱两首歌：一是《金凤子开红花》，后来才知道这是南方局的地下工作人员编的；二是《山那边哟好地方》，她一唱起这首歌，小时候的我就觉得解放区的天地真好。20世纪50年代，母亲最爱哼《在太行山上》和《大刀向鬼子们的头上砍去》。即使在"文革"时期，母亲受父亲牵连而遭受迫害，大脚趾被打折了，我扶着她天天去单位扫厕所、挨批斗，她依然信心十足，坚信组织坚信党，坚信将来一切都会弄清楚。造反派要她揭发父亲的事，让她只要交代了父亲所谓"叛徒""间谍"的事情就没事了，工资还能照领。母亲知道父亲缺点、错误是有的，但绝不是什么"间谍""叛徒"。她说："我不知道的事情我不能胡说，对老郑的事情组织上会有定论的。"她一直保持着对革命的信心和乐观主义精神。

母亲对我们的教育，不是书面上和口头上的，而是言传身教。她从来不认为自己特殊。记得听托儿所阿姨说过，刚解放的时候，她们问母亲："你爱人在云南是个领导啊？"母亲说："他是他，我是我，我是跟你们一样的老百姓，普通干部。"她时常教育我们：你们都是党挽救的、培养的，否则你们早就饿死了、冻死了，也就不会有今天，所以你们在外面不要以干部子女自居，要多跟一般老百姓子弟接触，要当一个普通人。她对自己要求很严格，中华人民共和国成立后多次调工资她都没有调，别人不愿意干的事她也干。记得"文革"过后，父亲在中央组织部工作，当时有专车接送。尽管统战部和组织部离得很近，身体不好的母亲也不会上车，坚持自己挤公共汽车上下班。在她的影响下，我们也从没用过父亲的车，就是给父母买药、买营养品、到医院办手续等，都是自己坐公共汽车，甚至是长途汽车，实在不行就自己打车。在我们的观念里，这车是父亲工作用的，不是我们的，我们即便是为他做事，都不应该坐。一般人看来，我们干部子女会沾父母多大的光，有多大的特殊，其实不然，像我们这样的干部子女在"红岩儿女"（南方局领导人和老同志的子女）中很多，甚至有人工作了很多年别人才知道他的父母是谁。父母在"文革"中落难，我们跟着吃苦、忍受歧视，工作和生活都深受影响，别人无法理解，但父母传给我们的精神，就是让我们做一个无愧于党和国家的人。

母亲也教育我们不要给组织找麻烦。记得20世纪60年代初，物资还比较缺乏，父母就开始在银行存钱。母亲对我说：我俩工资加在一块不算少了，可是有你们5个孩子，万一遇到有病有灾或者什么特殊情况的时候，我们不能麻烦组织，请求组织补助，要自己克服。她遇到什么事，总是咬咬牙就挺过去了，而"不能麻烦组织"这句话却永远留在了我们心底。无论是工作还是生活，我们从来都是尽力自己解决。

☆1963年，郑伯克、曾秀娟全家照，右一为郑为群

对邻居和同事，母亲是善意与关切的。在云南工作期间，她的所作所为为掩护父亲的工作起了很大作用。中华人民共和国成立后，她也依然没变，不管是烧锅炉的、扫马路的还是托儿所的阿姨，她都能打成一片。我

记得小时候一位同学家里生活很困难，母亲有什么好吃的就经常往他们家送，平时积攒下来的钱、粮票也常常给他们。我大弟弟上初中二年级时，经常在星期日帮助附近一家送煤的小厂运煤，母亲非常赞同并不时鼓励。

母亲对同志的友情和革命大家庭的情怀，也让我们永远难忘。在我上小学的时候就知道，在成都工作时，母亲（八妹）结交了"七姐"（季河清阿姨）与"九妹"（林曦阿姨），她们在生活中互相关心，工作中互相支持。20 世纪 50 年代初，有点糖果很不容易，母亲去育英小学看我时，每次都把季阿姨家的大于和林阿姨家的罗曼一起叫上，当时我还不明白为什么要一起分吃，就好像我们几个是兄弟姐妹。大约 1956、1957 年的时候，我从昆明转学到北京，在季阿姨家住了几个月，他们待我就像对待自己的孩子一样。每次林阿姨从重庆到北京出差，母亲总会带着我们去看她，她也像是我们的另外一个妈妈。父亲对家里的书特别看重，一般我们要看书都必须在他跟前看，不许拿走，而且看书的时候要爱惜，不许折角，不许弄脏。可是有一个人例外，就是大于的弟弟二于。"文革"后

☆1987 年春，时任中共中央政治局委员、军委常务副主席的杨尚昆同志（右九）和其他领导同志在重庆为杨闇公烈士陵园揭幕。郑伯克（右一）、曾秀娟（左一）参加了此次活动

287

期，他到家里看书还拿走，我们就觉得不公平。父亲说：二于他多可怜啊，他爸爸妈妈都没有了，他就跟我们的孩子一样。所以，在我们的印象里，在这个革命的大家庭里，爸爸妈妈不是自己的，而是大家的；我们也都是所有爸爸妈妈的孩子。

☆郑为群与骆英（左）合影　　　　　☆郑为群与杨至英（左）合影

我永远怀念我的母亲。她留下的精神财富，我们一定要继承。就像张秀云阿姨所说的："想到你妈妈受的这么多磨难，你们还有什么困难不能克服。"

父亲华岗的传奇人生

华景杭 *

　　我的父亲华岗，是革命家，又是一位著名学者、教育家、翻译家，他的一生充满风险，历尽艰辛，参与过许多重要的革命活动：他中学没毕业就参加了革命，亲历了第一次大革命的洗礼，出版了《1925—1927 中国大革命史》，参加过"五卅"运动和上海三次武装起义，受过国民党牢狱的磨难和摧残，后由党组织营救出狱。曾到莫斯科参加党的"六大"，主编过进步刊物《火曜》和《列宁青年》，翻译了《共产党宣言》，做过《新华日报》第一任主编；只身赴川康、云南做刘文辉、龙云的统战工作，成效卓著，为后来顺利解放大西南打下了坚实基础；在国共"重庆谈判"时，任中共代表团顾问，是毛泽东、周恩来在谈判中的得力助手；靠自学成才，成为一名"学识渊博、文思敏捷的学者"，作为教授走进大学课堂；中华人民共和国成立后，放弃高官厚禄，担任山东大学校长，创办了《文史哲》——全国第一份学术校刊，短短 5 年，把山东大学办成闻名遐迩的一流大学。

　　1955 年 8 月，他突然神秘消失，25 年后，《人民日报》登出为他平反的消息，此时他已离开人世 8 年之久。

一、投身革命　传播马克思主义

　　父亲 1903 年生于浙江龙游，在中学时代就接受马克思主义思想，从

──────────

　　* 华景杭：华岗、谈滨若之女，生于杭州，1970 年毕业于北京轻工业学院，退休前任中国大百科出版社编辑。

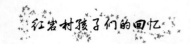

事革命工作，因此被学校开除，他毅然中断了学业，投身革命，1925年加入中国共产党。中华人民共和国成立前，他长期从事党的白区工作，曾任共青团江浙两省联合省委宣传部部长，共青团江浙省委书记。陆定一曾回忆说："从1925年我就同他一起在青年团工作，他当时是上海青年团干部中的四大金刚之一，他很有学问。"1928年5月，父亲赴莫斯科出席中国共产党第六次全国代表大会和中国共青团第五次全国代表大会，在会上当选团中央委员兼宣传部长。

从莫斯科开会回来，父亲接受了一项新的任务：按照恩格斯校阅的1888年英译本，重新翻译《共产党宣言》。我国第一部完整的《共产党宣言》中文译本于1920年8月出版，是陈望道由日文本翻译的，父亲最早接触到的《共产党宣言》便是这个版本，这本书在他的革命生涯中，起过非常重要的作用。当时，父亲承担着团中央的宣传组织工作，并且还主持了《列宁青年》的出版，工作十分繁忙，只能在工作之余，利用业余时间进行翻译，再加上环境险恶、居无定所，因此，翻译工作是在极其困难的条件下进行的。为了安全起见，他没有固定的住所，而是借住在地下党可靠的同志家中。每当结束了一天的工作之后，晚上便在昏暗的灯光下，开始翻译《共产党宣言》。由于敌人经常在夜间进行搜查，因此，父亲特意在衣服的后背处缝了一个夹层，当听到警笛由远而近响起时，就迅速地将书稿藏入衣服的夹层内，从后门离开，转移到另外一个住处，有时一个晚上要转移好几处。但无论环境多么艰苦，只要条件允许，他就坚持继续翻译《共产党宣言》。经过对原著反复地研究和推敲，1930年，他终于完成了《共产党宣言》的翻译工作，由华兴书局秘密出版，这是我国翻译出版的《共产党宣言》第二个汉文全译本。从1920年陈望道译本问世，到1930年华岗译本出版，其间相隔10年，这中间，中国革命经历了巨大的变化：中国共产党诞生，第一次大革命失败……父亲也从一名青年学生逐步成长为优秀的革命者，他以自己亲身参加革命斗争的实践经历和坚实的革命理论，对《共产党宣言》的理解在不断"升华"，因此对马克思主义及在中国革命中的运用有了充分的认识。

学界普遍认为父亲所译《共产党宣言》开创了六个第一：

1. 它是中国共产党成立之后，出版的第一个《共产党宣言》汉文全

译本；

2. 它是中国共产党成立之后，第一个由共产党员翻译的《共产党宣言》译本；

3. 它是我国第一次根据英文版翻译出版的《共产党宣言》，采用的是由恩格斯亲自校阅的 1888 年英文版本；

4. 该书所附马克思及恩格斯所写的三个德文版序言，是第一次与我国读者见面；

5. 它是第一次采用英汉对照形式出版的《共产党宣言》，便于读者对照阅读，准确理解；

6. 它第一次将全书的结束语译成"全世界无产阶级联合起来"这一响亮的口号。

在此之前的《共产党宣言》汉译本中，结束语被译作"万国劳动者团结起来呵！"而父亲根据当时的斗争形势，反复考虑后，将其改译为"全世界无产阶级联合起来！"这一口号，荡气回肠、震撼人心，具有重要的历史意义。此后的各种汉译版本，对《共产党宣言》的结束语均采用了这一译法，只是在"无产阶级"及"无产者"的用语上有细微的调整。

父亲所译《共产党宣言》由华兴书局出版。这是我党设在上海的地下出版社，成立于 1929 年，出版了大量进步书籍，因而成为国民党重点监视的对象，由它寄出的信件、书籍全部被检查，不少被截扣。从现已解密的档案中，看到了这样的记载：1931 年 1 月，国民党政府在邮件检查中获得了"华兴书局图书目录"，看到其中有许多进步书籍，便将华兴书局定为"共党宣传机关"，下令"立即查封"。同年 2

☆华岗翻译的《共产党宣言》封面

月，当上海淞沪警备司令部派人前去查封时，发现该书局已不知去向。原来父亲及其他共产党人，事先已得到情报，早已提前将书局转移，让敌人扑了个空。华兴书局搬家后曾更名为"启阳书店""春阳书店"等，继续秘密出版进步书籍。

《共产党宣言》的华岗译本自1930年在上海出版，至1939年在上海、汉口曾多次再版，在当时国统区发挥了重要作用。后来，华岗译本辗转传入中央苏区，并于1934年在苏区再次出版，成为苏区军民学习马克思主义的必读书籍。它也是1934年以来，在苏区出版的唯一的《共产党宣言》译本。1934年，不少红军战士带着珍藏的《共产党宣言》（其中就有华岗版本）走上长征之路，这本薄薄的小册子成为他们在艰苦征途中的重要精神食粮。

在国统区，为了躲避国民党当局的检查，《共产党宣言》的译本不得不采取伪装形式出版，有的故意未注明出版时间、印数；有的未署译者真名而采用化名；有的书名只用"宣言"二字或"马克思主义的基础"。再加上在当时困难的条件下，此书印数本来就不多，所以，到解放初期，保存下来的已很少。迄今为止，能够搜集到的中华人民共和国成立前出版的《共产党宣言》华岗译本只有7种，现分别藏于北京大学图书馆、国家图书馆、国家博物馆、中央编译局图书馆、江西兴国革命纪念馆、北京红展文化传播公司等处。

1955年，父亲蒙冤入狱，他的著作、译作全部被封存甚至销毁，他翻译《共产党宣言》之事再也无人敢于提及！直到1980年他获平反之后，一些专家、学者在文章中才开始介绍父亲翻译、出版《共产党宣言》之事，这段尘封了多年的往事终得以重见天日。

1999年4月，中央编译局研究员杨金海、胡永钦在《纵横》杂志上发表《解放前〈共产党宣言〉的六个中文译本》，文中提到，华岗译本与之前的译本相比，"质量有显著提高，用语更加准确，文字更为流畅"，该书"在出版的数年间，曾不断地重印再版，足见它所起的作用和产生的影响是多么广泛了"。

父亲除翻译《共产党宣言》外，还翻译了《1905—1907年俄国革命史》，由上海华兴书局于1929年9月初版。在大革命失败后不久，父亲广泛收集资料写成了《1925—1927中国大革命史》。这是第一部也是唯一的一部由大革命的亲历者，记录大革命历史的重要著作。该书在鲁迅的帮助下于1931年出版，被党中央确定为发展党员的必读书，它激励了一代又一代的热血青年走上革命道路，对当时和以后的革命斗争起了很大鼓舞作用。

1998年，中央编译局和中央电视台联合制作了电视纪录片《共产党宣言》；2011年，中央编译局等联合制作了电视纪录片《思想的历程》，其中都展示了父亲华岗翻译、出版《宣言》的珍贵史料。

二、被捕入狱　胜利获释

1932年初，父亲以中共中央华北巡视员的身份被派往北平、唐山等地视察指导工作。此时，满洲省委书记罗登贤调回中央，中共中央决定建立满洲特委，任命华岗担任特委书记，时年他29岁。同年9月，父亲与交通员张永祥一行，去满洲赴任，公开身份是皮货商和伙计。他们途经青岛时，住进一家小旅馆，张因事外出，在街上碰到一个多年未见的"同志"。那人主动过来打招呼，并关切地询问他们住在哪里？要到哪里去？张永祥因缺乏经验、警惕性不高，便如实回答了。张回到旅馆后，向父亲汇报了上述情况，父亲听后说，"此人已经叛变，我们赶紧转移！"二人刚走到旅馆门口，发现已被大量军警包围，无法脱身。就这样，他俩因叛徒告密，被国民党逮捕。因父亲被捕，中央后又任命刘少奇同志为满洲特委书记。

被捕以后，父亲化名刘少陵，自称是贩卖皮货的，始终未暴露自己的真实身份。敌人对他软硬兼施，逼其招供不成，又对他施以重刑，但在父亲瘦弱的身躯内，蕴藏着钢铁般的意志，敌人始终无法从这个年轻人的口中得到任何线索。在狱中，父亲遇到了任作民和向明两位同志，三位革命者常在一起，讨论如何开展斗争，他们成了狱中斗争的领导者。为了充分利用狱

☆1937年秋华岗出狱后在汉口

中的时间，父亲经常给政治犯们讲授中国革命的发展情况和共产党的纲领等，讲课往往采取隐蔽的形式，有时利用在囚室内下棋，有时利用室外放风的时间，看守过来时低头不语，等看守走远了，就开始低声讲课。他们还组织难友锻炼身体，以增强体质。难友们说："监狱已成为革命者的学校和休养所了。"他们三位还在狱中筹集资金，为生病的难友购买药品、营养品，并帮助政治犯准备口供，使他们在审讯时尽量不暴露身份，争取提前出狱。经过他们的帮助，一批要求进步的青年人，出狱后都成了抗日救亡的骨干分子。

在看守所，犯人经常遭受打骂，伙食也极差，米饭中经常被掺入沙子，长期吃这种饭，父亲及难友们都患上了胃肠溃疡病，却得不到治疗。1934年2月和6月，为改善犯人处境，父亲与任作民组织了两次绝食斗争，均取得了胜利。经过这些斗争，政治犯们更加团结了，三位革命者受到难友们的爱戴。他们还常为难友们准备上诉材料，出谋划策，成为政治犯们的"义务律师"。1934年6月底，虽然查无实据，但国民党当局仍对华岗、张永祥判处5年徒刑。11月底，父亲被送到位于青岛的山东省第五监狱服刑。这里的条件比看守所更差，住处狭小，光线极暗，吃的是牙碜的窝头、咸菜，犯人必须戴着脚镣劳动。父亲在此被关押了两年多，于1937年1月被移送济南第一监狱。在那里，他又见到了任作民和向明两位同志。大家互相交换了监狱情况，得知西安事变后，共产党与国民党几次谈判中都提出"释放一切政治犯"，这对狱中的同志们无疑是个好消息。按照当时国民政府的法律，服刑期超过三分之二时间后，应送到反省院去。1937年2月7日，父亲等几十个人被押上火车，送往武昌反省院。

反省院主要是为犯人"洗脑"，除了上课也要参加劳动，并规定每人都要写日记和思想汇报。父亲与任作民等常常几天不写，写时也只谈天气、个人健康等，使得院方无可奈何；再就是开讨论会，院方指定题目，要求人人对照检查，父亲等人尽可能回避，或请病假与敌人周旋，还号召难友不写反省心得、不吹捧院方，使院方得不到他们想要的东西。任作民曾说："刘少陵（华岗）和我是屡次被逼迫着写文章的，但我们都拒绝了……"据当时的难友宋辛夷回忆说："华岗同志是一位很有学问的知识分子，他经常给我们讲辩证法，还指定专人给文化程度低的人补课，讲革命道理。"按规定，父亲应在 1937 年 9 月 1 日出反省院，但院方却以"表现不好"为由，不许他出反省院。父亲找院长当面质问未果，于是提出请长假，不再参加院方的任何活动。

1937 年 9 月，中共代表董必武到达汉口。在此之前，父亲已通过可靠的关系送信给董必武，告知他自己被捕入狱的情况，所以董老一到汉口，就找国民党当局交涉，要求无条件释放华岗、任作民。听到此事，监狱当局大吃一惊：原来被他们关押 5 年之久的刘少陵竟是共产党的重要干部华岗！迫于形势，反省院只好于 10 月 16 日，宣布释放华岗、任作民。当他们二人离开时，难友们都高兴地夹道欢送，连训导主任和反省院的教员们也客气地为他们送行，最终，他们以共产党员的身份昂首挺胸地走出了反省院。入狱 5 年，父亲在狱中受尽折磨，但他坚持斗争，始终未暴露自己的共产党员身份，在艰苦的环境中经受住了考验，最终胜利出狱。

三、创办《新华日报》任第一任总编辑

1937 年 10 月，父亲被任命为中共湖北省委宣传部部长，负责筹办武汉《新华日报》，以建立共产党在国统区的重要宣传机构，当时已有潘梓年、章汉夫、杨放之、徐迈进等人参加筹备工作。父亲曾在董必武身边工作多年，董老很了解他的才干，亲自推荐他出任第一任总编辑。长期的监狱生活，使他的健康受到极大摧残，但他顾不上休养身体，马上投入到新的工作中去。在国统区办报困难重重，经常受到国民党当局的种种刁难，斗争尖锐复杂，筹备工作得一切从零开始。父亲此前未办过报纸，报社的大部分成员也属"外行"。他团结全体同志，边学习边工作，仅用了短短三个月，就很快完成了筹备工作，1938 年 1 月，该报在汉口正式出版，这期间，父亲度过了无数个不眠之夜。当时同在报社工作的石西民同志说："华岗同志是把全部精力都放进去的，真是个不知疲倦的人，《新华日报》的诞生，凝聚着他的多少心血啊！"

父亲除负责报社的全面工作，还亲自动笔，为报纸写了许多社论和重要的文章，在当时的国统区，他和胡乔木、王芸生被誉为"最好的三大手笔"。熊复同志称，华岗"是一个学识渊博、文思敏捷的学者"，其远

见卓识和犀利文笔被誉为"笔扫三军,挥斥八极"。

《新华日报》出版仅一周时间,就有国民党特务组织暴徒来"打砸抢",打伤了两位工作人员。父亲带领报社同志英勇无畏地同他们进行面对面的斗争,迫使特务们灰溜溜地撤出,捍卫了报社的安全,保证了报纸的正常出版。父亲对工作亲力亲为,和报社的同仁们打成一片,帮助他们学文化、为他们讲时事,提高了同志们的觉悟;经常同编辑人员一起商谈版面设计、文章安排,为了迅速、准确地计算栏目行数,还设计了专用工具,大大提高了工作效率,报纸质量也快速提升。为了抢时间,父亲经常通宵达旦地工作。在全体同志的努力下,报社的运行步入正轨,《新华日报》的影响逐渐扩大,已成为白区"黑夜中的一盏明灯"。但是,时任中共长江局书记的王明执行的右倾投降主义路线和家长式作风,给报社带来严重的负面影响,因而受到周恩来、董必武等同志的反对,也受到父亲的直接抵制。据当时在报社工作的古念良同志回忆:"一次在会上,华岗同志坚持原则,和王明进行针锋相对的斗争,一直到吐血、晕倒,在座的同志都为之感动。"王明不仅不接受批评,反而对父亲实行了排挤和打击:1938年5月,突然撤销了父亲的总编辑职务,将他派往东南战场任战地记者,而让自己的秘书来接任总编辑工作。对于这个安排,报社很多同志都感到气愤,父亲却能冷静地面对这一切,他没有因此情绪低落,而是丝毫不考虑个人得失与安危,准备奔赴前线。

临行之前,周恩来与他进行长谈,肯定了他在报社的工作成绩,鼓励他不要气馁,到新的岗位继续努力。父亲迅速调整好心态,以惊人的毅力,在一个月的时间里,不知疲倦地跑了三个省,访问了近40位县长,写出很多高水准的报道与评论。在奉命返回武汉后,他将在前线的见闻写成了长篇报道:《活跃在东南战场上的新四军》。该报道发表在《新华日报》的纪念特刊上,极大地鼓舞了军民的斗志。

同年6月,由于武汉失守,《新华日报》准备迁往重庆继续出版。8月,父亲奉命率领部分报社工作人员冒着生命危险乘船入川,筹备报社迁渝事宜,就在这次转移途中,一部分报社人员乘坐的"新升隆号"轮船,遭日机轰炸,16名同志当场殉难。在追悼会上,父亲深情地介绍了每位烈士的生平,号召全体同人化悲愤为力量,以出色的工作成绩回击敌人。

在长达两个月的时间中，历尽了途中的艰辛和各种险境，他们终于平安到达重庆。10月，《新华日报》在重庆按时出版，其间未有一天停报！在报社繁忙的迁移之中，父亲仍未停笔，挤时间写了不少文章，发表在《新华日报》和《群众》周刊上。多年后，毛泽东在参加重庆谈判时，曾给《新华日报》题写"大无畏"三个字，高度赞扬报社人员忘我的革命精神，对此，《新华日报》是当之无愧的。

四、只身赴雅安　争取"百团司令"刘文辉

刘文辉在四川军阀中号称"拥兵百团"，占据大半个四川，势力很大。抗战爆发后，蒋介石先是调刘文辉出川抗日，企图利用日军消灭异己，而刘文辉找借口按兵不动，于是，蒋又派嫡系部队入康，施行强占硬夺，刘文辉则坚持寸土不让，准备公开反击。刘文辉认为，国内可以与蒋抗衡的力量只有共产党，因此他决定走亲共之路。1938年夏，中共代表董必武途经成都时，在刘文辉的住所，与其商谈抗日救国方针和统一战线政策，刘文辉即表态拥护抗日方针，反对妥协投降。1939年5月，在重庆曾家岩潘文华家中，董与刘文辉再次会晤，刘文辉明确表示，希望能与中共保持经常联系。

1941年2月，父亲受周恩来委派，到西康雅安做刘文辉、潘文华、邓锡侯等人的统战工作。有一天，雅安中学新来了一名历史教员华仲修，他讲课生动活泼，旁征博引，一改课堂的沉闷气氛，很受学生们的欢迎。他们并不知道，这位文质彬彬的教师，就是中共南方局派来的"特使"华岗。父亲根据周恩来的指示，肩负着特殊的使命，只身一人来到雅安。他以中学教员的身份作掩护，与刘文辉取得了联系。在后来与刘文辉多次辞恳意切的谈话中，父亲给刘文辉分析国际、国内形势，指明抗日道路，讲述中国革命的历史特点，介绍中共的政策，建议刘文辉团结川康地方力量，反对和抵制蒋介石的反动政策。刘文辉安排父亲担任他的军官训练班的政治教官，给军官们讲抗战形势。父亲的讲课思想深刻，条理清楚，很得刘文辉的赞赏，与刘文辉的接触也更加公开、合法化了。刘文辉平时派他的参谋长张伯言与父亲单线联系，遇到重大问题则直接找父亲见面。父亲曾多

次在刘文辉女婿办的《健康日报》上用化名发表文章，宣传抗日主张。

在雅安，父亲还做了大量社会调查，于1942年3月写出《西康乌拉差徭的概括及社会性质》，对西康社会的现状做了深刻的剖析。此后，父亲又克服重重困难，继续扩大统一战线成果。他废寝忘食、日夜操劳，往来于重庆、成都之间，与西南军政副长官邓锡侯、川康绥靖主任潘文华频繁交往，聚谈磋商，宣传中共的抗日政策和策略，敦促西南诸省联合起来，促蒋抗日。经过一年多的努力，父亲帮助刘文辉明确了政治方向，增加了前进的勇气和力量，促使刘文辉与中共开始实际配合。

1942年2月，周恩来同志在重庆会见了刘文辉。刘文辉说，经与华岗的多次接触，他已完全赞同共产党的主张，愿意与共产党合作，并提出建立电台，以保持上层的经常联系。这次会面后，因父亲要回重庆参加整风运动，6月，组织上派王少春去雅安建立电台，从而实现了刘文辉同延安的直接通话，圆满完成了争取刘文辉的任务。1949年12月，刘文辉投入人民阵营。

五、肩负重任　做龙云的统战工作

抗战前，以龙云为首的地方实力派统治着云南，人称"云南王"。他与蒋介石之间存在矛盾，对中共的抗战决心表示赞同，曾托人传讯，邀请周恩来赴滇共商国是。1943年初，有一位戴眼镜的中年男士经常出入龙云的住所，他就是时任中共中央南方局宣传部长的华岗。因为他有过对刘文辉做统战工作的经验，党组织决定派他以南方局代表的身份秘密去昆明，做龙云等人的统战工作。

在去云南的途中，还发生过突发事件：由于交通不便，父亲乘坐的长途汽车，要走好几天，因路途疲劳，饮食又不规律，致使他的胃溃疡病急性发作，这是他在狱中长期吃掺沙子的陈米及参加绝食斗争落下的毛病，父亲胃大出血后昏迷不醒，幸亏被一位好心人送进了途中的医院。救治他的医生中竟然有两位认出了他，一位是在上海参加过父亲主持的集会；另一位是在重庆听过父亲的报告。他们怀着崇敬的心情全力抢救、精心治疗，使昏迷了两周的父亲终于脱离了危险并逐渐恢复了健康，转危为安。

南方局领导知道此事后，马上派人前往照应，使他顺利到达昆明。时隔多年后，父亲曾对年轻人谈及此事，说他有几次身处困境都得到朋友的帮助，要他们学会交朋友，最广泛地团结周围的人。

父亲到达昆明后，化名林少侯，经云南大学文史系主任楚图南和历史学家尚钺介绍，担任云南大学社会系教授，讲授"中国社会思想史"等课程，以教授之公开身份做掩护，在地下党组织安排下，同龙云见面。开始，龙云只是听他讲抗战形势和国内状况，避而不谈自己的看法，似乎有所顾忌。父亲进一步了解龙云的内心世界，逐步取得他的信任并与共产党合作。龙云有少数民族气质，颇重义气，父亲对他以诚相待，让他了解中共是真诚地帮助他选择正确道路，使他觉得自身利益与中共主张是一致的；帮助龙云提高对形势的认识，使其态度逐步有了转变。

1944 年夏天，父亲在成都主持龙云、刘文辉、李济深为代表以及中国民主同盟负责人的五方联席会议，酝酿成立西南联合抗日民主政权，曾成功地制止了蒋介石迁都西昌的行动计划。在这些活动中，父亲政治上的敏锐和洞察力，面对复杂形势的应变能力，深得西南诸省地方领导的赞许，也多次受到周恩来、董必武的表扬。在两年多的时间里，父亲与龙云的谈话一次比一次深入。父亲对时局高屋建瓴的见解、精辟深入的分析、无可争辩的结论，使龙云极为折服，逐步取得了他的信任与合作。龙云的政治态度有了很大转变，答应全力与中共配合，主动提出设立电台，直接与中共联系，并对云南的民主运动给予保护。电台建立后，龙云派一个警卫班加强保护，还安排两名报务员，直接与延安保持联系，并要父亲搬到城里来住，以便随时联络。

当时，云南的民主运动正蓬勃发展，昆明被誉为大后方的"民主堡垒"，而父亲代表南方局对龙云进行成功的统战工作，便是其中主要因素之一。日本投降后，蒋介石派龙云部队去越南受降，而国民党嫡系部队却逐渐向昆明城内集结，此时父亲多次劝告龙云：要提高警惕，防止意外，龙云却有些麻痹大意，对这些劝告未能听进去。1945 年 10 月 3 日，国民党部队果然血洗昆明，将龙云送到重庆软禁。幸亏在此之前，父亲已早有准备，妥善做了工作交接，将在此工作的骨干力量进行了疏散、隐蔽。形势恶化后，父亲于 10 月 5 日，化装离开昆明，回到重庆。周恩来称赞华岗在云南的工作时说:"你的工作很有成绩,不愧是孤胆英雄。"

三年后,刘邓大军解放大西南,势如破竹、长驱直入,其重要因素是,国民党西康省主席刘文辉、龙云的亲信、西南省主席卢汉等人的相继起义。而此前,父亲为这一历史的转折所起的搭桥铺路的作用,功不可没。

在昆明工作期间,父亲根据周恩来的指示,对昆明的民主运动、文化教育界和青年学生运动,积极进行指导和协商。同时,父亲深入文化教育界展开对民主人士的统战工作,参与组织"西南文化研究会",宣传马克思主义,使昆明的民主运动蓬勃发展。他广泛接触闻一多、李公朴、张奚若、罗隆基、曾昭抡、潘光旦、吴晗、费孝通等人,与他们肝胆相照,倾心交谈。父亲的坦率真诚,儒雅亲切,知识渊博,胆识过人,使他们心悦诚服。吴晗说:"华岗胆识过人,敞开心胸待人,大家有事都愿意找他交换意见。"闻一多曾对楚图南说:"华岗知识渊博,待人真诚。"父亲还与尚钺、楚图南等人联系广大青年,开展学生运动,扩大我党的影响。时任云南工委书记的郑伯克同志(后任中组部部长)回忆说:"华岗在云南工作期间与地下党密切配合,统战工作很有成效,群众工作大大开展……总结云南工作,不能不书上华岗一笔。"

若干年后,我听母亲回忆起当年的一些情景:在白区工作时,每当遇到紧急情况,父亲都能镇定自若、化险为夷。在一次去云南的途中,他的公开身份是教师,但所带的皮箱内藏有不少进步书籍,碰到国民党宪兵检查,他主动打开箱子,宪兵看到上面码放着一些教科书和老旧的小说,于是一边翻看,一边问:"下面是什么?"父亲平静地回答:"都是一样的书。"他们翻得不耐烦了,干脆把箱子扣过来,发现底下全是没有封面的旧书,就气急败坏地一脚踢开说,"是个穷秀才,没有'干货'",恼怒而去。事后母亲问:"箱子都翻过来了,怎么没发现……"父亲说:"为防万一,装箱时我就把禁书的封面都撕掉了。"还有一次,在家中突遭搜查,父亲一边迅速将秘密文件折成小块塞入女儿的衣服内,一边让母亲去开门,特务们没有搜到任何有价值的东西,悻悻而去。

除了以上工作,父亲还兼搞军事方面的联络工作,以及了解英美人士的动态工作,对美国的扶蒋反共政策展开直接反击。当年南方局的主要领导人对他的评价是:"华岗是一位优秀的统战工作组织者。"

父亲中华人民共和国成立前长期从事统战工作，受组织秘密派遣，单线联系，不便公开宣传，只在中华人民共和国成立后偶有披露。2011年2月，由中央党史研究室、重庆市委宣传部拍摄的电视纪录片《千秋红岩》第5集中，就介绍了父亲1943年受中央委派秘密前往昆明，做龙云等人统战工作的经历。

六、在上海"周公馆"的日日夜夜

1945年，父亲作为中共代表团顾问，参加了重庆谈判。谈判结束后，国共两党实现合作，中共在上海思南路117号设立工作委员会，由周恩来同志亲自领导，故这一住所被称为"周公馆"。年底，父亲先期被派往上海，筹备建立中共代表团驻上海办事处工作并担任上海工委书记，母亲谈滨若被安排在工委妇女组，于1946年2月带着女儿抵沪，住进周公馆，户主登记为"政协顾问华实甫（即华岗）住宅"。与之前以秘密身份开展工作的情况有所不同，父亲这次在国统区的身份是公开的，因而风险更大，随时可能遭遇不测。

☆1946年10月19日，在上海吴铁城公馆。前排左起：黄炎培、周恩来、郭沫若、沈钧儒、华岗

国民党当局虽然表面同意中共在南京、上海设立办事处，实际上将其视为眼中钉。自周公馆挂牌后，特务们便在马路对面的一家医院内设立了

秘密岗哨，昼夜站岗监视。父亲作为工委书记，多次在敌人的监视下，与周恩来、董必武等在此频繁会见民主人士，开展统战工作，讨论国内外大事。在纪念"一二·八"淞沪抗战15周年大会上，父亲作为主席团成员发表演说，公开揭露国民党假和平真内战的阴谋，痛斥反动派的罪恶行径，支持国统区的民主势力。对此，国民党特务机关对他恨之入骨，早已将他列入黑名单中。此时，上海各民主党派和人民团体，每晚都在八仙桥的青年会召开碰头会，据与会的范尧峰讲："华岗同志代表中国代表团几乎每晚必到，听过大家发言后，他就分析形势、传达党的方针政策，条理分明，口才犀利，简单扼要，使大家信服。"

父亲一方面与民主人士频繁交谈，广泛接触，加强统战工作；一方面出席《文汇报》举行的紧密结合时局的《星期谈座》，利用这一论坛公开宣传中共的方针政策和自己的见解。1947年1月1日，为反对美军暴行，上海27所院校10万多人响应市学生团体联合会的号召，在外滩公园门口拉起"上海市学生抗议美军暴行联合大游行"的横幅。学生运动将爱国民主运动推向高潮，上海变成了国民反美反蒋的第二战场。抗暴运动期间，父亲立即以中共联络处代表身份在报上发表文章："……人格不可辱，国格不可侮，民族自尊心必须护持，美军必须立即撤离中国！"

在上海的一年多时间里，父亲夜以继日地工作着，据当时的警卫员王德宝回忆："华岗房间的灯光总是亮到凌晨二三点。有一次，他的女儿病危，夫人谈滨若也病倒了，他仍无暇顾及。邓颖超知道后立刻派人将她们送医院抢救，才脱离了危险。"由于中共的正确领导，父亲及其他同志的忘我工作，团结了广大民主人士和各民主党派，使他们全力支持我党的主张，即使在军警包围周公馆后，黄炎培也设法派他的学生送去慰问信，表达对代表团的期望。国民党假和谈、真内战的面目逐渐暴露，形势日趋紧张，根据党中央指示，驻上海的中共代表团工作人员，除留下少数人外，大部分都转移疏散离开周公馆。1946年深秋，母亲带着我大姐秘密迁往辅石路幸福公寓，父亲则仍留在周公馆继续坚持斗争。

1947年2月28日晚，风云突变，国民党当局事先不打招呼，突然派军警包围了周公馆，限令中共人员5日内全部撤离上海。他们切断电话线，不许任何人出入，次日开始，没收一切邮件、禁止中外记者采访。其实对这一突然袭击我党早有防备，经过抗议和交涉，董必武先带领一批人去南京，仅留下华岗、许涤新和胡绳三人在沪坚持工作。在这紧张危急的时刻，父亲临危不乱，镇定自若，始终把党的利益放在首位，全然不顾自己和家人的安危。他充分利用这5天时间，指挥办事处的工作人员，周密细致地做好撤退的工作，不分昼夜地忙碌着，直到同志们全部撤走，各项工作安排都妥当，他才与许涤新、胡绳三人最后离开——在国民党军警的押送下乘车赴宁。

离沪之前，他无法与母亲联系，也来不及写信，恰好有民盟的周新民同志前来交接财产，情急之下，他机智地将家中的钥匙装入信封，托周新民将此信带出周公馆，投入邮筒。那些天，母亲一直得不到父亲的消息，虽相隔不远，却不能前去探望，正在焦急不安之中，收到这样一封特殊的信件，根据事先的约定，马上意识到父亲与周公馆的同志们已全部撤离，但究竟撤到哪里，则无从知道。此时，母亲与组织的联系完全中断，孤身一人留在上海，但她没有惊慌，根据多年在白区工作的经验，冷静地分析了形势：辅石路的住处父亲曾来过，也许已被盯过梢，这里已不能再住下去了，必须马上转移。当时，母亲正身怀六甲，大女儿只有4岁，决定先到南京的姑母家暂避一时，再物色新的去处，免得连累他人。在南京住了一个月后，她经朋友帮忙，转去杭州。

1947年5月，母亲来到杭州，住进太平坊祠堂巷一间不大的房间里，随即将杭州的地址通知上海的侄儿，以便日后与父亲取得联系。由于是紧急撤退，手头仅有很少的一点生活费，只能尽量节省，租住便宜的房子，条件很差，她精打细算，节衣缩食，勉强维持着一家人的生活。母亲心中只有一个想法：先在此隐蔽下来，再慢慢等待父亲的消息，与组织重新取得联系。根据当时的形势，母亲对外谎称自己是国民党的军官太太，丈夫正在东北前线作战，音信不通，自己因怀孕行动不便，只能在此待产。平时，她很注意与房东、邻居搞好关系，所以不仅未引起他们的怀疑，反而得到他们的同情和帮助。查户口的虽经常来，母亲用事先编好的话沉着应对，均能顺利地应付过去。

7月30日凌晨，提前从南京赶来的姑母将临产的母亲送到医院，很快，我便顺利出生了。母亲独自照料着年幼的女儿，终日辛劳，虽是第一次来到这风景如画的杭州，但因环境险恶，极少出门。父亲走后音信全无，母亲时刻关注战局的发展，特意订了一份报纸，看到国民党节节败退，解放军连连取胜的消息，心中充满喜悦。她坚信：共产党一定会取得胜利，父亲回到我们身边的日子不会太远了。

1948年3月的一天，我的堂兄突然从上海赶来，告诉母亲：父亲已到了杭州，正在一家旅馆等她。母亲喜出望外，立即跟他前往旅馆，在那里见到了久别的父亲。原来，父亲撤回解放区后，1948年初，因骑马摔下来，脑部受伤严重，又患有肠出血病，由于当时解放区医疗条件很差，无法治好他的病，医生建议他转到大城市的医院治疗。组织上关心着他的健康，先将他秘密送到天津，后又送到上海，住进台湾医院治病。等到病情好转，组织上帮助他找到在沪工作的侄儿，通过侄儿了解到我们在杭州的住址，他出院后即刻来杭州接我们。对于杭州，父亲并不陌生，1926年，父亲曾担任共青团江浙区委宣传部长，常来杭州指导工作。1927年，大革命失败后，父亲只身被派往杭州，在白色恐怖下，冒着生命危险，筹建共青团浙江省委并担任第一任团省委书记，为了开展工作，他的足迹遍布杭州的大街小巷，那年他只有24岁，不过这一次他只能做短暂停留。当下，父母商定：根据组织安排，第二天便离杭赴沪，然后去香港接受新的任务。母亲连夜收拾行李，次日一早，趁房东和邻居尚未起床，便悄悄带着孩子们，直奔火车站与父亲会合，一同去上海。

抵沪后，我们暂住一家旅馆，准备赴港。当时，上海风声很紧，码头上天天有国民党特务在盘查，船票极其难买。父亲因在周公馆工作期间，公开了共产党员身份，很多特务都认识他，所以不能公开露面。等了十几天后，组织上帮助我们买到了船票，并选择有利时机，派人将化装的父亲护送上船，躲过了特务的检查，我们一家才顺利登上了去香港的轮船。到达香港后，父母又投入到了新的工作中：协助中

☆1948年华岗在香港

共香港工委从事统战工作，争取民主人士赴京参加政协会议。

在上海中共"一大"旧址纪念馆，珍藏着一段影视资料，记录了1946年，父亲陪同周恩来同志亲切会见各民主党派人士的历史场景，这是父亲生前留下的唯一的影像资料。

七、出任山东大学校长　创办《文史哲》

新年前夕，1949 年 8 月，父亲奉命从香港乘船北上，计划途经上海，再赴北平，到中央某部担任领导工作。当轮船驶临上海港时，正遇到国民党飞机轰炸，无法停靠，只好继续北上，开往青岛。9 月 2 日，父亲抵达青岛，相隔 17 年，同样是在 9 月，他再次因偶然的机会路过青岛。向明（时任军管会主任）来码头迎接他，两位老友在胜利以后重逢，格外喜悦。谈话中向明得知他要去北平赴任，便极力挽留。父亲当时因肠溃疡病发作，身体虚弱，经中央同意，暂留青岛养病。

受青岛市委和山东大学的邀请，从 1950 年 1 月起，父亲以教授身份为山东大学讲授"社会发展史"，还定期为山东大学师生作关于"学习共同纲领"的报告。1950 年 11 月，华东大学与山东大学准备合并，由于学校性质不同，矛盾比较突出，需要一个既有革命者身份，又有知识、有能力、会办学的专家学者担任校长，中央考虑：华岗就是最佳人选，由他出任校长，全校师生都能接受。于是，周恩来总理亲自打电话与父亲交换意见，在征得他的同意之后，1951 年 3 月，中央正式任命华岗为合并后的山东大学校长兼党委书记。在此之前，中央已内定父亲到北京后担任中央统战部副

☆1951 年华岗在青岛家中

部长，行政级别为 3 级。他为了留在山东大学工作，甘愿降低级别、减少收入，只领取一个普通大学校长的工资。有人说他太傻，他却说："为了中华人民共和国的教育事业，为了培养有用的人才，我甘愿如此。"

要让一所文理工农医科系齐全的综合性大学办出特色，这是任何一位有战略眼光的校长都要考虑的问题。面对三校合一的复杂情况和五院 18 系的庞大规模，父亲运筹帷幄，以发展的眼光提出重点学科建设、发展山东大学特色，规划出"文史见长，加强理科，发展生物，开拓海洋"的宏伟蓝图；坚持民主办学、科学管理，很快把山东大学办成了新型的社会主义大学。

山东大学的文学、历史、哲学三个系当时云集了大批知名学者与教授，师资力量强，学术风气很浓。为了提倡学术民主和百家争鸣，为了引领和推动学校教学与学术的发展，1951 年 5 月，父亲拿出 500 元作为开办费，自费创办了《文史哲》杂志并任社长。这是中华人民共和国成立后全国高校中问世最早的一份学报。虽是山东大学的学报，却是全国性的学术刊物，影响很大。它的创刊，在全国引起了轰动，一是由于《文史哲》杂志创办较早，在全国高校中是头一家；二是由于《文史哲》杂志的学术风貌和全新的理念，它代表的是中华人民共和国学术发展的方向。父亲虽然工作繁忙，却几乎每期都有文章发表，并亲自编审稿件，但从不领取稿酬。在他的影响下，许多教授也自愿放弃了稿酬，所有人员都是兼职的。由于他和编委们的努力，使其成为全国极有影响的刊物，在中国现代史、鲁迅研究、《红楼梦》研究等方面，在中国学术史上起了重要作用。陈毅同志评价其为"开风气之先"，既是校刊性的，又具有社会性。

由于《文史哲》杂志的提倡，对于一些学术问题，经常引起国内相关学术界的重视和讨论。这种争鸣不但在《文史哲》杂志上进行，也在山东大学校园内举办；不但在文科各系中开展，理科类学生也积极参与。父亲经常参加这些会议，听取各种不同意见，以普通一员的身份发言，从不强加于人，更不以势压人。父亲曾规定：《文史哲》杂志每期至少有一篇理论的文章，也至少有一篇现实的文章，在学术文章中既有思辨的又有考据的，既有中国的又有外国的，文、史、哲皆有，以期办成特色校刊。同时，每期还要尽可能推出一位新作者，以提携青年学者。他经常给还不熟悉马克思主义的老专家出主意、改文章，亲自指导年轻人的写作，通过《文史哲》杂志培养出一批中青年人才。如众所周知的两个小人物——蓝翎和李希凡，他们撰写的《关于〈红楼梦简论〉及其他》别家报刊不予刊登，父亲知道后，立即指示在《文史哲》杂志上发表，从而引发了一场关于《红楼梦》问题的大讨论，也引起毛泽东的重视。毛泽东亲自写了一封《关于红楼梦研究问题的信》，对该文予以表扬。

山东大学和《文史哲》杂志在国内外的名望日益增高。《文史哲》杂志坚持理论与实际相结合的学风，提倡学术创新和独到见解，它直接介入中国学术界长期争论悬而未决的学术问题，引起学者们的极大兴趣和广泛关注，他们纷纷来稿参加讨论。不仅校内专家多次投稿参加，而且还吸引了校外的大批知名专家学者前来争鸣讨论，如王亚南、顾颉刚、周谷城、罗尔纲、黄药眠、齐思和、杨宽等，一时，以《文史哲》杂志为代表形成了新的学术中心。该刊先后展开的"中国古史分期问题""亚细亚生产方式""中国资本主义萌芽问题""中国农民战争作用问题"等大讨论，在中国学术史上占有重要地位。苏联、日本、印度尼西亚、印度等多个国家都来函索购《文史哲》杂志。

当时，山东大学形成一个以专家学者为主的行政领导模式，配置的副校长、教务长、总务长都是知名教授，两位副校长童第周和陆侃如都是民主党派人士，且是国内外著名的专家。父亲不但尊重他们的学识，也非常尊重他们的职权，学校的重大决策，都是共同商量，使全

☆1953年华岗、谈滨若夫妇与女儿华景杭

校工作有条不紊。各院院长和系主任也由学有专长的教授担任，充分发挥了教师的主导作用。父亲始终重视依靠集体的领导力量，自己除抓全面工作外，可以腾出更多时间，深入到师生中进行调研，发现问题、解决问题，使山东大学出现了教学秩序好、工作效率高、生气勃勃、奋发向上的

局面，学校的声望越来越高，在全国重大教学科研场所具有一定的发言权，成为文、史、哲领域学术问题的领军单位和第一阵地。

在父亲心目中，教学工作是重中之重，他注重教学改革，努力提高教学质量和效果。为了加强教学工作，确立教学在学校工作中的中心地位，他提出科研和后勤都必须围绕教学，为教学服务。他亲自抓教学工作，轮流听取各院系汇报；注重教学的计划性，定期检查、评比；规定教授必须上大课，发挥教授在教学中的主导作用。父亲做到身体力行，不顾工作繁忙、身患疾病，经常给全校讲政治大课，当时听课的除本校师生外还有来自青岛市的干部和各界群众，可谓盛况空前。他还给历史系讲"社会发展史""中国近代史""五四运动史"，给中文系讲"鲁迅思想研究"。他在校刊上开辟"教与学"专栏，让教授和学生公开对话。一些著名的教授如冯沅君、赵太侔、童第周、曾呈奎等都先后在上面检讨教学问题，收到了良好效果。对于学校的科研工作，父亲也非常重视，他把科研工作作为教学的重要组成部分，列入学校工作的重要议事日程。他提倡教授们在学术研究上有了新见解，可以举行个人报告会，让学生自由参加。在教师指导下，对学有余力的学生成立科学小组，广泛开展科研和实验，让他们处在一个良好的学术氛围中。教师的讲座与学生的科研团体各展所长，各有用武之地，带来了山东大学学术上的繁荣。经父亲倡议由校委会规定，每年的校庆日都要举办学术研讨会，激励师生开展科研活动，并将学术观点不同的各种专著拿出来展览，以此庆祝校庆。1954年校庆日，父亲作了《综合大学如何开展科学研究工作》的报告，引领师生进一步搞好科学研究。学校举办了"教学与研究工作展览会"，展出了几年来全校教学改革和科学研究的成果，使全校上下形成了一种良好的科学研究氛围。

父亲了解和爱护知识分子，对广大教师，据其所长，安置以位，给之以权，待之以诚，让他们心情舒畅，充分发挥才能。父亲经常提醒身边的工作人员说："知识分子是旧中国留给我们的宝贵财富，办好山东大学要依靠他们，可惜这笔财富太少了。"当他听到一位教授子女多、家里有重病人，生活困难时，立即派人送去生活补助费，感动得这位教授热泪盈眶。

在频繁的政治运动中，父亲牢牢把握政治尺度，最大限度地保护专家、教授和群众，为此，他甚至甘冒政治风险。三反、五反运动来势很猛，他顶着"右倾"的责难，在三反运动出现偏差时，立即进行整顿。父亲主张学校不同于社会，应先把教学上的浪费反掉，为教改打下基础，而不是一味地"打老虎"、算经济账。父亲把运动看作是对人们的思想教育，最后归结到提高教育质量、培养优秀人才的目标上去，而不是为了单纯整人。在1952年的三反、五反运动中，医学院有一位生化教研室主任，专案组未查明实据，也未经校领导批准，就将其隔离审查，戴上"特务"的帽子，造成这位女教授自杀身亡。父亲得知后非常气愤，一面向上级承担责任做了检查，一面在全校党员大会上教育大家要爱护知识分子。他说："培养专家很不容易，几万元也买不到一位专家。"有人说"运动初期不能讲实事求是"，父亲说："不对！实事求是是科学，应该贯穿运动的始终。"

1980年秋，山东大学历史系教授张维华讲述了在三反运动中，华岗校长保护他的经过。1951年，张教授从齐鲁大学调青岛山东大学工作。三反中，齐鲁大学留守处的人认为张可能有政治和经济问题，故派人到山东大学欲将其带走审查。华岗校长义正词严地对来人说："齐鲁大学和山东大学都是共产党领导的，都执行共产党的政策，张维华现在是山东大学的人，请你们把材料转来，山东大学党委保证按党的政策处理，不必非要将人带走。"审查的结果，张教授并没有问题，他在华校长的保护下躲过了这场劫难，时隔多年，张教授回顾此事时仍情绪激动，老泪纵横。

还有一次，父亲顶着压力，以党委书记的身份阻拦公安部门批捕一个所谓有"历史问题"的外语系教授，事后经调查确认，该教授没有问题。面对着日益升级的政治运动和过火的批斗，父亲连续召开三次党委会，纠正三反运动的偏差，并对运动中出现的问题主动检讨，主张立即放手，转入思想改造。在政治运动的高潮中，敢于为了几个被看作是旧知识分子的人，不顾个人利害，纠正偏差，这要承受多大政治压力，是一种何等的气概！但后来这些竟都变成他的"罪证"。

作为校长，父亲深知高级人才对于办好大学的重要性，他常说："著名的大学关键是靠有一批学识深厚的著名教授。"他不仅重视人才，爱护人才，培养人才，还千方百计地吸纳人才，使中华人民共和国成立前在山东大学工作的老教授全部留了下来，同时也吸引来了一大批新的专家学者，如童书业、郑鹤声、吴大琨、高亨、方宗熙、束星北等，为学校的发展储备了有生力量。他把知识分子当作朋友，给予充分的尊重，为了发挥两位副校长的作用，他把行政、教学、学习、学术等工作的管理全部交给了他们，实行分管校长负责制。在党委会上，父亲强调，要充分尊重两位副校长的意见，让他们"有职有权"。童第周、陆侃如都感到在父亲身边工作非常愉快、舒畅。在父亲担任校长期间，童第周放弃了去北京中科院工作的调动，而愿意继续留在山东大学工作，他曾亲口对我说："华校长教我懂得了辩证法，对我的科研工作很有帮助。"对其他教授、学者，包括一般教师，父亲都一视同仁，给予关心和爱护。他经常鼓励和帮助有政治顾虑的人放下包袱，大胆进行教学、科研活动，为专家学者提供宽松和谐的政治、学术环境，一些著名的专家学者也把华岗校长当作兄长、朋友，有事愿跟他交谈，听取他的意见。人们一致赞誉他是懂政策，有能力，会办学，出色的大学校长。

1955年，52岁的父亲正处在年富力强、经验丰富的时候。他踌躇满志，把全部精力投入山东大学的工作中，看到山东大学的面貌一天天在焕然一新，一批批优秀的毕业生陆续走出校门，投入中华人民共和国的建设，他心中充满喜悦。他丝毫没有觉察到，一场灾难即将降临：8月25日夜晚，身为全国人大代表、青岛市委委员、山东大学校长兼党委书记的父亲突遭逮捕，罪名是"胡风反革命集团分子"和"向明反党集团成员"。在此之前，母亲谈滨若已被隔离在单位"参加运动"，不许回家。父亲在青岛被囚禁两年，对他进行批判和"车轮式"审讯，逼他交代"罪行"，各种手段用尽，也未达到"上面"要的结果。1957年秋，父亲被转押至北京功德林监狱，后又转往秦城监狱。在狱中他没有停止思考，隐忍着心灵上的伤痛，战胜了罕见的困难，奋笔疾书，写下了近百万字的手稿，其中就有《美学论要》和《规律论》。

他在《规律论》中，针对当时受极"左"思潮影响，政治上搞阶级斗争扩大化，经济发展上搞冒进、浮夸风等，指出："怎样对待规律的问题，历来是检验这种或那种宇宙观的试金石"，"差别和矛盾是两个不同的范畴，有它们各自不同的含义，所以不能说差别就是矛盾……把差别和矛盾看作同义词，看不到它们之间的异象或差异，就会造成错觉，使人们走上夸大矛盾和臆造矛盾的荒谬道路……马克思主义者的光荣任务是实事求是地去发现和解决矛盾，而不是臆造和夸大矛盾。一切以臆造矛盾为业绩的思想和行动，都必然制造悲剧和阻碍历史的进步"。"人们可以根据统治阶级的意志制定法律，并且可以运用掌握在手中的权力强制推行，但是绝对不能创造规律，也不能废除规律"。父亲在失去自由的情况下，再一次以亲身经历揭示了马克思主义的哲学精髓，表现出强烈的时代责任感。他写下"知识无涯天地宽，须行即骑莫迟惶。双膝未胼当知足，可酬热血换文章"的诗句来勉励自己，艰难地度过狱中的日日夜夜。

至 1962 年，党内纠正了一些"左"的倾向，查明"向明反党集团"为子虚乌有，其成员到 1963 年先后被甄别，向明也被释放。经查，华岗与"胡风反革命集团"也毫无关系，却因"态度不好"仍被关押。10 年间，专案组内查外调，耗费了大量人力，仍找不到他的"反党"证据。父亲在无辜被囚禁了 10 年之后，1965 年 3 月 19 日，以莫须有的罪名被判处有期徒刑 13 年，剥夺政治权利 7 年。1965 年底，62 岁的父亲被押往济南山东省监狱服刑，这正是 30 多年前他曾被国民党关押过的地方。

在熬过了 10 多年的铁窗生活后，此时父亲似乎看到了一线希望，他在给母亲的信中写道："再过两年多，我就可以获得自由了。"但是，他不知道，当年参与陷害他的人曾扬言："绝不能让华岗活着出去！"正如诗人臧克家所云："有的人活着，他已经死了；有的人死了，他还活着。……有的人他活着别人就不能活；有的人他活着为了多数人更好地活。"

父亲到济南后，终于允许家属探视了，母亲前往狱中，见到父亲头发已全白，仍穿着离家时的旧衣服，上面缀满了各色补丁，百感交集，泣不成声。在短短几天的时间里，母亲为他缝补衣服，尽量做些可口的饭菜，安慰他：刑期将满，很快就可以回家团聚了。母亲回来时，为我带回一件蓝色呢子外套，那是父亲在狱中为我准备的礼物：他在狱中，每月只有几块钱生活费，省吃俭用，舍不得为自己添置衣服，但有一次外出治牙，路过一家商店，却特意进去，为多年未见的女儿精心挑选了这件衣服，为此花去他近一年的生活费。我听着母亲的讲述，感受着父亲对女儿深深的思念和关爱，不禁潜然泪下。在以后的岁月中，这件外套为我挡风御寒，陪伴我度过了岁岁严冬，至今仍完好地珍藏着，成为我永久的纪念。

1966年，一场更大的灾难降临，"文革"开始了。监狱被造反派占领，父亲的处境更加艰难，年迈多病的他，被迫去干无法胜任的重体力活，使他的健康急剧恶化。1968年8月24日，本来是父亲应被释放的日子，但未能获释，直到1970年3月5日，监狱的"军管会"才签发了释放令，给他办理了刑满释放手续，但仍不许走出监狱，将其安排到狱中的"就业队"。长达15年的狱中生活，彻底摧毁了他的健康。此时，获得自由的希望也已破灭，他身患高血压、脑动脉硬化等多种疾病，又缺乏起码的医疗和营养，终于病倒在床，失去了自理能力。1971年初，狱方为了卸包袱，将他送回了青岛家中。

此时，全家人住在一间10平方米的小屋内，朝向西北，条件极差。早在1958年，父亲的"罪行"尚未定案，母亲就以"包庇华岗"的罪名，受到不公正的处分：被开除党籍，行政连降四级，调离中学校长的岗位，到蔬菜公司仓库劳动。父亲的工资早已被停发，母亲和我们4个年幼的子女，仅靠她60元工资，艰难度日，其他亲朋好友，均受株连。16年来，家人因是"反革命家属"，受尽歧视。

父亲回到青岛后，"上面"规定：不许出门，不许见他人……此时，他身患重病却无法去医院就医，只能依靠一些简单的药品维持着。得知重病的父亲回到青岛，在外地工作的我，马上利用休假赶回家中，十几年未见，父亲苍老了许多，原来乐观健谈的他变得沉默寡言。那年的春节，是1955年后父亲在家度过的唯一一个春节。平时，母亲要去上班，我利用这短短的假期，悉心地照顾他。我为他赶制了一件新毛衣，又为他添置了秋衣、秋裤和棉帽，帮他度过寒冷的冬天；听说玉米须能治高血压，就天天熬水给他喝；每天做他爱吃的饭菜。一次，给他包了鸡肉馄饨，他吃得津津有味，说"这是离家十几年来吃到的最好的饭菜"。这短短一句话，使我忘掉了一切疲劳。夜幕降临后，我搀扶他去海边散步，漫步在熟悉的小路上，他告诉我，"今天有重回人间的感觉"。当他病情加重，我到医院一次次恳求，请医生出诊为他看病，终于打动了医院的领导，同意出诊，但仅有这一次，以后再也不肯出诊。这一年中，只要有休假，我就立即回家，为的是帮助母亲照顾病重的父亲。父亲的病情日益加重，他需要住院治疗，万般无奈之下，1972 年初，父亲准备重回监狱，争取治病的权利。离别之际，看着他依恋而又期待的目光，想到不知何时才能再见面，我强忍悲痛对他说："您一定要好好治病，把身体养好，等我来接您回家。"回到济南后，父亲仍得不到有效的治疗，也不允许家人陪护。1972 年 4 月，直到他的病情进一步恶化，才被送进医院。1972 年 5 月 17 日，父亲的生命走到了尽头，他的身边没有亲人，留下的最后遗言是："历史会证明我是清白的。"

1980 年 3 月 28 日，在父亲离开人世 8 年后，经中共中央批准，为他彻底平反，恢复名誉。至此，长达 25 年的冤案，终获昭雪，随后，母亲的冤案也获平反。7 月 5 日，山东省委在革命烈士陵园召开"华岗同志平反昭雪追悼大会"，将他的骨灰安放在英雄山革命干部灵堂。他的生前好友罗竹风同志在悼词中写道："……华岗同志虽死犹生……历史岂容捏造，是非自有公论。而今平反昭雪，还君本来面目……日月经天，江河行地，著述等身，遗惠后世，华岗、华岗，永垂不朽！"

父亲一生坎坷，两次被捕，在狱中度过了 21 年的漫长岁月，他以超出常人的毅力，锲而不舍，呕心沥血，为我们留下几百万字的手稿。父亲善于将革命理论和实践相结合，撰写了大量的文章和十几部专著，这些著作涉及了政治、历史、哲学、美学等多个学科领域。值得欣慰的是，他获平反以后，一些重要著作、译作得以再版。如《共产党宣言》《1925—1927 中国大革命史》《中国历史的翻案》《华岗选集》等，他在铁窗中完成的《规律论》（邢贲思作序）和《美学论要》（林默涵作序）两本遗作，已顺利出版，《华岗传》一书由宋平同志亲自题写了书名。2003 年，"华岗诞辰百年纪念大会"在山东大学隆重召开，宋平同志为大会撰写了文章，表达了对战友的缅怀之情，93 岁高龄的费孝通挥笔题词——"革命战士学界楷模"，是对父亲一生最好的概括和总结。

父亲离开我们已有 40 多年了，人们并没有忘记他：他居住过的青岛的龙口路 40 号，已辟为"华岗故居"，在青岛市文化名人雕塑公园、浙江龙游县城及济南市山东大学，青岛 39 中校园内，先后建立了 4 座华岗塑像，经常有人前往瞻仰，为他献上洁白的鲜花，表达对这位革命者深切的怀念……

出淤泥而不染的"红色资本家"

袁　明*

求知求真　毅然走上革命路

　　父亲袁超俊出生在一个晚清进士家庭，我的爷爷曾在贵州省府任职，看透了官场的黑暗，用他自己的话："一肚皮不合时宜"，弃官从医，靠微薄的收入勉强维持家人的温饱。他的7个子女，5个参加了革命队伍。

　　父亲从小好学，但贵州的教育落后，只能学到传统、陈旧的知识。父亲15岁的时候，听邻居富家的公子说，沿海城市的免费学校可以学到理化课程，就动了到上海求学的心思。可家里头不同意，他们就私下离家出走。没承想半路被发现，叫给截了回去。父亲的第一次求学探索失败了。

　　见到父亲闷闷不乐，我姑妈想办

☆父亲袁超俊和爷爷

　　* 袁明：袁超俊、钟可玉长子，新疆广播电视大学机械系毕业，中国惠普公司工作，已退休。

法说服了爷爷，同意父亲跟随以前的老师黄齐生老先生的夫人同路去上海。临行前，爷爷借了50块大洋的高利贷交给了父亲。

☆陶行知：想一想死不得

到了上海，才知道，哪里有免费的学校好上！父亲钱花光了，穷困潦倒，生活无着，求告无门。南京长江岸边有处三面环江的山崖叫燕子矶，许多落魄的人都到这里投江。父亲站在燕子矶的条石上，看到了一个好心人在条石边竖起的一块木牌，上面写着："先生，请您坐下来好好想一想。"他便坐了下来，想到家乡，想到家人，想到还没有完成的学业，思绪万千。他想了很久，想明白了一件事：我活不下去，就是因为我没有求生的手段。最后他决定，咬着牙一定要活下去，要学到真本领，努力求生。

当时，父亲并不知道那块木牌是谁写的。

父亲费尽周折投考一间免费的"公路学校"，考进去才知道，自己进了一个大火坑，这是变相招募童工的一家跑贵州的运输公司。但父亲这次没有气馁，下力干活，偷偷学会了开车修车。在贵州山路上跑车的那段时间里，父亲融入工人群体中，组织工人闹工潮，被推举为贵州司机工会主席。第二次求学虽然失败了，但有了当工人的经历，让他亲身体验了资本家的心狠手辣和工人劳苦大众的辛酸，让他获得了生存的本领。也有让他想不明白的一个问题，留在了他的心中：我和工友们吃不饱，穿不暖，到底是为什么？

后来父亲听说，他的老师黄齐生老先生辗转投奔到了南京晓庄师范学校，这是陶行知先生开办的一间免费学校，便第三次离家到南京求学，到了晓庄，这时他才知道，晓庄师范学

☆后面背着煤气发生炉的木炭汽车

315

校离燕子矶很近，救了他的命的那块木牌是校长陶行知写的。这次求学对他一生影响深远。

陶行知先生的教学理念是"教学做合一""半工半读""师生互学"。入学后，陶校长得知父亲的开车经历，立即创办了汽车驾驶和汽车维修的课程，由父亲上台讲课。父亲既当学生，又当老师，在这里学到了许多在其他学校无法学到的专业知识和工作技能。

陶行知的晓庄师范学校所具有的平民教育特色，自然受到了中共江苏省委的重视。校内很快就有了共产党、共青团的秘密支部。父亲在贵州领导工人闹工潮的经历，也受到组织的关注，指定共青团支部书记袁咨桐对父亲进行重点培养。袁咨桐是父亲在贵阳的同学、同乡，二人很快就谈到了一起。当父亲讲起贵阳工人的苦难生活时，袁咨桐认真地问父亲："你仔细想过没有，那些工人为什么这么苦，有没有办法使他们从苦难中解救出来？"并指出，中国共产党已经找到了答案。父亲眼前的乌云逐渐消散。在袁咨桐的引导下，父亲接受了马克思主义思想的熏陶，在1930年加入了共青团，从此走上革命的道路。

父亲入团没过多久，学校里发生了骇人听闻的事情——袁咨桐被国民党抓走了。袁咨桐的大哥是国民党高级军官，只要他愿意写自首悔过书，并声明与共产党永远脱离关系，就可以被释放，可袁咨桐即使双腿被撬

☆袁咨桐

断、双臂被吊脱臼，也绝不屈服，便被国民党卑鄙地改大了年龄，在南京雨花台处以极刑，牺牲时年仅16岁。袁咨桐被杀害，对父亲的冲击太大了。他第一次意识到，穷苦人求解放是会有牺牲的。让他感受到更大震动的是，父亲眼见着一个人倒下去，他的身后会有更多的人站起来。仅仅晓庄就先后有10名党团员惨遭杀害，但晓庄的革命队伍却在一天天壮大，这更加坚定了父亲走革命道路的决心，誓为普天下的劳苦大众求解放而奉献自己的一切。父亲的第三次求学，求得了知识，更求得了真理，找到了自己的信仰。

1935 年底在上海，父亲任共青团江苏省工委书记，在中共江苏省工委的秘密安排下，父亲当选为上海工人救国会主席。随后，由沈钧儒老先生牵头的上海各界救国联合会，全国各界救国联合会相继成立，父亲当选为常务理事。

☆救国会上街游行，前排右一是袁超俊

救国会赞同中国共产党提出的停止内战、一致抗日的主张，要求国民党改变"攘外必先安内"的基本国策，联合红军，共同抗日。这种同情共产党的举动惹恼了当时急于"清共"的国民党，也得罪了上海的日寇。在日本驻沪总领事若杉的授意下，南京国民政府于 1936 年 11 月 23 日，响应日方要求，以"危害民国"罪在上海逮捕了沈钧儒等 7 位抗日救国会的领导人（即有名的"七君子事件"）。同一天，父亲也以相同罪名被捕，关押在伪苏州反省院。

直到 1937 年"七七"事变后，国共合作局面初步形成。周恩来副主席亲自出面，以蒋介石已口头承诺"释放政治犯"为由，向国民党当局多方交涉，营救被关押在狱中的革命同志。父亲也在狱中党组织的统一领导下，同狱方进行不屈不挠的斗争，最后获得无条件释放。

经组织考察，父亲在狱中表现突出，准予团转党，并批准父亲赴延安。

☆在"八办"任副官长的袁超俊

到八路军驻南京办事处办理赴延安的手续时，八路军参谋长、驻京代表叶剑英和办事处处长李克农得知他是工人出身，又是陶行知晓庄师范的学生，发现他不但有文化，还会开汽车，会修手表、无线电，会画画、拉小提琴、照相，是个不可多得的人才，便将他留在"八办"，任副官，后任副官长。

创新创业　污泥浊水出芙蓉

1937年底，周恩来副主席受中央委托，到八路军驻武汉办事处来主持中共中央长江局（后改为南方局）的工作。父亲时任武汉办事处副官长，跟随在周副主席身边，随南方局和办事处一路转战南京、武汉、湘乡、衡阳、贵阳、重庆、延安，在周副主席身边工作时间长达10年。

父亲刚到周恩来副主席身边工作时，周副主席得知爸爸曾两次被国民党关进监狱，眼下还用的是原来用的名字严金操，就严肃地对爸爸说："不行，你得把名字改一下，不能让他们老来注意你。"

爸爸回来想了一下，名字好改，按照中国人的传统，这姓可就不那么好改了。爸爸想到了一个人，那就是被国民党关押和杀害的南京晓庄师范的无产阶级革命战士袁咨桐，他是爸爸的革命启蒙人。父亲想到他的英雄事迹，做出了决定：好，就跟袁咨桐的姓，走他走过的路，继承他的革命遗志，像他那样，为革命抛头颅，洒热血。

☆在重庆时的周恩来

1941年皖南事变后，国内局势突变，在国统区的共产党不得不大力精简机构，将大部分公开工作转入地下，周恩来副主席急电父亲从贵阳返回重庆，躲过了因皖南事变国民党的屠刀。周副主席在精简后的南方局增加了一个岗位，指定父亲担任中共南方局负责秘密交通和秘密金库的秘书（党内称为总交通和特别会计），直接向周恩来报告工作。中共南方局不公开的办公地点，设在重庆红岩山上八路军驻渝办事处院内。

所谓秘密金库，实际上，就是一大群默默无闻，战斗在没有枪炮和硝烟的经济战线上，为党筹集资金的共产党员。按照党的纪律，他们在政治方面保持"静默"，被称作"三线共产党员"，不拿枪，不参与政治活动，深藏地下；一旦公开活动的共产党员（一线，是要准备坐牢牺牲的）和积极活动的秘密党员（二线，隐蔽地下的）遭遇反动势力的毒手，他们就要挺身而出，继续完成党的伟大事业。用这样的办法，为革命事业储备有生力量。

父亲以南方局特别会计的身份单线领导像重庆大生公司肖林（电视剧《金玉瑶》沈立的原型），重庆广大华行卢绪章（电影《与魔鬼打交道的人》张公甫的原型）等一大批党的秘密经济工作者。在党内，父亲是这些地下党员的上级，实行单线联系。父亲按照周副主席的指示，到这些地下党员的秘密联络点提取现金，再转送到需要资金的地方去。有时，南方局会从国际友人和海外华侨那里得到不少美钞，也要下山去把它们换成法币。在重庆，不是所有的路都能开车，经常要步行爬坡上坎。钱很重，数量多的时候，往往是用麻袋来装的，父亲要把这么重的东西弄上山，是相当吃力的。有一段时间父亲身体不好，背钱累到吐血,但这是一项秘密工作,为了保护那些从事秘密经济工作的同志,不能让更多的人知道他们的存在,所以父亲仍然坚持不换人,按组织需要下山提款。

父亲按照组织规定向这些地下党员传达党的学习文件,对他们实行定期上山关门学习的制度,将他们个别接上山,进行政策教育和气节教育。

在重庆工作期间,父亲除了管好党的经费外,还要扶持地下党员从事商业经营和科技开发,创新创业,为他们提供组织上、业务技术上和资金方面的支持。其中像密写、伪造证件等,是党内机密程度较高的工作,为此,周副主席专门为父亲在重庆八路军办事处三楼设置了一间秘密工作室。

党的纪律规定,每一个地下党员都要有正当的社会职业来做身份掩护。那些秘密交通员,选择从事商业经营的较多,因为相比教书,从事商业经营的流动性要大一些,适合交通工作。

党办企业需要资金,父亲管钱,提供资金支持没有问题,但有些地下党员没有经商的经历,一切都必须从头开始。父亲要对这样的地下党员提供业务支持,就只有到其他"红色老板"那里去请教,回来再口头传授给刚入门的党员,父亲博采众长,慢慢积累了一定的经商"诀窍"。

父亲不仅扶持商业经营,同时还扶持共产党员从事技术创新。

抗战时期,由于日寇封锁,汽油断档,桐油在港口码头积压无法出口。在这"一滴汽油,一滴血"的民族危亡时期,有一次,父亲向周副主席汇报,自己管理的地下交通线有一批有学历的备用交通员。他们为获得掩护身份,减轻组织负担,运用所学文化知识,大搞技术创新,开发出了国内少有的低成本高效率新技术,成功地用桐油生产出了汽柴油。周副主席对这项技术极为重视,指示父亲要给予支持。于是父亲亲自到各厂视察,调配资金人力,重点扶持,在秘密交通线沿线,由党员开办的以大华命名的高新技术炼油厂迅速发展到十几个。其中北碚黄桷镇的大华炼油厂北碚分厂,是专为新华日报社创办的。父亲调了一名在三所名校深造过的老革命来当经理,又调了一名在广安大华炼油厂工作过的老交通任厂长,基层的配备多是精简机构疏散下来的党员干部，像我们熟知的陈野苹（后任中组部部长）、田家英（后任毛泽东秘书），都以该厂为职业做身份掩护。炼油的经济效益非常可观，这个厂是南方局和新华日报社自身特别资金的重要来源之一，为办事处和报社的车辆提供了源源不断的燃油，同时还储备了大批共产党干部，一举多得。

父亲经手管理的党的资金，有力地支撑了党在国统区以及海外与敌伪展开斗争的各项经费活动，并无私地帮助党外进步人士。像1941年底日军占领香港后，为营救近千名羁港的进步文化人士和党的文化统战干部转移到后方安全地区，周副主席开出一张200人的名单，要父亲准备每人500元，共10万元钱，资助这批进步文化人士在东江纵队的护送下转移。这笔钱通过国民政府军委会政治部文化工作委员会（其前身是政治部第三厅）的中共秘密党员孙师毅（他的三线共产党员的身份直到1986年才公开）用航空夹带交给桂林一中制烟厂老板张云乔（系可靠的党外人士），由张云乔亲自携款到香港找到廖承志，保证了转移工作安全有序地进行。后考虑几百人都经重庆转延安有困难，决定部分文化统战干部去苏北根据地，路费另需每人1500元钱，周副主席安排父亲再汇10万元钱到桂林，并嘱咐款仍汇给张云乔，凭暗号转交给党的地下交通员。

父亲还按周副主席指示，派卢绪章化名"老孟"亲自将8.5万元现钞送交广东韶关粤北省委，用于解决进步文化人士转移的收尾工作。

这些钱都是父亲从肖林、卢绪章那些从事秘密经济工作的党员那里筹集来的。最终，港九地区的爱国民主人士和文化界知名人士共300多人，连同其他方面的人士共800多人，被安全营救到内地后方。

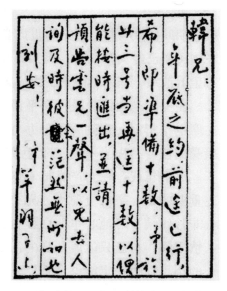

☆周恩来给孙师毅的亲笔信，"十数"即十万

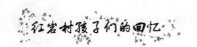

大业亲情　永契初心做抉择

1947 年春，国共和谈破裂，内战已不可避免，中共在国统区的公开机构不得不面临撤销或转移。

早在皖南事变期间，国民党顶不住日本侵华军队，却把屠刀挥向了共产党，父亲的胞弟，我的五叔、年仅 17 岁的地下党员、青年学生严金甡惨遭贵阳国民党特务杀害。被杀害的还有父亲下属的两名华侨机工（其中的郭嘉是抗战初期第一批回国的马来西亚柔佛士乃州南侨机工）。父亲的这些战友和亲人不是被日寇杀害的，而是被与日寇沆瀣一气的国民党杀害的。当时父亲就在贵阳，对无法营救关押在国民党监狱中的亲兄弟，最后亲兄弟惨遭杀害，这一直是父亲深感愧疚的一块心病。

☆五叔严金甡

抗战期间国共合作，父亲为贯彻党的统一战线政策，强忍着心中仇恨，现在国民党已经大开杀戒，国共和谈面临彻底破裂的紧要关头，父亲急切地希望上前线，痛杀蒋匪帮，为兄弟和战友报仇。

在上海与国民党进行和平谈判的中共中央代表团撤回延安后，周副主席电报指示父亲到香港创办直属中央的商贸企业。就是说，父亲将要接受的任务是去当一名"红色资本家"。父亲听到这个消息，一下愣住了。那个年代，在共产党员心目中，"资本家"是一个相当负面的说辞。更重要的是，亲自上前线为兄弟和战友报仇的愿望无法实现了。父亲内心非常纠结，可他心里明白，自己是一个共产党员，在党的大业和个人亲情之间，自己只能服从党的需要。党的长远的大目标实现了，自己个人的小目标也一定能够实现。党指向哪里，就打到哪里，父亲毅然决然踏上了奔赴香港的旅程，勇敢地承担起了做一个"红色资本家"的重任。

1947 年 4 月，党中央决定在香港增设一部电台，由父亲管理。台址选在近百米高的礼顿山上。这部电台主要与朱总司令、周副主席和解放区负责外贸的大连站沟通，报务量很大。

当时的报务员健康状况很差（后病故），夫妇俩带着吃奶的孩子，又不会粤语，按照组织纪律无法外出。为了照顾他们的生活，父亲便将全家搬去礼顿山和电台同住。此时家里已有一对蹒跚学步的龙凤胎（我和我大妹）。母亲钟可玉又怀上了小妹妹，母亲是党内的交通员，在家既要照顾生病的报务人员，又要照顾一家大

☆父亲把可爱的小妹送人领养

小，忙不过来。如果请保姆，电台就会暴露，万般无奈，不得不将可爱的小女儿送人领养。领养人来抱走孩子的那一天，爸爸妈妈轮流把小女儿抱在怀里，亲了又亲，不肯撒手。

中华人民共和国成立后，父亲带我们到公园玩，看到一个小女孩长得像小妹，就去和她的家长商量，能不能抱一抱她，父亲心里一直惦记着小妹。小妹直到 17 岁才找回家中。

父亲在革命大业和个人亲情之间，毅然选择放弃个人亲情。

大功大业　革命烈火乘东风

父亲到香港后不久，原中共中央代表团特别会计刘恕也奉命到达香港，按周副主席的安排，他们与早先已在香港经商的杨琳一起，三人共同创建了香港华润公司。

最早的华润公司，总经理杨琳，总会计师刘恕，袁超俊任党支部书记兼副总经理（负责业务），直属中共中央书记处（南方局已撤销），受朱德总司令直接领导。

华润公司的名字开始时取自毛泽东和朱德的名字，叫"德润"，朱总

☆华润诞生地——香港毕打行

司令不批，才改名"华润"。

有了党中央的支持和先前管理党办企业的经验，华润公司快速地发展了起来，仅仅两年时间，公司就有了若干个具有相当规模的子公司，其中华夏船务公司（父亲任首任经理）的船队，拥有10条远洋轮船（其中4条是万吨级），发一船货就是成千上万吨，由此可以想象到公司的经营规模有多大。这支庞大的船队打通了解放区与香港之间的海上贸易通道。

三大战役开始后，华润公司采购了一船船造炮弹的电解铜，电台用的电子管，以及汽柴油、油漆、轮胎、西药等战略物资，支援解放战争。大军入关后，华润公司把东北支前的粮食分别运送到秦皇岛、烟台，并一路向南延伸。

大军渡江时，华润公司从海外进口大量救生圈、皮划艇、软木、钢丝绳、胶底军鞋，很多战士身上都有华润公司提供的装备。

大军渡江前，华润还举办了13期大城市管理干部培训班，为共产党

☆华润公司第一艘远洋海轮"东方号"（3500 吨）

接管大城市做好人才准备，同时还派出了大量自身培养的干部参与接管大城市工作。

从 1948 年 9 月起到 1949 年 3 月，华润公司分 7 批将李济深、柳亚子、章伯钧、沈钧儒、谭平山、许广平等 350 多位著名民主人士、700 多位文化名人及爱国华侨从香港，通过海上秘密运送到东北解放区，保证了中华人民共和国第一届政治协商会议的胜利召开。

上海解放后，不法商人囤积居奇，粮棉煤三荒，物价飞涨。华润公司的轮船突破国民党海军的封锁，把上万吨东北大米、小麦一船船运进上海，又从秦皇岛向上海运输煤炭，还进口了 10 万吨棉花，平抑了物价，稳定了人民的生活，狠狠打击了不法商人和他们背后的反动势力，使上海"两白一黑"问题很快得到缓解，打胜了一场漂亮的经济保卫战。

与五星红旗在北京天安门城楼上升起的同时，父亲领导的华润公司党组织，成功策动了国统区招商局"海辽号"商轮的起义。在"海辽号"首举义旗的带动下，国统区中央航空和中国航空

☆五分纸币上的"海辽号"

公司的 12 架飞机、国统区招商局香港船务局 13 艘海轮相继起义。

腰缠万贯　出自淤泥而不染

战争时期中国共产党对党管企业的要求是：公开合法经营，但资金来源和资金用途不能公开，严守秘密。利润上交不设上下限，随时要，随时提，要多少，提多少，由我父亲负责提款，当天提，当天清。在重庆的时候，无论回来得有多晚，周恩来副主席都会等父亲和他清账后才睡。这项任务只有父亲和周副主席知道。20 世纪 90 年代召开党史资料征集会，同在周副主席身边工作的同事都说："老袁你保密保得真好，几十年我们都不知道你还经手黄金美元，一点都没给我们吐露过。"在红岩，大家都是吃大锅饭，没有工资，津贴只有三、四、五三档，父亲每月拿 4 块钱津

贴，单独驾车外出时，汽车后备厢里经常是成包成袋的现金、美元、金锭、银圆，可他仍两袖清风，分文不取。即使在香港华润公司把经营规模做到成千成万吨地出货，津贴随物价有一定提高，也仍然是吃大锅饭，住"集体"宿舍。这种"集体"宿舍现在是没有的。一层楼若干个单间，不管有几口人，一家一个单间，有一块大一点的地方是公共活动场所，大家在那里集体吃饭。

1947 年初，蒋介石扬言要在十个月内消灭共产党，国共和谈面临破裂。周恩来安排特别会计刘恕筹集资金，以便需要时，在南京、上海与国民党谈判的中共中央代表团和反对内战的进步民主人士能从海上迅速撤离国统区。

刘恕赶到山东解放区，从华东财委搞来大批黄金，并通过已经迁到上海经商的肖林找到国民党的关系，用装花生油的油桶将烟台的金锭偷偷运到上海，其中约有 3000 两进入中共中央代表团驻地，上海思南路周公馆。

不出周恩来所料，2 月 8 日，国民党包围封锁了周公馆二楼以上的房间，房间里都是已经公开了身份的共产党员（也就是前面说到的一线共产党员）。周公馆内中共代表董必武立即组织大家销毁文件，并召开支部大会进行气节教育，要大家准备好坐牢。会后，给每人发了一套内衣、两把牙刷、一支牙膏和一双鞋，从物质上做好了坐牢的准备……

此时从山东解放区运来的 3000 两黄金，在刘恕手中来不及转移。为了不让敌特发现这批黄金，身兼财务委员会书记的董必武当即决定，二楼的中共代表团成员每人套上特制的马甲和腰袋，内装金锭若干，随身带走。已过花甲之年的董必武以身作则，腰间裹上了沉甸甸的 300 两金锭，刘恕也背了 500 两。

☆运送黄金的特制马甲

最后三楼还剩下 1000 多两黄金，由于缺少伪装物无法携带。中共代表团工作人员冒险通过电灯开关盒的电线管道将 1000 两黄金传送到楼下，被党外友好人士转移出去，其中 400

两被隐藏在国母宋庆龄处。经过斗争，中共代表团被国民党遣返延安，经过伪装的 2000 两黄金被安全带走。

此前父亲被任命为中共上海工作委员会委员。奉命从山东解放区赶到上海报到的父母，因国民党警特的包围封锁，无法靠近周公馆，因此和组织失去联系。宋庆龄的秘书在菜场偶遇一筹莫展的母亲，要父亲立即到宋宅会面。见面后宋庆龄的秘书告诉父亲，转到宋公馆的黄金上面有"烟台"的钤记，一看就知道是从解放区来的，强烈要求父亲设法将黄金转移。父亲将这些黄金转移到自己住处后，为了将黄金交还给已经失去联系的党组织，不得已违反组织纪律，利用在南方局组织部负责地下党总交通时熟记在心的秘密联络图，打破不许横向与地方党组织联系的规定，找到当时上海党的情报组织负责人刘少文，利用刘的电台向周副主席报告了自己的处境，并按复电把黄金留给了上海地下党组织。另外的 600 两黄金也被两名地下党员（其中一名当时也与组织失联）分别安全转移到党组织手里。就这样，这散失的 1000 两黄金，经过一线、二线党员、失联党员、党外人士，甚至国母宋庆龄，倒了这么多次手，没有损失一厘一毫。

父亲和他领导下从事秘密经济工作的共产党员都是这样对待金钱的。他们大多是党组织布下的闲棋冷子，由于地下工作的特殊性、隐蔽性、神秘性、单联性、复杂性，许多二、三线人员单独深入龙潭虎穴，出入灯红酒绿，但他们不忘初心，出淤泥而不染，洁身自好，保持着共产党人的道德底线和党性自觉。

老前辈们为党筹集了千万亿万资金，自己却两袖清风，分文不取。这不单是革命传奇，更是了不起的革命风范。他们的事迹永远是我们晚辈的一面检验明镜，它向我们昭示：金钱是试金石，任何人都要在它面前接受检验。它可以试出一个人的崇高理想、坚定信念、无私品质和高尚人格，也能将某些人的卑鄙灵魂、丑恶嘴脸、无耻行径，暴露在光天化日之下。

父亲和他领导下从事秘密经济工作的共产党员永记初心，为了革命事业隐姓埋名，甚至牺牲生命，在为党筹集经费、搜集情报、采购物资等方面做出了卓绝贡献，也为新时期的创新创业树立了光辉的典范。这些共产党员在从事经济工作的同时，大量接触财富和金钱，腰缠万贯，一文不染，克勤克俭，廉洁奉公，更是我们永远学习的榜样。

红岩村前的回忆

胡小梅[*]

2018 年 4 月，我和丈夫楚熙、四哥胡宗力，还有程纪渝（程子健之子）、李小林（李宗林之子）、漆思牧（漆鲁鱼之子）几位世交兄长同游重庆曾家岩 52 号红岩革命纪念馆。红岩村承载着中国共产党在抗日战争时期太多重要历史事件，留下了太多的精彩故事，然而对于我们而言，这里还有一份特殊的意义。因为父辈都曾肩负使命来过这里，于是我们此时此刻多了一份对亲人的追忆，一份由此而产生的感慨与自豪。半个多世纪过去，逝者如斯，当我们试图从每一个台阶寻觅当年的足迹时，身上流淌着的父辈的血液仍会因此而激荡。

在红岩村有一个场景令我印象深刻，切身感受到了当年共产党所处环境的险恶。传达室屋门背后有一个小洞，高 0.62 米，宽 0.41 米，解说员说：这是专供隐蔽战线的同志来办事处汇报工作、接受任务时进入内院用的，外面特务看不见，以为进来的人还在传达室。于是我和四哥当场想象身高 180 厘米的父亲当年是如何钻过这个小洞的……

父亲胡春浦 1931 年在上海参加革命工作，受王明"左"倾路线影响，直到 1935 年初才被批准加入中国共产党并进入中央特科，成为中共隐蔽战线所布下的一枚棋子，那年正是白色恐怖最严峻的时刻。从入党那一天起，父亲凭着对共产主义信仰与忠诚，跟随共产党出生入死，走过艰苦卓绝和血雨腥风。他长期坚守在隐蔽战线，做到了誓言无声。

---

* 胡小梅：胡春浦之女。中国西部研究与发展促进会，已退休。

☆胡春浦（1913—1983）

☆八路军重庆办事处暗道

这期间，他奉命在国民党空军和交通兵发展秘密党员，为我党提供最新密码和空军动向等重要情报；他隐蔽在四川国民党高层人士身边做统战和情报工作，并以此为有利条件掩护自己和同志；他曾三次被捕入狱，陪过杀场，被陈诚、戴笠、徐远举下令抓捕，但都未暴露共产党员身份，得以最终脱险。

1938年，父亲奉长江局（南方局前身）之命出川抗战到达湖北，在川军部队第二十二集团军做军运工作，配合湖北地方党为后来成立新四军五师创造了条件，也为他以后策动川军起义打下了良好基础。其间他利用自己的军官身份截获陶铸夫人曾志被捕情报，并积极参与策划营救工作。1940年，父亲到红岩村汇报工作时，组织决定让他回成都继续做川康高层统战和空军工作，定期向周恩来或董必武汇报。此后，他通过自己的老师，国民党四川省党部主任委员黄季陆打入省党部。

从1941年开始，父亲的联系人由原来的刘文哲更换为陈于彤。1942年秋，南方局得到情报，戴笠下手令抓捕胡春浦。董老指示陈伯伯立即通知父亲撤离，必要时可公开身份到《新华日报》工作。父亲与陈伯伯商量后，选择到成都附近与郫县、彭县和灌县交界的崇宁县隐蔽，利用当地自然条件和人脉关系成立向峨煤矿，由南方局派人管理财务，为党筹集经

☆重庆赖家桥郭沫若故居。胡春浦在重庆郭宅向周恩来汇报过工作

费。后来父亲在此基础上成立群生公司，又改名大有字号——暗喻红岩村所在地重庆大有农场，这是父亲心之所属。其间，父亲遵照董老指示，按月提供 10 万元作为川康特委经费，并出资支持实际由我党控制的《华西晚报》，还曾为川东地下武装组织提供经费购买武器等。与此同时，他以资本家和上层社会人士名义编织从成都至重庆、从高层到基层的庞大关系网，为在四川和西康布置武装暴动，策应解放准备条件。

1945 年，董老委派父亲担任"小民革"（"中国民主革命同盟"）四川地区领导成员。1947 年 10 月，父亲因"小民革"武装暴动案在成都被捕，先后关押在重庆白公馆、渣滓洞。此次是徐远举率人亲自抓捕，但父亲的共产党员身份始终未暴露。父亲利用 1937 年因"共匪"嫌疑在四川入狱半年积累的狱中斗争经验，以"资本家"的身份暗中联络党员骨干，成为狱中斗争的幕后领导者。父亲发动亲友送药送食品，领导"罢饭"（绝食）、"滚案"（翻供），出资开办图书室、合作社、篮球队，开设阅报栏，慰问江竹筠（江姐）等狱友，为病死狱友举办追悼会，1949 年春节举办狱中联欢会等。这些措施改善了狱中条件，提振了狱友士气，充分发挥了长期隐蔽在敌占区共产党员丰富的对敌斗争的经验与智慧。上述事迹经改编后写入小说《红岩》和电影《烈火中永生》中。

1949 年 5 月，父亲被营救获释，在随时被敌人"回炉"即重新抓捕的情况下不顾个人安危，和罗髻渔、田一平、郭秉毅等投身险象环生的高层策反工作。同年 12 月，西康省主席刘文辉、四川省前主席邓锡侯听到自己要被蒋介石劫往中国台湾的消息，便潜离成都到达邓的防区彭县，并接父亲商谈。在当年湖北前线结识的川军将领陈离配合下，父亲以中共四川省临时工作委员会负责人的身份出面工作，坚定了刘、邓和川军另一重要将领潘文华的信心。刘、邓、潘联合发出反蒋通电，宣布起义，蒋介石、胡宗南闻讯只得放弃"川西决战"计划，逃离成都。在父亲和战友争取下，在成都附近的中央军和川军多个兵团均派人来彭县联系刘、邓或直接发出反蒋通电，宣布起义。与此同时，父亲与坚持战斗在敌人心脏的战友组织策划，成都各界人士拼死守护，致使蒋介石撤离前布置的成都大爆破计划胎死腹中。1949 年 12 月 30 日，贺龙在父亲等人陪同下率解放军十八兵团在成都举行盛大入城式，实现了成都和平解放。

回顾历史，比较历朝历代发生在成都的攻防战，此次国共双方的兵力之多，战力之强已远超古人。然而之所以没有出现残酷的屠城巷战等重大伤亡惨状，使得千年古城完好无损地保留下来，父亲和他长期战斗在隐蔽战线的战友们做出了应有的贡献。今天，随着时光流逝，他们的事迹已渐渐被人淡忘，他们的姓名更少有人知。然而，成都这座美丽的都市就是他们的无名丰碑，将长留于天地山河之间。

1932 年加入中央特科的周俊烈伯伯去世时，我看到讣告，曾问父亲为什么写得如此简单？他沉默片刻回答我："做我们这一行，注定只能当无名英雄……"我想这也是父亲对自己一生最好的总结。此刻撰写此文，谨献给那些曾经默默战斗在隐蔽战线，带着他们的忠诚与传奇永远离开我们的父辈，永远纪念与怀念他们！

☆胡小梅（左一）等在红岩村寻访父辈足迹

《红岩春秋》：一个红岩人的无悔人生

张杭美[*]

父亲曾在周恩来领导下的中共中央南方局工作，"红岩"是我们家永远的话题。

2003年1月父亲去世，他的学生们撰写挽联："寻求真理出生入死风雨坎坷铮铮铁骨不愧红岩人；奉献教育鞠躬尽瘁桃李芬芳拳拳赤心堪为后世师。"这副挽联，正是父亲一生的真实写照。

这年清明，我们兄妹5人和父亲生前的战友、部下、学生，站在遵义乌江边，按照父亲生前要效仿周总理抛撒骨灰的遗愿，将父亲的骨灰撒落在他参加革命的起点。

在崇山峻岭中，望着伴着鲜花的骨灰随着水流湍急的乌江流向远方，我们思绪万千：又一个"红岩人"追随总理而去。这是父亲的"红岩情结"。

在南方局领导下开展工作

父亲张光昭，贵州尚稽人。1935年秋参加革命，1938年加入中国共产党，曾担任四川地下党乐山中心县委书记兼宣传部长（代理）、三台和苍溪县委书记、阆（中）苍（溪）南（部）中心县委宣传部长。

---

* 张杭美：中共党员，曾任贵州省遵义驻京办副主任等职。系中共南方局老同志张光昭、黎盛莲之女，已退休。

☆20世纪40年代，张光昭和夫人黎盛莲及大儿子张荣凯在三台
地下党交通站留影。

1941年，因隐蔽斗争需要，经组织决定，我母亲黎盛莲从贵州到四川三台县，组成地下党"家庭掩护机关"交通站。

当时党的经费十分紧张，为让同志们到交通站时有一口米饭吃，父亲将家里寄来的钱，大部分捐献给了交通站，自己去吃红薯叶、泡菜等充饥。我的大哥张荣凯，二姐张荣霞，先后出生在交通站。

1944年底，日军入侵贵州占领独山，中共贵州地下党组织也遭受严重破坏，在这危急时刻，中国共产党领导贵州各族人民对日军进行反击，爱国军人（国民党29军91师）也奋力抵抗。他们利用贵州大山地形复杂的优势，和日军进行勇敢顽强的战斗，迫使日军从独山撤退。

这一时期，根据中共中央大后方开展游击战争的指示，南方局工作委员会书记王若飞派贵州籍的张立、田伯萍、张光昭等30多人返乡开辟抗日游击区。

当时父亲正根据川康特委安排在重庆红岩村学习，学习尚未结束，12月，南方局组织部秘书荣高棠和组织部主任秘书张敏（即刘绍文）陪同父亲，面见王若飞，当场宣布选调父亲到贵州，并告诉他接头人为赖卫民（又名赖映棠），接头暗号为"高棠"。

此前，由于贵州地下党工委遭到破坏，贵州党组织和南方局失去联系，时任西南工委书记兼负责地下党工作的钱瑛，派赖卫民、李晨（又名李振民）到贵州恢复党的组织（主要是浙大），建立南方局"贵州遵义尚稽大同中学"据点。遵义尚稽镇有群众基础，长征时，彭德怀等率领的红三军团冲破乌江茶山关渡口占领该镇后，驻扎较长时间，和老百姓建立了深厚感情。当年，红军刊物《红星报》曾以"尚稽场群众热烈拥护红军"为题做了报道。

父亲同以大同中学教员（后接任校长）身份作掩护的赖卫民接上头后，和李晨联合浙大其他党员（吕东明、卞婶等）、进步师生，加上培养的马正富等大批当地进步青年，宣传党的抗日主张，组建敌后游击队，唤起民众的抗日热情。

风雨坎坷不愧红岩人

马正富在《老红军张光昭的"红岩情结"》一文中，是这样描述当年战争岁月的：

共产党员赖卫民、李晨、张光昭在南方局大同中学据点，领导开展了遵义轰轰烈烈的抗日斗争，筹建抗日游击队。后来，赖经组织调动离开尚稽大同中学，张老接任大同中学校长。

张老为了筹集革命经费，他动员父亲变卖尚稽家里的田产，筹备建立敌后武装。张老及其家庭亲友对南方局派来的大批同志，做了大量的掩护工作，使地下党的各项工作得以顺利进行。

吴山（曾任《光明日报》秘书长等职）、卞婶、吕东明等大批浙大学生到大同中学任教，带领我们上街抗日宣传、唱歌、演活报剧等，唤起民众的抗日热情。有许多浙大学生在大同中学教学过程中，加入了中国共产党。

据党史资料记载："在中共地下党组织的安排下，有的人打入国民党设在遵义台军乡的子弹分库，做争取士兵和控制子弹库的工作；有的安排在当地学校任教师，利用合法身份，广泛接触和发动群众；有的组织少数可靠的同学，秘密复制黔北地区的地图，供打游击时使用。"我们就曾经在张老等同志的带领下，和浙大同学一块儿到山上侦察地形，绘制地图等。

解放后，我因工作出差到北京，看望了李晨同志，回忆起抗日烽火中在尚稽的战斗岁月，都感慨万千。抗战胜利后，南方局的这部分力量，成为解放贵州、清匪反霸、政权建立、抗美援朝、祖国建设的生力军。

贵州解放初期，党的力量薄弱，缺乏干部，父亲不顾西南局于江震和陈野苹等领导的挽留，执意返回贵州参加家乡建设。

组织上将父亲的关系由南方局转到贵州遵义，随杨勇（时任贵州省人民政府主席）一块儿回贵州。

☆红军抢渡乌江江界河战斗遗址

父亲曾担任遵义县政府民政科科长，教育系统党支部书记，遵义师范专科学校（现遵义师范学院）副校长等职。他一心扑在遵义的教育事业上，培养了大批有用人才。

"文革"期间，父亲历经磨难，但信念坚定，意志坚强。党的十一届三中全会后，父亲的"右派"问题，在陈野苹（时任中组部部长）等领导的关心下平反昭雪。

父亲的学生视他为楷模，每年他生日时，学生们专程从省内外赶来祝贺。有一年，曾有400多名师生在遵义师院聚会，祝贺父亲80岁生日和参加革命60周年。

2016年清明时节，我随"追寻总理足迹，红岩儿女'淮沪宁'行"到上海。京沪两地500多人共聚一堂，父辈们曾经与周恩来一同战斗工作过，或在革命斗争中做出重要贡献。大家怀着特殊的感情，缅怀父辈，誓将周恩来精神一代代地弘扬下去。

附录一：

人 物 简 介

袁超俊：男，1912 年 12 月 2 日出生于贵州省桐梓县，1930 年在上海加入中国共产主义青年团，1936 年在上海加入中国共产党。历任贵州共产主义青年同盟领导人，贵州司机工会主席，上海职业界救国联合会常务干事，上海工人救国会主席，上海全国救国会第二次执行委员会代表，八路军武汉办事处副官长，湘乡八路军临时办事处负责人，衡阳等地办事处负责人，八路军贵阳交通站站长、党支部书记，重庆中央南方局秘书等职。1943 年 6 月随周恩来同志到达延安，并在杨家岭周恩来同志处工作。1945 年在党的七大秘书处工作。1946 年 7 月任中共南方局四川省委秘书长。1946 年 11 月后，经周恩来同志的安排，赴上海从事秘密工作。1947 年到香港华润公司，先后任党支部书记、副经理、党总支书记，同时承担电台机要工作直至中华人民共和国成立。1949 年 12 月调京任纺织工业部办公室主任，1955 年任纺织工业部机械制造局局长。1957 年任中国国际旅行社总经理，1964 年任中国旅行游览事业管理总局第一副局长、党组副书记和代党组书记。1982 年离休，1999 年 6 月 6 日在北京逝世，享年 87 岁。

钟可玉：女，1918 年 1 月 12 日生于印度尼西亚，1938 年在延安加入中国共产党。历任延安鲁迅艺术学院学员、延安抗大音乐教员、八路军驻重庆办事处电台机要员、中共南京办事处机要员、香港华润公司电台译电员、纺织工业部办公厅机要科副科长。1982 年离休，1998 年 1 月 24 日在北京逝世，享年 80 岁。

彭祖贵：男，1920 年 3 月出生于湖南古丈县，土家族。1934 年 9 月投身革命在永顺县参加中国工农红军，参加了举世闻名、艰苦卓绝的二万五千里长征，1935 年 11 月在甘肃成县加入中国共产党。中华人民共和国成立前先后在红六军团十八师五十四团、五十三团，甘肃省十八师政治部、三五九旅担任首长警卫员，曾担任八路军重庆办事处周恩来副主席的警卫队队长，参加了著名的辽沈战役和平津战役。中华人民共和国成立后，先后担任湖南省湘西永顺县副县长兼公安局局长，自治州检察院第一任检察长，湘西土家族苗族自治州州委常委、第一副州长，湖南省地质局正局级副局长，湖南省政协常委，湖南省政协民族组组长。第二、三届全国人大代表，国家民族事务委员会委员，享受副省级医疗待遇。2009 年 6 月 8 日去世，享年 89 岁。

王　冀：女，1929 年 11 月 9 日出生于吉林省延吉县。1949 年 2 月在东北军区投身革命，1951 年 3 月在湘西永顺县加入中国共产党。中华人民共和国成立前，先后在东北军区军工部吉林地区办事处、中国人民解放军 47 军留守处做文秘工作，参加过湖南湘西剿匪工作。中华人民共和国成立后，先后担任湖南省湘西永顺县公安局秘书股长、湖南省行政学院政法班班主任、湘西土家族苗族自治州人委人事科科长（正处级）、湘西土家族苗族自治州广播事业管理局副局长（主持工作）、湖南省物资厅设备成套公司副总经理、省物资厅财务处处长、基建储运处处长等职务，享受副厅级待遇。1992 年离休，2017 年 1 月去世，享年 88 岁。

何　谦：男，1921 年 12 月生于四川省苍溪县，1933 年 3 月参加革命，1938 年加入中国共产党。历任红四方面军 31 军军部战士，中共中央南方局重庆办事处周恩来警卫员、副官，东北铁路局军代表。中华人民共和国成立后，历任周恩来行政秘书兼警卫，第二机械工业部办公厅副主任、09 工程现场指挥部指挥长，教育司司长。1985 年 5 月离休，1998 年 12 月去世，享年 77 岁。

林玉华：女，1931 年 4 月生于黑龙江省哈尔滨市，1945 年 8 月参加革命，同年加入中国共产党。曾在东北铁路局工作，中华人民共和国成立后任铁道部专业设计院桥梁科科长，铁道部直属通讯处室主任，铁道部通信信号总公司组织部部长、纪律检查委员会书记。1991年离休。

龙飞虎：男，1915年2月13日出生，江西省永新县在中乡斜陂村人。1928年春加入中国共产主义青年团，同年6月上井冈山参加中国工农红军，1929年转为中国共产党党员。土地革命战争时期，历任红三军团八军六师交通排长，七团四连政治指导员，红三军团政治保卫局侦察科科员，便衣队长，红一方面军政治保卫局侦察科科长等职。参加一至五次反"围剿"作战。参加了二万五千里长征。1936年，西安事变爆发后，任周恩来随从副官、卫士组长。1937年2月，任中共中央西北革命军事委员会保卫局情报科长。抗日战争期间，任第十八集团军（八路军）并兼新四军驻西安、太原、南京、武汉、桂林、重庆办事处副官、副官处长，中共中央南方局保卫科长兼第十八集团军办事处交通科长等职。解放战争期间，于1946年9月任毛泽东行政秘书，1947年3月兼中央纵队一大队大队长，历任四川干部支队第三大队大队长，华东野战军十纵队二十八师八十二团副政治委员、团长兼政治委员，第三野战军二十八军八十二师二四四团政治委员，八十二师副政治委员，八十四师代理政治委员等职，1949年7月，率部随第十兵团南下，参加了福州战役。社会主义革命和建设时期，历任第三野战军二十八军八十四师政治委员、八十二师政治委员兼师长、二十八军副政治委员，福建军区后勤部部长等职，先后参加了金厦漳战役和闽北剿匪战斗。1954年8月入军事学院高级系学习，1956年11月毕业，获刘伯承颁发的优等生奖状。后任福州军区副司令员兼后勤部部长、福州军区副政治委员、福州军区顾问等职。在1958年炮击金门、1962年防止蒋介石反攻大陆的紧急战备中，组织了强有力的后勤保障，较好地完成了任务。中共七大代表和第五届全国人大代表。1955年9月被授予少将军衔、二级八一勋章、二级独立自由勋章、二级解放勋章。1988年授一级红星功勋章。著有回忆录《跟随周副主席十一年》《西北高原帅旗飘》《周恩来和平解决西安事变》《重庆谈判保卫毛泽东》。1999年7月1日在福州逝世，享年85岁。

孟　瑜：女，原名李翠芝，1920年8月1日出生，四川省阆中县鹤峰寺乡唐家村人。1933年7月参加中国工农红军，次年加入中国共产主义青年团，1935年8月加入中国共产党。历任区童子团团长，县委宣传部宣传员，红四方面军通江妇女独立营战士、班长、排长，红四方面军剧团演员，中央军委办公厅生产处协理干事，八路军（兼新四军）驻武汉办事处、驻桂林办事处机要员，中共西北局党校学员，中共中央驻南京代表团工作人员，济南市电力公司人事福利科科长，中国人民解放军八十四师后勤部政委，福州军区后勤部门诊部副主任，福州军区后勤部司令部直政科科长。土地革命战争时期，参加过创建川陕苏区的历次战役战斗和二万五千里长征，曾三过草地两过雪山；抗日战争时期，跟随周恩来同志在国民党统治区做统一战线工作；解放战争时期参加了济南市的建设工作，参加了渡江战役、淞沪战役、进军福建的战役及战斗、闽北剿匪战斗。1955年被授予三级八一勋章、独立自由勋章、解放勋章，1981年3月按正师职待遇离休，1988年获二级红星功勋荣誉章。2009年5月21日于福州逝世，享年89岁。

钱之光：男，1900年11月27日生于浙江省诸暨县。大革命初期在浙江诸暨积极从事革命活动。1927年2月在浙江杭州加入中国共产党。大革命失败后，在白色恐怖下坚持革命斗争，在上海负责党中央秘密印刷厂工作。1933年夏进入中央苏区，任中华苏维埃中央政府经济委员会委员、贸易总局局长。1934年参加长征，任中央征发没收委员会组长。1936年2月，奉命与李克农赴洛川同张学良、王以哲会谈。1937年春，先后到西安、太原，为陕北根据地采办军需物资和粮食。抗日战争时期，先后任八路军、新四军驻武汉、重庆、南京办事处处长。1944年任中央重庆工作委员会委员。1945年抗战胜利后，任中共南方局委员，中共南京局委员兼财政委员会副书记，并任南京中共代表团办公厅主任。解放战争时期，由党中央派往香港从事经济工作。创建华润公司并任董事长，此间奉中央指示，先后将一大批著名民主党派、爱国人士秘密接送到解放区参加筹备新政治协商会议。1949年中华人民共和国成立后，先后担任政务院财经委员会委员、纺织工业部副部长、党组书记；轻工业部部长、党组书记；

纺织工业部部长、党组书记。1981年退居二线，任国务院顾问。中共第八届至十二届全国人大代表，中共第九届至十一届中央委员，十二大中央顾问委员会委员。第二届、第三届全国人大代表。1994年2月5日去世，享年94岁。

边爱莲：女，1914年3月29日生于浙江省诸暨县。1939年初在八路军重庆办事处参加革命，任会计保管科会计兼保管员。1941年1月皖南事变后，白色恐怖日益严重。3月被组织疏散到医院，不幸染重病于1941年4月1日病逝，享年27岁。

王直哲：男，1914年生于四川宣汉县君塘乡。1932年参加川东游击军，1933年加入中国共产党。1935年参加长征。历任梁达中心县委君塘特支书记①、道委委员，红四方面军第四军军政治部秘书、军宣传部编辑、干事、政治指导员、训练队队长，八路军770团政治处股长，385旅宣传科长，警一旅宣传科长、警三旅教导队政治委员、赴东北干部队分队长，辽北、嫩南军区组织部副部长，旅政治部主任，军分区政治部主任，嫩南军区政治部保卫部副部长兼军法处副处长，东北军区政治部巡视团团长，149师政治部主任。西南军政委员会人事局副局长，西南铁路工程局党委副书记兼政治部主任，铁道部组织部第一副部长，长沙铁路管理局党委书记，1961年任铁道部党委监委副书记。中共中央纪律检查委员会专职委员、政协第五届全国委员会委员。1990年去世，享年76岁。

郭颖新（郭云轩）：女，1915年生于湖北孝感。1937年在延安陕北公学学习，1938年加入中国共产党。中央秘书处机要科、1940年重庆八路军办事处机要科工作人员。黑龙江林甸县公安局代局长、哈尔滨第二纺织厂副厂长、东北军区军工部总工会北满办事处组织部部长、北京铁路局地区工会组织部部长，2004年去世，享年89岁。

---

① 中共梁达中心县委在每一个县设一个特别支部。

童小鹏：男，1914 年生于福建省长汀县童坊镇。1930 年 6 月参加红军并加入中国共产党，在红四军、红一军团政治部、政治保卫局任秘书。长征到陕北后，曾任毛泽东秘书。1936 年 12 月西安事变后，一直随周恩来在西安、南京、武汉、桂林、重庆等地八路军办事处负责秘书、机要工作，曾任重庆中共中央南方局秘书处长、秘书长，中共代表团副秘书长。1947 年 3 月随董必武由南京回延安后，在中央城工部、中央统战部任秘书处长、副秘书长、秘书长。1958 年到 1966 年任国务院副秘书长兼总理办公室主任。"文化大革命"初期任中央办公厅副主任，"文化大革命"中期下放干校。1973 年回中央统战部，1977 年任中央统战部副部长。1982 年退居二线，任中央党史资料征集委员会副主任，主持编纂、出版《南方局党史资料》《长江局党史资料》《南京局党史资料》，出版《军中日记》和《第二次国共合作》《历史的脚印》影集。1987 年离休，1990 年底定居福建漳州，著有《风雨四十年》（一、二部）、《少小离家老大回——童小鹏回忆录》、《回忆与思念》。2001 年 4 月因脑梗回北京治病，2007 年 7 月 18 日去世，享年 93 岁。

紫　非：女，1918 年 11 月生于湖南省宁乡县。1937 年 8 月赴延安参加革命，延安女子大学毕业后，调到中央办公厅机要处工作，1940 年 7 月调中共南方局任译电员，1948 年到城工部、中央统战部工作。中华人民共和国成立后先后在中央统战部、全国政协、国家民委工作，曾任南方局党史资料征集办公室主任，1993 年 7 月 14 日在漳州去世，享年 75 岁。

成元功：男，1925 年 9 月生于山西省文水县。1940 年参加革命，1945 年调至周恩来副主席处工作，1968 年调至中央办公厅，1968 年底到中办"五七"干校劳动，1976 年回中央办公厅工作，1979 年调公安部工作。1987 年离休，2012 年去世，享年 87 岁。

焦纪壬：女，1932 年 11 月 22 日生于河北省衡水市。1949 年 7 月参军，1950 年 8 月调到中南海门诊部，1958 年调国务院外国专家局工作，1960 年入党，以后又在北京医院工作任主管药师，1972 年到中办"五七"

干校劳动，1975 年调北京医院工作。1989 年离休，现年 87 岁。

杨　才（夏宗容）：男，1921 年生于四川省阆中县。1933 年入伍，1935 年加入中国共产党，参加二万五千里长征，从新疆转赴苏联学习无线电技术。1941 年回国，先在重庆八路军办事处做电台工作，1943 年奉命赴西安做地下电台工作直到 1948 年西安解放前夕，历时五年，从未发生差错，成绩突出，曾得到周恩来总理的亲自嘉奖。中华人民共和国成立后，曾任云南军区司令部通讯处转报台台长，西南军区司令部通讯枢纽部主任等职。1956 年 6 月病故于张家口，享年 35 岁。

龙文英（傅育渠）：女，1922 年 1 月生于四川省简阳县。1938 年上学时，由任教老师、中共地下党员赵君陶同志介绍加入了中国共产党。1939 年由党组织派到重庆八路军办事处做机要工作，1943 年与杨才同志结婚，当年与杨才同志一同派到西安做地下电台工作。中华人民共和国成立后在中共中央统战部做机要工作，曾任科长。1954 年调到燃料工业部（后分到煤炭部）党委组织部，1968 年 6 月因病去世，享年 46 岁。

申　光：男，1908 年 12 月 12 日出生于河北省巨鹿县。1935 年 10 月在陕北加入中国工农红军，1936 年 2 月加入中国共产党。红军时期，先后任红十五军团机报员、军委电台报务主任兼通信学校教员、军委三局二科（技术、材料）科长。抗日战争时期，在南方局负责机要通信工作，解放战争时期任北平军调部中共方面第三处处长，后任军委三局业务办公室副主任、主任等职。北平解放后任军委电信总局器材处处长。中华人民共和国成立后一直在邮电部工作，历任邮电部办公厅主任、计划司司长、部长助理、部党组成员、副部长、党组副书记、邮电部顾问等职。1982 年离休，2003 年 9 月 3 日在北京病逝，享年 95 岁。

王彦之：女，1917 年 11 月 7 日生于香港，壮族。1936 年参加革命学生运动，11 月在北平加入中国共产党，12 月由党组织派往西安参加西北救国会及西安妇女救国会活动。1937 年初在延安红军大学、抗日军政大学学习后被派往香港南委，先后在宣传部、组织部、妇女部工作，后派往广东溪水县、惠阳县、平山、海陆丰等地工作，历任干事、党支部书记、报务员等职。1940年10月以后在中共南方局的香港、重庆八路军办事处、军委三局工作，担任报务员、译电组组长、地下电台支部和行政负责人。中华人民共和国成立后，一直在邮电部工作，历任机要秘书、监印、副处长、处长。1972年11月29日在北京病逝，享年55岁。

熊瑾玎：男，1886年1月14日出生于湖南长沙县五美乡张家坊村一个中农家庭。参加革命之前，一直与徐特立同志在长沙从事教育工作。曾担任毛泽东创办的湖南自修大学教务主任。1927年"马日事变"后，由何叔衡、郭亮介绍，加入中国共产党。1928年至1931年，奉党组织之命赴上海，担任中央机关的会计，主要任务是筹集和管理经营，建立中央政治局开会办公的秘密机关和中央同各地联络的地址。以"福兴商行"为招牌，当上了党内享有盛誉的"熊老板"，下设有毛泽民经营的"集成印刷厂"和钱之光经营的织绸厂，作为中央接头和接收文件的地方。1931年10月又奉命赴湘鄂西苏区。历任省苏维埃宣传教育部部长兼省苏维埃秘书长。同时创办苏区师范，培育革命人才。创建湘鄂苏区监利简易师范学校，并亲自担任该校第一任校长。1933年至1937年被捕坐牢，经党中央派毛泽民同志营救出狱。1938年至1946年在汉口、重庆，由长江局任命为党中央在蒋管区公开发行的《新华日报》总经理。中华人民共和国成立后，任中国人民救济总会秘书长、监察委员会副主任、中国红十字总会副会长。曾为第一届至第四届全国政协委员。1973年1月24日在北京医院逝世，享年87岁。

朱端绶：女，1908年2月17日生于湖南省长沙县路口镇一个贫民的家庭。1925年3月在长沙女师第一批加入了中国共产党。入党后，受党组织的安排，深入湖南农村地区做调查，为毛泽东提供了许多宝贵素材。又在湖南茅沙厂开展女工工作等；湖南省互济会做交通工作等，曾任长沙市学生联合会干事、湖南湘潭县委职务。1928年至1931年，奉命调上海，在上海党中央秘密机关和中央同各地党组织通讯联络；与熊瑾玎同志以开设"福兴商行"为掩护。从那时起，党中央领导同志亲昵地称他们夫妇为"熊老板"和"老板娘"。1932年在湘鄂西苏区的列宁小学任教。1933年至1938年在上海以酒店为掩护做地下工作。1938年至1946年在汉口、重庆《新华日报》历任会计主任、党组织委员会分支部书记。中华人民共和国成立后，历任中国人民救济总会办公室副主任和中央建设部财务司副司长，副部级领导干部。曾为第三届全国人民代表，第五届、六届全国政协委员。1994年1月24日在北京医院逝世，享年86岁。

鲁 明（邓文孝）：男，1917年出生于陕西省临潼县（现西安市临潼区）。1936年参加中华民族解放先锋队，次年加入中国共产党。曾任延安抗大招生委员会主任、重庆《新华日报》首席记者、董必武同志政治秘书、新华社总社编辑。中华人民共和国成立后，历任国务院对外文化联络局东欧司副司长、驻朝鲜大使馆文化参赞、外交部亚洲司司长、驻越南大使馆公使、驻科威特大使馆大使。2013年12月23日在北京医院逝世，享年97岁。

林 冈：女，1918年出生于台湾省台中市。台湾雾峰林家后代、国民革命军闽南军司令林祖密将军之女。1936年从台湾到南京读书，在复旦大学历史系学习。1937年投身抗战，在山东济南第九伤兵医院任护士。1941年加入中国共产党。曾任重庆妇女难民团团员、重庆塔斯社采访记者、新华日报社南京办事处记者、新华社总社编辑。中华人民共和国成立后，历任全国铁路总工会文教部主任干事、铁道部国际联运局对外联络科负责人、北京女十二中校长、北京二十四中校长、驻朝鲜大使馆文化处一等秘书、驻科威特大使馆一等秘书。2010年9月5日逝世，享年93岁。

石西民：男，1912年11月4日出生于浙江省浦江县壶源乡石宅村。1928年在上海加入反帝大同盟和革命互济会，1929年2月加入共青团，9月转为中国共产党党员。1930年，任中共上海沪东区委宣传干事，遭通缉后转到北京大学学习。1933年5月，在抗日同盟军吉鸿昌军部任政治宣传干事。1934年，同盟军被迫瓦解后，化装南下，在上海与钱俊瑞、薛暮桥、孙冶方等组织中国农村经济研究会，参与编辑《中国经济情报》杂志，从事抗日救亡活动。1936 年 1 月，受聘担任《申报月刊》编辑，发表大量经济和时事评论。全民族抗战爆发后，以《申报》记者身份赴华北战地采访。1937 年 11 月，在武汉参加《新华日报》创刊工作，任要闻版编辑。《新华日报》迁重庆后，1939 年 9 月任编委、编辑部主任。1945 年任采访部主任。1946 年 10 月，抵延安，任新华通讯社社委和《解放日报》副总编辑。1949 年，随军南下，先后担任新华社南京分社社长，新华日报社社长，中共江苏省委、南京市委宣传部部长等职。1954 年 2 月，任中共中央宣传部副秘书长。1955 年到上海历任中共上海市委常委、宣传部长、市委书记，中共中央华东局委员、宣传部长，上海市政协副主席，主管《辞海》修订工作。1965 年，调北京任国家文化部副部长、党组副书记。"文化大革命"中遭迫害，被监禁 9 年。1975 年 10 月，任国家出版局局长。1980 年出任中国社会科学院副秘书长、郭沫若著作编委会副主任、中国社会科学院新闻研究所名誉所长。中共八大代表。1987 年 10 月 17 日病逝于北京协和医院，享年 75 岁。

吴　伟：女，1915 年 2 月 4 日出生于江西省南昌市。1935 年参加"一二·九"运动。1936 年参加中华民族解放先锋队。1938 年 2 月转为中国共产党党员，受北平地下党指示赴江西开展抗日工作。1939 年和石西民一起奉调重庆《新华日报》，1946 年撤回延安到新华社工作。1949 年接管南京三女中，任校长。1955 年创办上海教育行政学校，任校长。不久调任上海海燕电影制片厂任党委副书记。1964 年奉调国务院文化部，任对外联络司副司长。"文化大革命"期间受到残酷迫害。1979 年重新工作，任文化部艺术教育局副局长兼文化部党组纪律检查委员会委员。1982 年离休，2000 年 1 月 16 日病逝于北京复兴医院，享年 84 岁。

乔冠华：男，1913 年生于江苏盐城。1937 年参加革命，1939 年入党。中华人民共和国第四任外交部部长。1983 年 9 月因病去世。

龚　澎：女，1914 年生于日本横滨，祖籍中国安徽省。1935 年参加革命，1936年入党。历任外交部第一任新闻司司长、部长助理。1970年9月因病去世。

华　岗：男，1903年生于浙江省龙游县，1924年参加革命，1925年加入中国共产党。曾任江浙两省联合省委宣传部长，共青团江、浙省委书记。1928年5月赴莫斯科出席中国共产党第六次全国代表大会和中国共青团第五次全国代表大会，在会上当选团中央委员兼宣传部长。后任中共湖北省委宣传部长、中共中央组织局宣传部长、华北巡视员等。1930年，翻译出版了《共产党宣言》，是我国出版的第二个中文全译本，第一次准确译出了"全世界无产阶级联合起来！"的语句。1930年写作出版了《1925—1927中国大革命史》，是第一部由大革命的亲历者记录大革命史的重要著作，对当时和以后的中国革命起过很大的鼓舞作用。1932年在青岛被捕，1937年由党营救出狱。出狱后任中共湖北省委宣传部长，不久受命筹办《新华日报》，任第一任总编辑，1938年1月正式出版，他曾为该报撰写大量文章。1939年随《新华日报》迁往重庆。1941年根据周恩来的指示，作为南方局代表，到西康做刘文辉等地方上层人士的统战工作。1943年任中共中央南方局宣传部长，同年被派往昆明，以南方局代表的身份，在国民党地方上层人物龙云等人和文化教育界民主人士中，积极开展统战工作，为后来顺利解放大西南打下了坚实基础。1945年任重庆国共谈判的中共代表团顾问，是毛泽东、周恩来在谈判中的直接助手。1946年任上海工作委员会书记，协助周恩来在沪开展各项工作，直至1947年3月5日，是最后一批在国民党监视下撤离的人员，在组织安排下离沪赴宁。1947年赴延安，被派往西柏坡中央工委。1948年因病去沪治病，出院后去香港，参加香港工委工作。中华人民共和国成立后，任山东大学第一任校长、党委书记（三级），为发展党的文化教育事业、培养中华人民共和国的建设人才做出了贡献。1954年当选为第一届全国人民代表大会代表。1955年8月，蒙冤入狱，在狱中坚持真理，以惊人的毅力完成了哲学力作《规律论》和《美学论要》等一百多万字的著作，1972年在狱中含冤去世。1980年3月，中共中央批准为其平反昭雪，恢复名誉。2003年283万字的《华岗选集》得以出版。

谈滨若：女，1919 年 8 月 6 日生于江苏宜兴。1939 年参加抗日救亡队，做宣传工作。1940 年春，赴重庆，任第五保育院教师，秋，任文化工作委员会图书管理员。1941 年与华岗共赴雅安，协助其做统战工作。1942 年赴重庆，参加整顿"三风"学习，同年加入中国共产党。1943 年，任重庆红岩托儿所副所长兼会计。1944 年与华岗共赴昆明，做龙云等人的统战工作。1945 年赴重庆，协助华岗所任中共代表团顾问工作。1946 年在上海工委妇女组工作，曾任邓颖超秘书。1948 年赴香港，为地下党员讲文化课。1949 年赴青岛，任青岛二中副教导主任。1953 年，任青岛八中副校长。1954 年任青岛七中校长兼书记。1955 年受华岗冤案株连，被开除党籍，连降 4 级，调离教育系统。1956 年，被安排去青岛市卫生局宣教科工作。1958 年被安排去青岛市蔬菜公司业校任教员。1968 年"文革"中，被下放到青岛市蔬菜公司仓库劳动。1976 年因病退休。1980 年受到 25 年不公正待遇后，冤案终获平反，办理离休。此后 20 多年中，无偿担任青岛市教育局"关心下一代工作委员会"委员及校外辅导员，义务为中小学生进行课外教育，多次受到省、市教育局奖励，被授予"先进离休干部"等称号。2010 年因病去世，享年 91 岁。

杨　超：男，1911 年 10 月 26 日生于四川省达县双庙乡。1929 年夏在成都参加革命，1932 年 5 月在上海加入中国共产党。曾先后参加成都学生运动、广汉暴动、北平互济会和上海社研、文研的活动，任中共上海法南区委宣传部干事；1932 年 7 月被捕，先后囚于上海警备司令部和苏州陆军军人监狱，1937 年国共第二次合作时，经党营救获释；1937 年 10 月起，在延安中央党校、马列学院学习工作，曾任哲学教研室副主任；历任中央办公厅秘书科长、中央宣传部文委秘书、中央社会部指导科长；1945 年在红岩、曾家岩任重庆办事处情报科长、中共四川省委社会部部长；1947 年任川干队政治部主任；1949 年任中共中央统战部一室主任、周恩来同志政治秘书；历任四川川南区中共泸州地委书记，全国总工会西南办事处副主任、主任，四川省总工会主席、省委工业部部长、西昌工业区委员会和西昌工业区建设委员会主任、省计委主任，四川省委书记处书记，四川省人民政府副省长；1972 年起，历任四川省革命委员会办事组副组长、省革命委员会生产建设办公室副主任、省推广沼气领导小组副组长；1974年任省委书记处书记、兼任西昌规划开发委主任、省政协副主席、省委党校校长、渡口市委第一书记、四川省政协主席、省顾委常委、四川省诗书画院院长。1987年离休，2007年5月逝世，享年96岁。

罗 迭：女，1916年9月23日生于湖南省长沙市。1936年在长沙参加革命，1941年在延安加入中国共产党。1937年到延安，历任延安中央医院小儿科、妇科、内科护士、副护士长、护士长；在重庆红岩、曾家岩和中共四川省委从事情报工作；川干队队员；进京后在中共中央统战部一室工作，后任周恩来秘书；历任中共泸州地委办公室副主任、主任，四川省总工会办公室主任，西昌建委办公室主任，四川省天然气办公室主任，四川省地质矿产科研所党委书记，四川省纺织厅副厅长。1981年离休，2010年4月去世，享年94岁。

周建南：男，1917年11月22日生于江苏省苏州市。1937年12月参加革命，1940年6月加入中国共产党。先后在重庆做地下工作，组建青年科学技术人员协会，中华人民共和国成立后曾任第一机械工业部副部长，机械工业部部长，中共中央第十二届中央委员，中央顾问委员会委员。1995年6月28日在北京因病去世，享年78岁。

杨维哲：女，1920年10月11日生于河北省博野县。1936年6月参加革命，曾任北京志成中学民先队队长及学生自治会主席，1939年3月在四川朝阳大学加入中国共产党。中华人民共和国成立后曾在重工业部、化工部、国家科委等部门工作。1985年12月离休，2005年5月31日因病在北京逝世，享年85岁。

华 斌：男，1909年2月生于江苏省无锡市。1931年冬加入中国共产党，1949年入伍。历任上海沪西区党委宣传部干事，重庆青年工作委员会委员，重庆区党委干事，重庆《新华日报》生产机构董事，中央情报部上海秘密电台工作者。上海解放后曾任空军上海通信修造厂厂长，华东航空处机务处副处长兼厂长，上海空军司令部通信处第二副处长、处长，第一处长，空军通信兵部部长等职。1955 年被授予上校军衔，1960年晋升为大校。1977 年 12 月离休。1988 年被授予中国人民解放军二级红星功勋荣誉章。1998 年 8 月 14 日在北京逝世，享年 90 岁。

邹毓英：女，1911 年 6 月 16 日生于江苏省无锡市。1931 年与华斌结婚后，协助华斌从事党的隐蔽战线工作。大革命和抗日战争时期，按党团组织指示：转移和销毁秘密文件；掩护和救援遇难同志；资助困难同志；为党组织筹集资金办企业；为延安采购急需物资。解放战争时期作为中央社会部上海秘密联络点的实际负责人，掩护和接待地下党领导同志秘密集会，并接收和传递情报。中华人民共和国成立后因健康原因没做社会工作，随夫迁京作为随军家属相夫教子。2005 年 2 月 13 日逝世，享年 94 岁。

张光昭：男，1914 年生于贵州省遵义市尚稽。1935 年红军长征途经遵义时参加革命，1938 年加入中国共产党。新中国成立前长期在周恩来同志领导下的南方局四川地下党（川康特委）、贵州省遵义市尚稽"大同中学"（南方局隐蔽据点）做地下工作。为筹措革命经费，动员父母散尽家财。曾先后担任阆（中）苍（溪）南（部）中心县委宣传部长、书记，苍溪县委书记，三台中心县委和川北工委领导成员等。解放后，曾担任贵州省遵义民政科科长、贵州省遵义师范专科学校（现贵州省遵义师范学院）党委委员、副校长（校长是党外人士）、遵义教育系统党总支书记等。1957 年错划为"右派"，党的十一届三中全会后，恢复党籍和遵义师范专科学校党委委员、副校长职务，并享受红军待遇。2003 年初在贵州省遵义逝世，享年 89 岁。

黎盛莲：女，1916 年生于贵州省遵义市尚稽。1941 年，经南方局四川地下党（川康特委）决定，黎盛莲由贵州遵义到四川三台和张光昭组成"家庭掩护机关"交通站，从此走上了革命道路。长期在隐蔽战线上工作。新中国成立后，在贵州省遵义市妇联和遵义市供销社工作并任职。20 世纪 80 年代离休，2001 年逝世，享年 86 岁。

李　晨：男，1920 年 6 月生于北京。1936 年 10 月在北平师大附中参加"中华民族解放先锋队"。1939 年在昆明西南联大加入中国共产党。1942 年奉南方局之命，被派往贵州省重建当地党组织，以浙江大学（当时在贵州）为主要据点开展工作。1946 年在南京梅园新村中共南京局青年组工作。1947 年在延安中央青年委员会工作。1949 年在北京市总工会工作。1956 年在北京市委建筑工程部工作。1960 年任北京工业大学校长兼党委书记。1964 年任北京市教育局局长。1978 年 3 月，任北京市委教育工作部副部长，1979 年 12 月兼任北京市人民政府副秘书长，1983 年 4 月，任北京市人大常委会教科文委员会副主任、市委教育工作部顾问。1985 年任北京市政协副主席。1987 年任中共北京市顾问委员会常委。1996 年离休，2016 年逝世，享年 96 岁。

陈　浩：女，1918 年 12 月生于北京。1936 年在北平师大附中参加中华民族解放先锋队。1940 年在昆明西南联大加入中国共产党。1945 年后在重庆、南京中共中央南方局外事组工作。1949 年任周恩来总理办公室外事组秘书。1964 年当选第三届全国人大代表。1971 年任外交部翻译室副主任，1978 年任外交部办公厅副主任。1986 年离休，2022 年 12 月 31 日在北京逝世，享年 104 岁。

王华生（王清华、王达泉）：男，1914 年 10 月 20 日生于广东梅县。1937 年参加革命，1938 年 5 月 6 日在广东潮安加入中国共产党，并担任地下交通员。1944 年任八路军重庆办事处中尉文书，南京中共代表团文书科长，后兼会计科长，1947 年任中共中央城市工作部会计科长。中华人民共和国成立后历任纺织工业部财务司财务处长，财务司副司长，办公厅副主任。1973 年任轻工业部办公厅副主任，纺织工业部办公厅副主任，总支副书记。1982 年离休，任中共中央党史资料征集办公室副主任。1991 年 3 月 17 日病逝，享年 77 岁。

张春秀：女，王华生之妻，1914 年 7 月 7 日生于福建省永定县，曾跟随丈夫在红岩村战斗，担任掩护工作。

沈毅然：男，湖北松滋人。1936 年参加革命，并加入中国共产党，在武汉、桂林、重庆八路军办事处工作，中华人民共和国成立后曾任董必武秘书。先后在最高人民法院、中国科协工作。1996 年逝世，享年 86 岁。

张德碧：女，1920 年生于四川省合川县一个农民家庭。1936 年参加革命，1939 年以后先后在长沙、衡阳、桂林八路军办事处工作。中华人民共和国成立后在中央组织部工作，1982 年 12 月离休，2007 年 6 月 24 日因病逝世，享年 87 岁。

徐迈进（文源）：男，1907 年 12 月生于江苏省吴县。1925 年加入中国共产党。曾任中共武进县委、宜兴特委委员。1929 年被捕任狱中特支书记，出狱后任共青团中央组织部秘书、中共杭州中心市委组织部部长，上海《立报》编辑。1945 年任《新华日报》记者，重庆《新华日报》编辑部副主任兼办公厅主任，中国青年新闻记者学会常务理事，延安《解放日报》副总编辑，新华通讯社总社社委，中共中央广播事业管理处管委会委员兼办公室主任。中华人民共和国成立后，历任新闻出版总署办公厅主任、中共中央宣传部副秘书长、国务院文化教育办公室副主任、文化部顾问、中共中央南方局党史资料征集小组副组长。全国政协第一、二、三、四届委员，第五、六届常委。1987 年 9 月 22 日在北京逝世，享年 80 岁。

方　琼：女，1919 年 1 月 19 日生于江苏常熟。1939 年 1 月在上海参加革命工作，加入中国共产党，先后在上海大同大学、南京职业中学做地下工作。1945 年 1 月在上海编辑"新华通讯稿"，1946 年 4 月在《新华日报》上海办事处工作。1947 年 3 月随中共代表团回延安后，赴河北平山县西柏坡，调入中央工作委员会，全国土地改革会议期间任股长。1948 年调新华社任秘书。1949 年 3 月任中央广播事业管理处、总编室秘书。1957 年任中央广播事业局国际联络部副主任（主持工作）。1973 年任中央广播事业局研究室主任。1982 年 12 月离休，2003 年 5 月在北京逝世，享年 84 岁。

罗　清（郝文彪、郝威）：男，1912年6月25日生于重庆。1935年在清华大学读书时参加革命，1936年6月由共青团转为中国共产党党员。1937年起，历任中共重庆工委委员、成都市委委员、第十八集团军重庆办事处外事组编译小组组长、东北新华广播电台总台台长。1949年起历任北京外国语学校副校长、外交部西欧司副司长、北京市委宣传部副部长、中央人民广播电台台长、中国日报社副总编辑等职。1983年离休，2008年6月7日在北京逝世，享年96岁。

蒋金涛（蒋宪端、金涛）：女，1912年6月23日生于江苏省太仓县（现为太仓市）。1935年在清华大学读书时参加革命，1936年6月由共青团团员转为中国共产党党员。1937年起，曾先后在上海、重庆等地，以中学教员身份为掩护从事地下党工作。1941年起任第十八集团军重庆办事处外事组秘书。1946年起任晋察冀日报社、广播电台编辑科科长等职。1949年后历任军委气象局办公厅主任、中央气象局气象科学研究所所长兼党委书记等职。曾为第三届全国人大代表。1972年11月20日在北京逝世，终年60岁。

赖祖烈：男，1907年生于福建省永定县。青少年就接受中国共产党的影响，1928年参加由张鼎丞同志领导的永定农民武装暴动，翌年2月加入中国共产党，曾任中华苏维埃福建分行行长、赣南省军分区供给部部长等职。积极为党和红军筹集经费，出色地完成了党交给的任务。曾参加第一至第五次反"围剿"的残酷斗争。抗日战争时期在南京参加《新华日报》的筹建工作，并在武汉、重庆八路军办事处任经理科科长，后历任陕甘宁边区贸易局副局长、中央书记处特别会计科科长、行政处副处长、北平军事调解处执行部行政处处长、交通处处长、中央后勤委员会办公室主任、财经组组长，中央工委副秘书长，曾历经千辛万苦，为保证党和军队的经费做出了重要贡献。中华人民共和国成立后曾任周恩来总理财经秘书、政务院参事、国务院外国专家管理局副局长、中南海管理局局长、中央警卫局局长兼任公安部九局局长、中央办公厅特别会计室主任等职务，并当选为全国政协第五届、第六届委员。1983年去世，享年76岁。

谢淑珍：女，1919 年生于湖北省武汉市，福建省龙岩市人。1938 年在武汉参加革命，1939 年入党，曾任武汉、重庆八路军办事处秘书，中央书记处特别会计科科员，北平军事调解处执行部秘书。中华人民共和国成立后在中共中央办公厅特别会计室负责审计工作。1979 年 12 月病逝，享年 60 岁。

孙敬文：男，1916 年 4 月 25 日生于河北省黄骅市城关楼东村。1932 年加入中国共产主义青年团，1935 年转为中国共产党党员。参加"一二·九"运动并且是领导成员之一，任北平学联总交通。1937 年入延安中央党校学习。先后任西北青年战地工作团区团长，中共川康特委委员兼青委书记和上川东特委书记，重庆《新华日报》党总支书记、营业部主任，北平军调处执行部庶务科长，中共冀热察区委宣传部部长，张家口市委民运部部长和企业党委书记。中华人民共和国成立后曾任张家口市委书记兼市长，察哈尔省委宣传部部长、省委副书记、省政府副主席，建筑工程部城市建设局局长，国家城市建设总局副局长、城市建设部副部长，建筑工程部副部长，石油工业部副部长，建筑工程部代理部长和党组书记，国家基本建设委员会第一副主任、党组副书记。"文化大革命"后恢复工作，先后担任天津市生产指挥部副主任、天津市革委会副主任，石油化学工业部副部长，化学工业部部长、党组书记，中国石油化工总公司副董事长。第五届全国人大代表，全国人大第六届、第七届常委。1995 年 12 月离休，1998 年 11 月病逝。享年 82 岁。

林　曦（何旭）：女，1919 年 8 月 23 日生于四川省阆中县。1938 年参加革命并入党，在川西阆中县、成都地区做党的地下秘密工作。1942 年调党领导的《新华日报》任会计科科长。1946 年随周恩来一起撤离重庆到延安党校学习，后到第三野战军工作。中华人民共和国成立后任重庆纺织厂军代表，西南纺织局副局长、局长，重庆市计划委员会副主任等职务，1983 年离休。离休后任重庆《新华日报》《群众周刊》史学会会长，重庆西南服务团团史研究会顾问、重庆"延安精神研究会"副会长，"老新闻工作者协会"和"重庆地方史研究会"顾问，重庆市"关心下一代工作委员会"理事等职务。2013年1月病逝，享年94岁。

梁隆泰：男，1915年3月生于马来西亚怡保市。1918年回国到广东梅县松口。1936年参加党的外围群众革命团体，1937年5月1日在广东梅县入党。中华人民共和国成立前曾任中共梅县县委委员、松口区委书记。在重庆八路军办事处时，曾任周公馆馆长，八路军办事处会计科科长。南京中共谈判代表团成员，曾在香港中共地下党工作。中华人民共和国成立后在全国政协筹备处工作。曾任政务院预算室副主任、国务院机关事务管理局副局长、北京市人民委员会办公厅副主任、全国政协机关秘书处主任。1980年离休，1988年12月25日逝世，享年73岁。

赖　贤：女，1915年7月生于印度尼西亚望家锡市。1918年回国到广东梅县。1937年协助梁隆泰的革命工作，1942年在重庆八路军办事处入党。长期从事机关托儿所工作。中华人民共和国成立后在国务院机关事务管理局财务处、交际处从事办事员工作。1958年病退后一直从事国务院宿舍居委会主任工作。1982年7月去世，享年67岁。

汤宝桐：男，1913年生于江苏省江阴县后塍镇（今属张家港市）。1938年参加革命工作，同年7月加入中国共产党。历任中共重庆《新华日报》党报委员会委员、印刷部主任。1946年11月到延安党校二部学习，不久到新华社总社任秘书等职。1949年5月任南京军管会新闻处处长。后到北京任新华总社社务委员、行政处处长、副秘书长等职。1950年到1954年任国家新闻总署秘书处处长，中共中央宣传部行政处处长，政务院文教委员会参事、企业财务处处长。1954年后任国务院第二办公室、文教办公室综合组、计划财务组组长。1967年12月3日，因病于北京逝世，享年54岁。

胡云波：女，1916年生于江苏省海门县长兴镇。1943年10月参加革命工作，1948年7月加入中国共产党。先后在重庆《新华日报》，上海、南京《新华日报》筹备处，延安中央招待所，新华社总社财务处、摄影部财务组任出纳、会计、会计科长等职务。1970 年初到永济新华五七干校劳动锻炼。1971 年 7 月 11 日因突发脑溢血病故于西安，享年 56 岁。

陈于彤：男，1908 年 4 月 17 日生于四川省云阳县。1927 年入武汉农民运动讲习所学习，1934 年加入左联，1935 年在上海入党，历任江苏省学委沪西区委书记，全国各界救国会干事，广州市委文委书记，贵州省工委委员、宣传部长、代理书记，新华日报社资料室主任，晋绥九地委书记兼土地工作委员会书记、土改工作团团长，太岳军区干部学校政委，中华人民共和国成立后任董必武政治秘书，董必武办公室副主任，法制委员会党组成员，社科院法学研究所顾问。1984 年离休，1989 年 10 月 10 日在北京去世，享年 81 岁。

黄　纪：女，1914 年生于广东省龙川县。1936 年在广州入党，历任广州市委妇女工作部部长，衡阳、桂林、汉口女青年会战时服务团总干事、党总支书记，1941 年至 1943 年任陈于彤交通员，1943 年至 1946 年任重庆八办接待员。《新华日报·妇女之路》编辑，晋绥新华四分社编辑；北京燕京造纸厂监委，中央轻工业部党委办公室主任、干部司副司长，中央食品工业部办公厅副主任，北京轻工业学院党委副书记、副院长等职。1986 年 2 月 3 日在北京逝世，享年 72 岁。

郭　正（郭端正）：男，1918 年 5 月生于湖南省长沙县龙头铺荞麦冲。1938 年 3 月加入中国共产党，1938 年 8 月至 1945 年 9 月在十八集团军（八路军）驻湘、驻桂、驻渝办事处，任电台摇机员、充电员、科员。1945 年 9 月在中共中央代表团驻渝、驻南京办事处和中国解放区驻沪救济总会任科员、管理科科长。1947 年 12 月至 1949 年 10 月在中共中央城市工作部（中共中央统战部）交际处任秘书，接收旧政权机关时任六国饭店负责人，参加中国人民政治协商会议第一届全体会议（简称新政治协商会议）的筹备、接待工作。1949 年 10 月起，任政务院交际处办公室任主任秘书、总务处科长、副处长。1955 年 3 月至 1958 年 4 月在周总理办公室任行政组长，之后回到国务院总务处。1960 年 12 月起在中共中央华北局和河北省机关事务管理局任副局长，中央广播事业局办公室副主任、广播电视部行政司司长。1982 年 10 月离休，1990 年 12 月病故，享年 72 岁。

王 衡（王月嫦）：女，1922 年 5 月生于湖南省湘潭县花石乡下瓦屋村。1945 年 2 月在新华日报社参加革命工作。1949 年在河北省平山县加入中国共产党。1946 年 5 月先后在中共代表团南京梅园新村和中国解放区驻沪救济总会办事处任办事员。1947 年 3 月到延安，之后在山西省临县三交镇中共城市工作部（统战部前身）青训班学习。1948 年 8 月在河北省平山县城工部托儿所任负责人，一生从事幼教工作。1949 年 4 月起先后在中南海、中央统战部、中央对外联络部、马列一分院、中央财贸部、人民日报社幼儿园任副园长、园长。1982 年 10 月离休，2014 年 2 月病故，享年 92 岁。

刘澄清：男，1919 年生于四川省南部县人。1933 年 8 月参加红军（红四方面军），1935 年开始长征，1937 年 10 月入党。同年 12 月跟随周恩来同志到湖北武汉八路军办事处做机要工作，后随李克农同志前往中共驻广西桂林办事处做电台工作。1941 年 3 月经组织确定，被派往党的地下组织，负责秘密电台工作。1942 年 1 月到东江纵队负责建立电台与中央联络。1943 年夏天又被调回中共重庆办事处负责电台工作。1946 年 6 月调到中共驻南京代表团负责电台工作。1947 年 3 月跟随董必武同志返回延安，到军委三局工作。1949 年 4 月随中央进入北京，在中央统战部工作，负责与未解放地区党组织秘密电台的通讯联络。中华人民共和国成立后，于 1949 年 9 月先后参加了对广州、梧州的城市接管。1950 年 8 月调入广西邮电管理局工作。1954 年担任邮电部教育司司长，1964 年 5 月担任邮电部政治部副主任，1969 年 3 月担任邮电部湖北新阳五七干校（湖北省阳新县）领导小组成员，1969 年 11 月担任国务院电信总局领导小组成员、副部长并主管通信工作。1983 年 12 月办理离休手续，2018 年 9 月 30 日因病在北京逝世，享年 99 岁。

康 瑛：女，1923 年 10 月生于广东省广州市。1939 年 10 月加入中国共产党，1940 年 2 月—1945 年 9 月先后任桂林、重庆中共八路军办事处及香港秘密电台报务员；1945 年 10 月—1946 年 6 月先后在重庆、武汉、南京、上海从事秘密工作；1946 年 7 月—1949 年 10 月先后任南京中共代表团、中央军委三局报务员，中共中央统战部报务主任；1949 年 11 月—1952 年 8 月先后任广州电信接管部军事接管干事、广西梧州电信局军事副代表兼业务课长、广西电信管理局秘书；1952 年 9 月—1954 年 10 月任广西邮电管理局办公室副主任、人事科科长；1954 年 11 月—1969 年 4 月任邮电部干部司科长、处长；1969 年 5 月—1972 年 9 月为电信局五七干校战士、邮电 508 厂生产组支部书记；1972 年 10 月—1980 年 3 月任邮电研究院人事教育组负责人、物资局政治处负责人、干部处处长；1980 年 4 月—1983 年 8 月任邮电部物资局（中国邮电器材总公司）劳资处处长；1983 年 8 月离休。1984 年 9 月经邮电部政治部批准离休后享受司局级待遇；2008 年 8 月经中共中央组织部研究同意享受副省（部）长级标准的医疗待遇。2015 年 12 月 8 日因病在北京逝世，享年 92 岁。

胡春浦：男，1913 年 4 月 1 日生于四川省渠县。1931 年参加革命工作，1935 年在上海加入中国共产党，受上海特科及中共南方局领导派遣，长期隐蔽在国民党党政机关和军队的上层人物中，从事获取情报和上层统战工作，同时在南方局领导下积极为地方组织筹集和提供经费等。中华人民共和国成立后，先后担任川西区党委统战部副部长，中国人民保卫世界和平委员会联络部副部长，国家经委副局长，宁夏回族自治区党委统战部部长，第三届全国政协委员，四川省委统战部顾问等职。1983 年因病逝世，享年 70 岁。

廖玉璧：男，1903 年生于四川省岳池县。1925 年入党，1926 年指挥华蓥山武装起义，任华蓥山游击队大队长，1935 年因叛徒出卖牺牲。

附录二：

张德碧《我的回忆》之《附》

建议成立"红岩第二代联谊会"的倡议

"大乐天抱小乐天，嘻嘻哈哈乐一天，一天不见小乐天，一天想煞大乐天。"每当咏诵周恩来写的《题双乐天图》这首意味深长的小诗，就不禁勾起我们无尽的思绪，串联起那悠悠的岁月中，红岩后代一段晶莹的童年梦。

我们是一群在旧中国苦难岁月中出生却又十分幸运的孩子。

抗日战争时期和解放战争初期，为了民族的解放和人民的幸福，我们的父辈跟随周恩来、董必武、邓颖超、叶剑英等老一辈无产阶级革命家在重庆坚持了长期的艰苦斗争，他们把青春年华奉献给了红岩这块殷红的土地，留下了许多可歌可泣的业绩，"红岩精神"就是他们人生理想和整个人格魅力的体现。

红岩是我们生命中的摇篮，简陋的红岩托儿所是我们共同温暖的家，是我们童年眼中的乐园，有周伯伯、邓妈妈的关怀，我们就成了红岩的一群"小乐天"，不管生活多么艰苦，政治气候如何险恶，红岩都给予了我们无私的保护，我们在红岩受到革命理想的最初熏陶，也在红岩接受了时代的革命洗礼。红岩——这个名字永远铭刻在我们红岩后代的记忆中。

半个世纪的风风雨雨转瞬已成为过去，我们也早已接过父辈的事业，并开拓出新的天地。如今，我们都已年过半百。

在市场经济的新机制刚刚建立，社会更需要精神文明，呼唤理想回归的今天，我们对红岩的生活怀有深深的依恋，对周恩来等老一辈革命家所创造的"红岩精神"怀有无比的崇敬，深深感到弘扬这种精神应当是我们责无旁贷的使命，为此，我们倡议组织一个红岩后代联谊会，旨在联络在重庆红岩八路军办事处出生或生活过的同志，以继承和发扬父辈艰苦奋斗的革命精神，宣传老一辈革命家的崇高理想，革命活动为主要任务。其次，通过我们的联谊，为当今红岩纪念馆事业的发展献计献策，使其能更好地发挥用历史教育广大青少年，发扬"红岩精神"的传统教育基地的作用。

此项倡议已得到重庆市委的肯定，重庆红岩革命纪念馆也表示将积极支持，为联谊会的成立做些联络工作，促成这项事业的成功。谨此，提出这项倡议，请当年的红岩后代积极响应。

注：红岩托儿所的孩子童丹宁同志曾提出成立"红岩第二代联谊会"倡议，他们责成我与这些孩子们的家长联系，我也遵照传达了这一呼声，以后不知怎么没进行了。因我这些年身患重病，无力过问此事，所以在《我的回忆》一书中将它发表，并将此书给曾在红岩托儿所待过的同志们和八路军办事处的同志们各赠送一本，作为交代和纪念！

原红岩托儿所所长　张德碧
2002 年 7 月

附录三：

乐 天 一 族[*]

雾茫茫的嘉陵江边，矗立着一座葱翠苍郁的山峦——红岩。这里是中共中央南方局和八路军驻渝办事处所在地。生长在红岩的孩子们自幼便领受到周恩来的关怀和爱抚，从小就接受了革命的洗礼。这是一群幸福的孩子。一群乐天的孩子，他们是"乐天一族"。

秧歌剧《兄妹开荒》就要上演了。

一块并不平整的院坝便是舞台。

一个4岁多的小男孩在秧歌舞曲的节奏中扭进了舞台。只见他头上系了块小毛巾，作为陕北汉子劳作时系的头巾；肩头扛根竹竿，就算开荒的锄头。这位男主角"哥哥"的扮演者名叫小乐天。

一阵掌声。粗犷有力的，那是红岩村办事处的爸爸、妈妈、叔叔、阿姨的；稚嫩清脆的，那是红岩托儿所小朋友们的。

边唱着陕北的信天游，边抡起"锄头"开荒，"哥哥"终于累了。抬头一看，已近晌午，"哥哥"擦去头上的汗，枕着手睡觉了。

又是秧歌舞曲的节奏，一个3岁多的小女孩进场了。她腰上系了块大手绢当作围裙，扛了根竹杠算是扁担，她挑着饭上山给哥哥送饭来了。头上的两根小辫子颤颤地晃悠着。这便是女主角"妹妹"了。她的扮演者正是小乐天的妹妹小乐妹。妹妹轻轻放下肩头的饭菜，来到"熟睡"的哥哥身边，轻轻叫道："哥哥，醒醒。"哥哥累极了，"睡"得很熟，妹妹

---

* 选自《红岩村轶事》，1997年2月重庆大学出版社。

久推不醒，便撅起小嘴大声叫："哥哥，快起来，吃饭了。"

看戏的小观众都急了，大声叫："吃饭了，吃饭了。"也有人直呼其名："小乐天吃饭了。"更有一位急性子，见妹妹久推哥哥不醒，在场外出了一个主意，他跺着脚喊出："小乐妹，搔他痒痒。"

哥哥终于揉着惺忪的睡眼，从地上爬了起来，早有一大群小伙伴冲进舞台，帮他拍打身上的尘土，嘴里叫着"要讲卫生"。

戏是没法再演下去了。

场外看戏的大人早已笑成一团，他们的眼里尽是愉快的泪花：孩子们太可爱了。

小乐天是红岩村的第一个孩子。当时荣高棠、管平夫妇住在周恩来、邓颖超夫妇的对门，周恩来总是喜欢抱抱小乐天这个机灵可爱的孩子，跟他玩一会儿，算是休息。小乐天和邓颖超特别亲近，平常他常常跑到办事处大楼门口迎接邓妈妈。周恩来看这个孩子平时极少哭，整天笑哈哈的，说他是个乐天派，就叫他小乐天，他的真名荣韦民逐渐被小乐天代替了。周恩来称邓颖超为大乐天，自称赛乐天。有一次小乐天跑到大门口接大乐天时，童小鹏给照了张相。周恩来看到两个乐天乐哈哈的照片后，就题了一首诗，并向红岩救亡室的墙报投了稿。诗曰："大乐天抱小乐天，嘻嘻哈哈乐一天，一天不见小乐天，一天想煞大乐天。"上款是《题双乐天图》，下款是"赛乐天书"。红岩的生活是艰苦的，环境也是险恶的。但是周恩来对孩子的慈爱和那种革命的乐观主义精神却深深地感染了大家。红岩村的孩子渐渐多了起来，为了不影响同志们的工作，在周恩来、邓颖超的关怀下，红岩村托儿所成立了。

刚开始，托儿所的玩具很少，只有一个滑梯、一个秋千、一个跷跷板。孩子们常因轮不到玩而哭闹。周恩来、邓颖超知道了，就动员办事处的同志们一起来做玩具，不久，手枪、步枪、左轮、冲锋枪、小卡车、布娃娃、小动物、小皮球都有了。红岩村托儿所的小朋友都成了玩具的富有者。

担心托儿所的孩子营养不够，周恩来、邓颖超就把国际友人送的营养品送来，邓颖超还专门找了一本有关儿童营养方面的书，让办事处的采购副官给孩子们多买一些营养丰富的食物、水果；孩子们一天天长大了，便教他们识字、唱歌、做游戏、开运动会、演戏。给他们讲"破缸救友"、"孔融让梨"的故事；讲八路军英勇抗敌的事迹，讲革命先烈的事迹。红岩的孩子们心中从小就扎下了革命的种子。

"鸡蛋""火车""飞机""光光""灯泡""贝贝""罗斯福""小丘吉尔""丹坡""大鱼""二鱼""金鱼""小虎""方块""顽固""乐天""乐妹"……这些都是红岩儿童的绰号。周恩来、邓颖超无不视如己出，而红岩儿童则称周恩来为"周伯伯"，称邓颖超为"邓妈妈"。

在周恩来、邓颖超的关怀和影响下，八路军办事处的同志们都十分关心这些红色幼苗。红岩，这个充满了爱的革命大家庭，成为孩子们幸福成长的乐园。

附录四：

"红岩儿女红岩行寻访团" 记事

汤澄东*

一、重回重庆

抗战时期，重庆曾经被定为中国的"陪都"，是中国抗日精英聚集的地方。中国共产党在这里设立了"八路军办事处"，对外挂牌是"国民革命军第十八集团军驻重庆办事处"，对内实际是"中共中央南方局机关"。周恩来、董必武、叶剑英、博古（秦邦宪）等老一辈革命家，带领一批从各地抽调来的共产党员在敌人的包围中展开了艰苦卓绝的工作，充分发挥了统一战线的作用，在公开和秘密的斗争中取得了重大的胜利，对坚持抗战，解放全中国做出了不可磨灭的贡献，并在此过程中形成了光辉的"红岩精神"。

2009 年是中共中央南方局成立 70 周年，一批当年在此出生和生活过的革命后代组成了"红岩儿女红岩行寻访团"重归故地，祭拜先烈，缅怀往事，继承和弘扬"红岩精神"。周恩来的侄女周秉德，博古的儿子秦铁，熊老板（熊瑾玎）的女儿畅苏都参加了这一活动。老熟人再次重逢，许多人从此相熟，这是一次难得和难忘的活动。

重庆对我是十分重要的，因为 1945 年我出生在那里；

重庆对于我又是十分陌生的，因为在不到一岁离开后的 60 多年里，

---

* 汤澄东，1945 年 1 月 27 日生于重庆，原上海市对外经济实业公司香港分公司总经理。2005 年退休，2017 年 9 月 2 日因病去世。

我只去过一次，只有两天时间。1995 年为参加经贸部召开的国际公司会议，我到过重庆，利用半天时间去寻找新华日报社旧址，拍过一张珍贵的照片。那年，我已经 50 岁。

今年能够重回重庆，真是此生一大快事。我要特别感谢童丹宁，是他策划和组织了这次活动，从发起、呈报、计划，到筹措经费，做了大量的工作。秦铁称赞丹宁此举是"尽忠、尽孝、尽情义"的善举，得到大家的一致赞同。

自 1995 年至今，15 年后重回重庆，看到一个崭新的城市。从机场到我们下榻的雾都宾馆，一路上高楼林立，桥梁纵横，市容繁华，景色秀丽。由于寻访团日程安排十分紧凑，这一次还是没有仔细领略这城市的美丽风光，拍到一些照片，只能略见一二，留作纪念。

二、红岩精神代代相传

5 月 8 日"寻访团"到达重庆。当晚重庆市委的领导同志接见了全体寻访团成员。

市委领导作了重要的讲话。

"红岩精神"充分体现了老一辈无产阶级革命家、共产党人和革命志士坚定的革命信念、崇高的思想境界、巨大的人格力量、光彩的道德风范和浩然的革命正气。"红岩精神"的内涵是极其丰富的，不仅闪烁着历史的光辉，而且具有重大的现实意义。

我们在寻访中了解到，多年以来，重庆市委、市政府的有关部门，为了继承和发扬"红岩精神"做了大量的工作，包括出书刊、办展览、搞活动、建网站等，目前有关红岩的参观点已经有 65 个，观众络绎不绝，最多的一次有 18 万人次观看展览。重庆的同志们说这是"职责所在，感情所系，工作所需"。我们作为红岩前辈的后代从内心深处感激他们，我们应该向他们学习。

"寻访团"在渝期间瞻仰了红岩村八路军办事处、红岩公墓、红岩魂陈列馆、歌乐山烈士陵园。此外，还参观了曾家岩 50 号、桂园、《新华日报》营业部、渣滓洞、白公馆等地，祭奠和缅怀先烈，受到深刻的教育和启发，对于革命历史，对于前辈的历程有了进一步的认识。许多人将自己珍藏的文物和书籍捐献出来，让红岩精神的展览更加充实和生动。

这次，我们和重庆市委宣传部、党史办的同志们联系上了，以后可以更多地配合他们的工作。这些年，革命前辈都已经先后离开了我们，当年的许多事情虽然不是我们亲身经历的，但毕竟从父母口中听到一些，我们有责任和义务把知道的事情记录下来，这是党和人民的共同财富。畅苏一再说：弟弟妹妹们，你们要拿起笔来写，哪怕是 50 个字也是好的。大姐的话情深意切，她已经为我们做出了榜样。

三、魂归红岩

10 多年前，革命老人童小鹏对重庆的同志说过："抗战时期，我和我的老伴紫非一起喝了 8 年嘉陵江水。我们在红岩共同战斗，后来恋爱、结婚，在这里生了两个娃娃，他们现在都已经 50 多岁了。所以，红岩是我们的第二故乡。我们以前就商量过，将来去世以后不保留骨灰。把骨灰一半撒在嘉陵江里，一半深埋在红岩的泥土中，不搞墓，也不写名字。去年紫非去世了，我把她的骨灰送了回来，并宣布了我们生前的约定。现在我要再次重申，我将来去世，骨灰不放在漳州，还是请我的儿子、媳妇把我的骨灰送回重庆，一半撒在嘉陵江，一半埋在红岩，和紫非在一起。我们曾经生活在红岩，战斗在红岩。我们生是化龙桥红岩嘴的人，死了还要回到红岩，做红岩村的鬼。当然，鬼是没有的，魂兮归来，魂归红岩。这也是'红岩精神'的体现！"

这次，"寻访团"的一个重要活动就是护送老人的骨灰回到红岩，实现老人生前的遗愿。

童小鹏是童丹宁的父亲，福建长汀人，1930 年 6 月参加红军并入党，1934 年参加长征，到陕北后，曾任毛泽东秘书。西安事变后，一直跟随周恩来 40 多年，负责秘书、机要工作，曾任中共中央南方局秘书处处长、中共中央驻重庆、南京代表团副秘书长，重庆中共中央南方局副秘书长。1947 年 3 月后，在中央城工部、中央统战部任秘书处长、副秘书长、秘

☆红岩村口的阴阳树下：
自左至右：林力、石
晓华、熊畅苏、童丹
宁、汤澄东、高德平

书长。1958 年到 1966 年任总理办公室主任、国务院副秘书长。"文化大革命"初任中央办公厅第一副主任，"文化大革命"中下放干校。1973 年回中央统战部，1977 年任中央统战部副部长。后任中共中央党史资料征集委员会副主任。1982 年退居二线，1987 年离休。是第五、第六届全国政协常委。2007 年 7 月 18 日在北京病逝，享年 93 岁。

　　5 月 8 日，老人的骨灰到达重庆的当晚，就安置在他当年曾经工作战斗过的房间里过夜。9 日早上，我们从红岩村接了老人的骨灰，乘船沿嘉陵江逆流而上，在到达红岩嘴下方的江面时，开始了骨灰撒放的仪式。我们向老人的遗像默哀致敬后，亲属先撒放骨灰，随后大家把鲜花的花瓣撒向江面，愿老人的忠魂融入奔流不息的嘉陵江水，日夜歌唱不朽的"红岩精神"。然后，我们又返回红岩村；把老人的另一半骨灰深埋在红岩公墓附近的山坡上，与他的老伴在一起，和无数为革命牺牲的先烈们在一起，实现了老人魂归红岩的遗愿。

　　近几年，许多开国元勋、革命功臣的骨灰都陆续回归故乡，或者当年战斗过的地方，和家乡的人民，和牺牲的战友葬在一起。更彻底一些的就回归于大自然，和祖国的山山水水在一起。我想这种回归是一个重要的标志，是前辈们告诉我们，他们来自人民，打江山，坐江山并非他们的目的，在完成了历史使命之后，他们没有什么丰厚的物质遗产，也不留恋什么高贵的名声，他们没有忘记人民的养育之恩，没有忘记牺牲的战友，他们希望将革命的精神，作为唯一的遗产留给后人。

☆2005 年 5 月 9 日，童小鹏的骨灰安葬仪式开始，送行人员走出八路军驻重庆办事处旧址

魂归来兮，红岩精神；传万代兮，振兴中华！

四、熊畅苏大姐的书

坐在从上海飞往重庆的飞机上，我一直在想，在这次的活动中，我能够遇上哪些熟人。第一个想到的就是熊畅苏大姐。

小时候，在我家的相册里，有一张彩色的大照片，那是整本相册中唯一的一张彩色照片，上面是一个美丽的大姐姐，我不知道她是谁。爸爸妈妈告诉我，这是熊老板的女儿。熊老板是谁？爸爸妈妈怎么会有一个"老板"做朋友？我一直想不通。后来，终于有一天，我在爸爸妈妈带领下，在一个四合院的平房里见到了那个大姐姐和熊老板。

老人从里屋走出来，布衣布裤布鞋，头戴一顶小帽，手里拿着一个卷轴。他高兴地和爸爸妈妈打招呼，并且摸摸我的头问道：是"大块头"吧，都长这么大了！在老人的眼中我看到一片慈祥的爱的光。说着他打开手中的卷轴，那是一个横幅，上面是他最近写的一首诗，他一句一句读给我们听，那诗是表达他和老板娘之间的真挚爱情的。他开玩笑地对爸爸说：哪天给我开追悼会，你不用买花圈了，就把这个挂出去，就是对我最好的纪念。说着，他又走进里屋找来大红的印泥把印章盖上，他说这是刚从王府井买来的印泥，价钱贵了点，但是质量好。老人还说他最近准备写一本"菜谱"，因为年轻时候喜欢烧菜，有几样好菜应该留于后人。从爸爸妈妈的谈论中，我知道熊老板是一个重要的革命老人，那天，我看到和听到的一切都深深地印在了幼小的心里，至今难忘。

走进重庆江北机场的休息室，我一眼就认出了坐在沙发上的熊畅苏大姐。几十年的光阴过去，大姐已经老了许多，但是眉目之间的神情依旧和照片上相同。大姐也认出了我，她从沙发里站起来，紧紧握着我的手，她还能叫出我的小名，她说："看到你，就想起你妈妈，从重庆撤到上海以后，眼看内战即将爆发，我们准备再次转入地下。我们几家一起住在上海的老西门，吃的一锅饭，就像一家人。那时候的情景好像就在眼前。"以前也听父亲讲过，那时候组织上布置他和吴天平叔叔分别在上海和香港买下了印刷厂，准备在敌占区继续秘密出版党的报纸，后来因为革命形势发展很快很好，中央认为没有必要再秘密发行报纸，通知父亲撤回延安。但是我不知道那时候他是和熊老板在一起，不知道1946年我已经到过上海。

晚饭以后，大姐把我叫到她的房间，拿出一本书送给我，她说书是她主编的，出书的钱是她自己的退休工资。在书的扉页上大姐慎重地题字签名。书的名字是《红色伉俪传奇人生》。书的第一页就是"文化大革命"期间周恩来总理的一段批示："在内战时期，熊瑾玎、朱端绶两同志担任党中央最机密的机关工作，出生入死，贡献甚大，最可信赖。"手捧这书，我如获至宝，高兴地连声道谢，我知道大姐这次带的书不多，我能够得到一本是非常荣幸的。

回到房间，我迫不及待地翻开书页，许多珍贵的老照片映入眼帘。在第26页中我看到了妈妈，这是一张我从未见过的照片，是1966年熊老80华诞时与前来贺寿的《新华日报》老同志的合影。除了老照片，书里写了许多鲜为人知的传奇故事，把熊瑾玎和朱端绶的一生告诉读者。

熊瑾玎，别名楚雄，1886年出生于湖南长沙一个医生之家。10岁入私塾，20岁时入徐特立开办的师范速成班，从此以徐特立的品德人格为榜样。1914年以后，熊瑾玎又到长沙任小学教员5年，喜欢读陈独秀主办的《新青年》杂志，并结识了毛泽东、何叔衡等人，加入了新民学会。1921年，毛泽东、何叔衡从长沙乘船去上海参加党的"一大"，旅费是由熊瑾玎筹措的。1927年，在革命最危险、最困难的时候，他在武汉加入了中国共产党。

1928年春，中共湖北省委遭破坏。夏明瀚、向警予等牺牲，熊瑾玎转移到上海。党中央任命他担任中央机关的会计，负责管理和筹措经费。他自任"老板"挂起一个"福兴商号"的牌子，为政治局设立秘密开会地点。为便于掩护，组织上安排19岁的湖南女党员朱端绶当"老板娘"。

☆熊畅苏向红岩纪念馆
赠送《红色伉俪传奇
人生》一书

熊、朱二人在武汉一起照顾过病中的徐特立，互相有很好的印象，经周恩来促成，两人很快变成真正的革命夫妻，那年熊老板已经42岁。

在熊瑾玎主持下，三年多时间内，党中央机关的财务和安全得到了保障。1931年春，顾顺章叛变，熊瑾玎被迫转移到洪湖苏区，任省苏维埃宣传教育部部长和秘书长。翌年秋，洪湖苏区全部失陷，他们夫妻二人被俘，自称是被红军扣留的商人，且找到证明，于是被敌军释放回上海。1933年春，熊瑾玎在法租界被捕，虽经叛徒指认，却因宋庆龄出面营救，租界当局将他判刑8年而未引渡给国民党，才免遭杀害。1937年抗战爆发后，熊瑾玎出狱。1938年初，受周恩来委派任中央机关报《新华日报》总经理。9年间，他发挥经营管理上的才能，不仅突破国民党的经济扼杀使报纸得以维持，还为中共南方局筹措了经费。老同志都评价说："在当年的报馆里，可以缺少任何一个人，唯独不能没有熊瑾玎同志。"在党内，熊瑾玎长期被称为"熊老板"。经他手的钱款不可胜数，但他一家却始终清贫。他和老板娘生育了5个子女，由于贫病等原因，只剩畅苏一人。

手捧着大姐送我的书，心情久久不能平静。当年，熊瑾玎对我们党和国家做出了杰出的贡献，他不求高官，不求厚禄，人们尊称他为"老板"，这是莫大的光荣；现在，在市场经济的大潮中，"老板"之称已经泛滥，我们的一些党员干部，贡献不大，政绩不多，却以"老板"自居。在这些所谓的"老板"中，能够找到一个像熊老板那样功勋卓著、淡泊名利、清贫一世的"老板"吗？我看很难很难。

熊畅苏大姐已经76岁，她担心丹宁不让她参加这次活动，低报了3岁。在这次活动的全过程中，她不仅用她的书教育了大家，还用她的亲身经历和感受鼓动大家，用自己的一言一行带动大家，努力地宣传和弘扬红岩精神。她是熊老板的好女儿，也是红岩儿女学习的好榜样。

五、林力的"见面礼"

当林力走到我面前打招呼时，我开始以为她是重庆方面的接待人员，因为在我们寻访团里好像不应该有这么年轻的人。当她拿出"中国文化研究会副会长"的名片，并且说明是我妹妹的好朋友时，我才相信她是我们的同龄人，她的年龄不是团里最小的，但却是最年轻、最活泼、最朝气蓬勃的。

她热情地叫我大哥，并且拿出一张照片送给我。照片上是一块红绸布，上面有许多人的签名。她问我：见过吗？我摇摇头。于是她解释给我听："我的父亲叫鲁明，母亲叫林冈，我是跟妈姓。父亲当年是《新华日报》的首席记者，后来是新华社的编辑。中华人民共和国成立后在外交部工作，曾出使过朝鲜、越南、科威特等国家。"

自报家门之后，她开始说明照片上这块红绸布的来历："这块红绸布是我爸爸妈妈的结婚纪念物。1946年夏，我父亲28岁，母亲26岁，他们在南京的梅园新村结婚。细心的邓妈妈叫身边的同志设法找来一块红绸，请德高望重的董必武题词'天作之合'。紧接着，周恩来、邓颖超、陆定一、廖承志、潘汉年、宋平等许多人都纷纷签名祝贺。你看这签名的人中间也有你爸爸。"我仔细看照片，果然在照片的下方有我熟悉的签字，那是父亲保持多年的字体。

林力接着说："1947年3月国共谈判破裂后，国民党政府责令中共代表团工作人员限期返回延安，时局已相当险恶，代表团成员的许多物品都没法带走，我爸爸却将这件珍贵的贺礼贴身珍藏一直带到了北京。"1986年，父亲把这件珍贵的文物捐献给了南京梅园新村陈列馆，现在是国家一

☆鲁明、林冈结婚纪念物的照片，上面有许多老一辈革命家的签名

级革命文物。"说到这里，我明白了林力为了参加这次"红岩儿女红岩行"的活动，做了充分的准备，她把这珍贵的照片翻印了多份送给有关的朋友。

过去我听父亲说过，1946年离开重庆后到了南京，后来又到上海，再去延安，解放时回南京任军管会新闻处长。对于父亲是否在梅园新村工作过，我没有把握，现在有了林力的照片，我可以肯定父亲到过梅园，参加过中共代表团的工作。这照片对于我来说无疑是极其宝贵的。在拿到照片的第一时刻，我就决定要尽快去趟南京，要看到照片中的实物。

我们的前辈除了坚苦卓绝出生入死的斗争之外，在友情、爱情、亲情方面也有许多动人的故事。那时候，他们大多数是知识青年，他们在走上革命道路的同时，也找到了人生的另一半，建立了革命的家庭，养育了革命的后代，其中有许多的困难与挫折，也有许多的幸福与欢乐。"寻访团"的每个人都希望通过回忆自己的童年和家庭的历史，进一步学习和弘扬红岩的革命精神。

六、寻访新华日报社旧址

《新华日报》1938年1月11日在武汉创刊。同年10月25日迁至重庆，《新华日报》在组织上先后受中共中央长江局、南方局、四川省委领导，大部分时间是在周恩来的直接领导下工作，为中国共产党从事政治、思想、文化、外交等方面的斗争提供了有力阵地，在宣传党的政治主张，揭露国民党的反共政策，开展统战工作，组织群众运动等方面，做出了重要贡献。

《新华日报》的营业部在民生路，报社的总馆和印刷厂在虎头岩。1995年我去重庆时，在当时的芦副市长帮助下找到了报社总馆所在的小楼，那是一座砖木结构的建筑，已经年久失修，里边住了许多居民。他们告诉我：邓颖超来重庆时专门去看了这楼房，说曾经在这里住过。他们还说：这楼是文物保护单位，不让拆，又不给修，居民们又搬不走，以后会怎样说不准。听说我是出生在这里的，居民很热情地请我上楼，拍照片，希望我向上面反映他们的苦处。

这些是我当年拍的照片。我们的前辈就是在这样艰苦的环境里，顶住日机的轰炸、排除特务的干扰，创造了"新华扫荡中央"的业绩，每天发行5万份报纸。

　　一转眼，15年过去了，从我们"寻访团"到达重庆的第一天，熊畅苏大姐和我们几个父母在《新华日报》工作过的人就一再提出要寻访新华日报社的旧址。于是在一天下午，全团人马向新华日报社旧址开进，不料中途受阻。原来化龙桥地区正在实行大规模改造，由香港瑞安集团总包在这儿建设一片绿地和休闲中心。我想这大概是罗康瑞要在重庆翻版一个上海的太平湖和新天地。工程刚起步，整个地区像一个渣土堆放场，满地泥泞，道路不通，大队人马只得返回。后来我们又听说，新华日报社旧址已经进行了改造，只等绿地建好，就可以布展开放，有一条小路可以走进去。在熊畅苏大姐带领下我们又一次向虎头岩进发。

☆熊畅苏大姐（左一）在坍塌的新华日报社旧址，述说原貌

　　当我们终于到达时，看到的一切已经不是我当年看到的东西。总馆的小楼已经拆成一片废墟。印刷厂的院子里，原有的平房全部推倒了，盖了几个新的建筑，其中一座小楼是模仿了原来总馆的样子，这完全是一个新版的旧址了。我们知道要搬迁原来的居民很不容易，要保存原来的危房也不大可能，但是新盖的建筑实在和历史的原貌相距甚远，作为纪念陈列馆

还可以，要说是旧址就很难有说服力。

站在报社总馆的废墟前，熊畅苏大姐黯然神伤，她只能一遍一遍地给大家讲述那原来的小楼是什么样子：楼的前面是一个有阶梯的斜坡，可以上山，斜坡的下面有防空洞，房子的四周是一片树林，附近还有一条小河。石晓华立马补充说：小时候，有一次我就被特务推到了河里，幸亏发现及时才得救了。

大家在这不是旧址的"旧址"前拍了照片，这地点总是不会错的，前辈们曾经在这里工作、生活过，我们自己也在这里开始了人生的旅途。这是一个值得纪念的地方。因为人数过多，这次"红岩儿女红岩行寻访团"是以南方局机关的后代为主，《新华日报》的子女来的不多，如果趁新华日报社旧址布展开馆之机，来一次《新华日报》后代的大聚会，那是多么有意义的活动啊！

七、看照片忆父母

"寻访团"的每一个人都仔细观看着各展馆陈列的照片，生怕错过了父母的身影。每当一个人发现了父母的照片，大家都为他（她）高兴，帮着拍照留念。我也不例外，15年前到重庆，在《新华日报》营业部还看到过父亲的照片，这次却没有找到，心中不免有些遗憾。也许要等到《新华日报》总馆和印刷厂布展开馆时，才能够再见到父亲和杨允庸伯伯合影的那张照片了。

本文插入的照片是我一直珍藏的爸爸妈妈与我的合影，那是我不到一岁时在《新华日报》拍的，身后的树木和房屋都说明是在印刷厂的院子里。可惜这次没有带到重庆去，无法现场比对。回到上海我找出这张照片翻拍，想起了当年爸爸妈妈说过的一件件往事仿佛历历在目。

抗战期间，许多热血青年通过红岩及其下属的各办事处奔向延安，走上了革命的道路。在他们中间，像童小鹏夫妇那样从此结为终身伴侣的也不少。我的父亲汤宝桐和母亲胡云波就是其中的一对。

父亲祖上是江苏丹阳人，后来流落到江阴后塍镇，因为家贫，小学四年级就辍学去米行当学徒。学徒的契约如同卖身契，学不到任何手艺，就

☆1945年冬，《新华日报》印刷部主任汤
宝桐、胡云波夫妇与他们未满周岁的
孩子合影

是做老板的家奴，苦累不算，还要被打骂。14岁那年父亲终于背着父母
逃离了米行，到无锡一家印刷厂学习排字。由于刻苦勤奋，进步很快。在
替其父亲偿还了欠亲戚家的债务后，父亲又去上海谋生，希望提高自己排
字的技术。父亲说过，那时候在杨浦区某处的水门汀上打地铺，早上啃一
张大饼，走很远的路去上班。在艰难困苦中，父亲练出了排字的好手艺，
也结交了不少师兄弟。上海沦陷后，父亲不肯做亡国奴，跑到南京靠同乡
会救济，在国破家亡，流离失所的情况下，1938年初在武汉遇到了《新
华日报》招工，从此走上了革命的道路。由于表现突出，当年7月就加入
了中国共产党，后来又成为《新华日报》党报委员会委员、印刷部主任。
父亲是工人出身，没有什么学历，参加革命也不早，但是从参加革命的那
一天开始，他就一心一意铁了心跟党走，好在他的周围都是我们党最优秀
的同志，而且他们是在周恩来直接领导下开展工作的，所以起点高，进步
快，多次出色地完成党交给他的任务，受到周总理的赞扬。

　　我母亲走过的道路比父亲曲折许多。她老家是苏北海门长兴镇，胡家
当年号称"半条街"。母亲不愿意在家过"大小姐"的生活，在答应了外
祖父"不烫发、不涂口红、不交男朋友"的三项条件后只身到上海读书，

在立信会计学校毕业后，到南洋医院当会计。上海沦陷后，她在同乡好友郑黎亚的带动下，离开上海，投身抗日。在江西南昌参加了青年服务团南昌分团。这是一个国民党的官办团体，随着国民党军队的节节败退，热血青年的心越来越凉，每次撤退，卡车上都装满了官太太的坛坛罐罐，伤病员却得不到应有的照顾。有几次撤退连服务团都不事先通知，他们险些被日军俘虏。大家都不满意这个团体，都渴望着去延安。后来，母亲在地下党员金菊如的指点下离开了国民党的部队，决心投奔共产党。从江西到重庆，辗转数千里，过着近乎乞讨流浪的生活，母亲曾经告诉我，那一路上她不知认了多少个"干妈"。到重庆以后，母亲在邹韬奋的"生活书店"找到了一份工作，进入了共产党的外围，开始有组织地学习革命道理，逐步走上革命的道路。1941年1月皖南事变后，母亲和刘晓柳、何煦三人被调入《新华日报》会计科，科长就是熊老板的爱人朱端绶。

父亲和母亲虽同是江苏老乡，但如果不是抗日，不是革命，他们永远不会相遇、相识。由于心向红岩、爱在新华，使他们成为革命的同志和终身的伴侣。关于他们的爱情，曾经听妈妈这样说过："你爸爸也不会谈恋爱，人家都是请女朋友下馆子、看电影，你爸就是拉着我爬大山、看大江。而且是吞吞吐吐、拖拖拉拉，最后连领导都批评我们，说是小资产阶级的恋爱方式，不像工人阶级干脆利落。"我不知道爸爸妈妈谈了几年恋爱。只知道他们结婚时还是很热闹的，是大家凑钱庆祝了一番。同为江苏老乡的徐迈进是我父母的证婚人。

1945年1月27日是我出生的日子，那年爸爸32岁，母亲29岁。因为高龄产子，又是头胎，结果一天一夜也生不出来。急坏了给我接生的蔡乃平阿姨。后来每次遇到我，她总说是她救了我一条命，用产钳把我夹了出来，头朝下拎着一只脚，拍了几下屁股，才哭出声来。其实，她只是报社的普通医生，没学过妇产科，产钳在我的额头上留下一个明显的疤痕。妈妈没有进医院，是冒着生命危险生我的，而且遭了不少罪。在当时的环境条件下，红岩村诞生的每一个小生命都显得特别的珍贵。

在这次红岩寻访的过程中，我经常会想到爸爸妈妈，如果他们还活着有多好，他们可以告诉我这里曾经发生的一切，解答我们提出的每一个问题。但是世事难料，父母在"文化大革命"期间早早地离开了人世（父亲 54 岁，母亲 55 岁），他们生前没有再回过红岩，平时谈到重庆往事的机会也不多。我作为家里的老大，有责任把我知道的父母年轻时的点点滴滴写出来，告诉弟妹，告诉后代。我无法讲出更多的细节，这是做儿女的悲哀，也是家庭的遗憾。

八、"潼南"行

5 月 11 日，"寻访团"前往重庆市西北部的潼南县双江镇。瞻仰杨闇公烈士陵园，原国家主席杨尚昆陵园和故居。

潼南是个人杰地灵的好地方。一条涪江从境内流过，风景秀美；一座大佛寺依山而建，年代久远。

当我们到达杨闇公烈士陵园时，从成都赶来陪同我们参观的杨绍明已经等候多时。我是第一次听到杨闇公烈士的事迹，被他的事迹深深地感动了。

杨闇公，又名杨尚述，杨尚昆的四哥，生于 1898 年 3 月 10 日。从小

☆杨闇公烈士的墓碑，邓小平题写：杨闇公烈士永垂不朽

受到爱国主义教育，立志救国，1913 年入南京军官教导团学习，加入国民党，从事反袁斗争。1917 年东渡日本留学。1925 年 3 月，加入中国共产党，与吴玉章等四川地区共产主义先驱者一道整顿和改组四川国民党组织，实现四川省内的国共合作，掀起大革命高潮。1925 年 10 月，杨闇公被选为中共四川地方委员会书记。1926 年 2 月，任中共重庆地方执行委员会书记，10 月任地委军委书记。1926 年冬季，杨闇公与朱德、刘伯承等参与策动驻泸州、顺庆的川军举行起义，有力地支持了北伐战争。1927 年 3 月 31 日，在杨闇公等主持下，重庆市群众在打枪坝集会，声讨英、美帝国主义军舰炮轰南京城的罪行。四川军阀刘湘派军警对集会群众血腥镇压，酿成惨绝人寰的重庆"三三一惨案"。惨案发生后，杨闇公受到敌人的追捕。4 月 4 日，他在动身去武汉向中央汇报工作时，不幸被捕，面对敌人的利诱和严刑，他坚贞不屈，大义凛然，高呼"打倒帝国主义！""打倒军阀！""中国共产党万岁！"军阀震惧，割其舌，断其手，剜其目，最后他身中三弹，于 1927 年 4 月 6 日壮烈牺牲于浮图关。

杨尚昆陵园坐落在距潼南县城 3.5 公里的杨家嘴，位于 205 省道旁左侧，距他的出生地双江镇 6.5 公里，占地 11.4 亩。陵园坐南朝北，后面有寨子坡，左边有凤凰山，右边有木鱼坡，湖水清清，白鹭云集，墓前一条小河蜿蜒环绕，似一条玉带飘向涪江。杨尚昆的墓是和夫人李伯钊的合葬墓。在献上花篮之后，我们绕墓一周，向前辈致敬。绍明带我们上到山坡上，绿树之间竖立着一座石碑。那是 2001 年 5 月 18 日 114 个革命后人集体敬献花圈的纪念。人世间不管有多少恩恩怨怨，到了天堂就一笔勾销，为了悼念死者，生者终于实现了大联合。是前辈用鲜血和生命教育我们后代，团结是革命成功的最重要的保证。

杨家祖上是四川的大盐商，从前辈留下的大宅院，可见当年的盛况。但是他们不甘心当土财主，子弟悉数留洋，受到革命思想的熏陶，投身于革命的大潮中，为家乡，为国家建功立业，甚至流血牺牲。20 世纪的二三十年代，我们的国家经历了怎样的苦难？我们的先人做过怎样的斗争？特别是那些家庭富有、生活优越的青年为什么要抛弃富贵，投身革命？这些问题是我们在杨家故居反复思考的问题。虽然我们今天所处的历史条件和那个年代已经天翻地覆，但是不苟安于物质的富足，追求精神的富有依然是当代青年应该遵循的生活准则。

九、烈士的遗训

1949 年 11 月 27 日，在狱中大屠杀中，罗广斌越狱脱险。12 月 28 日，他向中共重庆市委上交了《关于重庆组织破坏和狱中情形的报告》。此报告有八个部分，其中第七部分是"狱中意见"，记述了狱中共产党员对党的最后寄语：

1. 防止领导成员腐败；
2. 加强党内教育和实际斗争的锻炼；
3. 不要理想主义，对上级也不要迷信；
4. 注意路线问题，不要从右跳到"左"；
5. 切勿轻视敌人；
6. 重视党员特别是领导干部的经济、恋爱和生活作风问题；
7. 严格进行整党整风；
8. 惩办叛徒特务。

这八条意见是狱中共产党员的奋斗经验总结，每一条都发自肺腑。

这八条意见是狱中共产党员的深刻思考，字里行间浸透着烈士的血与泪。

这八条意见是狱中共产党员的衷心希望，活着的人们，特别是共产党员不能忘记。

今天，让我们一起重温烈士的遗训，为维护党的组织的纯洁，和党内的腐败现象做坚决的斗争。

十、记住红岩所有的爱

5 月 11 日晚上，在重庆雾都宾馆的小会议室，我们这些出生在红岩或曾经在红岩生活过的孩子聚集开会。桌子上放着许多当年红岩托儿所的照片，要大家辨认那都是谁的孩子，叫什么名字。

红岩村出生的第一个孩子是荣高棠的大儿子乐天。有一张邓颖超抱着乐天的照片，周总理题过诗："大乐天抱小乐天，嘻嘻哈哈乐一天，一天不见小乐天，一天想煞大乐天。"总理名此诗为"题双乐天图"，并且落款是"赛乐天书"。可见孩子们给红岩村增添了许多的欢乐，也得到了红岩前辈的最大关心和爱护。

红岩村的托儿所就在八路军办事处的旁边，是一座独立的小楼。已经无法统计当年究竟有多少孩子从这里走出去。每个孩子都有一个外号：小康、鸡蛋、火车、飞机、光光、灯泡、贝贝、罗斯福、丘吉尔、丹坡、大鱼、二鱼、金鱼、小虎、方块、顽固、乐天、乐妹等。我们寻访团的名册中就有大约 10 个人注明了小时候的外号。当年给孩子起外号也许是便于记认，也许是为了安全。现在要辨认哪个孩子是谁，就困难了，大家花了不少时间，也只认出了一小部分。如果算上《新华日报》托儿所的孩子，总数应该近百人。如果把红岩村前辈后来在延安、西柏坡、北京生的孩子都算上，从红岩村出发，经过马背上的摇篮，再到京城的子弟学校，红岩儿女的队伍已经扩大到数百人。

红岩村实际就是一个革命的大家庭。孩子是大家共同的骨肉，是革命的希望和未来，红岩人在孩子们身上倾注了最大的爱。我是 1945 年生在红岩，1946 年就离开了重庆，婴儿时期的事情已经毫无记忆。只是听妈妈说过，那时候，什么都是先紧着孩子，好吃的东西都给孩子吃了，所以我才长了个"大块头"。在我成长的道路上，受到过许多红岩前辈的影响。我在过去的博客里写到过的卢竞如阿姨、徐迈进伯伯，这些对我的人生观的形成有过影响的革命老人，他们当年都曾经在红岩村战斗过。还有许多叔叔阿姨经常和我家来往，像《人民日报》的吴天平叔叔、蔡宝珍阿姨和向贤初叔叔、张耀秋阿姨这两家人，经常和我家一起过星期天，大人和孩子玩在一起，吃在一起，亲如一家。最让我难忘和感动的是张耀秋阿姨。

1974 年，我弟弟得了重病被兵团退回。当时我们的父母已经双双去世，怎么给生命垂危的弟弟治病呢？母亲生前所在的单位新华社解决了住院的费用，父母生前的好友徐欢阿姨（人民医院院长）安排了最好的医生。为了解决弟弟的营养康复费用，张阿姨在父母生前的好友中发起了捐款的活动。那时候，许多叔叔阿姨刚刚从监狱或牛棚中走出来，经济并不

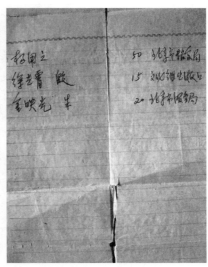

☆保存了 35 年的捐款单，证明红岩革命前辈对后代深深的爱

宽裕，但是都捐了款，当我们拿到那笔捐款时，深深体会到革命前辈的关怀和革命大家庭的温暖，为了牢记前辈（其中多数是父母在《新华日报》的老同志）的恩情，我请张阿姨告诉我每个人的名字，用笔记了下来。这张捐款单在我身边保存了 35 年，天长日久纸已经开裂了，但是那些前辈的名字还是清清楚楚：

> 杜延庆、何实翮夫妇；
>
> 杨允庸、施凤美夫妇；
>
> 徐澄波、黄阿姨夫妇；
>
> 杨瑾；
>
> 谭云森、李阿姨夫妇；
>
> 余志恒；
>
> 熊复、张德昭夫妇；
>
> 徐君曼、刘晓柳夫妇；
>
> 熊瑾玎、朱端绶夫妇；
>
> 周宗瑗；
>
> 马志清、郭枫夫妇；

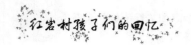

　　　　　　吴金衡、胡阿姨夫妇；

　　　　　　杨用之；

　　　　　　徐光宵、殷阿姨夫妇；

　　　　　　金映光、朱慧夫妇。

　　这些捐款的叔叔阿姨我们并不很熟悉，甚至从未谋面。是伟大的红岩精神，是革命大家庭的友爱精神，使他们在那个动乱的年代做出了令人难忘的善举。革命前辈的言传身教，让我们在失去双亲的痛苦中，感受到党的温暖，看到了生活的希望。35年过去了，没有能够当面向捐款的叔叔阿姨表示感谢，一直是我心中的遗憾，我想他们当中的许多人大概已经离开了这个世界，但是我们没有忘记他们，那源自红岩的伟大的爱深深地留在我们心中。当我们今天回忆到这些前辈时，才知道他们每个人都有自己的传奇故事，都是我们学习的楷模，只是我们那时候太年轻，了解得太少了。

　　后来，我才知道何实翻阿姨就是一大代表何叔衡的女儿；熊复是新华日报社社长、红旗杂志社总编；马志清是中国驻斯里兰卡大使；金映光和朱慧阿姨更是中共上海地下党的杰出人物，中华人民共和国成立后长期负责北京养蜂夹道俱乐部和四川饭店的工作，为党中央高级干部提供聚会和休闲服务。

☆所长在红岩托儿所值班

最后一次见到张耀秋阿姨是1997年在香港，阿姨要到回归后的祖国土地看看，我陪她上了太平山顶，俯瞰维多利亚港的全景，阿姨的脸上露出了笑容。晚上我在珍宝海鲜舫请她吃饭，阿姨说：不要点那么多菜！还说：你不要用公款请我啊！我连忙回答：阿姨放心，虽然在香港，组织上对我们要求还是挺严格的，组织生活还照常进行呢！现在回想起来，那一回我真该好好向阿姨请教一些问题，听她多讲讲过去的故事。随着张阿姨的去世，许多过去的故事就此无人可知，无处可查了。

前辈们逐渐离开了，我们后人如何建立联系，再续友谊，成了紧迫的问题。非常高兴有了"红岩儿女红岩行"，有了在北京已经形成的"红岩儿女联谊会"，听说已经活动过一次，有机会我一定要去参加。

让我们用心回忆和思索，用我们的笔记住红岩所有的爱。

十一、长江见证的历史

我们结束了在重庆地区的寻访活动，5月12日晚乘船沿江而下，前往湖北武汉继续相关的寻访活动。

我们乘坐的是中国长航江山10号游轮。这船的排水量是3000吨，吃水2.7米，双车双舵，538个床位。上下五层甲板分布了住仓、餐厅、酒吧、歌舞厅、观景台等。三峡大坝建成后，长江已经没有了急流险滩，两天两夜的航行就如同住在水上饭店，一路游览自然风光，名胜古迹，拍了不少照片。

在长江上乘船不是第一次，多年前曾经因公出差，从上海坐船到武汉，现在又坐船从重庆到宜昌，中间有一段连不起来，而恰恰是这一段江面让我思念了多年。因为就是在那段江面上曾经发生了"新升隆"轮被炸事件，那是70年前，长江见证过的一段历史。

1938年10月，武汉大会战后，国民政府决定弃守武汉，迁都重庆。10月22日，八路军驻武汉办事处（简称"八办"）租用"新升隆"号轮船，在"八办"李克农处长和新华日报社社长潘梓年带领下，最后一批工作人员撤离武汉，父亲也在其中。"新升隆"轮吨位很小，除了我们自己的同志，还带了数十个难民，加之装有印刷器材与纸张，拥挤不堪。

父亲说为了看护机器设备，他就裹着棉被睡在甲板上。第二天上午9时许，轮船航行到湖北嘉鱼县境内长江北岸的燕子窝（今属洪湖市）时，为避免日机轰炸，"新升隆"轮停船靠岸，全部人员上岸疏散。到下午3时半，未见日军飞机飞临，乃陆续上船准备启航。突然，4架日军飞机从长江对岸飞临上空，对轮船疯狂轰炸。父亲眼看敌机俯冲下来，炸弹就要落到头上，只好跳水逃生，幸亏当时离岸不远，很快就脱险了。父亲说，由于自己当时在甲板上，看得清也逃得快，如果躲在船舱里可能就逃不出来，不少难民就是因为怕飞机，往船的下层躲，结果都遇难了，船上除部分乘客成功逃生外，有近80人伤亡。其中有《新华日报》16位记者编辑、"八办"9位同志共计25人不幸遇难。25日，周恩来由武汉抵燕子窝，处理遇难人员后事。26日凌晨，到江边祭奠殉难烈士。敌机轰炸后的幸存者们擦干了眼泪和血迹，掩埋了同志的遗体，在抗战和革命的路上继续前行。同年12月，《新华日报》职工在重庆国泰电影院为"新升隆"轮死难者举行追悼会。

听说，1987年洪湖市人民政府在事发地燕子窝长江外滩修建了纪念

☆"新升隆"号轮船幸存者后代的合影

碑和烈士公墓。邓颖超题写了"新升隆轮遇难烈士永垂不朽"的碑词，陆定一书写了"洪湖市燕子窝新升隆殉难烈士公墓"墓碑词，原周恩来办公室主任童小鹏题写了"为抗日救国牺牲的烈士永垂不朽"的碑词。1992年12月26日，纪念碑被确定为湖北省重点文物保护单位。

从小就经常听父亲讲这段往事，这次不能去那里实地寻访，算是个人的小小遗憾。遗憾的不只我一个，还有龙家两姐妹，她们的父亲龙飞虎当年也在"新升隆"号上。为了表达对父辈的敬意，我们决定拍一个合影，做个纪念。

相隔70年的两次航行，我是顺流而下，父亲是逆流而上。滚滚长江东逝水，见证了两个时代，两条船，以及两代人的不同遭遇和命运，但愿历史不会重演，苦难不要重来，愿我们的国家如大江东去，奔流不息，永远平安。

十二、寻访"大武汉"

5月15日中午，我们到达太平溪码头，受到湖北同志的热情接待，立即乘车前往三峡大坝参观，随后经宜昌，驱车直达武汉，住宿于东湖宾馆。

5月16日是武汉解放60周年纪念日，"寻访团"在一天内参观了多处纪念馆：中国共产党第五次全国代表大会会址、毛泽东同志旧居、武昌起义纪念馆、鄂军都督府、八路军武汉办事处、新四军军部等。

中国的大城市不少，但是前面加过一个"大"字的，除了上海，就是武汉。武汉何以为"大"呢？它的行政级别不如三个直辖市，它的繁华程度远不及广州、深圳，"大"就在于它的地理位置和历史地位，它在中国版图的中心位置和在中国革命历史上的重要地位是足以称"大"的。

武汉三镇雄踞于万里长江和京广线的交会处，控制了南北东西两条大动脉，是华中地区的政治、经济、文化、金融中心，是中国的中心城市，是军事上的战略要地。

武汉在中国革命的历史上作用非凡。1911年的武昌起义立下了辛亥革命的第一功。正如孙中山所说："武汉一呼，天下响应"，封建王朝迅速被推翻。在武汉我们看到了中国民主政治的雏形，可惜后来被军阀混战和蒋家独裁所破坏，中国政治改革的道路任重道远。

1927年，中共五大在武汉召开。面对反动派的白色恐怖，中国共产党人逐渐由幼稚转向成熟。其后，7月的中央常委会议决定武装反抗，独立领导农民进行土地革命，召开中央紧急会议，这三大决策是正确的。在随后的八七会议上党终于摆脱了陈独秀的错误领导，决定开始独立的武装斗争。

1938年，武汉一度成为中国抗日的中心。中国共产党人在武汉高举抗日民族统一战线的大旗，在"保卫大武汉"的响亮口号声中，宣传组织民众，鼓舞抗战将士，开创了抗日民主的新局面，赢得了老百姓的拥护和支持。中日双方投入百万兵力的"武汉会战"最终虽然以武汉失守结束，但是在战略上，日军的速胜美梦破灭了，抗日战争进入了相持阶段。

1949年5月15日，国民党华中军政长官公署司令长官白崇禧乘飞机逃离武汉。16日中国共产党军队进入汉口市区，次日分别进入武昌市区和汉阳县。

毛主席在他的诗词中多次写到武汉："茫茫九派流中国，沉沉一线穿南北"，"烟雨莽苍苍，龟蛇锁大江"，写出了大武汉吞吐山河的气势；"一桥飞架南北，天堑变通途"，写出了武汉的巨变和未来的蓝图。毛主席对于武汉的感情很不一般。大革命时期他和武汉就结下了不解之缘。1927年春，他在武汉都府堤41号写下了著名的《湖南农民运动考察报告》，那也是他的家庭最幸福美满的时期，杨开慧在武汉生了毛岸龙，毛、杨两家多位亲人聚集在武汉，那段亲情在老人家心中是最难忘的，因为，那也是毛主席和家人最后团聚的日子。武汉分离之后，毛主席面临的是一个又一个的家庭悲剧。也许是出于对那段时光的怀念，中华人民共和国成立以后，毛主席多次到武汉，44次下榻东湖宾馆，17次畅游长江。

过去总是听人说："天上九头鸟，地下湖北佬。"这次到湖北实地寻访，对湖北的印象改变了许多。从党的第一次代表大会说起，12个代表有5个湖北佬，比例真不少；再说开国将帅，大别山出了317个将军；中华人民共和国成立以后，湖北的建设成就也是显著的，长江大桥、二汽工厂、武汉钢铁厂、武昌造船厂，最近的就拿高速公路来说，湖北的公路最规范最标准，长江上已经建起6座大桥。湖北省在脚踏实地前进，前景无限美好。

5月16日晚，湖北省委书记罗清泉省长李鸿忠、武汉市委书记杨松接见了"寻访团"的全体同志，《湖北日报》作了报道。"寻访团"在湖北的行程不长，但是收获不少。

十三、红安行

5月17日，"寻访团"前往革命老区红安县。

红安原名黄安。1927年，面对国民党反动派的血腥镇压，中国共产党人明白了"枪杆子里面出政权"的革命道理，发起了多次武装起义，11月13日的黄麻起义就是其中之一。2万多农民武装和10多万革命群众，浩浩荡荡杀向县城，开辟了鄂豫皖苏区革命根据地，建立工农红军的主力部队。大别山区的人民为中国革命做出了巨大的贡献：

当年仅有48万人的黄安县有14万人为革命献出了宝贵的生命；

每4位牺牲的红军战士，就有1位是红安人；

大别山（包括红安）的儿女组成的红二十五军、红四方面军是中国工农红军的主力之一；

大别山区走出的开国将军有317人（红安223人），其中大将2人，上将9人，中将38人，少将268人。

红安还诞生了两任中华人民共和国的国家主席——董必武代主席和李先念主席。

革命的历史和前辈的事迹，让我们对这片土地肃然起敬，我们在红安祭扫了革命烈士陵园，在"黄麻起义和鄂豫皖苏区革命烈士纪念碑"前敬献了花篮，参观了"黄麻起义和鄂豫皖苏区革命历史纪念馆""董必武纪念馆""李先念纪念馆""红安革命烈士纪念墙""董必武故居""李先念故居"等。

"红安"行拍了许多照片，只能挑出一部分加以说明：

1. 黄麻起义和鄂豫皖苏区革命烈士纪念碑；

2. 黄麻起义和鄂豫皖苏区革命历史纪念馆前的合影；

3. 在将军纪念墙上，小高找到了父亲高林将军的照片，他们夫妇俩合影留念；

    4. 红安革命烈士纪念墙；

    5. 在董老的雕像前，我们和董良翮、李黎力夫妇合影；

    6. 董必武同志参加联合国大会时的照片；

    7. 在董必武故居的院子里合影；

    8. 李先念和红四方面军部分老同志合影。

在寻访过程中，我们还谈到许多历史的细节，对于那些已经牺牲的无名英雄，或者虽然有名，但是至今没有得到公正对待的烈士们，我们怀有特别的敬意，其中最主要的就是西路军问题。寻访团的沈北雁创作过关于西路军两幅画"倪家营子突围"和"祁连英魂"，我转发在这里，作为特别的纪念。

我们永远不能忘记革命先烈，永远不能忘记革命老区和老区的人民，红岩儿女就是革命的儿女，永远不能忘记"革命尚未成功，同志仍需努力"。

☆高德平在将军纪念墙上找到了父亲高林将军的照片，夫妇俩一起合影留念

后　记

　　当笔触轻轻掠过这页纸，我回首往昔，那些与文字、与书籍相伴的日夜，如流水般逝去。编辑生涯的漫长岁月中，我见证了无数书籍的诞生，它们或深沉或激昂，或细腻或宏大，但无一不承载着作者的心血与读者的期待。然而，在所有的编辑经历中，撰写这本书的后记，对我而言，却是第一次。

　　记得那个寒冷的冬日，年仅14岁的我，从报纸和广播中得知了周总理逝世的消息。那时，我尚不理解何为失去，何为哀痛，但十里长街送总理的壮观场景、全国人民深深的哀悼，却在我心中留下了难以磨灭的印记。随着岁月的流逝，当我开始编辑与周总理相关的书籍时，我才逐渐领悟到那份崇敬与爱戴背后的深沉意义。

　　我曾有幸在周总理的故乡江苏省淮安市，为我在华文出版社出版的《在周恩来身边四十年》一书举办首发仪式。那一刻，我深感荣幸与责任并重。我也曾跟随西花厅联谊会，跨越重洋，到日本追寻周总理的足迹，感受那份跨越时空的敬意与怀念。

　　这本书的诞生，离不开一群特殊的见证者——那些曾在红岩出生和生活的孩子。他们用自己的亲身经历，为我们讲述了总理工作风范的点点滴滴，他们是历史的活档案，是总理精神的传承者。因此，当有人问及出版此书的初衷时，我毫不犹豫地回答："我们的想法是抢救历史。"我们希望通过整理出版这些回忆文章，留住那段历史，让更多的人了解周总理，了解那个时代的风云变幻。

　　此次再版，我们对原书内容进行了精心的校订，同时新增了数篇文章，使书稿更加详细、完整、准确。在这一过程中，我们得到了光明日报出版社领导的大力支持，他们的鼓励与指导让我们更加坚定了做好这本书的决心。

　　此外，我还要特别感谢站桩养正文化创始人、宋氏形意拳传人付洪波老师的慷慨资助。付老师不仅为本书的出版提供了物质上的支持，更在无意中为我们揭示了形意拳与周总理之间那段鲜为人知的渊源。当听到周恩来总理年轻时曾拜韩慕侠为师习练形意拳，并在黄埔军校与师傅重逢再度学艺的故事时，我深感历史的奇妙与传承的力量。

　　站在这里，回望过去，展望未来，我深知这本书的出版不仅是对历史的抢救与传承，更是对一种精神的弘扬与传承。愿这本书能成为连接过去与未来的桥梁，让更多的人了解周总理、了解那个时代、了解那份永不褪色的精神。

吴素莲

2025 年 2 月于北京